前沿世界史

文明、海洋与全球视野

光明日报理论部◎主编

周晓菲◎整理

光明日报出版社

图书在版编目（CIP）数据

前沿世界史. 文明、海洋与全球视野 / 光明日报理
论部主编；周晓菲整理. -- 北京：光明日报出版社，
2024.8. -- ISBN 978-7-5194-8168-1

Ⅰ. K109

中国国家版本馆CIP数据核字第20242DM356号

前沿世界史：文明、海洋与全球视野
QIANYAN SHIJIESHI：WENMING、HAIYANG YU QUANQIU SHIYE

主　　编：光明日报理论部		整　　理：周晓菲	
责任编辑：房　蓉		责任校对：郭玫君	
排版设计：谭　锴		责任印制：曹　诤	
封面设计：卓义云天			

出版发行：光明日报出版社

地　　址：北京市西城区永安路106号，100050

电　　话：010-63169890（咨询），010-63131930（邮购）

传　　真：010-63131930

网　　址：http://book.gmw.cn

E-mail：gmrbcbs@gmw.cn

法律顾问：北京市兰台律师事务所龚柳方律师

印　　刷：北京科普瑞印刷有限责任公司

装　　订：北京科普瑞印刷有限责任公司

本书如有破损、缺页、装订错误，请与本社联系调换，电话：010-63131930

开　　本：170mm×240mm

字　　数：443 千字　　　　　　　　印　　张：25.5

版　　次：2024年8月第1版　　　　印　　次：2024年8月第1次印刷

书　　号：ISBN 978-7-5194-8168-1

定　　价：98.00元

前　言

钱乘旦

本书辑录的是《光明日报》理论版"世界史专刊"刊登过的文章。作者是来自国内诸多高校、科研院所的世界史学者，年龄分布广阔，老中青都有，其中不乏著名学者，也不乏进入世界史领域不久的初出茅庐者，可谓万花筒式的展现，让读者一览中国世界史学科的梯队成长，呈欣欣向荣之势。

"世界史专刊"创刊于2011年。当时，世界史刚刚成为一级学科，迎来重大发展机遇期，与此同时学科建设还存在不小的问题，比如国人的世界史知识相对匮乏、对国外域情不甚了解。《光明日报》下决心专辟版面，刊发世界史研究的前沿动态，同时向大众普及世界史知识。转眼十年过去了，盘点其成绩的时刻也就来到了，所谓不点不知道：十年里这一专刊已刊登800余篇文章，成为传播世界史研究成果的重要园地，深受读者喜爱。专刊文章最大的特点是涉及领域广、主题新、文风活，文短意长，一篇一事，一事一议，不苟说教，却寓教于文。

众所周知，历史学在20世纪发生巨大变化，其中的一个重要变化就是史学家们对"历史"的理解不同于以往。以前人们研究历史局限于政治、外交、军事等领域，"大人物"是它瞄准的对象，历史书中充斥着"帝王将相、才子佳人"，讲述这些人的丰功伟绩或胜负沉浮。这种情况持续到19世纪末期，时人认为历史就应该写这样的"正史"。但后来发生变化了，19世纪下半叶开始出现经济史，经济成为历史学研究的对象；接下来社会史也出现了，"历史"的概念发生根本性改变。最早出现的社会史聚焦人们的衣食住行，后来则把目光转向更广泛的"社会"，比如社会结构、阶级关系、家庭状况、人口变迁等，还有教育问题、老龄问题、妇女问题、犯罪问题等，把整个社会作为历史学观察和研究的对象。由此就改变了人们对"历史"的理解：人类的一切活动都属于历史的范畴，都是历史学研究的对象。这种变化导致20世纪下半叶历史学的深刻转型，一大批新的分支学科出现了，历史学也变得无事不关心，"小人物"走上历史舞台，历史学家开始研究医疗史、疾病史、文化史、心态史、环境史、生态史……所有这些新领域都是人们陌生的，而"历史"则把人们的视野扩张到无穷大，历史学研究变得更有趣、更能吸引人了。

我们看本书收录的文章，就会发现"世界史专刊"在选题方面完全超出了传统的"历史"范畴，追踪本领域的学术前沿，呈现"新史学"的面貌。许多文章介绍这些新的分支学科，让读者了解其内容与方法；更多文章涉及历史新领域中的各种问题，向读者讲解新知识。读完这本书，读者们一定大大扩充了对过去的了解，因而对历史更加感兴趣。可以这么说："新史学"打开了一扇窗，让人们看到了活生生的过去。由于"新史学"的出现，"过去"不仅仅是那几个"大人物"赖以表演的政治、外交大舞台了，它和现在一样，就是鲜活的生活——每一天的衣食住行和喜怒哀乐、每一个平凡人和不平凡人的故事。我相信《光明日报》的这个版面在初创时就是抱定这个宗旨的，所以才向读者们呈现一个别样的场面。此外，本书收录的文章还意在让读者从历史的根源中更好地认识当今世界正在发生的深刻变化，了解世界的整体发展以及各个国家的真实历史轨迹，从一个个细、实、深的题目中，认识到世界史学科的现实功用和时代关怀。

历史学还发生的一项重要变化就是把枯燥的"学问"变成生动的"知识"，为大众所了解，为大众服务。"世界史专刊"除了刊登国内外世界史领域的前沿动态成果，还努力处理好学术性与可读性、前沿性与普及性的关系，要求专家学者以大众容易接受的方式进行文章写作。所以我们翻开这本书，就会发现各篇文章都写得短小精悍，清新易懂，但这并不意味着降低学术水平。要写出一般读者能接受的历史学文章，就必须按照历史学的基本要求，下笔有据，史事准确，同时又文笔通畅，引人入胜，做到二者兼具其实是不容易的，史学工作者必须练好内功。

在推广和传播学术成果方面，文风可谓关键。象牙塔中的高端学术可以佶屈聱牙，写给普通读者看的文字却是越通达越好。传说白居易写诗时先读给市场上卖菜的老太太听，老太太听懂了，他才觉得好。这本书中的文章，大部分是向这个方向努力的，希望把历史这只高堂燕送进一般百姓家。不过，我们的学者们太习惯于学术论文写作了，摆脱那种八股式的写作方式并不是易事。可喜的是，多数文章还是能朗朗上口的，我想在这个方面，版面编辑也一定做出过很大努力。写到这里有一个问题顺便提及：为普通读者写历史绝不是一件降低身份的事，而是在提高史学品位，甚至关乎国民史学素养。学术界应当自觉承担起这一光荣的使命和任务，注重将学术成果大众化，为社会大众打开一扇了解世界之窗，让他们看到更多的世界，了解更真实的世界。我们看这本书，有许多国内著名学者在贡献他们的作品，可见中国历史学家已经意识到这项工作的重要性了。有这样的学界基础，我相信《光明日报》这个版面会越办越好，也越来越受到读者的欢迎。

本书编者希望我写一篇前言，故作此文，以识有感。

2023 年 7 月 27 日，于北京

出版说明

2011年新春伊始,我国世界史学界迎来一个重要时刻:国务院学位委员会通过了新的学科目录——《学位授予和人才培养学科目录(2011年)》,世界史成为一级学科。光明日报作为一张思想文化大报,理论学术历来是传统优势和重要特色。因应世界史学科发展的这种新形势,光明日报增设了"世界史专刊",这也是国内唯一一个以"世界史"命名的报纸专刊。

自创刊以来,秉持服务国家战略需求、为学界同仁搭建学术交流平台、满足社会大众对世界史知识渴求的宗旨,"世界史专刊"刊发了一大批反映世界史研究前沿动态和具有现实关怀的文章,在学界和社会上取得良好反响,为传播世界史研究成果、繁荣世界史学术事业、提高人民群众史学素养贡献了一份力量。

十多年来,我国世界史学科在研究的广度和深度、理论方法运用、人才培养、国际交流等方面取得了长足进步,"世界史专刊"是见证者,也是记录者。通过"历史透视""前沿动态""域外传真""史学讲坛""专题文章"等栏目,带领读者领略世界历史上一幅幅恢宏画卷,揭开古老文明的神秘面纱,追溯国际事件的历史渊源,探析学界研究的前沿动态,为读者奉上一道道知识、思想和学术盛宴。"世界史专刊"坚持"开门办报、专家办报"的理念,借助学界同仁的力量,策划、组织、编发了一系列反映学术前沿的文章,既有对史学理论与方法的探讨,如西方马克思主义史学研究、20世纪的外国史学、当代西方史学理论动态等;又有对史学发展前沿的追踪,如大历史、全球史、医疗史、数字史学、书籍史、心态史、情感史、海洋史、水历史、图像史学等,展示了我国世界史研究的成果和趋向。

此外，"世界史专刊"还聚焦国内外社会热点刊发了一批试图从历史的脉络中寻找现实问题答案的稿件，如对利比亚乱局、索马里海盗问题、阿拉伯大动荡、乌克兰危机、苏格兰公投、英格兰退出欧盟、明仁天皇退位等国际热点问题进行历史层面的探析；刊发了关于社会转型时期的社会治理及其对策、现代化研究、城市保护的历史、环境史、"一带一路"共建国家历史及其考古进展等选题的文章，从他国历史中获得启示，充分发挥世界史学科的现实功用。

习近平总书记指出，我们要促进人类社会发展、共同构建人类命运共同体，就必须深入了解和把握各种文明的悠久起源和丰富内容，让一切文明的精华造福当今、造福人类。面对中华民族伟大复兴战略全局和世界百年未有之大变局，了解各国的历史传统与现实国情，服务于国家发展战略的需要，世界史研究不可或缺。2022 年区域国别学成为一级学科后，世界史研究更是大有可为。当下我国世界史学科建设进入新阶段，从理论和方法上逐步构建具有中国特色的世界史学科体系、学术体系、话语体系，更是世界史学界义不容辞的职责使命。而随着近年来我国综合国力和国际地位的显著提升，国人对外部世界的认识与了解也越来越迫切，学习了解世界史成为社会和公众所必备的知识素养。为进一步满足这些需要，我们将"世界史专刊"的部分文章以专题形式重新编辑并结集出版，以飨读者。

本书的出版，离不开光明日报社领导、学界同仁以及各位读者的关心和支持，在此我们谨致以深深的敬意。最后，鉴于编者水平有限，疏漏之处在所难免，敬请广大读者批评指正。

目 录

第二部分
————
**不同文明的特征
以及文明的交流互鉴**

第三部分

——————

国际海洋史研究

前沿世界史
文明、海洋与全球视野

第四部分

城市史

第五部分
_____

图像和数字化的历史

第六部分

书籍、阅读
以及知识生产的历史

第七部分
———
心态史
与情感史

第一部分

世界史、全球史
以及历史研究中的跨国转向

20 世纪中叶以来，交通和信息技术的发展极大地加速了经济全球化进程，一个联系日益紧密的世界影响并改变着人们的生活和观念。面对经济全球化浪潮，历史学者着眼从整体、关联和互动的视角来思考人类的过去，由此出现了历史学的"全球转向"。与传统史学相比，历史书写也出现了许多新变化。其中，历史上的跨文化互动、文明史书写的"空间转向"、跨国史视角等成为民族国家史书写的新取径，受到越来越多的关注。

试谈
中国的
世界史研究

刘家和

在讲"世界史"之前，我们首先会问，什么是"世界"？从词源学的意义上来讲，英文的 world 和德文的 die Welt 是同一个字根，都来自条顿语，这个词的词源义为"世代"或"人生"，其首列义项为"人类存在：人类存在之时期"。由此词源义引申出不同方面与层次的引申、次引申义，或表人类之全体，或表其中之部分，等等。这个词在法语、俄语、拉丁语和希腊语中的情况与英文相似，同样具有多方面、多层次之引申义。中文的"世界"最初叫作"天下"，"世界"这个词是从佛经翻译过来的，"世"是讲时间的，"界"是讲空间的，仍然具有上述的特点。所以，"世界"这个词是个极广泛的概念，可以广到"人类的存在"，甚至到"存在"，几乎是包罗一切的。最高一层的"世界"就是现在讲的"全球"。另一方面，"世界"又可以指整体之部分，小可以小到一个圈子，比如工商界、学术界。讲"世界史"，实际上就是讲"小世界"如何形成"大世界"的这样一种过程。因为，我们认识的世界都是从离我们最近的世界开始的，逐渐认识到远的世界，人类的世界之所以能够形成共同的世界，就是"小世界"和"大世界"相交融的结果。所以，"世界"这个词从内涵上讲是多层次的，从"整体的世界"到"分层的世界"，一直到我们所看到的"小的世界"。

第二个问题讲中国的"世界史"，是一个名与实的问题。现在，我们中国的"世界史"是名不副实的，"世界史"中不包含中国史，我们已经习惯了"外国史"就是"世界史"的看法。从这个概念的外延来讲，"世界史"缺少中国是不完全的，不符合"世界史"的这个定义。接下来的问题是，"世界史"的外延假如说就是指全世界，那真正的"世界史"能够做到全世界吗，包括每个国家，可能吗？这是不可能的。包括麦克尼尔的著作在内的"世界史"都没有包括每个国家。因为，要包罗一切国家，既无可能，又非必要。无可能，不难理解；非必要，还是需要从"世界史"概念内涵的角度予以考察。"世界史"的下面是"国别史"或者"文明史"，而"世界史"跟"国别史"的区别，除掉概念的外延之外，很重要的一个问题就是内涵。"世界史"必须是一个统一体，一个整体的存在，必然是有其内在结构之"大一"。"世界"如果是一个个国家的话，每一个国家或者每一个文明都是一个"小一"，它有自身的内部结构。如果把每个国家自身的小的结构加在一起，是加不出一个"大一"来的，还是"小一"，一堆杂乱无章的"小一"。诸"小一"自身结构的简单相加，得出的必然是"多"，用康德的话来说，只能是茫然无序的"杂多"。所以，不能把"国别史"简单地相加成为"世界史"，必须是国别的历史在相互的交往中，由"小一"到"大一"，世界才会成为一个最高一级的有机整体，也就是超乎诸"小一"之上的"大一"。所以，真正的"世界史"应该从交往中看，从联系中看，从融合中看，一位合格的世界史家，在写"世界史"的时候，不是把每个国家都写出来，他要从这个国家对全世界的贡献的角度来看，而不是从一个国家的角度来看。从世界史的发展进程来看，永远会在一定时间和地方把那些对于世界最起作用的国家写在最显著的位置上，把其次的国家写在不同历史"景深"的不同层次上，以至把某些未起重要作用的国家放到昏暗的地平线以下。这里用的"景深"是照相的术语，就是通过透视的方法把各个国家放在不同的层次上。从这个角度来看，中国史也是不能不写入"世界史"的。

再谈第三个问题。刚才说到，"世界史"是可以以"国家"为单位的，除了"国家"，这个单位也可以是"文化"或"文明"。在这种情况下，中国是不是可以不要？我个人的答案是应该有或必须有。其理由如下：第一，如果"世界史"是以国别为基础来架构的，那么其研究取向就必然是跨国的和国际的。中国历史在形成的过程中，内部不断有着跨区和区际的沟通与一体化的进程；对外也一直有着跨国的和国际的沟通与关联的进程。中国在由"小世界"到"中世界"再到"大世界"的进程中一直发挥着作用。第二，如果"世界史"以文明为基础来架构，那么，借用雅斯贝斯的话来讲，中国既有"古历史文明"，又有"轴心期"文明，而且已经在以往的人类文明的交流与发展中起了重要的作用。如果忽略中国文明史，则无法研究世界文明史。第三，每一个国家都必然有其观察"世界史"的视角或出发点。各国有自己看世界的出发点，不仅是不可避免的，而且是有其独特价值的。因为，"世界史"在经验的层面上存在于交往和连贯的过程中，而在理性的层面上则存在于逻辑的比较研究中。没有比较研究，就不可能在"异"中见"同"，也不可能在"同"中见"异"，从而也无从在"多"中见"一"，"一"中见"多"。而比较必有其自身的出发点，各国皆有其自身的特色。多重的以至竞争的各具特色的比较视角，有可能成为人们丰富自己对于"世界史"认识的可贵资源。

谈
如何编写
世界史

|马克垚

　　如何编写世界史，提出的方案和进行的实践可以说是百花齐放，我这里说的只是个人参加编写多部世界通史而得出的一些感受。

　　我国编写世界通史，应该说是 1952 年高等学校院系调整后开始的。那时理解的世界史，就是全世界各民族、国家的历史，它应该反映社会发展的客观规律，所以应该有一个体系。1962 年出版的周一良、吴于廑主编的《世界通史》四卷本，导言中就说明"论述各时期中国历史的概况和中国和世界各国的关系"。但如何构建世界史的体系，讨论起来可谓众说纷纭，比较一致的看法是应该批判欧洲中心论，因为接触到的外国学者编写的世界史这个问题相当突出，如欧洲部分很多，东方各国很少；欧洲部分是中心，东方各国只是边缘；欧洲部分系统明显，东方各国凌乱无序等。但进行了批判后，建立起来的新体系仍然脱离不开原来的模式。萨义德的《东方学》给人以启发，他指出"东方主义"是西方人制造出来的，对东方的认识充满种族中心主义和殖民主义，可是由于西方的话语霸权，当我们认识世界、认识自己时，也是通过西方的"东方主义"棱镜进行的，没有建立自己的认识论和方法论，所以我们力图创新的世界史体系也仍然摆脱不了西方中心的窠臼。

　　中国人不但受东方主义的影响，最近顾明栋指出，还受"汉学主义"的影响。汉学主义是西方人以欧洲优越、欧洲中心论的眼光认识中国形成的中国观，由于中国当时处于落后状态，所以部分中国人也接受了这种主义，拿来观察自己，形成了一种文化上的无意识。其中心表现可以概括为：1.西方比我们强，我们事事不如人，有时虽然感情上不愿意承认这点，但是理性上却不得不承认；2.西方人说的都是对的，他们是我们对、错的仲裁者；3.西方的历史、文化都已经发展到高级阶段，而我们仍然处于低级阶段，西方的今天就是我们的明天，我们只有向西方学习，才能进入先进国家的行列。由于文化无意识的作用，汉学主义的形成也有许多中国人添加的材料，是"他者殖民"和"自我殖民"的双重结果。和东方主义不同的是，东方主义认为东方是不可能西方化的，永远是一个"他者"，而汉学主义却认为中国可以西化。

由于这些"主义"的影响，我们编写世界史，建立自己的体系就困难重重。我们遵从的谱系，承认的发展正道是古典文明、封建时代、民主革命等，全是西方的路径。不论是五种生产方式说，还是现代化论，还是从分散到整体的世界史，都离不开这一谱系，也就是都是以西方为正统。西方古代是民主的，东方古代是专制的；西方的封建，孕育了资本主义城市，还孕育了代议制民主，而东方的封建就是落后、专制；近代西方的民主革命、工业革命，更是今天世界的基础，我们只能老老实实地向其学习。世界历史当中具体的概念、结构，全是西方的标准，像民主、自由、平等，等等。官僚制的标准是韦伯的，中国的官僚制则不能成为标准；封建制是以西方的封君封臣制为标准来看东方各国是否有这样的制度，而不是用中国的封建制来看西方；讨论的是中国的奴婢、部曲是否合于西方的奴隶或农奴，而不是反之；讨论的是印度的首陀罗是不是奴隶，而不是奴隶是不是首陀罗。至于什么理性、现代性等，那更是西方的"专利"，东方的历史不容置喙。我们没有自己的世界史体系，使用的是西方人以西方为标准建立的世界史体系，这一体系应该说也有符合普遍规律的内容，但是更多的是西方的独特性，如何能拿来建立普遍性的世界史体系呢。

现在出现了许多新的编写世界史的方法，试图淡化民族、国家的内容而强调各文化、文明之间的交往，编出不少有新意的世界史。不过，我觉得这些世界史也仍然是从西方出发看世界的。而且，文化交流、跨文化互动、人与自然的交流、互动等确实构成世界史的某些内容，可是这些交流和互动之所以发生的出发点仍然是民族、国家；造成这些交流、互动的因果关系，还是要到民族、国家之间去追寻。叙述人类历史离不开时间、地点和事件，这三者都是在民族、国家之内发生的。研究人类历史，为的是了解过去，从中吸取经验、教训，以有助于走向未来，这更不能离开具体的民族、国家。

所以，我以为，要编写一部综合了世界主要民族、国家发展规律，体现世界历史的科学进程的世界史，首先要设法清除我们头脑中的东方主义、汉学主义影响，然后选择世界上的一些重要的民族、国家（比如包括中国、印度、阿拉伯、奥斯曼、俄国、欧洲和美国等），在比较中研究它们历史发展的特点，探讨它们的特性和共性，在这样的艰苦研究中，逐渐建立起科学的世界史理论和方法，进而总结出世界共同的发展规律，最后也许可以达到写出具有新体系、新观点、新方法的世界史。

"世界史"的
理论、
方法和内容

西方史学流脉中的"世界史"是一种"新史学",它指 20 世纪 60 年代兴起、90 年代风靡的一个历史学新分支,在很大程度上同义于"全球史"。但在世界范围内,对"世界史"是有不同理解的,本文对此作简单梳理。

什么是"世界史"

"世界史"有不同的含义,人们一向有不同的理解。在中国学术语境下,"世界史"是指"外国史"。中国古代历史学中没有"外国史"这个概念,因为在古代中国不存在"世界观",而只有"天下观"。西方史学传统从一开始就有"世界"的地位,因为在"西方",从来就强国罗列,写历史都不可能避开"外国"。古代的东亚从来都是一国独大,对中国来说,"外国"并不重要。这样我们就看到,从希罗多德开始,西方的历史差不多都是"世界史",而中国传统史学确实只写"中国史"。

鸦片战争之后中国人开始意识到"世界"的存在,由此就渐渐有了"世界史"。自那以后,中国人对外国历史的了解经历了介绍、翻译、留学与早期研究几个阶段,史学门类中也出现了"西洋史"和"东洋史"。人们对外国的历史不再陌生了,大中学校也开始讲授外国史;但作为学术领域,"世界史"是不被承认的,留学生从国外回来,教的是外国史,研究需做中国史,人们把"世界史"看作知识而不是学术,一直到 1949 年情况都基本如此。

"世界史"作为学科,是在全面学习苏联的过程中出现的,那是因为在俄国的史学传统中,很早就有"世界史"了,在苏联历史学体系中,"世界史"非常重要,与苏联本国史平分秋色。但苏联的"世界史"是包括本国史的，俄国历史在"世界史"教科书中占很大比例。这个特点在中国全盘引进苏联体系的时候却消失了，中国的"世界史"，成了刨除中国历史的"外国史"。所以在中国学术语境中，"世界史"就是"外国史"。

由此我们看到，在不同时期、不同地域，人们对"世界史"的理解是不同的，而20世纪60年代西方史学界又兴起一种更加不同的"世界史"，这种"世界史"的最大特点就是摆脱自兰克以来西方史学传统中占主导地位的民族国家史的纵向观察角度，提倡用横向视野来观察整个世界的历史发展，它注重地区、文明、国家之间的互动和联系，揭示遥远空间范围内各种事件之间的相互影响。在这个意义上，"世界史"和"全球史"基本上同义，威廉·麦克尼尔的一本不大的小书《世界史》是标识。

有论者将这种"世界史"视为历史学的一大进步，认为超越了以往所有的历史。我不以为然。"世界史"或"全球史"只是20世纪西方"新史学"中的一个流派，是历史学大家庭中一个新的分支，它确实填补了有"史"以来历史学几乎没有意识到的一个空间，即横向的空间，因此具有很大的学术意义；但它也和历史学其他分支学科一样有它自身的弱点，而这些弱点也是很明显的。

如何做"世界史"

由于对"世界史"的理解不同，人们做"世界史"的路径也不同。西方史学传统中一直有"世界史"，而写史的方法基本上采取叠加的手段，具体可以归纳为几种：

1. 地域的叠加，即把一个个地区或国家的历史分开写作，然后拼在一起，形成"世界"历史。古代希罗多德、奥罗修斯等人的作品可说是这种叠加的样板。

2. 事件的叠加，把世界上发生的事一件件写出来，放在一起，就组合成一个"世界"史。英国历史学家马丁·吉尔伯特的著作《二十世纪世界史》是一个例证。

3. 时间的叠加，按时间顺序编排内容，也就是编年史手段，中世纪欧洲僧侣常用该方法写历史，近代历史学家也有这样写作的。

4. 主题的叠加，这种叠加方式可说是一种创新。20世纪以来，人们认为人类的一切活动都是历史关注的对象，而有些作品就把涉及不同国家的相同主题写成一个个专题，然后合成"世界史"。这方面的典型，可以"新编剑桥某某史"为证。

5. 现象的叠加，把世界上各种历史现象加在一起而写成"世界"历史，美国作者费尔南德兹－阿迈斯托的《世界，一部历史》就是其典型。其实斯宾格勒、汤因比等人用"文明史观"写成的历史基本上也是这种叠加，但叠加的对象是"文明"。

以上所有叠加其实都是用纵向的视野观察历史，这是一种层叠的结构，表达的是纵向的因果关系。但新的"世界史"即"全球史"却对历史进行横向的观察，表达横向的因果关系，强调横向的关系与互动，所以它在对历史进行诠释时往往以横向素材为依据，这是新"世界史"最大的特点。

怎样看待"世界史"

由此提出一个问题：哪一种"历史"更好？其实各有千秋。新"世界史"或"全球史"有其明显的优点：它跳出民族国家的历史写整体的历史，试图纠正纵向历史常有的缺点，即把完整的历史分隔成一块一块，破坏了历史的完整性。它填补了以往历史中未曾注意的内容，即互动与关系，揭示人类历史中横向的因素，尤其是跨地区的横向因素，这是对历史编纂的重大贡献。它试图揭示地区与地区、事件与事件、时间与时间、现象与现象之间的横向逻辑，开辟了与层叠的历史完全不同的平铺视野，丰富了历史的内涵。它还力图否定西方中心论和一切其他"中心论"，在全球化时代尝试编写"全球史"。这些都是它的优点，可它也有明显的缺陷甚至固有的缺陷，即在书写横向历史的同时有意无意地抛弃了纵向历史，结果从纵向的偏颇转移到横向的偏颇，比如在"全球史"一些代表性人物的作品中，历史上一些重要的内容如民族国家、工业革命等很少或不被提起，甚至连这些字眼都不出现。进而，扬弃民族国家历史的立场有可能被某种意识形态所利用，为否定民族国家的当代合理性提供历史学依据。

由此可见，纵向和横向的历史各有千秋，甚至可以说优势互补。作为一部完整的人类史，横向和纵向都是客观存在，并无"先进""落后"之分。我不会把不同的视野、不同的方法比作登高爬山，一个台阶比另一个台阶高；我宁愿把它们比作流水成河、汇入大海，因此是海纳百川，有容乃大。

什么是
世界史？

[美] 唐纳德·沃斯特，侯深（译）

——或者说，世界史应该是什么？

本文标题的问题极易回答——世界史就是这个世界的历史。但是要准确回答这个世界是什么，或者说，这个世界在哪里，它的历史起自何时，就比较难了。

世界史应当是关于整个地球的历史。新牛津美国词典将"世界"解释为"地球，民族以及自然特征"，韦伯辞典也将"世界"定义为"地球及所有在其上存在的人和事物"。我则更倾向于说，除了所有的国家和人，世界史还必须包括地球上一切有机和无机的自然之物。无疑，我们可以找到充分的理由书写这个整体的某一部分，但是，我们同样应当从地球行星的角度来思考我们自己。

欲使世界史昌盛于历史学者当中，需要拆除三座堂皇的壁垒。第一座壁垒透过单独的民族国家孤立地思考过去。这种陈旧的思考方式通常带有民族主义或例外论的色彩，而这种情绪有时甚至也存在于历史学家当中，以致令他们难以对自己的国家进行批评。

世界史研究的第二座壁垒则是将自己在地球所处的这个区域看作一切事物的中心。历史学者往往竭力追问哪个地区更好，为何此地区成功而彼地区失败，为何西方衰落而东亚崛起等问题。很多学者在反对国家中心主义的同时走向区域中心主义，但后者也可能成为必须被克服的另一个盲点。

在推动历史学者挑战区域中心主义的努力上，无人堪比英国学者阿诺德·汤因比。他将历史上的文明分为21种，没有任何一种较之其他更为优越。他让全世界的读者看到所有地方的文化和文明的多样性与复杂性，如果将之摒弃，则将是一个严重的错误。对世界历史学者而言，这是一个永久的遗产，是一部后区域史，它在精神上是宽容的，在分析上是复杂的，并具有成熟的理解能力。

威廉·麦克尼尔与其子约翰一道，出版了《人类之网》（2003）一书。该书超越了斯宾格勒的《西方的衰落》和汤因比的《历史研究》，强调通过贸易、旅行、思想和技术的传播，连接世界人民、文化以及文明的各种关系的组织或网络。斯、汤二人倾向于将过去的文化和文明看作独立的、自力更生的，麦克尼尔则强调，人类之间，总是在一个独特而又相互影响的世界性网络中彼此依存、联系。这个人类之网的形象大概是今天世界史学者中的主导范式。

与其父相比，小麦克尼尔坚持认为，世界历史另有一个占据主导地位的整体发展方向。他指出，历史讲述着一个人类物种创造更为人化的星球的线性故事。相对另一些认为人类对自然的控制带来技术对人的掌控权力，以及控制技术的少数精英对他人的控制权力，小麦克尼尔并非反技术或亲自然者，而是一个人类成就的谨慎赞美者。因此，他和另一些人一道开始用"人类世"（Anthropocene）的观点撰写世界史。

"人类世"是在人类统治下的地球的名称。关于它，仍然存在若干根本性的争论。这里，我试图看到它可能具有的积极方面，促使历史学者超越我们偏狭的人类视角，将人和自然的关系视为世界史的中心来关注。这可能会成为一个最新的范式。

至此，我们遭遇了第三座壁垒，阻碍我们完成一部包罗万象、真正意义上的"世界"史：人类中心主义。它在漫长的历史中，一直定义着我们这一学科的特征，而今，如同古老的民族中心和西方中心主义一样，遭受到挑战。在新一代史家看来，世界史应当不仅聚焦于"人类之网"，也应关注"生命之网"（the "web of life"），亦即这个星球的生态。

菲利普·费尔南德兹-阿迈斯托试图打破这一疆界，书写一部更为完整的世界，或地球的历史。其大作《文明：文化、野心与自然的变迁》看似是对汤因比时代的回归，然其标题的后半部分却将我们的注意力自上帝的思维转向地球上的物质生命。他将"文明"定义为"人与自然的关系"。虽然我不尽同意他的所有观点，但是我认为他指向一个正确的方向——自然。尽管斯宾格勒、汤因比和其他学者（还有中国的某些历史学家）并未完全无视自然及其在历史上的作用，但只是在最近才有历史学家开始发展出一种更具生态学的觉悟，并且更科学地进一步理解他们的任务。

这种意识的扩大引导历史学家们去接受自然科学，其趋势是老一代人所不可想象的。我们可能正生活在一个人类对自然的控制已达到空前规模的时代，但是这种控制仍然是有限的、零星的，而且大约不可能延续到遥远的将来。如果历史想挣脱所有狭隘的地域主义，冲破古老学术上的陈旧假设和意识，这将是我们必然的去向。

而今，我们站在比之从前所实践过的更为充实、优秀的历史的边缘，一个世界，或曰地球的历史，它包含中国，也包含世界的其余地方，它包含所有人类，也包含岩石、树木、季节和气候，一应在我们之前便已存在，也与我们共同塑造今天这个星球的事物。这便是我希望未来我们所撰写的世界史的范围与尺度。

构建
具有中国特色的
全球史

|刘新成

全球史是 20 世纪下半叶以来流行于世界史坛的一种提倡从全球整体出发审视人类历史活动的史学理论与实践。目前，在全球范围内，越来越多的高校和中学开设了全球史课程，许多大学还成立了全球史研究机构，欧美亚三大洲均建立了全球史洲级学会。20 世纪 90 年代以来，五年一度的国际历史科学大会亦多次以全球史作为会议的专题或主题。

全球史的最大突破是从学理上颠覆了世界史学界根深蒂固的"西方中心论"。16 世纪前后，欧洲殖民者通过征服与扩张成为人类中最先认识和接触自然地理意义上的"世界"的人，因而"天然"拥有解读世界及其历史的"优先权"。为使其经济和领土扩张合法化，他们极力利用这种特权创制普世性话语，在此后的不同时代，或以上帝福音的传播者自居，或以文明的化身自命，或以现代化的标杆自诩。不管是使用什么名目，在这个话语体系中，欧洲 / 西方总是代表人类社会发展的方向，代表世界历史的创造者，而其他民族和群体只能扮演追随者的角色。更为可悲的是，西方长年的文化侵略还造成了"记忆的殖民化"，许多非西方民族也自觉或不自觉地接受了欧洲 / 西方的这种世界历史观，以致欧洲 / 西方中心论在全球的世界历史学界长期弥漫，即或政治上受到批判，在学理上也不曾遭遇真正的挑战。但全球史彻底颠覆了这一理论的根基。全球史学者指出，必须把西方从其自视的世界历史认识主体的位置上拉下来，将其还原为认识对象，若以全球视野观照西方，它也只是普通一员。全球史对欧洲 / 西方中心论的批判或许还有许多不足之处，但不可否认，这一批判是有力的、有学理性的，不仅动摇了欧洲 / 西方中心论的根基，而且对建立世界历史学新的价值观具有积极的启发意义。

全球史的内容非常丰富，所涉猎的范围极为宽广。宏观如从宇宙大爆炸说起的"大历史"，微观细致到某种生活器皿的跨文化传播。与传统世界史比较，全球史更加注重不同单位间的互动关系，互动成为叙事的关键词，被视为促进各人类群体社会发展，并使世界从分散逐渐走向一体的推动力。全球史的叙事特点总体来说即"空间转向"，从纵向进步观向横向比较观转移，聚焦点从民族国家向其他空间单位转移，叙事从单向度向多向度转移。这样，全球史将富有新意的"空间思考"注入世界历史学，提出历史的空间"流动性"；其"互动"思想首次把人类社会群体的"集体学习"能力即"外在记忆系统"纳入历史发展动力。凡此种种，都将对深化世界历史研究产生非常积极的影响。

当然，全球史是后现代思潮的产物，像其他后现代学术表现一样，其批判性大于建设性。它对西方的世界历史学传统进行尖锐的批评，但并没有建立一个新世界史阐释体系取而代之。正因为如此，全球史所追求的"叙事客观性""文明平等性"就成为无所依托的空谈。以"比较法"为例，要想取得全球史学者鼓吹的那种理想效果，事实上是十分困难的。比较项太宏观，难免大而无当；比较项过于微观，如某种饮食习惯的比较等，虽然具体，但有多大意义值得怀疑。况且，历史学不可能脱离意识形态属性，全球史学者的立场必然限制其"客观性"。比如在帝国研究方面，有些西方学者把近代殖民主义者所建立的帝国也定义为"互动平台"，这就完全抹杀了帝国主义侵略史与殖民地半殖民地国家人民血泪史的区别，将宗主国的黑暗统治彻底"洗白"。至于有些国家的全球史学者（不限于西方），在"全球视野"的幌子下，怀着某种政治目的"重构"国别史或地区史，那就另当别论，更值得警惕了。

大多数全球史学家都有比较强烈的现实关怀。面对20世纪后期全球化理论研究主要在经济学、社会学和政治学界蓬勃开展而历史学竟然缺位的局面，全球史学家痛感失责。他们指出，由任何一个学科单独构筑全球化理论都必然是片面的、短视的和误导的，因为它没有全局观和现场感，而这一重大缺陷只能由历史学来弥补。他们呼吁甚至以宣言的形式号召史学家行动起来，把握好史学发展的这一"天赐良机"，结合全球化现实开展全球史研究，从史学角度分析全球化的起源和机理，打开全球化理论研究的新局面，向世人充分展示史学的独特价值。

全球史既带给我们启示，也给我们提出了挑战。无论从全球史国际发展的现状来说，还是就当代中国日益走近世界舞台中央并须承担起大国责任而言，或从世界面临百年未有之大变局来看，当代的中国世界史学者都必须意识到、并必须承担起祖国和时代赋予的光荣而艰巨的使命。

首先，全球史的创新有待中国学者实现。已有西方学者自承，全球史所追求的文化平等理想，如果仅靠他们自身，不管付出多少努力也无法实现，因为他们为其生活体验、教育经历和话语环境所限，写不出来完全非西方立场的东西。迄今在西方较有创新性的全球史杰作往往出自研究印度史、中国史的专家之手，这也从另一角度说明，全球史的发展多么需要非西方史学家的参与。遗憾的是，我国目前还少有全球史力作。这与中国这一具有悠久史学传统的国度极不相称，也与当今中国的大国地位极不相称。近代以来中国经历了百年屈辱，中国的世界史学者因之更有责任突破西方话语体系，重新书写世界史。

其次，中国编纂世界通史的优势有待进一步发挥。中国的全球史是马克思主义的全球史，而正是马克思创立了全球经济一体化系经济发展的自然过程的理论、强调了交往在其中所发挥的重要作用。早期具有全球史视野的大家如布罗代尔、沃勒斯坦、霍布斯鲍姆等人，或者是马克思主义者，或者熟稔马克思主义理论，其原因就在于此。当代中国世界史学者具有深厚的马克思主义理论基础，这是一个先天优势。中国学者要发挥自己的优势，谨记恩格斯的教导："我们的理论是发展着的理论，而不是必须背得烂熟并机械地加以重复的教条"；"即使只是在一个单独的历史事例上发展唯物主义的观点，也是一项要求多年冷静钻研的科学工作……只说空话是无济于事的，只有靠大量的、批判地审查过的、充分地掌握了的历史资料，才能解决这样的任务"，中国的世界历史学者完全可以大有作为。

再次，"全球史发展规律"有待中国学者深入探寻。即以"互动—融合"一说为例。"互动"是全球史的核心理念之一，几乎所有全球史学者都高度认同：互动导致人类各群体间理解加深、相似性加强、融合的可能性加大。事实果真如此吗？对这个问题的回答，不仅关乎历史真相，而且影响对当前世界局势的认识与应对。无论从历史上看，还是着眼于当下现实，世界各地之间的联系和互动若以长时段来测量，确有逐步加强的趋势，但是并非每一次"加强"都带来理解与和谐。欧洲在哈布斯堡王朝瓦解之后，一些小型的、高度商业化和军事化的民族国家组成了一个体系，体系内部各个部分的确极具相似性。但当这个充满竞争性的体系四处寻找新的商业机会，在 18 世纪中叶至 19 世纪中叶"催生"一个新的、真正全球性的体系的时候，它给世界带来了剧烈震荡，新的体系内部存在远非昔日可比的更大的社会和区域差异。这说明地区间的密切交往并没有导致一个统一的世界；体系形成后产生的经济增长也没有带来一个更加平等的世界。那么，我们究竟应该否定"互动—融合"的总趋势，还是承认在这个总趋势下会出现暂时的"波动"和"逆转"？如果存在"波动"与"逆转"，其原因是什么？是否有周期？这些问题都需要深入探讨，基于中国的历史遭遇和现实需要，中国学者尤应重视这方面的研究。

最后，"全球性的全球史"有待中国学者构建。社会科学的特点之一是因其概念、理论、话语不断循环往复于研究对象而会"自反性地"重构和改变研究对象，在今天这个交往日益紧密的"地球村"里，这一特点尤其鲜明。为了我们生活的世界更加和平和美好，人文社会科学研究者有必要加强塑造未来的意识。时值全球史勃兴于世界各地的今天，我们有理由组织全球史学家的跨国对话，研究在不同国情下、从不同学术角度，何以对全球史产生共同的兴趣。通过讨论，进一步厘清全球史研究的目的和责任，交换新时代对人类命运的思考，在不回避思想交锋的前提下，在为逐步接近一部全球的、兼容的、完整的全球史的共同努力中，加深彼此理解，为营造更加包容的世界氛围尽一份力量。这是中国史学家为打造和谐世界应尽的责任，也是一个旨在构建人类命运共同体的国家的学者应有的襟怀与气魄。

从古代文明的
比较研究
探寻中国史和世界史的融通

黄　洋

　　近 30 年来，中国古代文明和西方古典文明的比较研究日益受到学界关注，甚至成为热点。虽然也有中国古代文明的研究者参与其中，但主要的推动力量似乎来自以古希腊罗马文明研究为本业的西方古典学者。英国剑桥大学的杰弗里·劳埃德爵士在投身中西古典文明比较研究之前，已是国际著名的古希腊科学史专家。1987 年，他在北京大学访问研究时期，开始对中国古代的科学思想产生兴趣，之后转向古代希腊和中国科学思想的比较研究，成为这一领域卓有建树的开拓者。从 1996 年起，他接连出版了四部关于古代希腊和中国科学、医学以及思想文化比较研究的著作，在国际学术界产生了广泛影响。杰弗里·劳埃德只是其中一个显著的例子，在其之后越来越多的西方古典学者对中西古典文明的比较研究产生了兴趣。

　　西方古典学界的这一新动向值得关注，也需要解释。自启蒙运动以来，古代希腊罗马文明就一直被看成现代西方文明的根源和"奠基神话"。因此，在 18 世纪，当现代西方古典学作为一个学科兴起之时，它就承载了一个特别的使命，那就是阐述现代西方文明的这一"奠基神话"，从解释西方古典文明亦即古希腊罗马文明的独特性来彰显现代西方文明的独特性和优越性。也因为如此，它不可避免地将古代希腊罗马文明置于高于其他古代文明的优越地位（西文"古典"一词的拉丁文词根即有"第一等"之意）。此外，传统上西方古典学者仅将古希腊罗马文明纳入历史考察的范围。

　　20 世纪下半叶以来，后现代主义对现代性的冲击、后殖民主义对西方中心主义的尖锐批评以及经济全球化浪潮等一系列因素，促使西方古典学界反思其出发点和立场。一方面，西方古典学家们不再把古希腊罗马文明全然看成现代西方文明的奠基神话，更加注意到两者之间的差别；另一方面，西方古典文明不再被看成是属于"历史"范畴的唯一古代文明，其他古代文明也被纳入历史的视野。这意味着古希腊罗马文明不再拥有"唯我独尊"的地位，其他古代文明获得了和它同等的地位，因而是可以比较的。

当然，西方古典学界对中西古典文明比较研究的兴趣，还有两个重要因素。一个因素是中国经济社会的快速发展以及对外开放程度的深入，使得西方古典学者有机会与中国学界交流，也对了解中国文化的根源产生兴趣。另一个因素是，西方古典文明和中国古代文明留下了丰富的文献记录和物质遗存，同时其文明传统以不同的方式一直延续和影响到今天的世界。这些记录不仅包括史书记载，还包括大量的文学、哲学、医学、地理学、礼仪、律法等不同方面的资料。如此，学者们不仅可以比较全面而深入地了解这两个古代文明，也使得两者的比较研究具有很大的吸引力。

按理说，中国学者也应对中西古典文明的比较研究感兴趣，而且应该在这一比较研究领域扮演重要甚至引领的角色。这是因为，中国学者拥有了解和研究中国古代文明的天然便利。同时，一般而言，中国学者对西方文明传统的了解也多于西方学者对中国文明传统的了解。正因如此，2016 年，两位西方古典学研究者——时任北京大学光华人文讲席教授的德国古典学家穆启乐和斯坦福大学迪卡森人文讲席教授瓦尔特·谢德尔联袂撰文《比较之裨益：推动古代文明比较研究的倡议》，号召中国学者开展古代中国文明和世界其他文明的比较研究。他们开宗明义地写道："我们谨以此文论证，在对古代文献和历史的研究中，跨文化的比较视角异常重要。但目前，它还没有得到其应得的重视。而在比较研究中，中国学者处于得天独厚的地位，他们可以更容易地利用和发展这一视角并从中受益。"

中国学者并未比较多地参与中西文明比较研究的这个热潮，或者至少没能引起国际学术界的注意，这不能不说是令人遗憾的。中国史和世界史形成截然分开、沟通较少的两个学科，从一个方面说，这是学术发展的结果。相比以往，今天的研究总体上更为具体、深入和精细。但在另一方面，研究者视野变得日益狭窄，更多地倾向于对自己领域内的细小问题精耕细作，不愿研究视域更开阔、更具挑战性的问题。

开展文明的比较研究，有助于我们克服过度专门化的问题，打破中国史和世界史的学科壁垒，促进中国史和世界史的融通，从而推动学术研究的创新。诚如穆启乐和谢德尔所说，中国学者依托中国古代文明的知识，能够就世界文明中的许多问题提出自己的理解和观点，做出独特的学术贡献。实际上，我国学者业已进行过一些有益的探索，并取得了令人瞩目的成果。我国世界古代史学科的开创者之一林志纯先生和代表性学者刘家和先生均提倡并躬行中西古典文明比较研究，前者著《中西古典文明千年史》（1997），后者著《古代中国与世界》（1995），成为国内中西古典文明研究的开拓之作。只不过当时囿于语言和交流条件的限制，这些前辈学者未能和西方学者就比较研究展开交流。晚近以来，随着中外学术交流逐步密切，我国学者的比较研究也开始在国际学术界出版和发表，如蒲慕州著《文明的敌人：古代美索不达米亚、埃及和中国的外族观》（纽约州立大学出版社，2005）、周轶群著《古代中国和希腊的节日、宴会与性别关系》（剑桥大学出版社，2010）、吴晓群著《希腊古风和古典时代与中国先秦的哀悼仪式》（帕尔格雷夫出版社，2018）等。这说明，国际学术界对中国学者的比较研究成果很感兴趣。然而像上述这样的尝试还很少，且研究者主要来自世界古代史领域。在我国，如果中国古代史研究领域的学者积极投身中外文明的比较研究，将为我们的历史研究打开一个新的局面。

比较研究还有助于我们从新的视角探视不同古代文明，从而更清晰地了解各自的特征。比如在《道与言：早期中国和希腊的科学与医学》中，劳埃德和汉学家席文通过比较分析得出结论，古代希腊科学和医学研究的主导方式是寻求根基，弄清证明过程，推导出无可置疑的命题，其优点在于对逻辑明晰和推理严密性的追求，其弱点则是妨碍共识，对所有先入之见都持怀疑态度。而古代中国人的主要方法则是寻找和探索一致性、呼应性、相互关联性。这有助于将不同的探究领域联系起来，形成整体概念，其弱点则是难以产生与主导性立场针锋相对的不同观点。

从更广泛的意义上说，只有通过比较研究才有可能取得重大的理论性和框架性创新。雅斯贝斯的"轴心时代"概念是一个典型的例子。20世纪初，德国一些眼光开阔的学者——包括韦伯在内——注意到了不同世界古代文明在公元前500年前后取得的思想突破。在此基础上，雅斯贝斯在1949年提炼出了"轴心时代"

的概念，用以总结公元前 800 年至前 200 年人类历史的显著特征。时隔近一个世纪，这一概念仍然受到学界重视，成为我们把握世界古代文明特征的一个重要的概念框架。如若缺乏比较视野，这样的创新是不可想象的。

从一个更高的层面来说，文明的比较研究是充分汲取人类文明的精华，进一步繁荣发展和复兴中华文明的重要途径。虽然人们倾向于把不同古代文明和特定的现代国家联系起来，但实际上，人类的古代文明并非少数国家所独占，是全人类共同的宝贵财富和资源。也因为如此，世界古代文明研究是一个国际化程度高的学术研究领域。总之，开展中外古代文明的比较研究，不仅可以使我们从源头上对中国文明和文化传统有更清楚的认识，而且能够帮助我们认识其他古代文明的精华，并从中汲取有益养分。

推进
中国史与世界史
学科融合发展的思考

|黄兴涛

————

关于中国史与世界史学科的会通融合，其实是一个老问题。在经济全球化时代，历史学的大视野观照、长时段把握和问题化导向，必然内在地发出这样的要求。记得 2004 年的时候，史学前辈李文海先生就曾发表一篇引人注目的文章，题为《打破分割、促进融合》（载《历史教学问题》2004 年第 5 期），他对当时历史学 8 个二级学科（包括世界史和考古学在内）各自为营的现象，表示出深深的忧虑，并从促进历史学科整体发展的角度，呼吁各二级学科之间理当自觉地进行会通融合。

2011 年，历史学分成如今并立的 3 个一级学科：中国史、世界史和考古学。这当然有助于世界史和考古学目前的发展，体量过小的世界史学科的确会制约中外历史研究和教育的会通融合水平。但同时也应看到，2011 年以来，由于三科分离而激发的历史学内各学科彼此会通融合的渴望与呼声，不仅没有削弱，反而变得愈加强烈了。2014 年，教育部社会科学委员会历史学部在西北大学专门召开"中外历史研究的会通"主题研讨会，便是对此一诉求的积极回应。笔者有幸参加了这一会议，至今仍对 3 个一级学科的与会学者就此达成的共识记忆犹新。2020 年，《历史研究》杂志也曾就这一问题发表了多篇专题笔谈，学者们围绕历史学的学科特性、社会发展的现实需要、不同历史问题的内在逻辑和固本强基、创新发展的学科内驱等多种角度，深刻说明了历史学门类下各学科会通融合的必要、可能与前景。笔者以为，目前，中国史与世界史学科的融合其实不需要更多的学理论证，应该深入考虑的是如何在制度层面对其加以保证，如何采取切实措施加以推进。

首先，历史学科内在的融合发展要求，必须在高校的本科教育体制中得到明确体现和强化保障。无论是中国史还是世界史的本科教育，都不能两相割裂。世界史的本科教育，正如学者们所强调的，"不能是'世界史加外语'"，理当充实有关中国历史影响以及中外历史互动的教育内容，体现中国人的关切和情怀；而中国史的本科教育，也应该自觉置于世界史的视野中，保证学生能掌握较为充分的世界史知识。中国史和世界史本科教育的两相贯通，是培育学生爱国情怀和人类命运共同体意识的需要，也是加强史学人才培养的基础，在课程设置、师资配备和日常熏陶中，都应加强对此要求的自觉贯彻。长期以来，历史教育界对此本无分歧，但近些年，由于学科分离等多方原因，在有的高校此种学科融合反而出现相对弱化的趋势，需要有所警觉。目前，教育部设立的历史教学指导委员会，没有分化成 3 个一级学科各自的教学指导委员会，这对于历史本科教学的一体化贯通要求来说，是十分明智的。至于在课程设计中，究竟怎样兼顾，如何保证科学的交互课程比例，除了通史主干课程外，尚应有何种配套课程，都还需要去做进一步的考量。在这方面，历史学三科一体的教学指导委员会当能发挥更大的推动作用。

　　其次，在研究生教育层面，如何培养学生具备贯通中国史和世界史的学科视野、资料获取能力与问题意识也需引起重视。高层次史学人才的造就理当打破学科界限，按照新文科建设的要求，适当组建一些具有独特问题意识的学科交叉教研团队，鼓励有条件的教师积极开设跨学科课程，吸收中国史和世界史学科的研究生共同参与课题研讨，多进行融合性的研讨式教学，从而在实战研究和教学中养成跨国认知、跨学科思考的习惯和能力。在这方面，生态史、医疗社会史、数字人文和公共史学等领域已做出可贵探索、走在前列，但还需加大力度。就学科融合不足的现状而言，甚至不妨辅助一点必要的跨学科选课规定，给予研究生一定的制度性引导。目前，历史学门类的 3 个一级学科评议组是分立的，在探讨研究生教育如何进行跨学科融合问题时，可以通过建立三个学科评议组联席会议制度的方式来进行，以切实加强体制化的组织保障。

　　再次，在当今，史学界欲推进中国史与世界史的学科融合，一个重要的支点和基础，当是大力发展中外古史比较、古代中外交通史和近世以来的中外接触、碰撞和交流史研究，尤其是近世以来的中外关系史、中西日互动史研究。这些研究的强化和深化本身，将成为中国史与世界史学科融合最好的融合剂。笔者曾经指出，"明确提出中外历史研究的会通这一命题，将其作为中国史学发展自觉的努力目标，反映了我国现阶段历史研究发展的内在需要，体现了历史研究者在新时代中的学术自觉"。而在现阶段，要做到中外历史研究的会通，重视中外关系史的研究，又能起到某种杠杆和基础性支撑作用。

在古代世界，各国人民之间的接触和交往有限，但国际视野的具备，仍有助于包括中国史在内的国别史研究者丰富认知视角，增强分析问题的层次和深度。地理大发现之后，西力东渐，国家和地区之间的联系日益紧密、相互的作用和影响不仅无法避免，而且不断加大，这就决定了跨国语言材料和认知资源的使用在中国史研究中具有极为重要的地位。实际上，对于认知和把握这一阶段的中外互动历史来说，中国史和世界史的学科融合，不仅是有益的，而且是必须和必不可少的。毫无疑问，面向新时代，我们更加需要具有全球或世界视野的中国史研究，也更加需要体现中国影响和因素、渗透中国关切和情怀的世界史研究，而这将是两个学科彼此融合的理想结果。

在追寻这一目标的过程中，加强中外史学界多学科的多维对话与交流，必须得到格外的重视。因为研究者会遇到经济全球化意识与民族国家观念之间的矛盾问题，要面对各自视野的国际化程度与对中国了解深度不平衡的矛盾问题，还势必受到诸如"西方中心论"或"中国中心观"之类认知模式的困扰。笔者以为，强化中外学者有关研究的深度对话和交流，是中外历史得以会通的重要途径。就中国史研究方面而言，以往我们的交流很重视"走出去"，如今，或许更应当重视"请进来"：既要请外国的"中国史"研究者和学生来中国交流、学习，也要请一流的西方史和世界史学者来交流、对话，同时还应该实行一些制度来保证此类交流的常态化。这一点，目前可以说已成当务之急。

推进中国史和世界史学科的融合发展，需要统筹安排和精心设计，特别是需要在制度方面加以多方面的自觉引导和推助。例如，在国家和地方的各种社会科学基金项目中，可以设置一些专供中国史和世界史学科成员联合攻关的申请项目，或者带有两个学科融合性质的委托课题等，以鼓励和吸引学者积极申请，真正发挥其切实的导向作用。

历史学的各类各级学会组织，也应定期召开具有学科融合性质和特点的专题学术研讨会，自觉组织中国史和世界史两个学科的学者参与联合研讨。例如，2018 年，为纪念第一次世界大战结束 100 周年，中国社科院世界史研究所、上海大学合作主办了"全球史视域下的一战与中国"国际学术研讨会，邀请中国史和世界史学科的学者联合研讨，收到了很好的学术交流效果。这类学术会议若经常性举办并带有制度性规定，其推进学科彼此融合的效应自可想见。

新的时代，需要更为兴盛发达的历史学，而促进中国史和世界史学科的融合发展，将成为推动历史学走向辉煌的必由之路，值得史学界同仁去努力探索和实践。

从史料和理论
来认识世界史与中国史的 　　　　　|黄春高
异同

────────

　　在我国学术界，世界史与中国史之间的差异，在习惯表达中已显露无遗。对差异的强调，首先源自研究对象，进而推及至史料、概念、方法等层面。有不少人认为，中国史为微观研究，世界史为宏观研究；中国史重史料和考据，世界史重问题与思辨；甚至将中国史简化为实证研究，世界史简化为理论研究。这种认识显然存在着偏差，而出现这种有偏差的认识，肯綮在于对世界史与中国史在史料和理论的认识与把握上有偏见。

　　世界史学科自新中国成立以后才真正形成和建立。在兴起之初，除了具体的对象研究之外，多探讨人类社会发展不同阶段的兴衰等规律性的内容，因而素有重视理论的传统，体现在政治、社会、经济和文化等范畴之中。

　　但重视理论并非就轻视史料。从学科建立之初，世界史的学人们就为史料建设做着艰辛的努力。在20世纪50—60年代，诸如北京大学、中国人民大学、北京师范大学、东北师范大学、沈阳师范学院、武汉大学、河南大学等高校，都有正式或者非正式出版印刷的世界史史料集，力图为世界史学科打下扎实的史料基础。然而，由于语言、历史和文化的隔阂，对对象国史料的熟悉和掌握往往存在困难，以至于人们只能以有限的、零碎的、非主导性的史料来展开研究，甚至造成了一种非史料性的理论支配的历史叙事现象。这是时代的局限和特征，同时也是世界史学科兴起过程中所必经的努力和尝试阶段。

　　晚近以来，随着各方面条件的改善，世界史在史料建设上取得了长足进步。在世界近代史和现代史领域，购买各国家和地区的档案材料、出版文献以及研究著作，已经成为学者个人和学术群体共同努力的方向和目标。依据原始史料展开研究所取得的成就更是喜人。例如，在世界古代史和中世纪史领域，对原始史料的使用已成为评价和衡量学术研究水平的重要标准。系统或者非系统性地购进外国出版的原始史料，以及出版物和手抄本的电子化，既对学者们的语言能力，如亚述文、埃及文、赫梯文、希腊语、拉丁语、古英语、中古法语、中古英语、中古德语等方面提出了更高的要求，也使一些学者由此脱颖而出，能够利用出版的一手史料乃至手抄本进行史学研究。概而言之，国内的世界史研究，已经走向以原始史料为主导的新阶段。

国内的中国史研究，所呈现的史料支配特征是不言而喻的。但与此同时，我们也应该看到，许多具有创见和革命性的史学研究是在理论指导与运用下取得的，如新中国成立之后，中国史研究在马克思主义理论指导下呈现欣欣向荣的局面。

同时值得注意的是，一批做中国历史文化研究的海外汉学家们，体现其成绩的，也是运用相关的理论。诸如明清经济内卷说、大分流说、冲击-反应说等汉学理论成果，激发了学者们更多关于历史理论的思考，出现了一批具有理论深度的成果。例如，以科层理论来解释中国官僚制度，以信息理论来理解宋代国家治理，以长时段理论来解释中国乡村，以心态史理论来解释清代民众的心理和行为，以医疗社会史理论来解释中国人的身体、社会和书写等，这些都是理论在解释中国历史中的突出体现。

中国史对理论的重视，正如世界史强调史料的运用，预示着各自学科的变化和发展。正是在这里，二者之间有了趋同的可能。更准确地说，有了相互学习和借鉴的可能。中国史学界可以对世界史研究中所涉及的体现现代社会科学和人文科学的诸多理论方法做更多了解，以此推动中国史在理论上的提升。同样，诸如版本目录学、文书学、碑铭学、档案学、简帛学、地方志等诸多体现史料功夫的学问，都值得世界史学人学习和借鉴。胡应麟、梁启超等人的史料辨伪诸法，王国维的二重证据法，陈寅恪的诗文证史法，陈垣的校勘四法，钱穆的专精博通法，黄侃的考据法三要等，都有助于世界史学者提高史料功底和研究水平。事实上，已经有学者在利用中国史的史料乃至治史的概念和方法来研究世界史的对象。例如，以中国史书中的史料研究拜占庭历史问题和匈奴西迁问题，以中国的"先公""先王"概念来考察中世纪早期墨洛温王朝的政治史，以中国地方"修志"

模式来解释英国近代早期乡绅修史之现象等。

在相互的学习和借鉴中，中国的世界史与中国史正越来越靠近。曾经造成障碍的史料和理论，如今成为融合彼此的要素。在相互融合的过程中，形成了使用理论和史料的新方法、新路径。世界史的理论关注演变为具有坚实史料支撑的理论关注；中国史的史料侧重则成长为受理论影响的史料运用。

当世界史与中国史之间因对象而形成的差异，在史料和理论上都逐渐减弱，标志着历史学内在特征的凸显。缺少理论关注和缺少史料支撑的历史研究，已经失去了各自的时代支配性。新的支配性的研究，是兼具史料基础和理论关注的历史存在。不过，对于融合中的理论，需要保持特别的警醒。海外汉学研究的兴趣、问题和方法，甚至中国的世界史所依赖的西方诸多观念、方法和理论，都源于对西方社会以及历史本身的提炼和归纳。中国的世界史和中国史研究照搬那些模式，显然缺少根基。直接或者间接使用西方相关概念和理论的中国史和世界史研究，很有可能会被西方模式所左右，丧失了解释自己历史的能力。因此，我们自己必须有理解和认识历史的模式，否则就会为西方中心论所支配。

要摆脱西方模式的支配，需从自身的历史经验中提炼出属于自己的范式。只有这样，中国史和世界史才能够拥有自身的根基。事实上，中国一个多世纪以来国家和社会的发展历程，以及学术生长的历程充分证明，我们的学术研究早已经有了正确的方法论，那就是马克思主义理论的指导。著名的历史学"五朵金花"所关注和研究的问题，诸如古史分期、土地所有制、农民战争、资本主义萌芽、民族和国家等主题，不仅中国史学者参与其中，世界史学者同样极其关注并做出了积极贡献。世界史和中国史在马克思主义理论指导下，以不同的历史对象进行比较研究，形成了具有中国特色的历史学问题。因此，中国的世界史与中国史研究，在史料和理论上或许有不同的起始路径，但最终都走向了史料与理论的结合。这一"殊途同归"的历程提醒我们，中国的历史学研究不仅需要扎实牢靠的史料基础，更需要以唯物史观为指导提炼出新主题、新观念和新方法。

世界史
研究方法
刍议

李隆国

与国际学术界相比，中国的世界史学科设置颇具特色。在国外，世界史多为一个专门的研究领域，关注世界历史是如何形成的，即经济全球化的世界历史是如何逐步被形塑的。我们的世界史学科也关注世界历史的形成以及与之相关的世界性问题，但除此之外，世界史还是由诸多国别史和专门史组成的一级学科。可以说，我们的世界史学科既包括国别史、区域史，又包括世界史或全球史，是国别史与全球史或世界形成史的结合。

这一学科定位使我国世界史研究既面临难题，又面临前所未有的机遇。世界史研究首先要学习和借鉴国别史的研究方法。每个国家的国别史研究都有深厚的学术传统和系统的训练方法。自 19 世纪之后，各个国家都大体遵循现代科学历史学的研究方法。这套方法的基本要素就是研究史料的方法。其理想的训练程序为：首先，通晓语言文字；其次，借助文献学、史料学等辅助学科，收集和阅读史料；最后，写作读史札记，进而撰写论文和专著。

通晓语言文字，即传统学术中的"小学"。换言之，为了研究国别史，必须掌握对象国的语言。而掌握语言的理想状态，则是在听、说、读、写方面样样精通。这样不仅便于阅读史料，也有利于与对象国的学者开展学术交流。如果阅读非当代的史料，也需要专门的语言学训练，传统学术中的"小学"或者"训诂学"就派上用场了。

为了收集史料，需要了解目录学、史料学等相关学科的知识。在阅读史料的过程中，史学家有必要熟悉相关的名物制度。中国先贤曾经称为治史的基本功，更形象地比喻为掌握史学的四把钥匙，包括书目、年代、地理和职官。每个国家的历史不同，史料的留存状况各异，所以需要掌握的钥匙不尽相同。例如，与中国历史相比，欧洲各国普遍缺乏职官方面的资料。在古代罗马时期，尤其是在罗马帝国晚期，各种职务名衔也经常出现在碑文铭刻之中，但总体说来，职官并不那么重要。如果我们仿效中国史，也为西学找寻四把钥匙的话，似乎可以用人名取代职官，即书目、年代、地理与人名。人名研究之所以重要，是因为西方历史上留下了数量丰富、种类繁复的各种名录。除了碑铭之外，教会留下的洗礼、死亡登记簿，各种祈祷名录以及种类繁多的行会与协会名录，等等。名列世界文化遗产的赖兴瑙修道院，自9世纪开始记录《兄弟之友录》，以便在举行弥撒的时候念诵这些兄弟的名字，为之祈祷祝福。到16世纪结束记录，这一簿录保留了近4万个人名。

至于写作，在古代属于史才的范畴，各国皆有丰富的经验总结。在现代史学训练中，关于如何进行历史学术写作的课程和论著所在皆是，此不赘述。所欲申明者，在于国别史的学术传统根植深厚，流传有序，学者研习揣摩经典论著，久久为功。

世界史是建立在国别史的基础之上，但并不仅仅是国别史的总和，它还研究世界历史是如何在国别的基础上渐次形成的，即各种国别和文明彼此交流互动，进而联成一体。世界联成一体不仅催生了"世界性问题"，也使得解决此问题的世界史研究成为可能。所谓世界性问题，大体有两种类型：一种是相似性，另一种为互动性。相似性更多地反映了人类历史上的共时性现象或者规律性现象，具有相似问题和现象的两个或多个国别甚至并不一定彼此有过密切的接触；而互动性则是指那些通过互相接触、交流和传播而形成的共同性历史现象。因此，世界性问题，或者是跨越国界与跨地区的互动和联系，或者是各个国别都发生的普遍性事件。地方性与世界性的矛盾运动，构成了世界性问题的基本特征，其要旨在于探索世界历史中人类命运共同体如何渐次形成。

如当下最为宏大紧要的世界性历史问题是如何超越以西方为中心的现代世界体系、重新思考世界历史形成的进程。在西方史学界，史学名著读本中的经典教材是由德裔美国史家弗里茨·史特恩于1956年编辑出版的《历史的丰富性：从伏尔泰迄今的历史学》。这部史学名著读本，收录了1750年以来有代表性的35位著名史家的论著，曾于1970年再版。最新的德文版书名被更改为《现代史家们：伏尔泰以来的经典文献》（2011）。这部书依据更加严格的标准——史学界最为基本的文献和最新的潮流——将收入的史家总数减少为 33 位，但也新增了几位历史学家，其中有一位来自中国的历史学家，即北京大学的马克垚教授。马克垚教授的文章与美国史家威廉·麦克尼尔、英国史家克里斯托弗·贝利一起被列在终章："迈向全球史"，代表了历史学的最新潮流。马克垚教授入选文章的标题为《克服"欧洲中心论"》，是发表于《历史研究》2006 年第 3 期的《"欧洲中心论"的破除与世界史的创立》的德文译版。这篇文章的入选，体现了中国史家的世界史研究开始获得国际学术界的广泛认可。"迈向全球史"，既反映了从国别史过渡到世界史的现代史学史演化轨迹，也表明世界史的基础来自国别史和专门史。

立足于国别史的世界史，可见其深，这样的世界史研究如同枝繁叶茂的大树，根基深厚；而心怀世界史的国别史，可见其广，这样的国别史研究如同站在高山之巅，所见广博，所思则大。而融国别史与世界形成史于一炉的新型世界史，不仅根深叶茂、视野开阔，而且能超越国别，展示其跨文化的、博大的人文关怀。

一幅
明代航海图的
全球史信息

| 龚缨晏

　　牛津大学鲍德林图书馆是欧洲最古老的图书馆之一，也是仅次于大英图书馆的英国第二大图书馆。它于 1602 年开馆，1603 年即开始收藏中文典籍，其藏品中包括两部著名的中国古代航海文献《顺风相送》和《指南正法》。2008 年，美国学者贝瑞葆在鲍德林图书馆发现了一幅中文航海地图。根据该馆的收藏记录，此图原为英国法学家、东方学家和政治家雪尔登（1584—1654 年）的私人藏品，国外学者因此将其称为《雪尔登中国地图》。雪尔登在 1653 年所立的遗嘱中，特地提到了他所收藏的一幅中国地图和一只中国罗盘，并说它们是由一位英国船长从东方带回来的。雪尔登去世后，那幅中国航海图被捐给了鲍德林图书馆，中国罗盘则现藏牛津科技史博物馆。

　　《雪尔登中国地图》是一幅纸质大型地图，纵 158 厘米，横 96 厘米，手工彩绘。北起西伯利亚，南抵印度尼西亚，东侧为日本、菲律宾群岛，西侧有中亚地区及印度洋东岸。在中国大陆部分，标出了明朝两京（北京、南京）十三省，以及对应的星宿分野。地图上画有山川、树木、花草、建筑物，还有"昆仑山，一名雪山"之类的注文。地图上方画有一只罗盘和一根比例尺，这在现存的中国古地图中是第一次出现。此外，地图上方还有一个空白方框，其用途尚不清楚。

　　《雪尔登中国地图》上没有写出地图的名称，也没有留下绘制者的姓名及绘制年代。我们更不知道其绘制的地点、目的以及如何流入英国。不过，通过分析隐藏在地图中的"蛛丝马迹"，我们可以发现，它包含着十分丰富的全球史信息，主要体现在以下几方面：

　　第一，及时反映了欧洲人在东南亚海域的最新动态。《雪尔登中国地图》右侧，画出了马鲁古群岛，这里是许多珍稀香料的天然产地。早在古代，马鲁古群岛所产的香料就被辗转贩运到地中海地区。但当时东南亚与地中海地区相互隔离，欧洲人只是模糊地知道遥远的东方有个神奇的"香料群岛"，而不清楚其实际位置。15世纪末，欧洲人揭开了地理大发现的序幕，全球化浪潮由此掀起。欧洲人海外航行的一个主要目的，就是为了寻找香料产地。16世纪初，葡萄牙人最先进入马鲁古群岛。1521年，受西班牙国王资助的麦哲伦船队也来到这一海域。虽然麦哲伦死于菲律宾，但他的同伴完成了人类历史上首次环球航行，使世界历史真正进入"全球史"时代。为了防范西班牙人，葡萄牙人于1523年在马鲁古群岛中最大的岛屿特尔纳特岛上建立起一座要塞，后因土著居民的抗击而撤离。1606年，该要塞又被西班牙人占领。1607年3月，特尔纳特岛的统治者请求荷兰人出兵把西班牙人赶出特尔纳特岛。荷兰人来到此岛后，并没有攻打西班牙人，而是建造了新的要塞。这样，在特尔纳特岛上就出现了两座要塞，一座是西班牙人的，另一座是荷兰人的。明代中国人将西班牙人称为"化人"，将荷兰人称为"红毛"。《雪尔登中国地图》最右侧有个名为"万老高"的岛屿，上面有"红毛住""化人住"的注文。显然，这个"万老高"实际上就是特尔纳特岛，因为只有在这个岛屿上才同时出现过西班牙人与荷兰人的要塞。由于荷兰人在1607年才来到特尔纳特岛，所以该地图一定绘制于1607年之后。此外，荷兰人于1624年到达台湾后，才认识到台湾是一个完整的大岛，并在地图上描绘出来。而在《雪尔登中国地图》上，台湾却被错误地表现为两个岛屿，因此，《雪尔登中国地图》应当绘制于1624年之前。

第二，全面吸收了欧洲人海外探险及地图测绘的最新成果。《雪尔登中国地图》的一大特色，就是比较准确地画出了东南亚的地形，特别是马来半岛、苏门答腊岛、爪哇岛、马六甲海峡、马尼拉湾等地。中国古代地图（如著名的《郑和航海图》），虽然也画出了马六甲、爪哇岛等东南亚地区，但地理位置往往失实，具体形状更是错误百出。相反，欧洲人自从16世纪初来到东南亚地区后，借助于先进的测绘技术，绘制出比较准确的地图。《雪尔登中国地图》东南亚部分的资料，就来源于当时欧洲人绘制的地图。该地图将东西方地理知识有机结合在一起，顺应了时代和历史要求。

第三，摆脱了中国传统世界地图的模式。在古代中国人绘制的世界地图上，中国大陆占据了绝大部分区域，海洋被严重缩小，众多小国散布在周围，局促一隅。而在《雪尔登中国地图》上，中国大陆虽然还是整幅地图的中心，但所占面积不到一半，东海、南海及海外地区则被完整地展现出来。此外，为了如实展示广阔的东南亚地区，《雪尔登中国地图》一改中国传统世界地图东西长、南北狭窄的布局，反而采用了东西窄、南北长的形式。

第四，清楚地表达了环绕全球的海上航线。在《雪尔登中国地图》上，标绘出从中国通向海外各地的海上航线，包括通向日本、琉球、菲律宾的东洋航线和通向柬埔寨、泰国、马六甲等地的西洋航线。而且这些航线的出发地都是福建的泉州、漳州一带。所以，许多学者认为，这幅地图的作者应当来自泉州、漳州地区。由于篇幅限制，《雪尔登中国地图》无法绘出印度洋地区的航线，不过地图最左侧有文字说明，描述了从印度西南岸前往波斯湾地区及阿拉伯半岛的航线，例如"古里往阿丹国""古里往忽鲁谟斯"。古里就是印度西南岸卡利卡特港，阿丹即现在也门的亚丁，忽鲁谟斯一般认为是今霍尔木兹海峡的格什姆岛。此外，该地图在菲律宾吕宋岛东部一个海峡的入口处，标有这样的注文："化人番在此港往来吕宋"。"化人番"就是西班牙人，西班牙人横渡大西洋、穿过南美洲、越过太平洋之后才抵达菲律宾。这样，《雪尔登中国地图》不仅直观地描绘出东亚及东南亚的海上航线，同时以注文的形式介绍了印度洋上的航线，并且隐约地表达了从西班牙经南美洲到菲律宾的航线。

第五，有力地见证了东西方直接的海上往来。中国与欧洲位于欧亚大陆的东西两端，古代希腊罗马时代就有间接的往来，13世纪蒙古帝国时代还曾有过直接的交往，但所有这些往来，主要是通过陆上道路进行的。当时中国通向西方的航线最远到达印度洋地区，中国与欧洲之间直接的海上航线尚未出现。地理大发现时代，欧洲人开辟了环球航线，于是东西方之间出现了日益频繁的商品贸易、人员流动、文化交流。虽然《雪尔登中国地图》谜团重重，但可以肯定的是，它是通过海上航线从亚洲流入英国的；它在英国出现，正是全球性交往初期东西方之间直接海上交往的结果。

《雪尔登中国地图》是历史上东西方地理知识及制图技术交融的结晶，正因为如此，也受到了中外学者的高度重视。虽然这幅地图所蕴含的全球史信息有待继续探究，但它无疑有助于我们加深对全球史的认识。

文明史书写的"空间转向"

｜刘文明

———

文明史书写在西方经历了一个演变过程。启蒙时期出现了反映欧洲社会进步的"文明"概念，自此欧洲人有意识地运用这一概念书写文明史。由于"文明"概念蕴含着欧洲社会的价值取向，以此为基础书写的文明史便不同程度地带有欧洲中心论色彩，这以 19 世纪的文明史著作最为典型。20 世纪上半叶，世界大战对西方社会造成的冲击使得一些学者开始怀疑线性进步史观，由此出现了以文明形态史观来书写的文明史。20 世纪下半叶，威廉·麦克尼尔等全球史学者在撰写全球文明史时，强调不同文明之间的互动，由此开始了全球史观下的文明史书写。这种文明史实现了从历时性谱系解释向共时性互动维度思考的转变，亦即"空间转向"，代表了经济全球化背景下文明史书写的一种新趋势。

一

一般认为，西方的"文明"一词出现于 1756 年，由法国思想家密拉波首先使用，随后在 18 世纪末 19 世纪初的欧洲流行开来。起初这个词只有单数形式，用来指欧洲人所达到的一种社会状态。到 19 世纪 20 年代，欧洲学者开始将"文明"用于描述其他民族或社会，由此出现了复数用法。复数意义的"文明"运用于历史书写，则出现了具有世界史意义的"文明史"。

"文明"一词之所以在 18 世纪下半叶的欧洲出现并流行开来，除了欧洲社会自身发展这一因素外，也与欧洲人的海外扩张密不可分。此时的欧洲人随着其扩张步伐遍布世界，殖民者、探险家、传教士、旅行者等将其海外见闻记载下来，使生活于欧洲的知识分子足不出户也可以了解到世界各地不同的民族、文化和社会形态。正是这些进入欧洲人视野的"他者",促使欧洲社会中形成了一种具有文化优越感的"文明"意识。美国学者布鲁斯·马兹利什由此称产生于欧洲的这种"文明"观念既是一种欧洲意识形态,也是一种殖民意识形态。19世纪欧洲的文明史书写明显受到这两种意识形态的影响。

这种"文明"概念源于近代早期欧洲的社会历史经验,是当时欧洲人在进步观影响下充满了文化优越感的一种自我表述。在欧洲文明史家眼里,"文明"是欧洲社会不断进步的结果,是欧洲社会在物质和精神上所达到的一种前所未有的状态。他们认为,海外其他民族和社会仍然处于"蒙昧"或"野蛮"状态。由此,"文明"观念也成了一种殖民意识形态。在此观念影响下,文明史家在描写处于不同社会状态的世界各民族时,以欧洲社会进步的尺度来衡量,将各民族的社会差异转换成时间维度的叙事,如此,文明史中从蒙昧、野蛮到文明的等级差异既是时间的,也是空间的,处于"文明"状态的欧洲社会成了其他各"野蛮"民族前进的方向。这种文明史赋予了欧洲殖民扩张中的"文明使命"以历史合理性。毫无疑问,19世纪欧洲"文明"观念之下的文明史,带有明显的欧洲中心主义色彩。

以法国基佐和古斯塔夫·杜库雷的文明史为例。基佐在《欧洲文明史》(1828)中声称"文明"包含两个要素:社会的进步和个体的进步,或者说社会制度的改善和人类智力的发展。无论什么地方,只要这两个方面得到了发展,"那里的人们便宣告和欢呼'文明'的到来"。基佐的欧洲文明史是从进步史观出发,以欧洲为例对这种"文明"概念做了一种历史诠释。杜库雷的《文明简史》(1886)沿袭了基佐的文明观,认为文明即人类在政治、社会、经济、智力和道德上的整体发展。该书在简要概述了尼罗河和两河流域的古代民族之后,重点讲述了希腊和罗马文明、欧洲中世纪、自文艺复兴至18世纪的"现代"欧洲,以及从法国革命到19世纪的"当代"欧洲,最后一章标题为"欧洲文明传遍世界"。作者声称:"在我们这个时代,欧洲人正在使非洲和亚洲得到再生。始于东方的文明又回到了东方,完成了一个奇妙的循环。光来自东方,但正是西方把它带回给东方,使它比以往任何时候都更加灿烂。"这种叙事将人类文明史写成了一部欧洲文明谱系的演变史,在以进步史观来凸显欧洲文明的优越性时,也将欧洲殖民扩张史粉饰成了一部欧洲人履行"文明使命"的历史。

20 世纪上半叶，西方国家间的战争打破了欧洲文明优越的神话，文明呈线性进步且由欧洲代表最高水平的文明观开始动摇。与此同时，社会有机论的流行也使人们将"文明"看作一种有着兴衰周期的有机体。于是，在斯宾格勒的《西方的没落》和汤因比的《历史研究》中，每一种"文明"都有其自身兴衰的过程，西方文明也不例外。这样，出现了文明形态史观影响下的文明史书写。斯宾格勒认为世界上有 8 种自成体系的文明，汤因比则将世界历史上的文明概括为 26 个，进一步丰富了斯宾格勒提出的文明形态史观。随后，美国学者卡罗尔·奎格利在《文明的演进》中列举了世界历史上的 16 个文明，认为每个文明都经历了混合、孕育、扩张、冲突、普遍帝国、衰败和被入侵 7 个阶段的兴衰过程。此类文明史虽然把西方文明看作人类诸多文明之一，不再将其看作其他文明的发展方向和归宿，但由于将各个文明割裂开来思考，并没有很好地解决世界历史进程中西方文明与"他者"文明的关系问题。

二

1963 年，西方世界中出现了两本颇具影响的文明史著作：布罗代尔的《文明史纲》和威廉·麦克尼尔的《西方的兴起——人类共同体史》。布罗代尔提出，文明是持续存在于一系列经济或社会之中不易发生渐变的某种东西，只能在长时段中进行研究，因此文明史是一种长波的历史。布罗代尔还认为，"每种文明都会引进和输出其文化的某些方面"，由此造成文明之间的相互影响。不过，这种观点在《文明史纲》中并没有得到贯彻，全书仍以不同文明区域的独立叙事为主。显然，时间维度的历史变迁仍然是布罗代尔思考文明史的主要路径。

麦克尼尔在思考文明之间的关系方面比布罗代尔迈出了更大步伐。他将西方放在世界历史框架下不同文明之间的关系中来书写，强调文明互动在世界历史进程中的作用，由此奠定了文明史书写的全球史框架。

随着 20 世纪末全球史的兴起，一些西方学者越来越强调不同文明之间的联系和互动，例如，美国学者皮特·斯特恩斯等编纂的《全球文明史》（1992）和菲利普·费尔南德兹－阿迈斯托的《文明》（2001），都将文明互动作为文明史的一个重要内容来书写，世界文明史不再是叙述各个文明独立发展的历史。中国学者也对书写这种文明史做了有益探索。例如，马克垚主编的《世界文明史》（2004）对不同文明的交流给予了极大关注，认为"文明在纵向发展的同时，横向上也在相互运动。这是使文明变化的一个重要原因"。美国学者大卫·威尔金森曾提出文明是一种世界体系，由中心、半边缘和边缘三个区域构成，世界历史就是半边缘或边缘文明不断融入中心文明的过程。与此同时，麦克尼尔将西方文明置于整个世界历史中来审视的研究视角，也得到一些学者的赞同。例如，斯特恩斯的《世界历史上的西方文明》（2003）探讨了如何从全球视角来理解西方文明史中的一些重大问题，批评了以往西方文明史教材中的西方中心论倾向。英国学者约翰·霍布森的《西方文明的东方起源》（2004）将西方文明置于与东方的互动关系中来理解，反驳了西方的欧洲中心论神话。这些强调文明互动的文明史，在很大程度上消解了传统的西方中心论叙事。

这种文明史书写的新趋势，是历史学"全球转向"背景下出现的一种"空间转向"，是以全球史视角和方法来书写文明史，实现了历史叙事的轴心从历时性谱系向共时性关系的转变，打破了文明间边界的局限，从关联、互动、体系等视角来理解文明的变迁，由此达到以横向空间维度的思考来补充和丰富纵向时间维度的内源性解释。

如上所述，文明史书写出现"空间转向"，与全球史的兴起密不可分。全球史作为一种宏大叙事兴起之时，"文明"是其中重要的研究单位，文明互动受到高度关注。威廉·麦克尼尔等人早期的全球史著作在很大程度上也是文明史。正是全球史视角、理论和方法的介入打破了以往文明史的局限，把文明史发展成为一种以多元文明互动为主题的历史，并以此消解文明史书写中的西方中心论。刘新成在《文明互动：从文明史到全球史》一文中提出，全球史兴起之前西方的文明史可分为两种类型，即"文明价值理论"派生的"进步史观"影响下的文明史和"文明类型理论"派生的"平行史观"影响下的文明史，但它们之间存在着内在矛盾，而"全球史观的'文明互动说'为化解近代以来西方文明观的内在矛盾、廓清人类文明的统一性与差异性问题，开启了一个新的思路"。

全球史
对历史空间的
重构

| 夏继果

———

    在 19 世纪的欧洲，学界通常将世界概念化为以欧洲为中心的、不同的文明单位，并且将之服务于"文明使命"与殖民活动等现实的目的。与此同时，随着历史学科的专业化，在兰克等历史学家的推动下，民族国家史成为主导性的历史书写范式。不过，这些专业历史学家笔下的"历史"仅仅是欧美国家和民族的历史的集合。从这个意义上说，以民族国家为框架的空间观又强化了欧洲中心论或西方中心论的空间观。

    美国学者马丁·W. 刘易士、卡伦·E. 魏根在《大陆的神话：元地理学批判》（1997）中称这一套话语为"元地理学"，意指"一整套空间结构，通过它，人们构建起关于世界的知识"。对世界的这种划分是简单化的、本质主义的，它给民族和区域强加了一种人为的内在统一性，曲解了各自内部的结构过程，忽视了历史上的网络对社会关系的塑造作用。随着冷战的结束以及经济全球化的推进，跨越边界的新的互动区不断形成。学者们开始对传统的空间结构进行再思考，全球史研究得到极大推动。它致力于重构历史空间，以探索理解人类历史的新途径。

    我们可以从作为研究对象的空间和作为学术研究框架的空间两方面来理解全球史对历史空间的重构。

    首先是全球史把历史空间本身作为研究对象，深入研究人类历史发展过程中的空间创造和空间转化。这类研究建立在以下理念的基础上：历史空间并非先天给定的，而是人类活动造就的，是社会互动的产物；旧的空间受到互动的冲击，而对互动进行管控推动了新空间的形成。德国学者马蒂阿斯·米德尔循着这一思路研究全球化史，认为全球化并非单向的、直线式的历史进程，而是多层次的。

在此过程中，所谓过时的空间组织形式（如民族国家）仍然发挥着决定性的作用，所有不同的层面（例如城市、国家、区域、超国家、全球）都创造着自己的空间，需要研究者予以考虑。米德尔在与卡特娅·瑙曼合著的《全球史与空间转向：从地区研究的影响到全球化关键节点的探究》（2010）中明确指出，经济全球化是"去领域化"和"再领域化"的辩证过程，并以1840—1880年这一典型的经济全球化时段予以说明。由于技术进步和西方扩张加速，全球互联在这一时段空前增强。这对于既有的政治秩序和社会秩序形成冲击，世界上许多地方在同时回应同样的挑战，暴力对抗时有发生。此处的关键点在于"同步性"：这些冲突不仅仅表现为恰巧同时发生的诸多国内对抗，它们还具有全球性，因为正是这些战场决定了各国或社会以何种方式参与世界事务，而且通过这些战场，人们找到了维护国内强有力的社会整合并确保各国间有效互动的最佳途径。所导致的结果是新型空间关系的确立，即所谓"再领域化"。

在笔者看来，认识到历史空间的开放性和变动性对于历史学研究是至关重要的，这推动全球史不断突破传统的研究框架，探索新的研究单位。哲学家与地理学家早在20世纪70年代就开始讨论新型空间关系的构建，历史学家稍后参与其中，所形成的一些核心思想被概括为"空间转向"：承认各种空间结构的同时存在，认识到空间的建构性以及历史参与者和历史学家在塑造空间秩序中的核心地位，拒绝任何形式的中心主义。这些观点在20世纪90年代得到广泛认可。

例如，1995年，威廉·麦克尼尔在《变动中的世界历史形态》中指出："严格意义上的世界历史应该首先关注共生的世界体系的变动，接下来再把不同文明内部以及类似国家、民族的更小的实体内部的发展纳入这个不断变动的整体框架之内。"这种在亚欧大陆的整体变迁中重新认识传统史学空间的观点给人耳目一新的感觉。

2016年，德国学者塞巴斯蒂安·康拉德在《全球史是什么》中对诸多的相关研究实践进行归纳，概括出重构历史空间单位的四种方法。第一，构建大规模跨国区域。在这里，康拉德所强调的是海洋，并认为，在人类历史的大部分时间里，海洋并非超然于世的水体，而是跨越政治边界与文化差异的、人类联系和互动的重要平台。第二，不拘泥于固定区域，而是从问题出发，采用"跟随"模式，追踪人群、商品与冲突的移动，将国家内部的地点与其他高于国家层面的各种地点联结起来，探究互相交叠的空间。第三，构建交往的网络。在经济全球化时代，网络内部不同节点之间频繁发生商品、信息和人口流动，这些节点并不与国家重合，而是以网络和流动的方式组织起来的，历史上的多数跨境互动都可以用网络架构来理解。第四，书写全球微观史。康拉德认为，不宜将全球史与宏大叙事等同起来，全球和地方并不一定是对立的；全球进程由地方局势所塑造，也在地方局势中体现出来。

在这四种方法中，大规模的跨国区域是"互动区"，最接近于我们目光可及的、现实的地理空间；后三者则是根据研究议题而构建起的"史学空间"，其中"跟随"模式和网络思维的主要区别在于，前者通常聚焦于单一的商品、人群或冲突的流动，而后者所关注的则是全方位交流所形成的密集性网络，关键在于交往的频度和密度。

全球史对历史空间的重构有着重要的学术价值和现实意义，也存在着需要谨慎对待、深入探索之处，以下几个方面需要重点强调。

第一，关于空间的历史化。康拉德所言的"大规模跨国区域"除海洋之外，还应包括内陆亚欧、亚欧伊斯兰世界、撒哈拉沙漠等陆上人类交往的开放性空间。全球史的这种空间观挑战以欧洲为中心的、线性发展的传统时空观，聚焦于互动性和共时性，这对于客观、公正地认识历史发展是至关重要的。但也应当认识到，这类研究并不太关注共时性的历史成因，或者说更青睐于空间而不是时间，所涉及的地理环境往往是静态的背景。以海洋史研究为例，虽然它极大地冲击了陆地视角下的民族国家空间观念，但是海洋却很快变成自成一体的、僵化的特定实体，这种新空间与旧空间相比，可谓"新瓶装旧酒"。

走出这一困境的关键在于，在之前将历史空间化的基础上，在一个更高的层次上实现空间的历史化，把共时性的空间结构还原成历时性的历史过程，进而推动对历时性变化的重新思考。这种研究同样要以问题为导向。美国学者马库斯·芬克在《印度洋研究与"新海洋学"》（2007）中呼吁学界把印度洋本身作为研究对象，从关注相对静态的"特质地理"转向探究动态的、关联性的"过程地理"，以此界定印度洋世界众多开放的、模糊的、易变的时空边界，并将其历史化、在地化。从这个意义上说，空间并非承载历史进展的容器，而是这些进展的副产品。

第二，关于全球与地方的关系。随着20世纪下半叶经济全球化进程的加速，人们似乎感到民族国家不再是调控社会活动最有效的空间模式，到 20 世纪 90 年代，"全球治理"的观念盛极一时，大有取代国家至上的世界秩序指导原则之势。但人们很快意识到，全球治理要想富有成效，需要深入思考从全球到地方的不同空间层面（包括民族国家）之间的共存关系，在此基础上建立起一种全方位的、协调的新型空间秩序。

这些基于现实的认识凸显了开展全球微观史研究、正确认识全球与地方之间辩证统一的历史过程的必要性。我们在研究地方性历史空间的形成时，应超出"自给自足"的想象，既重视内部因素，也不忽视外部力量，具体研究"本地性"身份的形成路径，追溯将"非本地"元素内在化的诸多方式。

第三，关于历史变迁中的权力因素。在讨论网络与流动时，切忌认为这种进程是自生的、在真空中发生的，而应该深入研究推动其生成与运行的权力。美国学者斯文·贝克特的《棉花帝国》（2014）在这方面可谓典范之作。它关注棉花种植、运输、加工和销售的世界性网络，但更重要的是深入剖析了以棉花产品为中心而形成的权力和资源的支配网络，认为其主导者是资本和国家。

上述三个方面分别从纵向进程、横向关联和深层动力思考空间的历史脉动，可以对国内的全球史研究提供些许借鉴，也可以为理解当今世界的变动提供一种思路。

法国史
书写中的
全球转向

｜庞冠群

————

全球史的发展带来了对民族国家历史书写的冲击，不过，全球史并不意味着要完全摆脱民族国家的历史，而是要放在更广阔的空间内考察。在国际法国史学界，有不少史家意识到，要认识法兰西的历史应跳出国界的束缚，以跨国的、全球的视角去探索它与外部世界的关系。

超越六边形国土看法国历史

早在 1950 年，法国年鉴学派奠基人吕西安·费弗尔就和他的助手弗朗索瓦·克鲁泽共同撰写了一部从跨国史视角理解法兰西文明的作品《我们都是混血儿：法国文明史教程》。这部著作原本是受联合国教科文组织之托、为巩固战后和平而编写的中学教材，然而直到 2012 年才得以出版。作者试图证明法兰西是在不同种族和文化的不断融合中逐步形成的，它是一个囊括了阿拉伯人与非洲人在内的多民族混合体。从历史长河来看，世界塑造了法兰西，法兰西也影响了全世界，不同民族国家之间具有相互依存关系。从日常事物观察，法国梧桐、七叶树等貌似源自本土的植物其实来自亚洲，到 16、17 世纪才移植到法国，许多最正宗的本土食物也源自世界其他地区。总之，正如克鲁泽所说，此书反对法国中心观，倡导各种文化的融合。由于种种原因，这部书稿长期被束之高阁，如今得以问世正说明这种倡导文明互鉴、以跨国视角考察民族国家历史的做法符合当下的史学书写潮流。然而，此书也存在明显的时代局限，它将法国的殖民扩张视作向世界传播文明与自由观念，这显然是错误的。今天的编者也认为，作者们拔高了法兰西文明，关于殖民主义的描述更是陈旧过时、应予以批判的。这也正是 21 世纪全球史视角下的国别史书写需要克服的东西。

法国学者帕特里克·布琼肯定了费弗尔与克鲁泽的探索，并于 2017 年率 122 名史家共同完成了《法兰西世界史》。此书尝试"通过世界阐释法国，以世界为局书写法国的历史"，但无意"颂扬民族的光荣崛起"。而在两年之前，美国学者泰勒·斯托瓦尔已经出版了《超越法兰西国界》，从跨国史的视角审视近代以来的法国历史，着重考察法国与欧洲、美国，以及和殖民地之间的关联与互动。全球史观对国别史的冲击，不仅体现在通史的撰写上，更体现在大量的专题史研究中。一向侧重呈现法兰西政治与文化独特性的法国近代史研究领域出现了明显的"全球转向"，就笔者所见，路易十四时代的东方主义、18 世纪的"法属大西洋世界"等问题明显运用了全球史、跨国史的研究路径。

近代早期法国与东方的接触

为了与哈布斯堡王朝争霸，法国自 16 世纪起便和奥斯曼帝国建立了外交与商业联系。到路易十四时代，法国与奥斯曼帝国、印度、波斯、中国和暹罗等国家的贸易往来与跨文化交流引人注目。2008 年美国学者麦凯布撰写了《近代早期法国的东方主义》，次年加拿大学者尼古拉斯·迪尤出版了《路易十四时代法国的东方主义》。前者勾勒了 16—18 世纪的欧亚贸易、异国情调及其对法国社会的影响。这一时期法国与亚洲贸易的激增，带来了丝绸、棉布、茶叶、瓷器、宝石、漆器、花卉等具有异国情调的物品，它们改变了法国人的日常生活与社会文化。此外，参与贸易活动的商人、传教士和外交官所撰写的旅行见闻也产生了深远的影响。关于奥斯曼、波斯统治者政治权力的讨论，则推动了法国学者关于本国君主制政体的思考。迪尤则强调，法国学者在语言学、科学、人类学、比较宗教、旅行记述等方面所做的工作为启蒙运动奠定了基础，使得孟德斯鸠、伏尔泰等人在谈及东方时能信手拈来种种例证。两本著作都指出，路易十四时代的文人、学者出于宗教、商业、科学等目的，收集、编纂了大量关于东方的文献，献给国王与大臣科尔贝等资助人，并形成了一个知识交流与传播网络。铭文与美文学院以及科学院便是收集东方知识的重要机构。甚至可以说，东方学推动了法兰西科学院的创立。

在与奥斯曼、萨法维等帝国接触的过程中，法国人往往把它们看作参照物。
2019 年，美国学者苏珊·穆哈巴里出版了《波斯之镜：近代早期法国对萨法维帝
国的反思》，考察了 17 世纪中叶至 18 世纪前期法国王权、宫廷和知识界如何认识
萨法维王朝并与之互动的。在孟德斯鸠出版《波斯人信札》之前，法国人就对波
斯颇为着迷，如饥似渴地阅读相关旅行见闻、民间故事，关注 1715 年波斯大使造
访巴黎和凡尔赛。在作者看来，波斯成了法国人赞颂或批判波旁王朝的一面镜子，
最终塑造的是法国人自身的认同。

"法属大西洋世界"的兴衰

弗朗索瓦一世曾产生过殖民扩张的野心，然而 16 世纪后半期的宗教战争不
利于殖民计划的开展。17 世纪，法国逐渐成为加勒比海地区的强国，在圣多明各、
马提尼克和瓜德罗普等地建立殖民地。到 18 世纪后半叶，"法属大西洋世界"的
奴隶贸易与种植园制度发展至顶峰。所谓"法属大西洋世界"，主要包括法国西
部的港口城市和生产大量蔗糖、咖啡、靛蓝和棉花的安的列斯殖民地。法属大西
洋概念强调的是一个交流与冲突的空间，它涉及的不仅是法国与殖民地的关系，
也涉及各殖民帝国之间的竞争与往来。

2022 年初，加拿大学者海伦·迪瓦尔挂出了《新法兰西之争：法属大西洋的
公司、法律和主权（1598—1663）》。作者指出，从 16 世纪初开始，每年有数千名
来自巴斯克、布列塔尼和诺曼底等地的渔民与商人跨越大西洋，从事捕鱼、捕鲸
和毛皮贸易，他们将此视作习惯权利。17 世纪，这些习惯权利受到了挑战，因为
法国试图给予某些个人和公司贸易特权以便在北美执行殖民扩张的计划。于是，
激烈的冲突接踵而至，引发了诸多围绕着权力与特权的诉讼。迪瓦尔证明了，殖
民帝国的形成和法国的国家建构相互推动，对于新法兰西的控制有助于巩固国内
的海事管理机构并监督主要的大西洋贸易航线。

海外殖民扩张以及跨大西洋贸易，也深深影响了法国沿海城市的发展。2020
年，英国学者艾伦·福里斯特出版了《法属大西洋之死：革命年代的贸易、战争
和奴隶制》。此书重点考察了法国在大西洋的殖民帝国在革命时代衰落的原因，

但作者也花了很大篇幅勾勒大西洋贸易如何造就港口城市的繁荣以及革命前十年法国经济的兴旺。以波尔多为例，它的昌盛在于充当了法属美洲殖民地和欧洲大陆之间的转口贸易中心，吸引了来自法国西南部的劳工、欧洲北部的商人、巴黎的艺术家和建筑师。大西洋贸易还使商人、船东等群体成了商业贵族。然而，这种繁荣是脆弱的，列强在海上的战争是大西洋航运面临的主要风险，也是法属大西洋衰落的首要因素。另外，大西洋经济的繁荣病态地依赖贩奴贸易和奴隶劳动，随着反奴隶制观念的兴起，畸形的繁荣注定走向消亡。革命也在殖民地播下了反抗的种子，经过多年战争与奴隶起义，圣多明各和瓜德罗普的商业文化走向凋零。在对法属大西洋的兴衰勾勒之外，此书还强调南特、拉罗谢尔、波尔多等港口罪恶的奴隶贸易产生了令人不安的历史记忆，并在今天的法国种族关系上留下了难以消除的印记。

被大革命摧残的法国大西洋经济，其实也正是促进革命降临的因素。美国学者保罗·切尼和洛朗·杜布瓦的研究都表明，大西洋经济的发展改变了法国的社会与经济生活，对既定的政治秩序与社会结构形成了挑战，进而推动了革命的发生。杜布瓦还指出，殖民地起义的奴隶与宗主国革命精英共同推进了废奴主义的发展，赋予大革命的公民权观念以新内涵。

当下的法国面临移民问题、种族关系等困境，只有在更广阔的空间内考察民族国家的历史，才能更深刻地理解这些问题的历史成因。此外，从全球视角书写法国史，可以将贸易往来、物种传播、文化交流、政治碰撞、社会转型等内容重新融会贯通，研究者们不必在经济与社会、政治与文化等研究领域各执一端。

跨国史
视角下的
民族国家史书写

————

　　专业的历史学出现于 19 世纪中叶民族国家观念盛行的时代，当时它最重要的功能是服务于构建民族身份和民众对国家的认同，由此民族国家成为历史叙述的基本单位，政治变革、经济发展、社会变迁、人物活动等都在民族国家的背景下展开。

　　20 世纪中叶以来，随着经济全球化的深入发展，技术、资金、人才、信息、商品等实现全球流动，网络安全、气候变化、能源危机、重大传染性疾病等全球性挑战也日益严峻，任何一个国家都无法单独应对，联合国等国际组织作用逐渐凸显，国际非政府组织数量大幅增加，世界逐渐变成一个地球村。在这种背景下，历史学出现了"全球转向"，传统民族国家史的某些方面逐渐显示出落后于时代的不足，与世界各国成为一个相互依存的整体的大趋势相背离。具体来说，主要表现在以下方面。

　　首先，囿于民族国家视野来看待本国历史，缺乏对民族国家所置身其中的世界整体的认知。传统民族国家史强调国家发展的内在动力，忽视外部因素的作用，不关注超越民族国家的历史现象，因此无法认识到世界历史进程和全球因素对本国的影响，世界史成为民族国家史的简单叠加。

　　其次，过于强调本国历史的重要性和独特性，甚至走向自我中心主义。例如，长期盛行的"美国例外论"认为美国具有区别于其他国家的显著特征，包括特殊的价值观、独特的历史发展轨迹、完善的政治制度等；美国具有典范性，有权评价其他国家的是非善恶，而不接受"他者"标准的评判。这种倾向的民族国家史凸显了欧美国家的文明优越论，体现了狭隘的自我中心主义。

前沿世界史
048　|　文明、海洋与全球视野

在经济全球化背景下如何书写民族国家史？受全球史兴起及历史学"全球转向"的影响，一些学者开始探索民族国家史书写的新路径，于是出现了"跨国史"。1991年，澳大利亚史学家伊恩·蒂勒尔首先提出通过跨国史研究打破"美国例外论"，随后托马斯·本德和入江昭等西方学者也加入到跨国史研究中来，并出版了《女性的世界/女性的帝国：国际视野下的基督教妇女禁酒联盟（1880—1930年）》《全球史与跨国史：过去、现在和未来》等一批代表性成果。

蒂勒尔的《女性的世界/女性的帝国：国际视野下的基督教妇女禁酒联盟（1880—1930年）》是最早的跨国史著作之一。该书从全球视野讲述了1884年成立的美国女性基督徒禁酒联盟（WCTU）从美国一国拓展到全世界，并最终发展为一个会员遍及42个国家的国际组织的历史。作者认为，美国的妇女运动具有跨国性，她们有着明确的政治目标，诉求不局限于禁酒，还包括改变男权政治、改善劳工生活等；她们在国际舞台上的活动，推动了全球范围内的妇女解放，促进了世界和平。蒂勒尔的另一部著作《真正的诸神花园：加利福尼亚－澳大利亚的环境改良（1860—1930年）》从跨太平洋交流的角度探讨了美国加利福尼亚和澳大利亚之间植物、昆虫、人员、观念和技术的交流，以及这种交流对两个国家的影响。他提出，澳大利亚和加利福尼亚的"环境改革者"都试图将由黄金开采、大规模单一作物种植和畜牧业塑造的社会，改造为以小规模农业和园林景观为基础的平等社会。这本书考察了跨越国界的环境交流，是从跨国史视角书写民族国家环境史的有益尝试。

本德专注于美国史研究。他认为，以民族国家为历史的天然载体——"这种写作和教授历史的方式早已黔驴技穷"，"美国史中的一切重大主题和事件，包括像革命和内战这样独特的美国事件，都应在一种全球史的背景下接受检视"。作为从跨国史视角书写美国史的代表作，该书重点讨论了欧洲在新大陆的殖民扩张和美国历史的开端、独立战争和南北战争、帝国的扩张、美国的进步改革和社会自由主义等问题，并将这些问题视作全球历史的一部分重新加以解释。作者认为，美国史不是一种线性进步的故事，不是一种自我维持、封闭自足的历史，而是多国历史相互作用的产物；英属北美殖民地的革命危机只是众多全球革命危机中的一种，18世纪各大帝国的竞争以及合众国以外的诸种势力对美国的创建和发展具有决定性的影响；《解放黑人奴隶宣言》体现了19世纪中叶欧洲自由派对国家、自由和民族国家之领土的全新理解，美国内战既是世界范围内废奴运动的一部分，又是世界范围内追求自由民族主义的中心一环；美利坚帝国是世界诸多帝国中的一个，无论从目的还是从风格来看，美国的西进运动和海外殖民不是偶然行动，而是欧洲主导的帝国主义运动的延续，美国的对外贸易政策和海外投资政策同样因袭欧洲；美国的进步改革是19世纪末人们对工业资本主义和大型城市极度扩张的一种全球化回应的一部分，改革反映出美国自身的国情，但改革思想在全球范围内是共享的。该书以全新视角叙述美国历史，为美国史书写带来了重要变革，作者希望以此书宣告传统美国史的"寿终正寝"。

尽管选题不同，视角和切入点各异，但与传统的民族国家史相比，跨国史视角下的民族国家史书写已经表现出自身特点：将民族国家的发展及国家内部发生的历史事件置于更广阔的历史背景中进行考察，将民族国家史视为人类历史的一部分；不再单纯从国家内部寻找社会变迁的动力，而是重视跨国交流和全球互动在国家形成发展历程中的作用，探究本国历史进程与区域或世界历史进程的相互影响；研究不再囿于政治领域，而是更多关注思想、文化、信息、商品等要素的跨国交流，国际性运动，政府间组织和非政府组织的活动，防范疾病、保护环境等跨国合作，以及劳工、妇女、移民等社会群体。这不但极大丰富了民族国家史的研究内容，而且改变了对历史事件的固有解释，加深了对相关问题的理解，成为一场民族国家史研究的"史学革命"。

近十年来，国内学者也开始致力于跨国史研究，并发表了多篇论文，如王立新的《在国家之外发现历史：美国史研究的国际化与跨国史的兴起》、孙绣的《从美国史学史看美国史研究的"跨国转向"》等对跨国史做了理论考察，何平和肖杰的《跨国史视野下的宗教改革运动》、庞冠群的《全球史与跨国史：法国革命研究的新动向》等则运用跨国史方法对民族国家史中的一些问题做了实证研究。

当今世界是一个不可分割的整体，各国相互依存、休戚与共，国际社会已经日益成为一个你中有我、我中有你的命运共同体。从跨国史视角来审视民族国家的历史，将民族国家融入世界之中来理解，有助于人类命运共同体意识的树立，构建和谐世界。中国学者可以发挥后发优势，在消化吸收现有学术成果的基础上，推动跨国史的理论创新和实践发展，从跨国史视角书写出具有中国特色、中国风格、中国气派的民族国家史。

跨文化互动：
历史书写的
新主题

|王晓辉

　　19 世纪兰克史学确立以后，对民族国家的叙述成为专业历史学界的通行范式，其关注点主要在民族国家内部。在此背景下，这一时期的宏观世界史主要为一种哲学视域下的普世史，如黑格尔的《历史哲学》。少数由专业历史学者创作的宏观世界史著作，不仅涵盖范围有限，而且通常将西欧视为世界的中心和历史发展的主线，其他地区则沦为陪衬。20 世纪上半叶，宏观世界史的写作一定程度上仍然受到当时主流历史学界的排斥。

　　二战后随着国际组织的纷纷成立和经济全球化的更加深入，各民族互相往来、互相依赖的现实，要求史学工作者对不同地区间交流和互动的历史进行考察。与此同时，人类学、语言学、地理学等学科在 20 世纪上半叶的发展，也为宏观历史和跨文化研究提供了诸多有重要价值的新材料和新视角。一些具有敏锐意识的专业历史学者开始涉足宏观世界史研究，并由此开拓了跨文化互动这一历史书写的新主题。

　　1963 年，美国芝加哥大学的威廉·麦克尼尔出版了其代表作《西方的兴起——人类共同体史》。作者提出了共生圈的概念，考察在技术传播、游牧民族迁徙、宗教扩散以及物种传播等因素影响下世界各文明的兴衰演变，以及由此出现的世界由分散到统一的历程。该书为日后西方学界的跨文化互动研究打下了重要基础。除麦克尼尔外，当时也在芝加哥从教的马歇尔·霍奇森以及斯塔夫里阿诺斯虽与麦氏并无多少交流，但他们也在进行类似的思考和实践。霍奇森在 1963 年发表的论文《历史上各社会之间的相互联系》中提出了亚欧非文明复合体的概念。他认为，在这个复合体内任何较小的实体都是不完善的整体，西欧的崛起也取决于亚欧非作为一个整体的历史，甚至其正是因边缘的位置而受益。斯塔夫里阿诺斯的《全球通史》也主张将人类视为一个整体，该书 1970 年出版后在世界范围内产生了广泛影响。

对于经济全球化背景下历史书写的新趋向，探索者并不限于西方学者。我国世界史家吴于廑 1964 年撰写的《时代和世界历史——讨论不同时代关于世界历史中心的不同观点》一文指出，一部科学的世界史必须阐明世界历史的一致性和整体性。吴于廑认为，世界的整体性虽然直到 15、16 世纪才开始真正出现，但"从古以来，就有各种因素为世界历史整体性的发展准备这样或那样的条件"。诸如技术扩散、语言传播、旅行家游历、思想文化交流、移民迁徙，乃至不同文化群体间的冲突和矛盾，这些"都有利于世界历史之终将进入不分畛域的整体的发展"。由此可见，主张从民族国家外更广阔的视野重新审视历史，并注重对不同地区间跨文化互动关系的探讨可谓是中外史学界的共识。

对于史学发展的这种新动向，英国历史学家巴勒克拉夫在 1978 年的《当代史学主要趋势》中指出，"认识到需要建立全球的历史观——即超越民族和地区的界限，理解整个世界的历史观——是当前的主要特征之一"。他不仅提出建立全球史观的重要性，还进一步认为其主要着力点应在于"探索超越政治和文化界限的相互联系和相互关系"。

此后，西方学界在这一领域的研究更加多元和深入。除了美国学者继续在这一领域深耕，如菲利普·柯丁对大西洋史的研究、伊曼纽尔·沃勒斯坦的世界体系理论、阿尔弗雷德·克罗斯比的生态史研究、加州学派对近代早期中国的探讨、帕特里克·曼宁的全球移民史研究、入江昭的跨国史研究等，英国、德国、加拿大等地的学者也对跨文化互动主题有了更多的关注。英国学者的跨文化互动研究多与传统的殖民史和帝国史相关。克里斯托弗·贝利的《现代世界的诞生：1780—1914 年》把现代世界的形成描绘为一个去中心化，同时也是互相联系的进程。约翰·达尔文的《后帖木儿时代：全球帝国的兴与衰（1400—2000 年）》探讨了 1405 年以来欧亚大陆主要帝国间的相互碰撞和相互影响。德国学界对跨文化互动的研究近年来也发展迅速。于尔根·奥斯特哈默在《世界的演变：19 世纪史》中用宏大视角展现了 19 世纪的各种面相，对各种跨国家、跨大陆、跨文化的现象着墨甚多，该书也被认为是德国甚至欧洲最重要的全球史著作。而塞巴斯蒂安·康拉德对跨文化互动理论进行了深刻探讨。他在《全球史是什么》中指出，全球史学者除需对不同地区的关联和互动加以阐述外，更要关注其背后的结构整合及推动力。加拿大学者卜正民则在《维梅尔的帽子：从一幅画看全球化贸易的兴起》中用卓越的洞察力和生花妙笔，展现出 17 世纪全球贸易和文化交流的广阔图景。该书出版后在社会上也引起了较大关注。

在国内史学界，史学家们对这一问题的探讨也取得了重要进展，吴于廑对游牧世界与农耕世界关系的探讨、罗荣渠对现代化的研究、马克垚对世界文明史的探讨等都产生了广泛影响。进入 21 世纪后，随着中国国际地位的不断提升和国内外学术交流的密切，跨文化互动研究的吸引力不断提升，除了世界史学者，越来越多的中国史学者也开始主动参与这一主题的研究。如万明对明代白银货币化的研究、葛兆光从"周边"对"中国"的探讨等，都涉及跨文化互动主题。与此同时，一些学者也对西方跨文化互动的理论进行了反思。如刘新成在肯定互动理论及其研究路径的积极意义的同时，也深刻指出应警惕一些西方学者用互动理论为西方殖民侵略"洗白"的做法。

在历史的长河中，经济全球化的发展虽不免遇到暂时的阻隔而迂回、转向，但其滚滚洪流的大势可谓浩浩荡荡，趋向明晰。也正是在这样的背景下，自 20 世纪中叶以来，对不同国家和地区间跨文化互动的研究逐渐成为历史书写的新主题。而这一研究弥补了以往单纯强调内部动因的不足，凸显了外部因素的重要性，在更大的时空范围内重塑和增进了人们对民族国家和地区的认知，从而有利于对历史形成更加全面和客观的理解。

第二部分
————————

不同文明的特征
以及文明的交流互鉴

人类历史上各民族和国家经历了从相互孤立隔绝到彼此交流融合的过程。早在 2000 多年前，东西方之间便通过古老的丝绸之路建立起了联系。无论是陆上的，还是海上的，借由丝绸之路这一重要通道，东西方的物产、科学技术、文化、宗教等得以传播、扩散，为人类文明交流史画下了浓墨重彩的一笔。关于丝绸之路的研究，一直吸引着中外学人的目光，不过，在很长一段时间内，对丝绸之路历史文化的探索研究多为西方话语所控制。新中国成立尤其是改革开放之后，经过中国学术界的努力，终于扭转了"丝路学中心在西方"的局面，我国丝路研究取得了真正意义的进展，如今的丝路研究已成为各国专家学者共同耕耘的园地。东西方文明交流史是丝路研究中的重要命题。

拜占庭文明
对古代文明的
继承

|陈志强

拜占庭文明以其丰富的内容、完整的体系、鲜明的特点和深远的影响独步欧洲地中海世界，在该地区文化发展过程中发挥了极为重要的作用。国际拜占庭学界对拜占庭文化的研究成果极为丰硕，得出的结论也令人信服。本文旨在阐明拜占庭文明对古代文明的继承问题。

拜占庭对古希腊文明的继承

拜占庭帝国的疆域变动极大，但其主要区域和以首都君士坦丁堡为中心的腹地却始终位于古代希腊和希腊化地区。拜占庭人也一直生活在古希腊文明和文化传统的强大影响之下，古希腊语言和文学（包括诗歌、戏剧、哲学、史学等）的优美典雅长期吸引着拜占庭教俗两界知识分子。他们以古希腊语为交流媒介，维护着以古希腊语为核心的学术标准。直到 1453 年 5 月土耳其大军兵临君士坦丁堡城下时，拜占庭人还在模仿着古希腊作家的文风，用希腊语记录下帝国皇帝最后的搏杀。古希腊文化的持久魅力即便在帝国大厦倾覆之后很久，也仍然在拜占庭流亡文人身上顽强地表现出来，他们像其前辈一样嘲笑那些讲不好希腊语的外邦人，更看不起"野蛮的"北方佬和来自西地中海的拉丁人。他们以能够讲一口标准的古希腊语、写一手精美的希腊文书法、背诵几段古希腊史诗或戏剧台词为荣。他们对古希腊文化的"痴迷"极大地影响了其意大利"人文主义"的学生们，包括彼得拉克、薄伽丘等新文化的领头人都是文艺复兴运动的头面人物，近年来陆续整理出来的这个时代人文主义者的书信清晰地描绘出这种文化联系。

拜占庭教俗知识分子痴迷古希腊文化不是偶然的，而是该地区特别是爱琴海地区自古以来生活状态延续的结果。拜占庭经济虽然属于农业经济，拜占庭文明具有农耕性质，但作为拜占庭文明中心区和区域经济中心点的城市财政则主要依赖自古存在的地中海海洋经济，帝国统治极大地得益于海洋航路上活跃的过境贸易（特别是黎凡特东方贸易），因此其继承古希腊文化具有广泛持久的生活需求和社会基础。正是凭借着古希腊文明蕴藏的活力，拜占庭人在9、10世纪期间通过传教士西里尔创造了古斯拉夫语的"西里尔文字"系统，刻意打造了包括整个东欧世界的拜占庭文明圈，并将各斯拉夫族群纳入其中。而古希腊式的思维模式通过希腊语已经深入人心，成为融入其血脉的精神遗产。即便它被披上了中古基督教的外衣，也难以改变其古老的文化传统。拜占庭基督教也因此具有鲜明的东正教特征。

拜占庭对古罗马政治理念和法律传统的继承

自公元4世纪前半叶以后，以东地中海为舞台的拜占庭帝国虽然取代了以西地中海为中心的古罗马帝国的地位，但是它与后者有着千丝万缕的联系。在直到6世纪下半叶为止的相当长的时间里，拉丁语仍然是拜占庭帝国的官方语言，它和民间流行的希腊语并存兼用。拜占庭帝国的皇帝们始终缅怀罗马大帝国的光荣，特别是在7世纪初之前的拜占庭帝国历史早期，皇帝们无不以恢复和重振罗马帝国昔日辉煌为己任。杰出君主查士丁尼一世更是其中的突出代表，通过近半个世纪的奋斗，终于将地中海重新置于皇权统治下，将其再度变为"罗马帝国"的内海。古代罗马帝国统一世界的政治理念和帝国皇帝君临天下的荣威一直是拜占庭人的政治理想和追求，因而拜占庭人对古罗马文化的继承就具有天然的责任感，他们始终以"罗马帝国""罗马皇帝""罗马人"自称。直到1453年4、5月间著名的君士坦丁堡防御战期间，末代皇帝君士坦丁十一世仍像其先辈君王一样，高举着罗马皇帝的旗帜，召唤着他那些讲着希腊语的"罗马人"臣民在战火纷飞的首都城头拼死抵抗。虽然这是一幅非常奇特的画面，却反映着拜占庭人继承古罗马政治传统的自觉性。

拜占庭人坚持罗马帝国政治理念的社会环境是与东地中海世界复杂的族群构成密切相关的。这个地区不仅存在埃及、巴勒斯坦、叙利亚、阿纳托利亚、小亚细亚的"古代民族国家"遗产，而且有大量从东方和北方涌入巴尔干半岛的斯拉夫和中亚游牧部落。为了治理该地区众多的古代族群及其活动，帝国政府始终维系着庞大且完善的官僚国家体制，其核心是集政治、经济、军事、外交、社会、司法、宗教、文化各种最高权力于一身的皇帝专制中央集权，以此实现大帝国的统治。这种帝国中央集权政治制度是拜占庭人对古代罗马帝国政制的继承，只不过拜占庭人将其推向极致，从而形成了拜占庭帝国区别于欧洲其他国家的最重要的政治特征。

拜占庭人对古罗马法律习俗的继承更是尽人皆知的历史事实，查士丁尼一世的《罗马民法大全》既是继承，也是创造，其影响至今犹存。《罗马民法大全》不仅梳理了自古罗马帝国哈德良皇帝以来的全部立法，而且为拜占庭人改革和整顿工作提供了统一的尺度，进而为理顺帝国社会各种关系提供了理论依据。这部法典确立了欧洲历史上第一部系统完整的法律框架和基本理念，因此它不仅成为拜占庭帝国此后历代皇帝编纂法典的依据和蓝本，而且成为此后欧洲各国的法律范本。这部法典确定了公法和私法的概念，为私有制的商品社会关系提供了法律基础，因此对近现代世界法律史发展的影响也极为深远。拜占庭法律史是学界比较缺乏关注的领域，因而是拜占庭研究的一个"金矿"。

拜占庭基督教信仰深受古代东地中海文化的影响

拜占庭基督教是从君士坦丁大帝推行"基督教化"政策以后迅速发展起来的，它随着基督教教会经济政治实力增强、势力扩张而兴起。而基督教在其最初发展的几百年间以地中海盆地特别是地中海东岸为舞台，早期的五大教区一度都在拜占庭皇帝统治下，为基督教各派公认的前七次"大公会议"则全部是由拜占庭皇帝主持召开的。正是在这些决定基督教未来发展的重要会议上，有关基督教核心信仰、基本教义、主要信条、神学主题、教权与皇权的关系等得以确定。拜占庭基督教（东正教）具有神秘性、保守性、正统性的特征，其形成的原因在于它在满足拜占庭普通居民精神生活需求的同时，还接受了东地中海古代文化的影响。

东正教的神秘性正是源于东地中海沿海多种古代文明具有的神秘主义特征。其教义认为，对于人类不可认知的神祇，人类只能通过信徒个人冥思苦想来感知这种启示，只有通过个体"神圣化"的体验来实现。东正教的这种神秘性与古代犹太教、古典柏拉图主义和闪米特文明具有深远的思想源流关系，不仅成为其神学的核心特征，而且与天主教主张的经院式理论性神学形成对照。拜占庭基督教神学的神秘性也决定了其教会制度与组织上的保守性，以及礼仪形式和崇拜习俗的正统性。对于拜占庭基督教信徒而言，原初的、用希腊语记录下来的、未经任何添加的经典和信仰才是真理，其纯洁而正统的绝对性与天主教神学截然不同。

拜占庭文明具有鲜明的海洋性特征

打开地图仔细观察拜占庭帝国的疆域变化，人们不难发现，拜占庭文明核心区的范围集中在从黑海经马尔马拉海和爱琴海至东地中海一线，形成了纵贯南北的一条"海洋中轴线"。其千年都城君士坦丁堡恰好坐落在这个中轴线的中央部位。这不仅是地图上的巧合，更是拜占庭帝国继承古代帝国海洋性特征的地理表现。拜占庭人将罗马帝国地中海东西走向的"海洋中轴线"调整为南北走向的中轴线，更集中地体现出古典希腊罗马文化以地中海为舞台形成的海洋性特征。以爱琴海为中心区的古希腊文明和由亚平宁半岛扩张而逐步形成的罗马帝国将地中海亲切地称为"我们的海"，因为它确实是他们的内海。即便是普通百姓中流行的习俗也具有热爱海洋、亲近海洋、拥抱海洋的特点，这与内陆文明视海洋为"险境""仙境"的风俗习惯形成明显对照。

海洋是拜占庭帝国的生命线，是这个千年帝国的安全屏障，也是它的物质供给通道，海洋贸易更是该文明的主要财政来源。像古代地中海各个文明一样，海洋赋予拜占庭文明持续千年的活力，切断了其海上"脐带"，拜占庭文明之花便枯萎凋谢。君士坦丁大帝于330年启用"新罗马"之后的千余年，拜占庭帝国社会的精英阶层和城市文化都建立在海上供给线提供的源源不断的物质基础上。因此，一旦皇帝阿莱克修斯一世出让其海上贸易特权并由此丧失了海上霸权，拜占庭帝国便陷入衰落，而当这条供给线被切断，拜占庭文明存在的物质基础便不复存在，拜占庭帝国最终归于灭亡。来自巴尔干半岛北方的入侵虽然多达数十次，但入侵者都无功而返。只有两次海上封锁造成君士坦丁堡的失守，一次令帝国中心流亡半个世纪，另一次则使帝国灭亡。

欧洲文明的
早期
构建

|侯建新

欧洲文明是次生文明

　　欧洲文明属于次生文明，来源有三。第一来源是古典文明，即古希腊罗马文明，其对欧洲文明有着极其深刻和广泛的影响。不过倘若认定欧洲文明是古典文明的翻版或延伸，似乎又失之简单化，以前讨论较多，此不赘述。第二来源是日耳曼人的历史传统。当时日耳曼人被称为野蛮人，作为主导性族群入主西欧后便不可避免地带来日耳曼人原有的生活方式和观念。中世纪西欧是乡村的天下，以往教科书讲乡村主要讲庄园，当下欧洲史学界则越来越重视村庄共同体的作用，即日耳曼人的村社传统。我们认为，庄园的存在不可否认，然而庄园的作用不是唯一的，村庄共同体仍然保持着重要职能。日耳曼人村社制度被称为马尔克（mark），它代表着日耳曼人典型的传统方式，如定期召开村民大会、实施敞田制、轮耕制、公共放牧制度，等等。又如中世纪村庄的庄园法庭，每个出席法庭的人都有裁决的权利，后来的法庭陪审团也由佃户组成，所谓"同侪裁决"即来自日耳曼遗风。马尔克制度对中世纪的欧洲影响极其深刻，乡村公共生活到处都可以发现它们的足迹，以至中世纪乡村组织明显呈现双重结构，称其为"庄园—村庄混合共同体"，更符合历史原貌。第三来源是基督教。基督教产生于罗马帝国晚期，经过"三百年教难"，很晚才被承认，真正发挥社会性作用是从中世纪开始的。基督教对欧洲的影响几乎渗入社会生活的各个方面，因此欧洲文明又被称为基督教文明。总之，欧洲文明是次生的、混合的文明，其创生过程也是不同文明的融合和嬗变过程。就文明核心价值而言，现代欧洲社会不是与古典希腊罗马接轨，而是与中世纪接轨，因此，中世纪是欧洲历史真正的开端。也就是说，罗马帝国覆亡标志着古典文明的完结，随着日耳曼人的到来，欧洲历史浴火重生，蜕变成一种崭新的文明。

转捩点：欧洲封建制启动

当下人们不再简单地认为欧洲中世纪是"黑暗的"，不过称其特定的一段时期为"黑暗"并不过分。罗马帝国覆灭到封建制度确立时期，欧洲混乱无序，暴力横行。内部失范，外部势力就会入侵。彼时欧洲三方受敌：北部是维京海盗的骚扰，东部则是马扎尔人的入侵。起源于西亚的马扎尔人采取恐怖的屠城政策，令欧洲人闻风丧胆。南部阿拉伯人的威胁尤为严重，西班牙半岛已被征服，如果不能阻遏其北上的铁蹄，欧洲也许不复存在。此时法兰克王国宫相查理·马特正在推行采邑制改革，转折点是查理·马特指挥的普瓦捷战役取得了胜利，从此阿拉伯人被阻隔在比利牛斯山以南，丧失了大规模进攻之力。普瓦捷战役使欧洲避免了其政治版图被改写的厄运，不唯如此，更重要的是它赋予了欧洲文明新的生长点，因为它证明了马特改革之成功：一方面，将骑士义务和采邑封授制联系在一起，从而获得有效抵御外敌入侵的军事力量；另一方面，利用领主附庸关系将不同等级的人整合起来，无意间产生一种新的社会组织方式，即采邑制，后来被称作"封建制"。欧洲封建制具有强制和自愿投靠、暴力和原始契约因素混为一体的双重气质，使欧洲在混乱中找到归属，在无序中建立有序，从而开辟了新的发展空间。正是在这个意义上，马特被称为"欧洲封建制之父"。

欧洲封建制的核心是领主附庸关系。首先，封建制认为双方的身份不是平等的，事实上，该约定正是明确规定了领主和附庸不平等的身份。从此，附庸听从领主的号令，为其牵马坠镫，冲冲杀杀，成为领主的人（homo），显然它是人身依附关系的一种形式。其次，双方的权利义务是不对等的，附庸总是付出多，收获少。最后，双方按照惯例而行，而且一经约定不能轻易解除，甚至世世代代不能解除。当然封君对封臣也有义务，一是提供保护，二是提供采邑。虽然双方权利义务关系不对等，但既定权利义务的规定却得到封建法保护，不易改变。其中附庸的任何义务都是限定的：如军役有限期，一般是一年40天；又如一年款待领主的次数、领主停留的时间甚至领主随从人员和马匹的数量，以至膳食标准等都做出详细规定。也就是说，领主附庸不仅有相互的权利和义务，也有相互的法律制约。领主依法惩办附庸，附庸同样可以依法质疑领主。值得注意的是，附庸的权利得到法律认定和保护，其逻辑的演绎势必产生附庸的"抵抗权"，即附庸对违规领主的抵抗具有合法性，不违背封建道德。正是在这个意义上，封君封臣关系被认为具有一定的契约因素。有法律性约定才会有真正的谈判和协商——也正是在这个意义上欧洲等级对抗形式的多样性得以理解，除暴力之外，还有谈判、法庭抗辩与法庭仲裁、货币赎买等。

与此相联系的王权则是有限王权。法兰西是欧洲封建制的策源地。9世纪末，在法兰西乡村大地上，私人城堡纵横交错，而这些军事设施从未经过王权的允许。庄园是王国的基本单位，国王却不能支配王国的每一个庄园。国王封授出去的采邑，或者早已世袭传承的封地，已归贵族支配，国王难以染指。中世纪档案里，国王和某贵族因土地产权争议而对簿公堂的案例屡见不鲜。实际上国王从来没有真正拥有过全国的土地，在王室领地之外他不能越界占用任何一块土地，也不能随意拿走其他领地上的一便士。只有王室领地，才是国王直接掌控的土地，也是其消费的主要来源，所谓"国王靠自己过活"。即便在自己的领地内，国王像其他领主一样，还受到庄园习惯法的制约，庄园向国王提供多少农副产品、何种农副产品也是被限定的。到了收获季节，这些产品被运送到国王驻地，但更多的时候国王需"巡行就食"，即国王巡行于属于自己的各个庄园之间，消费那里应当提供的产品。食物运到王室驻地的费用昂贵，运费往往由国王支付，所以国王宁愿就地消费。德皇康拉德二世曾经从勃艮第旅行到波兰边境，然后返回，经过香槟，最后回到卢萨提亚，一年旅途的直线距离竟达1500英里左右。

"欧洲达到了它的第一个青春期"

经过中世纪早期的混乱，经历不同文化的冲撞与融汇，一种新的社会模式即欧洲文明的雏形逐渐生成。欧洲文明形成是历史的产物，这一历史过程与该时期三位人物的名字无法分开。一位是前面述及的查理·马特，他取得732年欧洲保卫战的胜利，确立了封建制度；一位是他的儿子矮子丕平，献土教皇，使之成为后来教皇国的基础，拓宽了世俗权力与教会权力的关系；另一位人物是查理大帝，在公元 800 年接受教皇的加冕，为推广欧洲封建制度、确立欧洲核心版图做出了重要贡献，因此被称为"欧洲之父"。进入公元第二个千年后，欧洲逐渐稳定下来，出现第一次文艺复兴，罗马法复兴，还出现了最早的大学、新兴工商业城市以及大规模的垦荒运动。法国年鉴学派史学家布罗代尔说，11、12 世纪在封建王朝的统治下，欧洲达到了它的第一个青春期，达到了它的第一个富有活力的阶段。

自此欧洲文明的脚步加快。随着时间的推进，附庸的权利乃至平民的权利在不断伸张，成为中世纪演进的一条主线。欧洲文明的发展就是民权与王权不断博弈的过程。在封建法里，附庸本来就有一定的地位和权利，何况领主与附庸权利不是静态的，而是互为消长的。一般耕作者以及普通民众也在发展，标志性成果是农奴制的解体及"第三等级"的出现和成长，后者也就是富裕市民和农民，排在世俗贵族和僧侣贵族之后，成为议会的重要组成部分。作为重要的纳税人，第三等级越来越举足轻重，逐渐成长为王国财政的基础，也是国王征税的重要协商对象。第三等级的状况表明基层社会发生了深刻变化，生产效率在增长，普通民众的消费水准亦在提升，先后出现闻名于世的饮食革命、服装革命、住宅革命以及思想解放运动即"文艺复兴"，与中世纪渐行渐远。事实上，社会发展最终取决于普通民众的生活和观念的变化。显然，现代欧洲与中世纪之间没有一道万里长城，经济社会发展是一点点积淀蕴化而来的，有冲撞和变化，更有传承。

伊斯兰文明的兴起及其对世界文明的贡献

|王铁铮

伊斯兰教是继犹太教、基督教之后世界上第三个一神教。同时，伊斯兰教又与佛教和基督教并称为世界三大宗教。伊斯兰教及其衍生的宗教文化既是构成伊斯兰文明的核心要素，也是伊斯兰文明创造力的源泉。由于伊斯兰教的创立者为阿拉伯先知穆罕默德，其宗教和文化传播的载体同为阿拉伯语，因此，它通常又有阿拉伯—伊斯兰文化的称谓。但是，阿拉伯—伊斯兰文化并非阿拉伯人所独创，而是由信奉伊斯兰教的阿拉伯人、波斯人、突厥人等诸多民族的穆斯林共同创造的。从本质上看，它是一种兼容并蓄的多元性的宗教文化。其基本内涵主要由三种文化源流汇合而成，即阿拉伯人固有的文化、伊斯兰教文化以及包括波斯、印度、希腊和罗马在内的外来文化。阿拉伯—伊斯兰文化自诞生后，在辉煌与衰微的跌宕的历史演进中绵延千余年。

伊斯兰文明的形成

伊斯兰文明具有鲜明的宗教色彩，是一种蕴含人文主义倾向的宗教性文明。伊斯兰文明的创造力来自伊斯兰教，并从伊斯兰宗教文化中摄取养分。简言之，伊斯兰教为伊斯兰文明的生成和发展提供了原动力。

伊斯兰教的创立取决于公元7世纪中叶前的百余年间，其发源地阿拉伯半岛特殊的历史和社会条件。那时的阿拉伯人尚处在野蛮的"蒙昧状态"（阿拉伯语为"贾希里亚"时期），主要表现有：一是以血缘为纽带所组成的不同氏族和部落构成半岛游牧社会的基本细胞，氏族成员绝对效忠各自的氏族部落，并热衷血亲复仇。同时，由于生计资源的匮乏，各氏族和部落为争夺畜群、牧场和水源，始终处于绵延不绝的劫掠和旷日持久的厮杀中，致使半岛动荡不定。二是阿拉伯半岛盛行原始宗教和拜物教，其崇拜物繁杂，因人而异，成为多神教的中心。但因长期深受外来宗教，即信仰一神论的犹太教和基督教的熏染，阿拉伯人的思维定式和文化传统也在发生着潜移默化的变化，一神观念在朦胧中滋长，这预示着半岛多神信仰的危机。三是两大帝国拜占庭和萨珊王朝长期在西亚的角逐和争霸，导致传统商路的改变和汉志新商路的兴起，麦加逐步发展为半岛新的经济、宗教和政治中心。而麦加新兴商业集团的出现和暴富，加剧了各氏族部落和不同阶层间的对立，麦加迅速成为汉志社会各种矛盾的聚焦点。上述因素是促使半岛游牧社会走向变革的动因。

穆罕默德创立伊斯兰教，则是在意识形态上对半岛游牧社会期待政治和经济变革的回应。据说在公元 610 年的一个夜晚，先知穆罕默德突然在麦加郊外希拉山的一个山洞里接到了安拉的"启示"，命令他"把人类引导于真主之道"。在此后的 20 余年，穆罕默德及其信徒先后通过与各种敌对势力的较量，征服了半岛的大部分地区，并对阿拉伯部落宗教和游牧社会实施了一系列改革，创建了信仰独一真主的伊斯兰教。新宗教以共同的信仰打破了半岛以血缘为纽带的狭隘部落关系，消除了部落割据、劫掠为生和血亲复仇的痼疾，促进了阿拉伯人的融合与团结，从而为统一的新国家的建立奠定了坚实基础。

公元 632 年，穆罕默德逝世，他创立的伊斯兰教及未竟事业，被其后继者进一步发扬光大。伊斯兰教历经四大哈里发（632—661 年）、伍麦叶（661—750 年）和阿巴斯王朝时期（750—1258 年），伴随穆斯林不断拓疆扩土，阿拉伯帝国成为中世纪最强盛的国家之一。伊斯兰教旋即在被征服地迅速传播，大批土著居民纷纷皈依新宗教，伊斯兰教已发展为真正的多民族信仰的世界宗教。与此同时，伊斯兰教的基本信条（即信真主、信天使、信经典、信使者、信后世、信前定）、五大功课（即念、礼、斋、课、朝）逐步确立，伊斯兰教的法学思想和神学体系日臻完善。较之其他宗教，伊斯兰教不仅仅是一种宗教意识和信仰体系，而且也是一种完整的生活方式、社会规范和文化形态。它所具有的强烈涉世性，"认主唯一"和"政教一体"的固有特点，构成了伊斯兰世界独特而恒久的宗教政治文化体系。

伊斯兰文明对人类的贡献

伊斯兰文明是中世纪各族穆斯林在吸收融汇东西方古典文化的基础上为人类创造的精神和物质财富。早期的伊斯兰宗教文化显示出其开放性、兼容性、继承性、创新性和实践性的五大优势，并以此焕发出勃勃生机与活力。

当中世纪的欧洲还在黑暗中时，阿拉伯人和各族穆斯林高举知识和学术的火炬，在诸如哲学、宗教、历史、文学、地理、逻辑、数学、物理学、天文学、医学和建筑等各个领域对人类文明做出了杰出贡献：他们通过持续百年之久的翻译运动，把阿拉伯学术的精华，包括阿拉伯人完整保存的希腊古代典籍等东西方文化遗产，以及阿拉伯人对它们的发展和创新传给了西方世界，从而为欧洲文艺复兴提供了指路明灯；他们把印度的数字和中国古代四大发明传到欧洲，推动了世界物质文明的进步和发展；从西班牙的科尔多瓦到孟加拉的戈尔，修建了诸多堪称世界最优美的一流建筑物，这些别具风采的伊斯兰建筑一度在世界建筑史上独领风骚；在医学领域，穆斯林中涌现了一大批闻名遐迩的医学家和药学家，其中最具影响力的是拉齐和伊本·西那。拉齐是中古伊斯兰世界最伟大的临床医生，著述多达150余种，其代表作《医学集成》，曾对西方医学思想产生重要影响。伊本·西那的医学名著《医典》被喻为医学百科全书，其编排系统在同期的医学典藏中地位显赫。12世纪该书被译为拉丁语传入欧洲，在12—17世纪长达500年的时间里，它始终是欧洲各大学的医学教科书，并先后发行了15版。

在自然科学领域，伊斯兰科学在继承古代埃及、希腊、印度、波斯和中国科学传统的基础上不断实践和创新。例如，在物理学上，穆斯林科学家发展了关于时空理论的宇宙学，提出了一种特殊形式的原子论；穆斯林的照明学派首创了"光的物理学"理论，并以其在动力学和重量学研究上的建树，影响了近代西方科学家伽利略和牛顿的科学思想。在天文学上，穆斯林天文学家创立了历法，编纂了历书和朝向方位指南，推进了天文学观测实践及理论，同时他们还发明了一大批天文仪器装置。在化学上，阿拉伯的炼金术借鉴中国道家的炼丹术，发现了硫酸和硝酸，并改进了金属纯化、融化和晶化的方法，修正了亚里士多德关于金属构成的学说，阿拉伯的炼金术著作被欧洲的化学家视为经典。

上述史实从不同层面揭示了伊斯兰文明对整个人类的进步和发展起到了承前

启后、沟通东西方的作用。美籍著名东方学专家希提在他的巨著《阿拉伯通史》中写道："在八世纪中叶到十三世纪初这一时期，说阿拉伯语的人民，是全世界文化和文明火炬的主要举起者。古代科学和哲学的重新发现、修订增补、承先启后，这些工作都要归功于他们，有了他们的努力，西欧的文艺复兴才有可能。"他还认为，穆斯林"是在整个中世纪高举文明火炬的人物"。恩格斯则在《自然辩证法》一书中指出："阿拉伯留下十进位制、代数学的开端、现代数学和炼金术；基督教的中世纪什么也没有留下。"这些评价足以彰显伊斯兰文明的昔日辉煌。

赫梯文明
与
赫梯学研究

|刘　健

赫梯（Hittite）是当代学界对于安纳托利亚高原历史上曾经存在的一个古代文明的称谓。赫梯学（Hittitology）就是研究赫梯历史、赫梯语言文字和赫梯文明的学问。"赫梯"一词出自《圣经》，特指生活在青铜时代末期以后的一支迦南人，后来学者用它借指青铜时代统治安纳托利亚高原的王国，称赫梯王国。

赫梯历史的发展以安纳托利亚高原中部、南部、东南部以及叙利亚北部为中心。在赫梯文明形成之前，安纳托利亚高原史前文明就已经十分发达。大约在公元前7000年，安纳托利亚东南部居民进入定居生活，新石器时代开始。公元前2000年以后，大规模的印欧人迁徙运动开始。大约在公元前19世纪，赫梯人到达安纳托利亚中部。

前赫梯国家时期，安纳托利亚中部和南部分布着数个大大小小的城邦，它们与两河流域北方的古亚述商人建立了密切的贸易关系，同时又从他们那里接受了古老的两河流域文化。因此，赫梯文化从一开始就具有鲜明的两河流域文明特征。

约公元前1650年，赫梯王哈图西里一世统一安纳托利亚各个城邦国家，以哈图沙为首都，建立了王国，称赫梯古王国。哈图西里一世的孙子穆尔西里一世统治时期，古王国发展达到鼎盛，他率领赫梯军队南下攻陷两河流域名城巴比伦城。穆尔西里一世死后，王位继承权之争迅即展开。约公元前1525年，铁列平王颁布王位继承法，这是迄今所知最早的、记录在案的王位继承法。

之后的100多年时间里，赫梯历史进入中王国时期。这个时期，赫梯王位斗争仍然持续，赫梯王表顺序存在诸多混乱之处，但是赫梯国家的发展并未停止。研究显示，赫梯中王国的政治、经济、文化发展相对稳定，中央和地方沟通顺畅，对外联系稳步发展。

当王表顺序再次清晰起来的时候，赫梯历史进入帝国时期。苏皮路里乌玛一世（约公元前 1344—前 1322 年）开创了帝国时代。当时西亚北非诸强中，赫梯、埃及、米坦尼和巴比伦是最为强大的国家，亚述国家后来居上，逐渐取代了米坦尼和巴比伦的强国地位。赫梯帝国的辉煌持续了 100 余年，赫梯文明也在这个时期达到鼎盛。

帝国瓦解后，赫梯人散落各地。从公元前 11 世纪至前 9 世纪，叙利亚北部先后出现多个自称"哈梯王国"的城市国家，这个时期因此称为"新赫梯时期"。最终，在亚述王国的扩张运动中，这些小国被纳入亚述版图。

新赫梯人以赫梯帝国的继承者自居，但他们已经不再是安纳托利亚高原的主人。在这个阶段，弗里吉亚人、吕西亚人、吕底亚人、卡里亚人先后入主安纳托利亚高原中南部。与此同时，希腊人在爱琴海诸岛和高原西部沿海建立了众多殖民地。之后，经过希腊波斯战争、亚历山大东征、罗马帝国扩张，安纳托利亚高原文化逐渐融入希腊、罗马文明的发展进程。

赫梯学研究的时间跨度为赫梯人到达安纳托利亚高原后（约公元前 19 世纪）至高原被纳入马其顿王亚历山大大帝的统治范围（约公元前 334 年）。与西亚北非其他古代文明如古代两河流域文明、古代埃及文明相同，赫梯文明也早已被淹没在历史发展的大潮中，成为已经死亡的文明。赫梯学的兴起建立在今人对这个文明重新发现、重新阐释的基础上。

早在 1834 年，时任法国驻安卡拉领事查理·特克希耶就已经报告，在安卡拉附近发现了一个遗址，可能属于一个尚不为人所知的文明。特克希耶报告的遗址就是赫梯国家的首都哈图沙，今名博阿兹卡勒，它位于土耳其首都安卡拉以东约 150 千米处。1906 年，德国东方学会正式在这里展开了科学考古工作，它标志着赫梯学正式创立。1917 年，赫梯语楔形文字破译成功，赫梯学研究进入快速发展阶段。

赫梯学起源于欧洲，在其形成发展的最初 30 多年时间里，赫梯学研究者主要集中在欧洲。20 世纪 30 年代，欧洲政局发生重大变化，部分欧洲学者特别是德国学者离开欧洲寻求生存和发展。与此同时，以凯末尔为首的土耳其政府大力发展教育事业。1935—1949 年，一批欧洲学者在安卡拉大学任教，他们参与考古发掘，培养出第一批土耳其本土的赫梯学者，并创立了安卡拉国家博物馆，为赫梯学在土耳其的发展做出了巨大贡献。目前，土耳其赫梯考古学者已经成为各个主要考古遗址的主持人。后来，这批欧洲学者又大多前往美国，他们与美国学者共同努力，使得赫梯学研究在美国取得了长足发展。目前，国际赫梯学研究中欧美学者仍然占据主导地位。

经过 100 余年的发展，国际赫梯学研究成果斐然。首先，赫梯考古取得重大进展，博阿兹卡勒发掘已经持续 100 余年，是西亚地区持续发掘时间最长的遗址之一。除此之外，考古学者已经在近 30 个遗址展开深入发掘，发现了大量各个时期的建筑、艺术和文献遗迹。

20 世纪 80 年代以来，考古学者先后在多个遗址发现了楔形文字和象形文字文献。在此之前，博阿兹卡勒是唯一发现文献的遗址。目前，考古学者已先后在马沙特休於、奥尔塔柯伊、库沙克勒、卡亚勒颇纳尔、奥伊玛阿等遗址发现大量文献，这极大地改变了此前学界单纯依靠哈图沙文献从事赫梯学研究的状况，丰富和扩展了赫梯历史研究的领域。

赫梯文字和文献研究取得巨大进步。在赫梯境内发现的文献涉及多种语言，目前已经确认的语言至少有 8 种，其中包括印欧语系的语言，如赫梯语、卢维语、帕莱语，也包括塞含语系语言，如阿卡德语，另外也有一些语系归属不明的语言，如哈梯语、胡里语、苏美尔语等。经过多年研究，多数安纳托利亚语言的语法脉络日益清晰，文献研究成果丰硕。

另外，国际赫梯学者不断开拓研究领域，印欧语言起源和比较语言学、赫梯年代学、赫梯历史地理学、赫梯王权特征、中央政府与地方统治的关系、赫梯与周边国家关系、赫梯民族构成、赫梯宗教、赫梯仪式学、赫梯社会生活传统等问题是历年来国际赫梯学界研究和关注的主要问题。

上述问题也是中国赫梯学者研究的主要内容。中国赫梯学研究于 1984 年起步。1986 年，东北师范大学世界古典文明史研究所开始邀请西方学者教授赫梯学。之后，在接近 10 年时间里，先后有 5 名西方赫梯学和印欧语言学者在东北师范大学任教，他们培养出 10 余名学生。这些学生和学者先后发表了数篇赫梯学研究成果，标志着赫梯学在中国确立并发展。

但是中国的赫梯学发展仍然相对迟缓，原因首先是赫梯学研究区域和研究时段具有局限性。东北师范大学从 1994 年开始就不再培养赫梯学专业的学生，直到 2006 年左右，北京大学外国语学院才开始重新招收赫梯学专业研究生。其次，由于专业研究难度大、毕业生就业困难等因素，目前国内仍然从事该专业研究者仅余两人，所覆盖的研究领域十分有限，很难形成团体优势加入国际赫梯学研究。最后，国内学术机构很少系统地收集购买赫梯学研究资料，中国赫梯学者难以全面系统地跟踪国际赫梯学研究动态。

目前，东北师范大学已经着手恢复赫梯学专业，他们开始补充研究资料，与北京大学联合培养赫梯学专业学生。我们期望在不久的将来，在北京大学、东北师范大学、中国社会科学院赫梯学者的共同努力下，赫梯学研究者人数能够大幅增加，迅速赶上国际研究水平，并参与国际赫梯学研究。

古代两河流域文明：
死而复生的
文明

|李海峰

古代两河流域文明向世人展示了其无尽的辉煌，据考察，《圣经》中描述的天堂伊甸园就位于两河流域的城市乌尔。美国史学家克雷默尔在其专著《历史开始于苏美尔》一书中列举了古代两河流域文明在人类史上创造的 39 项第一。在这片土地上，两河流域人创造出历史上第一个农业村落、第一座城市、最早的文字、最早的教育、发明出最早的历法、车、船，最早学会制作面包和酿造啤酒，等等。

Mesopotamia 来源于希腊语，意为"河流之间的土地"，是古代希腊人、罗马人对幼发拉底河与底格里斯河流域地区的称呼。这一地区包括现代伊拉克的全境以及叙利亚和土耳其与其相连的部分。我国学术界一般译为"两河流域"或直译为美索不达米亚。

公元前 4000 年，起源不明的苏美尔人在两河流域南部地区生息繁衍，他们发明了文字，建立了城邦，首先进入了文明时代。公元前 3000 年，讲塞姆语的阿卡德人侵入两河流域，打败了苏美尔人，建立了两河流域地区第一个统一的阿卡德王国。稍后苏美尔人卷土重来，征服了阿卡德人，于公元前 3000 年代末建立了苏美尔人的统一王国——乌尔第三王朝。此时，另一支讲塞姆语的民族阿摩利人开始风起云涌般地侵入两河流域，成为两河流域新的主人。他们在两河流域建立了众多的王朝，巴比伦王朝和亚述王朝是其中的代表。古巴比伦王朝被赫梯人灭亡后，整个两河流域处于一片衰败状态，直到公元前 1000 年代，北部的亚述王朝开始崛起，亚述人南征北战不仅统一了两河流域，还征服了西方的以色列王国，两次入侵埃及，一时之间整个近东地区成了亚述人的天下。公元前 538 年，波斯大军攻占了巴比伦城，两河流域众多城市被毁，文字失传。昔日的辉煌被无情地掩埋在茫茫的黄沙之中，两河流域地区成为失落的天堂。

古代两河流域文明与我们中华文明最大的不同便是她是一个"死了"的文明。她的语言文字已经失传，在近现代考古发掘这一文明之前，人们对这一伟大文明并不了解。3000年历史的两河流域文明衰亡后，不断的战乱使许多城市成为废墟，风沙尘土最后完全覆盖了废墟，把它变成了一个个土丘。在两河流域地区，有千百个被称作tell的土丘，其中的沧海桑田、百般奥秘只有经过考古发掘才能揭开。

最早对古代两河流域的土丘产生兴趣的是西班牙的犹太教士本杰明。他于1160—1173年在近东旅行时，曾正确推断出亚述首都尼尼微的废丘在摩苏尔城的对面。《圣经旧约》记载："耶和华必伸手攻击北方，毁灭亚述，使尼尼微荒芜，干旱如旷野。"亚述在哪里？尼尼微在哪里？这些成为当时西方探险家们梦寐以求的探险目标。地理大发现之后，欧洲的探险家掀起了到两河流域探险的热潮，他们企图根据《圣经》的描述来发掘这一伟大的文明。1616—1621年，意大利人瓦勒游历了两河流域，他不但认出了希拉镇60公里的巴比伦遗址，而且把他在巴比伦和乌尔丘上发现的楔形文字铭文砖带回了欧洲。当然，当时世上无人能识这种神秘的古文字。1761年，尼布尔在古波斯首都遗址波斯波里斯摹绘了一些楔形文字石刻铭文。1843年3月，法国人波塔在亚述地区的赫尔萨巴德土丘，挖掘出了第一座亚述帝国的宫殿、数对巨形人首飞牛石兽、栩栩如生的浮雕石板、大批的楔形文字泥板和其他古物。波塔的发掘震惊了世界，使人们第一次直观地了解到神秘的两河流域文明。此后，英国、德国和美国等国家的考古队纷纷进驻两河流域。经过一个多世纪的考古发掘，两河流域地区的众多城市遗址、几十万块楔形文字泥板、大量的石雕、艺术品被挖掘出土，埋没了两三千年的人类最古老文明的大部分得以重见天日。现在在欧美国家和日本的考古队仍在不停地工作着，他们定期把发掘报告传往世界各地。现在仍有6000多个遗址土丘等待着各国考古学者的发掘。

考古学家们的劳动使人们尽情领略了古代两河流域文明的辉煌，美轮美奂的王宫与神庙建筑、栩栩如生的浮雕、精致的工艺品，等等。然而辉煌文明的深刻内涵却仍然是个未解之谜，楔形文字的解读成为学术界亟待解决的任务。仔细研究楔形文字的第一人是丹麦的尼布尔，他发现在波斯波里斯临摹的几组简短铭文是用三种不同类型的楔形符号写成的三种文字对照本文书（后来证实这三种楔形文字为古波斯语、埃兰语和阿卡德语），其中的第一组楔文是古波斯语字母文字，有42个字符。对古波斯楔形文字解读做出突出贡献的是德国哥廷根的一位27岁的希腊文教师格罗特芬德，据说，他释读楔形文字的动机只是为了打赌。1802年的一天他和同事在一块饮酒，他趁酒兴同别人打赌，赌的是当时一流学者无法释读的楔形文字。当时他手头只有几张拙劣的波斯帕里斯楔形文字铭文的拓本，凭着年轻人的机敏，他竟找到了释读楔形文字的关键。当时，欧洲学界研究伊朗语言的学者们已经知道古波斯国王的王衔格式为"某某，大王，王中王，某某之子"。格罗特芬德以波斯王薛西斯的"王中王"的王衔格式去套解他认为是王衔的三文对照本铭文中的第一组文字楔形符号的音值，结果获得了部分成功，确定了三个波斯王的名字和一些辅音和元音以及"王、儿子"等词。

对阿卡德语楔形文字解读做出最大贡献的当数英国学者罗林森。1835年，身为波斯库尔迪斯坦省总督军事顾问的罗林森，走访了伊朗西札格罗斯山中的贝希斯敦小镇附近著名的"贝希斯敦铭文"。这个岩刻铭文长达数百行，也是用三种不同的楔文写成的，摹绘这三组铭文并释读其中最简单的古波斯语将是解开楔形文字之谜的关键。他历尽艰难在1835—1837年完成了200行的波斯铭文摹绘，并利用熟悉的古典文献读出了其中的几百个地名，从而成功地释读了古波斯语楔形文字的全部40多个音节符号。1844年，罗林森摹完了岩刻上的第二种楔形文字埃兰楔文共263行。1847年，他再次回到贝希斯敦，摹绘了岩刻面上最难靠近的第三种楔形文字铭文阿卡德文共112行。有时，他不得不雇用一个本地攀山小男孩帮忙。男孩小心地爬过光滑岩刻平面到达铭文区的上面，然后把随身带的木楔插入岩缝，绑上吊绳悬在空中，按照下面罗林森喊出的指示用墨汁和纸逐字逐行地拓印岩刻铭文。1851年，罗林森发表了第三种楔形文字的音读和译文，以及246个符号的音节值和语义，基本上读懂了阿卡德语楔形文字。罗林森是第一个成功解读阿卡德语铭文的人，由于他在解读楔形文字中做出的突出贡献，被誉为"亚述学之父"。

1857年，伦敦的皇家亚洲学会举行了一次别开生面的考试。皇家学会向当时四位楔形文字专家英国的罗林森和塔尔伯特、法国的奥颇尔和爱尔兰的兴克斯各发了一封密函，信中附寄了一篇最新发现的楔形文字铭文，让他们各自解读。当时这四人彼此并不认识，更不知道他们在释读同一篇楔形文字铭文。四人按照自己的释读方法分别释读了这篇铭文，结果四人的译文基本一致。亚述学的解读成果终于得到了学术界的认可，这次考试被视为亚述学正式诞生的标志。

具有
混合主义色彩的
俄罗斯文明

|戴桂菊

———

俄罗斯人属于东斯拉夫人的一支，自古生活在东欧平原。公元862年，来自斯堪的纳维亚半岛的瓦良格人留利克率领武士队来到位于今天俄罗斯西北部的诺夫哥罗德，建立了俄罗斯史上第一个王朝——留利克王朝。公元882年，瓦良格人南下，定都基辅，建立起古代俄罗斯国家——基辅罗斯。公元988年，罗斯定拜占庭基督教为国教。1054年，基督教分裂为东正教和天主教两支。罗斯因从拜占庭接受东方正教而成为基督东正教世界的一员。至此，俄罗斯古代文明被纳入斯拉夫东正教文明圈。1240年，基辅被蒙古鞑靼人攻陷。此后，东北罗斯处于蒙古人统治下长达240年之久，西部和西南罗斯则并入立陶宛和波兰。14世纪末15世纪初，因语言、宗教礼仪和文化习俗等方面的差异，罗斯分成三个部分：东北罗斯叫大罗斯，西南罗斯叫小罗斯即乌克兰，西部罗斯叫白罗斯。这样，俄罗斯、乌克兰和白俄罗斯三个民族最终形成。15世纪末16世纪初，以莫斯科为中心的大罗斯在摆脱蒙古鞑靼人桎梏之后，重新将东北和西北罗斯统一，形成一个新的中央集权制国家——俄罗斯。俄罗斯千年文明之路正是沿着本土文明与东西方文明冲击、碰撞和融合的轨迹发展起来的。

村社文明是构成俄罗斯文明的基础性元素。俄罗斯人的祖先以农耕为生，在平原上种植作物，用砍伐的圆木搭建房屋，在森林中采集蘑菇、浆果，在草原上狩猎，在河流中捕鱼，借此维持生计，休养生息。基辅罗斯时期，村社已成为东斯拉夫人普遍的基层社会单位。起初，人们以血缘为纽带共同生活，组成家族村社。随着社会的发展，家族村社逐渐被邻里村社所取代。后者相当于自然村落，人们在这里相互协作，共同从事生产活动，形成了古朴的民风。晚上睡觉时甚至不用锁门也很少发生偷盗和奸淫现象。由于村社里的一切都是共同的，人们对财产并不敏感，进而养成了吃大锅饭的习惯。村社的成员热情好客，他们往往把自己家做的饭菜拿出来给邻人吃。至今，俄罗斯人在民间节日——送冬节期间仍保留着在街头烤制春饼赠送路人的习俗。在村社里，人们恪守"贫非罪"的理念，从不拒绝穷人的请求。相反，对于贪财的人却本能地充满了厌恶感。由此，俄语中便出现了"不贪财就不会毒害心灵"的说法。直到20世纪20年代末，即苏联政府宣布实行农业集体化为止，村社才从俄罗斯广大的农村消失。村社文明长期积淀在俄罗斯国民性格中，形成了平均主义、鄙视财富、团结、互助和友爱的风格。

俄罗斯文明也受到外来因素的影响，其中拜占庭东正教文明是第一个外来因素。随着基督教的引入，具有近东色彩的拜占庭东正教文明开始在罗斯扎根并逐渐成为罗斯文明的主流。东正教不仅以独特的教堂建筑风格改变了罗斯的城乡风貌，而且以丰富的精神文化内涵充实了罗斯的文明成果。除了在罗斯创立第一个图书馆、第一所学校、第一部编年史、基里尔文字和书面文学作品，拜占庭东正教还为罗斯国民带来了"君权神授"的思想。东正教会宣称王公是上帝在人间的代表，是奉上帝之命来褒善惩恶的。因此，王公的权力神圣不可剥夺。"君权神授"思想成为俄国专制制度长期保持的理论基础，也是俄罗斯文明的政治核心要素。

16世纪中叶，俄罗斯东正教会推出"莫斯科—第三罗马"学说，以突出俄罗斯负有主宰基督教世界的使命。18世纪以后，随着俄罗斯实力的不断强大，俄罗斯东正教会宣传的弥赛亚意识（即"救世论"理念）成为统治阶级追求大国地位和推行领土扩张的思想源泉。弥赛亚意识强调俄罗斯民族是上帝的选民，肩负着拯救世界的特殊使命。强烈的使命感在为俄罗斯国家走向强大提供内在动力的同时，也助长了俄罗斯人觊觎别国领土，甚至欺负弱小民族的沙文主义习气。19世纪下半叶俄罗斯在巴尔干地区推行的泛斯拉夫主义思想就是弥赛亚意识的典型体现；弥赛亚意识在俄罗斯的另一种表现形式是知识分子阶层受到强烈使命感的驱使，通过自己"受难"来为人民谋福祉。从俄国专制制度的第一位抨击者亚·拉吉舍夫到苏联的持不同政见者，如亚·索尔仁尼琴和安·萨哈罗夫等，一代又一代的俄罗斯知识分子把争取平等、自由、人权和民主看作人生第一追求，精神至上的原则促使他们勇敢地对抗强权，甚至将生命置之度外。

在东正教伦理观中，宗教虔诚不是懒惰和躲避劳动的借口，而是从事劳动的动力。俄罗斯东正教会鼓励教徒勤劳并提倡将劳动成果与社会弱势群体分享。与其他基督教教派不同，东正教特别推崇聚合性原则。按照俄罗斯拉夫派知识分子代表人物亚·霍米亚科夫的阐释，聚合性是指东正教徒在共同认识真理和探索拯救之路的事业中，以爱基督和上帝为基础，共同商讨和决定各种事务。这一原则强调统一、和谐与集体主义，与俄罗斯村社文明崇尚的集体主义可谓异曲同工。此外，俄罗斯民间东正教还以精神至上的原则为基础，形成了鄙视财富和不贪财的伦理观。这些处世原则在诸如"财富在上帝面前是一种祸害"和"不敛财就不会下地狱"等民间俗语中形象地体现出来。

俄罗斯文明的第二个外来因素是蒙古鞑靼人的影响。蒙古鞑靼人的统治为俄罗斯发展道路打上了明显的东方烙印。在蒙古人统治期间，罗斯王公需要得到蒙古汗的册封才能理政。为了获取执政权，罗斯各封邑王公定期拜谒蒙古汗并送以厚礼。蒙古鞑靼人的等级观念加剧了罗斯国民对王权的崇拜与服从，对于俄罗斯君主制和专制制度的形成也产生了深远影响。至今，俄罗斯政界和学界仍普遍认为，蒙古鞑靼人的桎梏使俄罗斯的中世纪史比西方世界延长了两个多世纪。

欧化运动则丰富了俄罗斯多元文明的内涵。彼得一世改革揭开了俄罗斯近代史的序幕。他通过欧化改革改变了俄罗斯人的生活习俗，还派遣贵族青年到欧洲留学，同时聘请欧洲专家来俄传授知识和装点城市。彼得堡就是一个具有欧洲风情的城市，是俄罗斯吸纳西方文明成果的历史见证；女皇叶卡捷琳娜二世崇拜法国文明，尤其热衷于法国启蒙思想家的作品。她不仅把欧洲巴洛克艺术引入帝都，还曾试图将欧洲的开明体制在俄国推广；19世纪初，沙皇亚历山大一世推行自由主义改革，按照西方的模式建立政府各部并实行大学自治，还在西部地区进行了解放农奴试点；19世纪60年代，沙皇亚历山大二世颁令取消农奴制，从而使俄国走上了资本主义发展道路；俄罗斯三代知识分子（19世纪40年代的贵族知识分子、19世纪60年代的平民知识分子和19世纪80年代的无产阶级知识分子）的产生分别是欧洲中心论、西方空想社会主义和德国马克思主义思想影响的结果。总之，欧化运动将西方多种文明的成分引入俄罗斯，使俄罗斯社会在20世纪初出现了思潮林立和流派纷呈的局面。但是，屡次欧化运动为俄罗斯留下的多为西欧物质文明成果，至于西欧的治国理念以及民主、自由和民权等精神文明内涵，则难以为俄罗斯的上层建筑所容纳和接受。

总体来看，俄罗斯文明既不属于典型的亚洲文明，也不属于典型的欧洲文明，它是一种具有混合主义色彩的欧亚文明。从深层效果来看，俄罗斯文明受东、西方文明影响的程度和侧重点各不相同：东方文明是俄罗斯政治体制形成和国家道路选择的决定性因素，西方文明则对俄罗斯业已形成的政治体制和发展方向起到一定的调节作用。

古代俄罗斯国家的发展经历了从基辅罗斯（882—1240 年）到莫斯科罗斯（1240 年—15 世纪末）再到俄罗斯形成（15 世纪末—16 世纪初）三个阶段，在每一个转折关头，俄罗斯当权者首先需要考虑的是政权体制和国家发展道路的抉择问题。在这种情况下，主张"君权神授"的拜占庭东正教治国理念自然成为古代俄罗斯统治阶层的首选因素。进入近代以后，俄罗斯君主政体模式已经形成。出于自身利益的需要，俄罗斯历代统治者都竭力维护这种体制。虽然俄罗斯在近现代多次进行过欧化改革，但是西方推崇个性、重视民权、看重物质和限制王权的思想对于俄罗斯统治者来说，是一种不可接受的异质文化。因此，他们有意回避甚至排斥这些因素。彼得一世改革时期，俄罗斯政治文明出现了与欧洲政治文明逆向发展的趋势：当西方世界随着人类文明的进步不断走向民主时，俄罗斯却由中世纪的等级代表君主制倒退到专制制度中去。叶卡捷琳娜二世时期，俄罗斯选择了普鲁士式的政治演进道路，即由统治者按照自上而下的方式对阻碍生产力发展的生产关系进行局部调整。这种改良方式决定了俄罗斯历代改革具有不彻底性。因此，俄罗斯在国家发展道路上多次出现了"进一步、退两步"的现象。从经济水平来看，俄罗斯与西欧国家相去甚远。从政治体制来看，到 20 世纪初，俄罗斯仍保持着欧洲唯一的专制体制。这不能不说是俄罗斯欧化改革的局限性所致。在俄罗斯政治文明进程中，东方因素的影响是本源，西方因素只起到一定的辅助作用。无论是苏维埃时期的斯大林模式，还是今日俄罗斯的超级总统制、可控民主、国家资本主义，都没有摆脱俄罗斯历史基因的影响。

独特的俄罗斯文明创造出不寻常的成果。在和平年代，集体主义精神为多民族的俄罗斯社会增添了几分和谐与宁静。在战争年代，集体主义和对信仰的执着追求转化为俄罗斯民族无限的爱国激情。最后，精神至上的价值取向决定了俄罗斯民族善于吸收人类物质文明的一切先进成果。在借鉴世界各种文明成果的基础上，俄罗斯人民在千年历史中创造了璀璨的文化，出现了诸如普希金、托尔斯泰、门捷列夫、巴甫洛夫、乌兰诺娃和加加林等享誉世界的文化和科技领军人物。进入新世纪以来，随着经济形势的好转，俄罗斯社会稳定，各种文化形式在保持传统的基础上正在与国际接轨，开放的俄罗斯呈现出多元文明的局面。俄罗斯文明以其独特的魅力成为世界文明史中不可或缺的一朵奇葩。

斐济
多元文化的
形成与特性

|吕桂霞

太平洋岛国斐济不仅是一个多民族的国家，更是一个多元文化共生共存的国家。在斐济，印度文化、伊斯兰文化、欧洲文化尤其是英国文化、中华文化及其他岛国文化与土著文化交相呼应、精彩纷呈。

作为斐济的原住民，土著斐济人是远古时代从东南亚迁来的美拉尼西亚人的后裔。15 世纪后他们与波利尼西亚人长期通婚，形成了太平洋诸岛屿上特殊的混血民族——斐济人。这样的特殊经历，使得斐济虽然在地域上属于美拉尼西亚，但在文化上与波利尼西亚人有着更多的共通之处。传统的斐济社会由诸多氏族构成，各氏族成员之间没有等级、没有公私、互帮互助、共同劳动。酋长掌管部落内所有事务，包括建造房子、修建道路、各种仪式，甚至每个居民该种多少芋头、多少薯蓣和多少甘薯才能满足其家庭需要都由酋长决定。民众对酋长的高度依赖，奠定了酋长在斐济社会生活中的绝对地位，即便是英国殖民统治时期也不得不依赖"大酋长会议"对土著斐济人进行统治。1970 年斐济独立后则以宪法形式确立了"斐济人优先"的原则，使土著斐济人在政治生活中长期居优势地位。

1643 年欧洲航海家阿贝尔·塔斯曼发现斐济后，詹姆斯·库克、威廉姆·布莱相继率船队来到斐济，随之欧洲商人和传教士纷沓而至。1826 年，第一批传教士来到斐济，虽然传教初期步履维艰，甚至传教士的生命都不能得到很好的保障，但随着国王萨空鲍皈依基督教和诸多教会学校的建立，基督教成为诸多土著斐济人信仰的宗教，且至今仍然是斐济的第一大宗教。作为基督教的重要节日，圣诞节和复活节不仅是斐济极其重要的节日，而且是斐济的公共假日。

1875 年斐济成为英国殖民地后，首任斐济总督阿瑟·戈登为了发展种植园经济，于 1879 年开始从印度引进劳工，大批印度劳工以契约劳工的形式来到斐济，后来印度的贫困农民也加入了这一行列。印度人在斐济的数量急剧增加，到 1923 年在斐济的印度人已达到 3.9 万人，1946 年印度族人口已超过斐济土著人口。由于人数众多，加之印度人特别重视自己的文化个性和宗教，又控制着斐济的经济命脉，所以在现代斐济文化中充满着浓浓的印度文化色彩。

在斐济，印地语与斐济语、英语同属官方语言，斐济宪法及其他许多重要文件都有三种语言版本。由于多数印度人信仰印度教（在 313798 名印度裔斐济人中，有 233414 人信仰印度教，占全部印度裔斐济人的 74%，占全国总人口的 27.9%），所以印度教的"迪瓦利节"和洒红节都是斐济的重要节日。印度裔斐济人会在"迪瓦利节"举行各种庆祝活动，一般还有灯饰展出和舞会，以衬托该节的"光明"之意，也庆祝新的一年开始。洒红节是印度教传统的节日。在这一天，人们是彩色的，街道是彩色的，不管是大人还是孩子全部走上街头，忘情地唱歌跳舞，他们通常会用彩色的水互相喷洒，表示祝福，晚上大家还要坐在一起，享用传统的印度美食。

英国殖民政府招募的契约劳工，不仅仅来自印度，也有部分劳工来自孟加拉国以及巴基斯坦的旁遮普省，他们多是穆斯林。根据记载，早在 1882 年就有两艘装载 887 名印度次大陆劳工的船只到达斐济，其中 198 人是穆斯林，契约期满后 14.6% 的穆斯林选择留在斐济。2012 年斐济统计局的官方数字表明，斐济全国共有穆斯林 52505 人，占全国人口总数的 6.3%，伊斯兰教也成为斐济的第三大宗教。斐济穆斯林与其他宗教和民族有着明显的区别，他们的孩子必须学习阿拉伯语经典和乌尔都语，逐渐形成了自己特有的文化和乌尔都方言。每年的穆罕默德诞辰日，斐济穆斯林都会在首都苏瓦和国际机场所在地楠迪举办大型宗教活动，听阿訇们念经，讲述穆罕默德的历史和创建伊斯兰教的功绩。

除此之外，斐济还生活着罗图马人、其他太平洋岛国人、欧洲人、华人以及少数其他国家的人，他们也都把各自的文化带到斐济，使斐济文化呈现出更加多姿多彩的景象。以华人为例，他们多来自中国广东、香港和台湾地区，主要经营商店和餐馆，也有部分人从事香蕉、椰子和蔬菜种植等。他们或者跟随欧洲商船来到斐济，或者通过契约劳工即广东人所讲的"卖猪仔"进入斐济，虽然最初生活十分艰苦，但逐渐落脚生根，建立了自己的事业，现在"广泰""永安泰""安和祥""中兴隆""方利行"等都是斐济著名的华人商号。因华人在香蕉种植和病虫害方面的巨大贡献,至今斐济原住民仍把香蕉称为"CHINA",斐济国徽上也绘有一串香蕉,华人在斐济的影响可见一斑。

随着多民族、多种族国家的形成,斐济逐渐发展成为一个多元文化的国家。众多的族裔群体构成了斐济多元文化社会的基础,族裔群体所保持的双重文化认同推动着斐济社会的多元文化特性不断发展。

首先,在斐济文化中,多种文化共存共生、和睦相处是最为重要的特征。在斐济,任何重要文件都必须用斐济语、印地语和英语这三种语言撰写;公民有权使用任何一种语言与政府机构沟通,倘若需要政府应及时提供翻译人员;基督教、印度教、伊斯兰教等教会学校遍布斐济,在宣扬各自教义的同时积极开展教育,不同宗教的重要节日均得到尊重,并被列为斐济的公共假日等。

其次,各种族裔文化在斐济都保持着自己鲜明的特点。例如,土著斐济人喜欢自由舒适、热情奔放的群居生活,只要能满足生活所需,他们一般不喜欢被时间和纪律等所束缚,所以"慢生活"成为斐济人极其重要的生活方式,同时共享文化也是斐济土著文化中非常重要的组成部分。印度裔斐济人则仍然保持着印度的许多传统习俗,譬如把牛尊奉为"神",忌食牛肉,忌用牛皮制品,忌用左手或双手接物或取物,每天早餐前沐浴,子女要学习印地语等。斐济华人从语言到服装,从饮食习惯到节日庆典等则多带有明显的中华文化特性,农历春节是华人十分重要的节日,每逢春节他们都会采用传统的方式予以庆祝。中斐两国建交后,中国驻斐济大使馆每年都会协同文化部举办各式各样的"欢乐春节"活动,斐济政府领导人也会在这一天发表讲话,庆祝中国春节。

亚美尼亚
文明的发展
及其特征 亓佩成

————

位于西亚的亚美尼亚文明与两河流域文明、古埃及文明等一样，是人类历史上最古老的文明之一。然而，很多人似乎遗忘了这个文明的存在，对其了解甚少。因此，对这个文明的兴起、发展、特征等做一探究便显得尤为必要。

亚美尼亚文明的发展脉络

历史上的亚美尼亚以亚拉腊山谷为中心，向西延伸到小亚细亚半岛东南部的地中海岸，东部与伊朗高原接壤，基本包括了整个亚美尼亚高原。它还有大亚美尼亚和小亚美尼亚之分：大亚美尼亚有时又称东亚美尼亚，大致以今天的亚美尼亚共和国为中心；小亚美尼亚又称西亚美尼亚，以今天土耳其东南部的奇里乞亚为中心。

考古发掘表明，公元前四千纪下半叶时，亚美尼亚人就已开始了定居生活，出现了社会等级制度。亚美尼亚首都埃里温的国立历史博物馆内陈列着各种史前时期的陶器、青铜器、雕塑和遗物，充分见证了亚美尼亚史前文明的辉煌。博物馆内珍藏的"阿雷尼 -1 皮鞋"，是世界上已知最古老的皮鞋，距今约 5500 年。

约公元前 15 世纪末，亚美尼亚人在位于亚美尼亚高原西部的幼发拉底河河谷一带建立了哈雅萨王国。许多赫梯铭文、希腊文献和博阿兹考伊铭文材料证明了这个古国的存在。除哈雅萨王国外，亚美尼亚高地上还有不少说原始亚美尼亚语的部落。公元前 9 世纪，这些部落走向统一，是为乌拉尔图。

乌拉尔图王国是亚美尼亚文明史上杰出的篇章之一。当时，它成为亚述帝国最强劲的竞争对手。公元前 612 年，米底帝国摧毁了乌拉尔图王国，将其纳入版图。不久，波斯帝国的居鲁士大帝吞并了米底。波斯时期，"亚美尼亚"一词首次出现在大流士一世的《贝希斯敦铭文》中。关于亚美尼亚人的源流问题，引起了许多学者的兴趣。古希腊历史学家希罗多德认为，亚美尼亚人是从安纳托利亚西端的弗里吉亚迁徙到亚美尼亚高地的；也有人认为他们来自更遥远的东方，或者是当地的土著。无论如何，亚美尼亚人的语言表明他们属于印欧人种，是大多数欧洲人和波斯人的近亲。

从大流士一世开始，亚美尼亚文明的发展脉络逐渐清晰起来，并以波斯帝国的一个省辖地或附属国的身份登上西亚政治舞台。亚美尼亚文明也一直受到来自东面的伊朗因素的影响。公元前 331 年亚历山大对大流士三世的胜利，意味着希腊文化也开始进入亚美尼亚文化。在波斯帝国灭亡后不久，亚美尼亚王国独立，但很快又沦为塞琉古帝国的附庸。从此，亚美尼亚成为东西方帝国争夺的战场。西方的罗马帝国，东方的安息帝国、萨珊王朝和阿拉伯帝国经常为争夺这片土地而兵刃相向。公元 11 世纪中叶，塞尔柱突厥人占领了亚美尼亚，流散的亚美尼亚人在今土耳其东南部建立了政权（1080—1375 年）。这一时期，亚美尼亚人成功周旋于十字军、蒙古帝国和各突厥势力集团之间，继承和发展着自身的文明。近代亚美尼亚又成为奥斯曼帝国和伊朗的萨法维帝国激烈争夺的对象。1828 年，俄国吞并了东亚美尼亚（或大亚美尼亚）。自此，亚美尼亚人与俄国人有了密切关系。1936 年，亚美尼亚成为苏联的一个加盟共和国。苏联解体后，亚美尼亚于 1991 年宣布独立。

地理因素与亚美尼亚文明的特征

历史上的亚美尼亚位于欧亚交汇处，扼守东西方交通要塞，这种地理特征使得亚美尼亚文明具有显著的开放性和兼收并蓄的特征。在亚美尼亚人的历史文化遗产中，既可以发现希腊、罗马文化的遗存，又能看到波斯、阿拉伯和中国文化的痕迹。目前，埃里温的玛坦纳达兰古籍博物馆内珍藏着三幅 13 世纪带有中国文化符号特征的手稿细密画。

同样由于地理因素的影响，亚美尼亚经常遭到外来族群的入侵。在被外族占领期间，大量亚美尼亚人离开家园，流散到世界各地。从印度到威尼斯，从莫斯科到君士坦丁堡，都居住着大量亚美尼亚人。这些被不同地理单位分割的亚美尼亚人（或社区）保持了文化和身份的同质性，并在历史故地之外成功实现了亚美尼亚文明的成长。亚美尼亚文明没有因为空间的割裂而中断，这为后来亚美尼亚共和国的建立奠定了基础。

在地理上，亚美尼亚靠近基督教发源地之一的小亚细亚，基督教从这里和美索不达米亚传入亚美尼亚。公元 301 年，亚美尼亚成为世界历史上第一个承认基督教为国教的国家。自此之后，在亚美尼亚民族内部，宗教在很大程度上影响着政治的发展。尤其在失去国家政治实体的时候，教会往往承担了国家职能，使得流散中的亚美尼亚人形成了无形的国家：最高政府机构是教会，所有的亚美尼亚人是其国民。

维系亚美尼亚文明发展的核心要素

历史上的亚美尼亚多依附于强权，但其文明特性却没有因处于被统治地位而消亡。维系这一文明发展的核心要素有哪些呢？

首先，对语言、书籍等民族文化的热爱，是亚美尼亚文明发展的重要因素。亚美尼亚语是印欧语系的一个独立分支，在发音上接近于希腊语（以及弗里吉亚语）和印度－伊朗语。自公元 405 年梅斯罗布·马什托茨发明亚美尼亚字母后，亚美尼亚文字的词汇量不断增长，语法至今仍在不断发展和改进。到了近现代，流散在世界各地的近现代亚美尼亚人有意识地强化母语学习。共同的文化标记将流散的亚美尼亚人联系在一起，增强了他们的民族认同感。

流散的亚美尼亚人有崇拜书籍的习俗，他们把自己对国家和民族的记忆寄托在手稿中，并希望以此保持民族身份的统一。在许多亚美尼亚文献中，手稿被当作圣物来读。1915 年，两位亚美尼亚妇女将在土耳其穆什发现的一份亚美尼亚手稿，冒着生命危险送到埃奇米阿津。现在的埃里温青年公园内有一座专门献给她们的雕像。亚美尼亚人还是现代书籍印刷和出版事业的先驱之一。1512 年，第一批亚美尼亚语印刷书籍出版。2012 年，埃里温被联合国教科文组织评为"世界图书之都"。

其次，商业活动为亚美尼亚文明的发展和繁荣提供了强大的物质保障。亚美尼亚高原位于东西方交通的十字路口，古丝绸之路正是从这里进入西方世界。得益于丝绸之路，亚美尼亚人形成了善于经商的传统。另外，由于家园经常被他者占领，亚美尼亚人几无耕地进行农桑之作，经商便成为无奈的选择。17—18世纪时，新朱利法城的亚美尼亚商人建立了一个西到大西洋、东到中国、北到大不列颠、南到印度洋的世界性商业帝国。当时奥斯曼帝国、伊朗萨法维帝国和印度莫卧儿帝国间的国际贸易几乎被亚美尼亚人垄断，甚至欧洲的东印度公司也只有仰仗亚美尼亚商人的帮助，才能在西亚、中亚和南亚地区顺利开展商贸活动。成功的亚美尼亚商人慷慨资助民族教育和文化事业，为亚美尼亚民族的复兴提供了坚实的物质基础。

最后，自古以来亚美尼亚人就善于创新，为人类贡献了不少重要发明。譬如，世界上最古老的皮鞋、酒庄和冶金制品都来自亚美尼亚；世界上第一个成功设计和生产出彩色电视机的人是亚美尼亚人霍夫汉内斯·阿达米扬；新加坡国花"卓锦·万代兰"是由亚美尼亚侨民培育的。亚美尼亚人在细密画、建筑和音乐等领域也有深厚的历史底蕴和突出的艺术成就。

亚美尼亚文明历史悠久，统治过它的帝国几乎都消失在历史长河中，然而它却在动荡中创造了丰富多彩的文化和生存机制，体现出坚韧的品性。

交流视域下
亚洲文明的
发展

|韩东育

　　"亚细亚"，古希腊语为"$A\sigma\iota\alpha$"，拉丁语作"Asia"，意思是"东方日出之地"。"亚洲"，最早乃是生息于今黎巴嫩和叙利亚地区的古代腓尼基人从东地中海沿岸向东遥望时所推想出的区域地理概念。同理，对所谓"西方日落之地"即"欧洲"的命名，也形象地凸显了腓尼基人所处的欧亚中间位置及其陆桥特征。族群移动所遇到的天然屏障，反而丰富了人们的地理知识。于是，公元4世纪初，乌拉尔山和乌拉尔河正式成为东西方的界限，亦从此，东边成了亚洲，而西边遂为欧洲。

　　新航路开辟后，"亚洲"的概念开始被欧洲人强化。在比利时学者奥特里乌斯绘制于16世纪70年代的《地球大观》中，亚洲已明确被置于世界地图的最东端。不过，这一主要用来表达空间概念的地理方位指代，却在意大利耶稣会士利玛窦绘制的《坤舆万国全图》中，被更多地注入了价值内涵——因考虑到古来自称"中华"或"中国"的明廷感受，利玛窦遂"有意抹去了福岛（指西班牙的加那利群岛）的第一条子午线，在地图两边留下一条边，使中国正好出现在中央"（《利玛窦中国札记》），然后将朝鲜、日本、吕宋、安南等地按照其与明朝的传统关系附以图注和说明，即"大明声名文物之盛，自十五度至四十二度皆是。其余四海朝贡之国甚多"。明朝"声教"的影响，显然不止于利玛窦所划定的经纬区间。实际上，千百年来不断流动和交往的族群，早已在亚洲开辟了一个巨大的往来空间和商贸市场；族群间固然有兵戎相见的惨烈，但更有几大帝国的登场和"三大宗教"的创生；而作为"冲突—融汇"原理的主要上演舞台，人们有理由相信，"亚洲"还将成为融通中西、引领未来的新文明摇篮。

交流视域下的"地理"与"经贸"世界

"空间"的打通方式是"交流",而交流的前提,则取决于交流者的相互需求以及如何满足这一需求。黑格尔关于"历史必须从中华帝国说起"的判断意味着,亚洲的历史也必须从中原世界及其活动空间说起。《山海经》,这部堪称中国上古时代最早的百科全书,曾经以神话的方式为后世留下相关的历史遗存,尽管作品本身自司马迁以来一直被蒙翳在怪异色调下。后世在《山海经》的基础上次第勾勒出的"西济于流沙,东至于蟠木""觚竹、北户、西王母、日下,谓之八荒""东渐于海,西被于流沙,朔、南暨,声教讫于四海",以及"内别五方之山,外分八方之海"等地理空间,在相当程度上真实地折射出那个时代中原人眼中的世界全景。其中,"西王母",无疑是上古华夏民族了解西域的一个拟人载体。有研究显示,《山海经》所载西王母神话的基本形态大约是:一为西王母居玉山昆仑,在后世流传的西王母神话中,昆仑的意义最为重要;二是形象怪异的西王母,在神话中包含信仰与地理两种意义。与西王母信仰相关的华夏族人域外知识,本质上含有华夏世界的地理观念,因为"西王母"代表"天下四极"中的"西极"。有趣的是,汉代以后,西王母神话进入"历史化"叙事。《史记·赵世家》记载赵国祖先造父事迹时所说的周缪王,便是《穆天子传》里的周穆王。无论司马迁是否认可周穆王西行这一传说,古代典籍中呈现出来的华夏族人对"西极"地域的认知,可从一个侧面展现出中华世界真实的域外地理知识;而汉唐时期华夏族人对西王母神话的信仰与其对希腊罗马世界的认知相互纠葛缠绕,也是一个历史事实。这至少意味着,早在《山海经》时代,中国人就有过了解"西方"的强烈愿望,而不只后世如此。

只是,"西极"之"极",已暗示了华夏人向西探索时所遇到的天然阻碍。《山海经》《淮南子》和《史记》中所谓西海、流沙、赤水、黑水、弱水、炎火之类的记述,均证实了这一点。然而,如果把中华先民对"西王母"的向往简单理解为信仰和地理这两点意义,可能就忽视了故事背后所潜在的其他动力。事实上,无论玉山还是昆仑,西王母所居之地都透露出一个共同的信息,即那里是美玉的重要产地。《山海经》中的虚实记录,至少有殷商以来的实事实物做基础:在河南安阳出土的3000多年前的商朝妇好墓和其他墓葬中,玉器是十分醒目的发现。经鉴定，这类玉器是新疆和田玉，其产地若羌与昆仑山无论在地质构造还是距离上，均乃一脉同源；而玉在中国传统文化中所扮演的特殊角色及所蕴藏的身份甄别内涵，则早已不言自明，尽管上古华夏族人对"西方"的向往动力并非仅限于此。

与华夏人受阻于"西极"相同时，有一股比西王母所居还要辽远的"西方"势力，正在朝他们所憧憬的"东方"蠕动。史载，罗马帝国实力强大，对中国的物产特别是丝绸有着强烈的需求。皇帝奥古斯都（屋大维）从何处得知秦汉大地的锦缎殷富虽不在本文讨论之列，但罗马帝国贵族都以穿上丝绸为贵，哪怕价格高过黄金亦在所不惜等记载，却是事实。奥古斯都同时代的文学家奥维德曾这样描述：罗马城里到处可见来自东方的药品、稻米、胡椒粉，贵妇人的手腕上戴着精美绝伦的珠宝饰物。那些柔软的、金光闪闪的丝绸不仅穿在女人身上，也穿到了男人身上。然而，有一个重要的前提显然不能忽略，即罗马帝国为达成其商贸目的，需要首先开辟罗马与东方特别是与中原之间的商贸通道，并且通常会通过战争手段来达成。这既是公元前 1 世纪前后罗马将领率部打通阿拉伯南部和中东两河流域商路的原因，也是奥古斯都时期每年都有 120 艘商船穿梭于埃及、阿拉伯、印度之壮观场面的背景，更是"条条大路通罗马"之名言赖以流传的基础。而进一步的事实还证明，受到罗马东方商路开辟政策的影响，中东、中亚地区的族群也不得不挤向华夏人眼中的所谓"西域"乃至中原地区。历史上开通商路的愿望，或许东西方都有，这既可以从《大荒西经》隐藏于"西极"表述下的遗憾中得到暗示，也可以从张骞出使西域、发现构成西进屏障的"西域"并非"西极"后所发出的欣喜中获得反证。"大秦"和"大汉"这两个商贸交通意愿同等强烈的帝国，赋予了中东和阿拉伯世界在发挥欧亚陆桥作用时所必要的安定与和平。于是，蜿蜒于沙海中的驼队和回响于绿洲间的驼铃，便成了"丝绸之路"定格于历史映像中的经典画面。

不过，势力范围的争夺必然会导致彼此之间的冲突。公元 751 年，在波斯和拜占庭文明影响下迅速崛起的阿拉伯帝国，为了与唐朝争夺对中亚地区的控制权，发生了史上著名的"怛罗斯之战"。可当"战后"双方发现这种冲突的目的并不完全在于势力范围的攫取，而是如何进一步保护东西商路的安全和畅通时，乃如有学者所指出的那样，双方的商贸收益反而创下了历史新高：与阿拉伯人开通从波斯通往印度的哥拉森大道，从德兰索西阿那通往吐蕃的南方大山路、通往里海和高加索的北方丝路，以西拉夫和巴士拉为主要港口的海上通道相同时，唐朝不但在东方建设了青海路和草原路，还凭借与"大食"的联系，发展起与东非和北非的贸易，唐玄奘的《大唐西域记》、杜环的《经行记》和马苏迪的《黄金草原》等，都记录了这一条条通道的大量信息。至于成吉思汗所建横跨欧亚大陆的蒙古帝国在东征西讨后给东西交通带来了怎样的安全和繁荣，已在威尼斯商人马可·波罗的《东方见闻录》中留下了生动记载。当然，在帝国雄风消退后，这条通道也给日后俄罗斯的东向扩张，提供了巨大的便利。

亚洲东部，这一习惯上被称作"东亚世界"的地方，也有着像"西方"一样难究终始的时间和空间。出于可以理解的原因，人们一直认为上古时代中国人来航日本不过是美丽的幻想。然而，水文考古学家经过长期研究后发现，四千年来未曾发生过改变的日本海"左旋环流"现象，不但使上古的日韩联络成为可能，即便是中日交通问题，也不再是天方夜谭。卑弥呼派使臣经辽东往返于"倭—魏"之间的信史（《三国志·魏书·东夷传·倭》《文献通考》卷 324）既可以验证日本学者的一项研究成果，即"殷周鼎革后，一部分殷民后裔通过东北地区进入朝鲜，而另一部分则渡过渤海，来到了日本的北九州"，又容易将人类的记忆复苏至所谓神话家笔下的《山海经》，并由此发现《海外东经》《大荒东经》中有关"扶桑""黑齿国""毛人国"的相关描述与明朝李言恭《日本考》中所列地名顺位，以及《枕草子》《紫式部日记》《源氏物语》《空穗物语》《荣华物语》等日本书目中所记之事实，都有着不可思议的吻合。

和西部一样，除自然关联外，东亚地区还是一个不可轻忽的地缘政治圈域。朝鲜和琉球在中日两国间的双向朝贡，反映了前近代东亚地区的"两极构造"格局。同中国与西亚交流史上既有和平商贸也有战事兵燹等情况相似，在东亚各国尤其是中日两国间，既有卑弥呼（159—249 年）的遣使朝贡、倭五王（413—478年）的频繁请封和足利义满（1358—1408 年）的接受册封，也有"倭以辛卯年来渡每［海］"（391 年）、"白村江之战"（663 年）和"壬辰倭乱"（1592—1597 年）等冲突。然而，无论对"西亚"还是"东亚"，中国输出和接受的多为物产和思想等和平事物。无论如何，当我们从历史的时空中来观察亚洲的形成发展，均无法逃离绵亘古今的"冲突—融汇"原理。而对广域"亚洲"的了解和理解，既需要伦理学家的情感良知，也需要历史学家的理性思考。

交流视域下的"价值"与"制度"世界

自汉武帝经略西域以来，从中亚西域经新疆至中原的这条"丝路"，不仅贸易往来频繁，佛教界东来传法和西行求法的僧侣们亦大多行走于这条路线上。这条路以敦煌为集散点又分南北两道，其北道的伊吾（哈密）、吐鲁番、龟兹（今库车一带）、疏勒（今喀什一带），和南道的鄯善、于阗（今和田）、莎车等佛教迁播据点意味着丝绸之路既是商贸之路，还是一条至关重要的"思想之路"。

雅斯贝斯的"轴心期"理论显示，公元前5世纪前后，是人类首次对生命意义和文明价值的集中反思期。中国的老子和孔子曾分别从哲学和伦理学的角度触及和思考过这类问题。源出于印度佛教教义的"三世报应"论，则给深陷于"善恶观"危机中的中土众生，带去了罕有的时空与心灵慰藉；而东西方世界对西域和中原地区的打通，又显然给佛教思想的东传带来了极大的便利。于是，从公元1世纪的摄摩腾、竺法兰开始，经慧远、鸠摩罗什、玄奘、慧能、真可等历代大师的阐释传播，又经过从"在中国的佛学"到"中国的佛学"等蝉蜕过程，佛学已然与中国传统的道家和儒学实现了互训、交汇和一体圆融，一个儒道释"三教合一"的局面，至少在南北朝梁武帝时即已初成局面，而经过唐宋到明嘉靖年间的林兆恩时期，则大局再定，无复疑焉（道释归儒）。

公元6—7世纪，日本人的心灵也迎来了中国佛教的润泽。圣德太子执政前，日本的国家意识形态是无法可靠地支撑能够统领一切部派的"神道教"。在隋、唐王朝的无形压力下，他们很快发现支持中土社稷的要素中，除了当时最为先进的律令制度外，还有能够配合这一制度的佛教。但是，佛教东传日本，还需依托一个载体和原理，而这便是汉字和儒教。事实上，作为"载体"的汉字和作为"原理"的儒教，几乎是联袂东进的。公元1世纪传入日本的"汉委奴国王印"，以汉字形式使日本人了解到儒教伦理政治的物质表征。嗣后，汉字的研习成为"无文之国"日本的必修课，具有"传檄而定"功能的汉字，赋予了日本人统一的工具；朝鲜人亦认为，汉字为尚处荒蛮的半岛族群赋予了人伦规则，还被统一半岛的新罗文武王视为成功之关键。

然而，通过与中国的交往，学习其之所以为"中心"的制度优长，才是东亚邻国最为渴求的政治目标。制度是一国价值观念、政治规则和经济思想的凝结物，掌握了中华制度，也就等于了解了隋唐特别是大唐王朝的生成"密码"，因此很快，朝鲜半岛的几大政权和日本纷纷上门"求法"，它解释了何以7世纪中叶新罗国王金春秋会命令臣下模仿唐朝律令、修订并施行了《理方府格》六十余条，也能理解日本何以会"全面"导入中国律令制的原因（《大宝律令》《养老律令》）。圣德太子用来介绍和传播佛教的《宪法十七条》中"以和为贵，无忤为宗"之开宗明义，使西嶋定生对前近代东亚机理形成了如下认识，即"构成如此历史文化圈之'东亚世界'的诸指标"，"我们可以简约表述为：（1）汉字文化；（2）儒教；（3）律令制；（4）佛教。创造于中国的汉字，不仅被中国所使用，还被传播到言语与此不通且尚不知使用文字的临近各民族。这不仅使这个世界中的各自意志得以相互传递，同时还使中国的思想和学术的传播成为可能。接下来的儒教、律令制和佛教三者，也都是以汉字为媒介被扩展到该世界的。这些都影响了周边民族和国家的政治思想和社会伦理思想"。

日本NHK先后摄制于20世纪末和21世纪初的《丝绸之路》与《新丝绸之路》，对佛教特别是由鸠摩罗什汉译后东传日本的《般若经》《法华经》《维摩经》等300余部佛教经典十分推崇，就是因为在他们眼中，"丝绸之路不仅是商贸之路，更是思想之路"；而那些迥别于东南亚"小乘教义"的"大乘佛教"载体——"汉译佛教经典"，"直到今天，也依然滋养着日本民众的心灵"。鸠摩罗什负载于印度的佛像如今仍完好安立于京都清凉寺的事实意味着，印度的北部、新疆的龟兹和位处亚洲最东端的日本其实已为我们勾勒出了一条"思想丝路"的本末始终；而西嶋定生的立体构图还意味着，"丝路"所承载的历史功能显然已不光是经贸和思想，还有律令和制度。

交流视域下的"中和"与"全球"世界

新航路的开辟，使世界为之丕变。马克思曾赞美过这一丕变："大工业建立了由美洲的发现所准备好的世界市场"，资产阶级"增加自己的资本，把中世纪遗留下来的一切阶级排挤到后面去"。他肯定了大工业和市场经济这种新的生产方式和交往方式的历史进步性，因为人们在不到一百年的时间里"所创造的生产力，比过去一切世代创造的全部生产力还要多，还要大"。与此同时，由资产阶级所确立的自由主义和政治法律制度，还把人们从封建的农奴制下"解放"出来，并实现了人的"政治解放"。重要的是，随着"世界市场"的全球性扩展，资本主义生产方式取代其他生产方式而成为全球性主导的生产方式的时代即世界历史，也头一次成为现实。亦如有学者所强调的那样，"如果说在前世界历史时代，各个民族基本上都是在孤立的地域各自平行发展的话，那么在世界历史时代，这种局面就被完全打破了，各个民族（国家）的发展都受到了人类整体发展的影响和规定"，并且"只有到了世界历史时代，通过各个民族之间的普遍交往暴露出以个人与民族的关系代替个人与人类的关系的狭隘性甚至荒谬性的时候，才能提出超越民族狭隘性的问题，实现人类解放才是一个真实的、可能的任务"。

然而，这同时也意味着，形成于欧美世界的现代化制度，将不可避免地席卷全球各地；而近现代科技水平的日新月异，也注定会使自古形成的天然地理圈域和不同社会制度悉数失去屏障隔离意义。与美洲印第安文明迅速被送入人类历史博物馆等情形不同，亚洲国家几乎均程度不等地经历了一场本能抵抗和理性适应行为交织的"三千年未有之大变局"。受到近现代文明冲击的亚洲国家，有的变成了西方殖民地如印度，有的变成了半殖民地如中国，也有的摆脱了前两种命运，通过维新变革行动捍卫了国家独立和领土完整如日本。然而毋庸讳言，在亚洲率先完成近代化改造任务的日本，也同时蜕变为"国际法"中"弱肉强食"原则的东亚实践者。

无论如何，在西方文明冲击时间长达一个半世纪之久的亚洲各国，几乎均经过文明的连类格义并渐次凸显出两种或多种文明混合再生的"合璧"趋势，这一点，中国的表现似尤为突出。在"三千年未有之大变局"面前，中国人依次经历了洋务运动、戊戌变法、辛亥革命和五四运动后，才逐渐摸索出适合本国国情的道路。

日本学者竹内好在对比日中两国接受和借鉴西方价值和制度及其在现代化过程中的不同表现时，曾提出过两个概念——"转向"与"转意"。"转向，是发生在没有抵抗处的现象，它缺乏化外物为自身的欲求……转意（回心）则不同。它看上去像似转向，但方向却相反。如果说，转向是向外的动作，那么转意就是向内的归趋"，"转向法则支配下的文化与转意法则支配下的文化，存在着结构上的差异"。简言之，"日本文化就类型学而言是转向型文化，而中国文化则是转意型文化"。"转意型文化"其实就是"致中和"文化，这意味着只有"致中和"文化，才蕴含着"转化性创造"的切实可能性。当我们俯瞰现代文明的曲折流向时不难发现，真正有条件构成中西文明交汇点的，其实只有亚洲，而不是任何别的大洲。所谓"东西文明交汇"，是原生文明之间的相遇、冲突、协调和融合，而不是无根者之间的浮萍邂逅。

关于中华文明从未中断并能继续延展的一种解释是，只有这一文明才具有最大限度的包容性，但包容性并不表明它因此便毫无原则。作为无数可行方案中的最优选项，"中道"哲学具有足够的能力把任何外来文明相对化和均质化，也能最有效地规避各文明在原产地域所经常显现出的极端走向，从而引领着综合型文明迈向一个人类共同期待的最佳目标。这一目标，无疑要求人们去适时创建适应全球治理的"新文明体系"。而所谓新文明体系，应该是百余年来融汇于东方特别是中国社会、以熔铸中西文明优长为特征的观念模式、行为模式和制度模式。它既能克服自文化中的惰性因素，亦堪抵制异文化中的负面影响。它不需追问纯然的自我，因为自我与外来已无法拆分；也无须苛察体用的畛域，因为体用不二，性相一如。

中国造纸术的发明及传播

｜汪前进

———

　　造纸术是中国古代四大发明之一。与其他书写材料相比，纸的表面平滑，洁白受墨，还可染色；幅面宽大，容字较多，又便于裁剪，做成各种型制；柔软耐折，可任意舒卷，便于携带与存放；寿命长，易于保存；造纸原料易寻，价格低廉；用途广泛，既可作书写、印刷之用，又可用作包装材料等。这些无可比拟的优点，使得纸一经发明，便经久不衰，且传播世界各地，为世人所钟情。

　　从考古发掘的文物可知，早期的纸是由植物纤维（麻类）制成的，因而东汉许慎《说文解字》中所说的"纸，絮，一曰苫也"中的"絮"指的就是麻纤维。1933年，北京大学教授黄文弼先生在新疆罗布泊汉烽燧遗址首次发现一片麻纸，"同时出土者有黄龙元年（公元前49年）之木简，为汉宣帝年号，则此纸亦为西汉故物也"。直至1990年，学者们在新疆、陕西、甘肃等地先后八次发现了西汉初年至末年制造的麻纸，时间均在东汉蔡伦"造纸"之前。

　　到了东汉，蔡伦在前人的基础上，总结制造麻纸技术的经验并进行了技术革新，组织生产了一批质量更好的麻纸。不仅如此，他还突破了木本韧皮纤维的造纸技术，主持研制成功楮皮纸，使得造纸原料更为广泛，推动了造纸术与造纸业的发展。到魏晋南北朝时期，除麻纸、楮皮纸外，又制造出桑皮和藤皮纸；中原地区则普遍使用竹帘床模具抄造，使得纸成为这一时期的主要书写材料。隋唐五代时期是麻纸的全盛时期，而雕版印刷的发明更进一步促进了纸业的兴旺。唐末南方制造出竹纸，这一时期还发明了在色纸面上饰以金银粉的金花纸、水纹纸和砑花纸。宋元时期皮纸与竹纸由于技术的进步而成为主要纸类，麻纸则因原料问题开始衰落。明朝是造纸术的集大成阶段，其技术也被宋应星在《天工开物·杀青》

中记载下来。中国造纸术在发明之后，开始向外传播到世界各地。

中国造纸术最早是在汉字文化圈内传播。朝鲜半岛造纸是在魏晋南北朝之际，生产的主要是麻纸，后来才有楮皮纸和桑皮纸。现存最早的纸写本是韩国湖岩博物馆馆藏 754 年新罗的楮皮纸写本《华严经》。朝鲜造有皮纸，其特点是纸质较厚重、强韧而又洁白。明屠隆在《考槃馀事》中谈到高丽纸时说："以绵茧造成，色白如绫，坚韧如帛，用以书写，发墨可爱，此中国所无，亦奇品也。"朝鲜制皮纸时，基本上沿用了中国技术，但工具和技法略有不同。

中国纸与书卷早在 2 世纪便已传到越南。在汉末、魏晋时期，越南北部地区已能造纸。据德国汉学家夏德研究，当时大秦不会自行造纸，所献纸为其在越南所采购，"东罗马使臣或亚历山大城商人来中国广东通商，途经越南时，将当地所造沉香、皮纸充作本国物品向中国朝廷作为进贡礼物"。越南南方的纸是由北方输入。宋元以后，南方也可以造纸。陈朝艺宗绍庆元年（1370 年），曾派遣使臣将所产纸扇送给明太祖朱元璋。清雍正年间，越南曾回赠清帝金龙黄纸二百张。晚期越南版书籍多以竹纸印刷，而此纸也与中国纸类似。

日本的造纸术也有千年以上的历史。据《日本书纪》记载，中国纸和造纸术是通过朝鲜传入日本的，"（推古天皇十八年，即公元 610 年）春三月，高丽王贡上僧昙征、法定，昙征知《五经》，且能作彩色及纸墨，兼造碾硙，盖造碾硙始于是时软"。实际上，日本造纸早于此时，传授造纸技术的是 450 年从百济来日本的汉人五经博士王仁及其随行的汉人工匠。根据对日本法隆寺、东大寺所藏飞鸟与奈良时代的用纸化验结果，当时造纸原料多是破麻布、楮皮和雁皮。其纸制浆技术同中国一样，用植物灰水对原料蒸煮，更在浆液中加淀粉糊。日本典籍《延喜式》（905 年成书）、《令义解》（833 年成书）和《源氏物语》（1007 年）等中均有关于日本官方造纸机构、材料与类型的论述。镰仓时代以后，日本麻纸渐少，皮纸占主要地位。江户时代手漉和纸得到较大发展。和纸文化在今天的日本仍受到高度重视。

陆上丝绸之路造纸术的外传。中原地区有两条陆上通道可达西域：一是从西藏经喜马拉雅山口南下，一是从今新疆经克什米尔至印度西北部。两条通道的中国一侧，新疆在十六国时期（304—439 年）已于当地造纸，而西藏从唐初（7 世纪前半叶）起就有了造纸作坊。印度造纸法及纸的型制与新疆、西藏类似，印度现存最早的纸写本年代为 1231 年或 1241 年，因此在 12—13 世纪印度已有自己的造纸业。

陆上丝绸之路所经之处都有古纸出土。1900 年，瑞典探险家斯文赫定在新疆楼兰发掘出嘉平四年（252 年）、泰始二年（266 年）、咸熙三年（265 年）和永嘉四年（310 年）等魏晋纸本文书，大多为麻纸，说明内地的纸早已传到西域地区。1907 年，斯坦因在敦煌发现九封用中亚粟特文写成的书信，这是客居凉州的中亚商人南秦·万达在 311—313 年间写给撒马尔罕友人的信件，可见粟特人早在 4 世纪就已使用中国纸。

中亚造纸始于唐朝时期。据史籍记载，天宝十年（751 年）唐与大食在中亚的怛罗斯（今哈萨克斯坦境内）用兵，在战争中有一部分唐兵被俘，其中就有造纸匠。阿拉伯人一直在寻求造纸的秘密，故将这些匠人送回国内，要求他们传授技术，这就使得中国造纸术传入中亚地区。阿拉伯学者比鲁尼（973—1048 年）在《印度志》中记载："造纸始于中国……中国战俘把造纸法输入撒马尔罕，从此，许多地方都造起纸来，以满足当时的需要。"自撒马尔罕兴办了纸场以后，纸张便十分畅销，故呼罗珊总督叶海亚便倡议利用来自撒马尔罕的中国人在巴格达再建一个纸场。纸场投产后，阿巴斯哈里发哈伦·拉施德的宰相贾法尔便下令所有公文一律用纸书写，而不再用昂贵的羊皮。后来，造纸术随着阿拉伯势力扩张传播至北非地区。

中国造纸术通过阿拉伯世界传入欧洲。最早接触到纸和造纸术的欧洲国家可能是西班牙、法国和意大利三个国家。纸张出现在西班牙不迟于 10 世纪。在圣多明各城发现的手写本是迄今为止所知最早的西班牙纸本文物，由亚麻纤维制成，又经淀粉糊施胶，与阿拉伯纸类似。这应该是逃到西班牙的前倭马亚朝王子拉赫曼等从阿拉伯帝国带来的。后倭马亚王朝建立后，用纸量骤增，西班牙便于 12 世纪自行造纸。最早的纸场建在萨狄区，该地盛产亚麻且临近水源。这是欧洲本土造纸的开端，但大多掌控在阿拉伯人手中。1157 年，在靠近法国边境的维达隆城才建立了一个由西班牙人经营的纸场，而该国的犹太人很快就掌握了这门技术。

由于邻近西班牙，法国人很快便引进了造纸技术，于 1189 年在埃罗建造了第一家法国纸场，随后又在特鲁瓦、埃松、圣皮埃尔、圣克劳德和特瓦勒等地建造了新的纸场，以满足国内的需求，所造纸均为麻纸，与阿拉伯纸基本相似。造纸术通过另一商路传入意大利。12 世纪写成的几份意大利纸本文书被保留下来。整个 13 世纪，大马士革纸源源不断流入意大利。后来意大利人于 1276 年在蒙地法诺建立了第一家纸场，生产麻纸。随后他们在技术上做了较大改进，用金属制成打浆器，又向纸内施加动物胶以代替淀粉糊，并生产出水纹纸，使得造纸业飞速发展，至 14 世纪便成为欧洲重要的纸张供应地。德国最早开始生产纸是纽伦堡的纸场（1391 年），随后荷兰于 1428 年、瑞士于 1433 年、波兰于 1491 年、英国于 1494 年、奥地利于 1498 年、俄国于 1576 年、丹麦于 1635 年、挪威于 1690 年先后开始自己生产纸张，至 17 世纪，欧洲主要国家均有了自己的造纸业。

18 世纪以后，随着文化、教育与科学事业的发展，欧洲各国的耗纸量与日俱增。由于单一生产麻纸，已使原料供应出现严重短缺，人们在不断寻找替代物。与此同时，他们再一次将目光投向造纸术的发明地——中国，寻求中国造纸技术发展的新信息，使得中国造纸新术直接传入欧洲。

后来担任过法国财政大臣的经济学家杜尔阁为了使法国的造纸业走出困境，于 1765 年请在法学习的华人高类思和杨德望趁回国之机帮助解决 52 项与中国有关的问题，其中 4 项与造纸有关。这两位华人回国后购买了杜尔阁希望得到的中国纸帘、各种造纸原料标本及纸样，连同技术说明材料，通过商船从海路寄给杜尔阁，使得法国的造纸技术得到了重大改进，极大地促进了法国乃至欧洲造纸业的发展。

18 世纪末，清乾隆年间由中国画师手绘的竹纸制造全套工艺流程工笔设色组画，由在京的法国耶稣会士蒋友仁寄往巴黎。竹纸制造系列图共 24 幅，具有宫廷画师画风，因其兼具艺术和技术的双重价值，在欧洲不断被人临摹。现知多套彩色摹本分别藏于巴黎国家图书馆、法兰西研究院图书馆及德国莱比锡书籍博物馆等地。1815 年巴黎出版的《中国艺术、技术与文化图说》公布了其中的 13 幅，这些图为后世有关造纸技术的专著争相引用。此组画重点向欧洲人展示了抄纸竹帘的型制及用法、湿纸人工干燥技术和植物黏液的使用等。明代宋应星的《天工开物》于 18 世纪传到巴黎，1840 年法兰西学院汉学教授儒莲将其中"杀青"（造纸）一章译成法文，刊于《法兰西科学院院刊》上，后又在另一刊物上发表了有关"竹纸制造"的论文。

这些都为西方人提供了中国造纸技术的重要信息。据中国造纸史专家潘吉星先生研究，从上述所传的组画与文字中至少向欧洲传入了十项新的造纸技术思想与工艺，极大地推进了欧洲造纸术与造纸业的近代化。随着造纸原料的改变、可弯曲的竹帘抄纸器抄纸技术的引进与使用，在 18 世纪中叶欧洲纸产量大增。中国抄纸竹帘的可弯曲性体现了一种先进的造纸思维方式，因而具有极大的发展前途，成为通向近代造纸机的必要阶梯。美国著名纸史家亨特说："今天的大机器造纸工业，是根据最初的东方（指中国）竹帘纸模建造的。"

总之，中国人发明的造纸术不仅促进了自身文化、教育和科技的发展，同时通过丝绸之路传播到世界各地，对人类文明的发展尤其是近代化起到了巨大的促进作用。

丝绸之路：

人类携手合作的 | 杨共乐

创举

———

　　"丝绸之路"一词出现于 19 世纪 70 年代，这一概念来源于学者们对客观历史的真实提炼和高度概括。从历史上看，这条大道的建成并非一人之力，而是东西方众多先驱共同开拓的结果。这里的东西方先驱既有国王、使者，也不乏商人和航海探险家。

　　就陆道而言，西段的建设者应该上溯至亚历山大。公元前 334 年，马其顿国王亚历山大亲率 3 万余精兵东征波斯。波斯国王大流士三世仓促应战，最终为亚历山大所败。公元前 327 年，亚历山大率军来到中亚，灭掉波斯的地方政权巴克特里亚，并于锡尔河上游修筑亚历山大里亚城，派兵加强对这一地区的统治。欧洲势力开始进驻亚洲腹部邻近中国的地区。此后百余年间，中亚巴克特里亚地区的政权一直掌控在马其顿人和希腊人手里。中国与西方之间在当时虽还没有建立起直接联系，但西方已经知道了一些中国的消息。希腊人克泰夏斯在其作品中首次提到了东方远国"赛里斯"（Seres），"赛里斯"由此成为希腊对包括中国在内的东方远国的称呼。

　　东段的开拓者显然要数汉武帝的使者张骞。他于公元前 138 年至公元前 126 年、公元前 119 年至公元前 115 年两次出使西域，史称张骞"凿空"。张骞"凿空"，不但打通了东西方交往的连接点，而且大大开阔了中国人的世界视野，开创了中西交流的新纪元。此后，东西方陆上交通大开。从中国西去求"奇物"者"相望于道"，"一岁中使多者十余，少者五六辈，远者八九岁，近者数岁而反""一辈大者数百，少者百余人"。中国的丝绸随使者不断输出国外，中亚、西亚与罗马也因此留下了中国丝绸的记录。罗马的文献中还出现了罗马元老院通过决议反对

古罗马壁画中身着丝绸外衣的女性

男子穿丝绸衣服的禁令。

　　东汉时，班超为西域都护，曾经营西域 31 年，政绩卓著，成效明显。西域"五十余国悉纳质内属，其条支、安息诸国，至于海滨四万里外，皆重译贡献"。公元 97 年，班超派部下甘英出使大秦（罗马），抵条支，欲渡，为安息船人所阻，只得"穷临西海而还"。甘英走南道赴大秦，虽中途而归，但其西行的路程远比张骞要长，其实际影响也比张骞要大。就在甘英出使大秦后不久，也就是公元 100

年，"远国蒙奇兜勒皆来归服，遣使贡献"。东汉朝廷对蒙奇兜勒遣使之事高度重视，还特意"赐其王金印紫绶"。"蒙奇兜勒"正是"Macedones"（马其顿，时属罗马帝国）之音译。马其顿遣使内附打通了中西间的直接交往，在中西交往史上占有十分重要的地位，而这件事本身也印证了中国与罗马陆上交通的存在。

就海道而言，中国至印度一线，为中国人所开拓。海船一般沿着印度支那半岛与南亚半岛海岸航行。公元前 111 年，汉朝用兵南越并在当地设置南海、苍梧与合浦等郡。合浦以南至印度的线路皆保存于《汉书·地理志》中。据《汉书·地理志》记载："自合浦徐闻（海康），南人海得大州，东西南北方千里，武帝元封元年，略以为儋耳珠臣郡……自日南、障塞、徐闻、合浦船行可五月，有都元国；又船行可四月，有邑卢没国；又船行可二十余日，有谌离国；步行可十余日，有夫甘都卢国；自夫甘都卢国船行可二月余，有黄支国……平帝元始中，王莽辅政，欲耀威德，厚遗黄支王，令遣使献生犀牛。自黄支船行可八月至皮宗，船行可二月，至日南象林界云。"据考证，黄支就是印度东岸之 Kanchipura，即后来玄奘所记的建志补罗城。

印度至罗马的海路则多为罗马人开创，船队最初皆绕着南阿拉伯海岸航行。据罗马地理学家斯特拉波《地理学》记载，在奥古斯都时期，每年都有多达 120 艘船只从埃及的红海港口起航，远航至曼德海峡之外各地，有的甚至远达恒河。大约在提比略执政时期，有一位名叫希帕鲁斯的罗马商人在长期实践的基础上发现了印度洋季风的规律。罗马人利用季风，不仅可以直接跨越印度洋，而且大大缩短了罗马至印度的距离。按英国学者赫德逊测算，意大利到印度的一次旅程，只需要花费 16 个星期。约在公元 2 世纪中叶稍前，有一位名叫亚历山大的罗马人越过孟加拉湾，到达日南北部的卡提加拉。"至桓帝延熹九年（公元 166 年），大秦王安敦（指罗马元首马尔库斯·奥理略）遣使自日南徼外，献象牙、犀角、瑇瑁"来到中国，中西海道"始乃一通"。当时世界上最强大的两个国家——中国与罗马间开始通过海道直接发生关系。印度和西方古典文献中出现的"秦尼（Sinae，Thinae）"实际上就是西方人对南部中国的尊称。

在中西陆、海两道开通之时，有许多中国的商品随使者输往西方。据中国的正史记载，从陆道西去的使者常"赍金币帛直数千巨万"，从海道西航的译使也携"黄金、杂缯而往"。由此可见，丝织品和黄金是出访人员必备的物品。

丝织品之所以成为使者出访时首选的重要物品，最根本的原因就在于，中国是桑蚕的故乡，而且在相当长的时间内，又是唯一掌握养蚕技术的国家。根据传说，我国"养蚕取丝"的发明者为黄帝元妃嫘祖。她教民育蚕，治丝蚕以制衣服。考古发掘也表明：大约在距今约6000—5600年的仰韶文化时期，我们的祖先就懂得了"养蚕取丝"的技术。著名学者夏鼐先生曾指出，至迟在殷商时期，我国已能"充分利用蚕丝的优点，并且改进了织机，发明了提花装置，能够用蚕丝织成精美的丝绸"。此后，此项丝织技术不但没有失传，反而随着时代和社会的变化，又有新的改进和发展。

《史记·大宛列传》有言："自大宛以西至安息国……其地皆无丝漆。"实际上，不但当时的安息国无丝，就是安息国以西的罗马也不产丝，所以中国的丝绸一直是罗马贵族身份的象征。为获取丝绸衣料，罗马人不惜远赴赛里斯，正是"靠着如此长距离的谋求，罗马的贵妇们才能够穿上透明的衣衫，耀眼于公众场合"。老普林尼坦言："据最低估算，每年从我们帝国流入印度、赛里斯和阿拉伯半岛的金钱，不下1亿塞斯退斯。"在罗马，不但有销售中国丝绸的丝绸市场、丝绸商人，而且还有丝绸加工地，丝绸交易的价格曾一度与黄金相等。

随着丝绸西向输出，我国的养蚕织绸技术也不断西传。公元5世纪时，中原的种桑、养蚕、缫丝织绸法已传至和阗；到6世纪的查士丁尼时代更跨越国界传到了罗马的东部世界。从此以后，"在罗马的土地上也能生产蚕丝了"，西方对中国丝绸的依赖逐渐消失。

历史表明，在中国的汉代，亦即西方的罗马共和晚期及帝国时期，世界上确实存在着以丝绸为重要交易物的陆、海大道。19世纪以后，这两条大道被分别冠以"陆上丝绸之路"和"海上丝绸之路"，总称为"丝绸之路"。丝绸之路的起点是中国，终点在罗马。中亚、南亚、西亚是陆上丝绸之路的必经之地，南海、红海、地中海是海上丝绸之路的必过之海，而印度洋则是海上丝绸之路的必跨之洋。丝绸之路的开启，既拉近了亚欧各国各地区间的距离，密切了沿途各国人民之间的关系，又加强了沿途各民族之间的交往，大大地推进了人类文明的进步。从这一意义来讲，丝绸之路是世界的奇迹，更是人类携手合作的创举。

犹太人
与
丝绸之路

|张倩红、贾 森

————

　　犹太人对于中国的认知是以丝绸为开端的。据《希伯来圣经》记载，早在先知以西结时代，犹太人就已经知道丝绸；塔木德文献与拉比文献中也记载了丝绸在古犹太人中深受欢迎。公元前3世纪，安息帝国的犹太人已到达丝绸之路要冲——中亚河中地区，张骞出使西域打通了陆上交通线，安息犹太人开始了大规模的丝绸贸易。这一时期，罗马帝国的犹太人在经营成品丝绸的同时，也从安息购买中国的生丝，在当地作坊进行纺织印染之后，再加以出售。可见，犹太人不仅是丝绸销售商，还是加工商，他们在巴勒斯坦、叙利亚、中亚等地建立了著名的丝绸加工中心。公元2世纪，犹太人在叙利亚形成了职业团体，生产的紫红印花布广受欢迎。犹太人同时还经营棉布、珠宝、香料、琉璃等商品，对沟通中国、中亚以及希腊、罗马之间的贸易发挥了重要的作用。公元224年，萨珊波斯取代了安息政权，继续对犹太人采取怀柔政策。他们被允许担任政府官员，自由从事贸易，此后的300余年间，犹太人继续活跃在丝绸之路上，积累了一定的资本。到公元6世纪，中亚犹太人已成为重要的国际商人，和粟特人等共同承担着中国、萨珊波斯、拜占庭之间的商业贸易。萨珊王朝末期，犹太人因"弥赛亚"运动引起统治者的敌视而受到迫害，其商业活动也受到一定的冲击。

　　8世纪以后，亚欧大陆国际形势的变化，迅速扭转了犹太人的贸易环境。首先，穆斯林建立了庞大的帝国，并对犹太人实行比较开明的政策，而东方的唐王朝在此之前击败东西突厥，将西域纳入管辖范围，打通了丝绸之路的东段；穆斯林崛起以后，伊斯兰世界与基督教世界进入长期的对峙，两地商人都难以进入对方的领地，而犹太人却因宗教上的中立地位以及语言上的优势，可以自由出入于两个文化截然不同的地域，迅速成为双方的贸易中介。不仅如此，8世纪中期以后，西欧的查理大帝及其后继者对犹太人实行恩惠政策，允许他们在法兰克王国境内自由定居经商，这样犹太人得以在丝绸之路的西段立足。同一时期称雄欧亚内陆的可萨汗国更为犹太人搭建了从事跨境贸易的舞台。可萨汗国是由西突厥的一支——可萨人建立的草原帝国，其疆域东至咸海，西到第聂伯河中下游，北达伏尔加河中游，南抵高加索山脉，是北方"草原丝绸之路"上的贸易中转站。据阿拉伯史家马苏迪记载，可萨汗国在公元786年至809年期间皈依了犹太教，因而成为中世纪犹太人少有的政治避难所。可萨汗国境内的犹太人将首都伊提尔作为贸易基地，囤积货物，形成了颇有影响的商业家族。他们的商船活跃在伏尔加河和里海上，和罗斯人、保加尔人、斯拉夫人等保持着密切的经济联系，其足迹远涉东欧、中欧以及中亚北部。

近代的考古发现也进一步证实了8世纪至10世纪中叶犹太人确实是活跃在丝绸之路上的重要国际商人。1901年，斯坦因在新疆丹丹乌里克遗址发现了一封波斯犹太人在公元718年左右用希伯来文所写的商业信件；1908年，伯希和在敦煌文书中辑出一篇希伯来语写成的祈祷文，两份文书都证明了犹太商人在8世纪前后已经进入中国境内。在当时众多的犹太社团中，生活在地中海拉丁语世界的犹太人，即"拉唐人"（Radanite，意为说拉丁语言的人）是丝绸之路上最为活跃的贸易群体，也在世界贸易史上留下了深刻的印记。9世纪波斯地理学家库达贝特在《道里邦国志》中记载了当时拉唐人的四条国际商业路线：第一条，从法兰克出发，经地中海到埃及港口，然后经红海至汉志港口伽尔和吉达，最后至信德、印度、中国；第二条，由法兰克启程，穿越地中海到安条克港口，再由陆路至幼发拉底河沿岸、巴格达，再至信德、印度、中国；第三条，从西班牙或法兰克出发至摩洛哥、突尼斯、大马士革、巴格达、巴士拉、信德、印度、中国。第四条，从拜占庭附近出发，穿越斯拉夫人的腹地，抵达可萨汗国首都伊提尔，越过里海到巴尔赫城，再过阿姆河，穿越河中地区，最终到达中国。

拉唐人通过以上路线将奴隶、婢女、皮毛、刀剑、棉布等运往东方，将麝香、沉香、樟脑、肉桂、丝绸等商品售往埃及、法兰克、君士坦丁堡等地。此外，糖、丁香、茉莉、檀香、芦荟、枣子、橙子等也是经拉唐人传入欧洲的。他们的活动范围广，通晓多种语言，活跃于不同族群和区域之间。

10 世纪晚期以后，亚欧大陆地缘政治的复杂化使犹太人的国际贸易出现逆转，阿拉伯帝国的分裂与动荡对犹太人产生了不利的影响，他们在地中海区域受到意大利商人的排挤。与此同时，可萨汗国日趋衰落，并于 1016 年在拜占庭和基辅罗斯的联合攻击下覆灭。虽然商业环境大为恶化，但东西方贸易仍然得以维持，犹太人又逐渐在中国找到了新的安居之所。北宋时期，开封作为国际性的大都市，万国来朝，经济繁荣，成为许多西方商旅的目的地。沿丝绸之路而来的犹太人向中国皇帝进贡棉布，获得恩准，在开封建立了犹太社团。据开封犹太人留下的碑文记载，社团兴盛之时，人口有"七十三姓，五百余家"，他们的礼拜场所"清真寺"金碧辉煌，有"梁园盛景"之称。关于开封犹太人的来历，说法不一，但无论是"波斯说""印度说"，还是"可萨汗国"说，都与陆上或海上丝绸之路密不可分。

　　据 12 世纪西班牙图德拉的犹太旅行家本杰明介绍，当时波斯的哈马丹、泰伯里斯坦、伊斯法罕、设拉子等仍有许多大型的犹太社区，中亚的撒马尔罕也聚集了许多犹太人。由于统治波斯的伊尔汗国与元朝关系密切，因此有大批犹太人来华。现有资料显示，当时的犹太人除了定居开封以外，还在杭州、北京、泉州、广州等地留下了印记，中国史料称其为"术忽""主吾""主鹘"等。

　　经丝绸之路来华的犹太人不仅扩充了开封犹太人的数量，还为后者带来了拉比、经卷等，这是开封犹太社团得以维系的重要条件。明清时期，由于推行闭关锁国政策，丝路贸易受限，开封犹太社团成了"东方孤儿"，再加上黄河水患与开封城市衰落等因素，导致语言丧失，宗教意识淡薄，犹太社团最终被主流社会所同化。

　　犹太人对丝绸之路的贡献不仅仅表现于商贸领域，他们也为东西方文化交流与政治交往发挥了独特的作用。学者们认为当今世界通行的阿拉伯数字就是由拉唐犹太人从印度传入阿拉伯世界，再引入欧洲。犹太人还将法尔汗尼、铿迪、海什木、巴塔尼等伊斯兰天文学家的著作传入欧洲，并翻译了许多天文表，对观测天象、绘制地图及近代的"地理大发现"都有直接的贡献。犹太人对医学的贡献亦相当出色，许多杰出的医学家就是犹太人或有犹太血统。著名阿拉伯医学家拉齐斯、伊本·鲁世德、阿维森那、阿文祖尔等人的成果也是经犹太人传入欧洲，其中阿维森那的《医典》直到 17 世纪仍被作为欧洲大学的教科书。此外，犹太人还促进了中国与伊斯兰医学的交流。公元 14 世纪，伊尔汗国首相拉施特（Rashid-al-Din，是皈依伊斯兰教的犹太人）主持整理并研究了中国医学，将中国的脉学、解剖、胚胎、妇科等科目传入波斯，并翻译了孙思邈的《千金方》。元明时代流行中国的《回回药方》也包含了拉施特及其同僚的心血，促进了波斯、希腊医学在中国的传播。不仅如此，史料记载，7—8 世纪，犹太人多次担任外交使臣，为萨珊波斯、大唐、拜占庭以及法兰克与阿拔斯王朝的政治交往搭建了平台。

综上，犹太人与丝绸之路之间存在着十分密切的关系。一方面，犹太人为东西商路的开辟，交通线路的维系以及横跨欧、亚、非大陆的贸易网络的构建做出了独特的贡献。另一方面，由于丝绸之路所营造的商业和地缘政治环境，犹太人的商业机遇得以充分拓展，其民族传统中固有的商业特质受到历练而愈发彰显。中国境内犹太社团的存在，是丝绸之路连接中犹两个民族的明证，而其由盛到衰的过程也是丝绸之路兴衰沉浮的历史缩影。

欧洲人
认识中国的
拐点

｜许　平

────

　　有这样一个历史故事：法王路易十五与他的大臣贝尔坦商讨革除国家流弊的对策。贝尔坦提出要对民众的普遍精神进行改造，法王问："你有何打算？"贝尔坦答："陛下，为法国人灌输中国精神。"这件事发生在18世纪上半叶，时值欧洲启蒙运动高潮和中国的乾隆盛世，它反映了当时法国人对中国文化的态度。

　　欧洲向现代转型的历史，伴随着一个对"他者"文化的发现、借鉴和批判的过程。15—16世纪欧洲人在实现地理大发现的时候，就开始了意义更为重大的对世界的文化发现。在撒哈拉以南，欧洲人看见处于原始状态下的黑色大陆；在美洲丛林，他们看到了自然淳朴的印第安人；在太平洋塔希提岛上，他们看到在阳光、沙滩和棕榈树下休憩的"高贵的野蛮人"；在印度，他们看见信仰各种神明、令人费解的东方人；唯有在中国，他们看到了另外一种景象。16世纪，以冷峻分析著称的法国人文主义作家蒙田这样描述中国："在中国，没有我们的商业性和知识性，但王国管理和艺术之超越绝伦，在若干方面超越了我们的典范，它的历史使我们觉得世界是如此广阔而丰富多彩，这是无论我们的古人和今人所不能体会的。"地理大发现后，欧洲人对文化传统相对薄弱、国家力量不那么强大的地区开始了殖民掠夺与侵略，而在历史悠久、文化发展、社会昌盛的中国文化面前，他们低下了高傲的头，开始了文化上的学习与思考。

　　发现世界的文化意义，在于发现自我；美化异域的意义，在于表达自己的精神追求，这是欧洲近代文化的深刻之处。在历史变化的关键时刻，欧洲人总能从对异域的美好向往中汲取发展的力量。15—16世纪地理发现的动力来自对东方的向往；而在17—18世纪，当欧洲本土的封建制度和文化精神露出衰败的端倪，需要新的想象中的伊甸园来支撑自己、表达自己的时候，欧洲又兴起了史无前例的向往"他者"的"中国热"。从古老的中国文化中，从热气腾腾又喜气洋洋的中国图景中，欧洲人找到了自我救赎的启示。借助中国这块他山之石，实现欧洲文化上的自我批判和启蒙。于是，中国绵长的历史、高深的哲学、肃然的政治、醇厚的道德，以及精巧雅致的建筑风格和园林艺术都被欧洲人作为效仿的楷模和批判的武器，参与构筑启蒙时代自由与进步的神话。这一次在文化上对"他者"的学习与自我批判，是欧洲自身实现新的巨大历史跨越的前奏，如萨义德所说："欧洲通过亚洲获得新生。"

与马可·波罗时代欧洲对中国的向往不同，这一次欧洲对中国的学习或批判，与其说是物质的，不如说是精神的、文化的。伏尔泰说，"欧洲的王公及商人发现了东方，追求的只是财富，而哲学家在东方发现了一个新的精神的和物质的世界"。伏尔泰称赞中国的儒教是"文人之宗教"，"它没有迷信，没有荒谬传说，没有亵渎理性和自然的教条"。在孔子的身上，伏尔泰看到了自己孜孜以求的既严格淳朴又与人为善的道德；他认为，中国皇帝像父亲一样统治着幅员广大的国家，关心子民幸福，维护公共利益；而中国人"是最有理性的人"。伏尔泰把有仁义的道德、贤明的君主、得当的法律、有效的行政机制，通过科举制度层层选举出来的贤能达人管理的中国社会，看作是合乎理性的理想社会。而另一位启蒙运动大师孟德斯鸠是三权分立原则的倡导者，他毫不犹豫地把集立法、行政和司法权于一人的中国政治体制认定为专制制度。他认为，中国没有强大的教会势力与皇帝抗衡，法律对皇帝不具备约束力，皇帝拥有至高无上的权力，因此"中国是一个专制的国家"。尽管两位启蒙运动的泰斗对中国文化的基本认识相左，但无论是赞扬还是批判，他们本质上都是在法国启蒙运动的历史文化情境中，借助中国来表达自己。历史学家阎宗临先生说："对这种文化的热爱与厌恶，往往不是建立在它的正确价值的基础上，而是建立在对一种意见或学说在自我辩护中所提供的使用价值的基础之上的。"

17—18世纪欧洲对中国文化的解读和发现，在很大意义上，是那个时代欧洲普遍精神的一个结果。在欧洲，那是一个孕育生机、充满理想的时代，也是文化批判和创新的时代。在这样一个变革的时代，对中国文化的解读与欧洲文化中的时代精神和批判意识联系在一起，其意义就非同一般了。在批判旧的制度、构筑理想社会的时候，欧洲需要一个承受批判的靶子，来完成对旧制度的批判；与此同时，他们也需要一个理想的标杆，来支撑他们超越自我，实现向现代社会的历史跨越。于是，遥远的中国文化就被拉来，或成为他们批判的目标，或成为他们心中理想社会的伊甸园。这样一来，对中国文化的解读和批判，就具有了适合欧洲时代的历史意义。可以说，是被思想家心中的观念理想化了的中国文化，给启蒙运动一个强有力的支持。马克思说，启蒙思想家"用借来的语言，演出世界历史的新场面"。

然而，历史的吊诡在于，正是在这场借助对中国文化的解读而实现自我批判和更新、为现代欧洲的破茧成蝶准备条件的文化变革之后，欧洲人对中国的认识发生了变化，从马可·波罗时代开始的连续几个世纪对中国文化的崇拜与美化渐行渐远了。

启蒙运动是一场文化批判和创新运动。它为欧洲未来的发展树立起自由、平等和博爱的旗帜。从此，历史有了民主与专制、理性与非理性之分，世界有了进步与停滞、文明与愚昧之隔断。特别值得一提的是，法国的启蒙运动是大革命前夜的一次思想洗礼和文化动员，它要号召人们进行战斗，就需要理性与愚昧、进步与落后、现代和传统的截然分明的对立。这样，法国的启蒙思想就停留在历史矛盾的绝对对立之上，缺少历史发展的辩证法。这种思想方法上的弱点，使得它在树立现代价值标准的同时，不仅隔断了它与欧洲中世纪的联系，也隔断了它与中国、东方及世界其他文化的联系，并把其他文化推到了西方的对立面。无形之中，启蒙运动为东西方二元对立的世界秩序提供了进步与落后、文明与野蛮的文化价值标准，世界被一分为二了。

从此以后，西方对东方文化上的发现和借鉴，转变成对东方文化的批判和歧视。东方与西方，不再仅仅是地理上的概念，而是一种新的文化表述。西方理性、科学、进步，一片光明，东方非理性、愚昧、落后，黑暗一片。东西方文化的差异不同，变成了文化上的优劣之分。法国革命中的思想家孔多塞把中国看作"停滞在历史过去或正在堕入野蛮状态"的国家。19世纪德国哲学家黑格尔发展了他的观点，把中国定为世界历史"永远的起点"。

正是借助这样一种对东西方文化的意识形态的认识，西方确定了自身文化的价值和意义。这种意识形态的文化认识在19世纪达到顶峰，它生产出一种强烈的具有帝国主义色彩的文化傲慢和歧视。借助它的矫饰与遮掩，欧洲人披着文化救赎者的外衣，开始了对整个世界的征服。如萨义德所说，"东方学在研究体制和内容上获得巨大进展的时期，正好与欧洲急遽扩张的时期相吻合"，"东方学在殖民统治之前就为其做了合理的论证。"

应该承认，文化的发现、借鉴和批判是特定历史条件的产物。仅仅几十年后，欧洲就把中国置于世界历史停滞的起点上了。那么，决定这一文化认识变化的主要依据是什么呢？显然不是，或者不全部是当时中国清王朝"停滞"的历史现实。欧洲历史和文化上的变化在这里发挥了重要作用。欧洲乘17世纪科学革命和18—19世纪工业革命之风，实现了物质上先于其他文化的巨大进步，而启蒙运动所确立的历史进步观念又为欧洲的进步做了现代文化价值标准的论证。于是，欧洲获得了对整个世界的发声权。曾经参与了启蒙时代现代性神话建设的欧洲人的中国文化认识，这一次参与的是"欧洲中心论"的制造。所不同的是，启蒙运动前期，中国文化是被当作理想的标杆和批判的武器来实现欧洲的自我救赎的，而这一次，中国文化被作为历史的起点和批判的对象，来衬托欧洲的进步和欧洲的世界中心地位。现实的欧洲与思想的欧洲同步，中国也就随即成为帝国主义觊觎、扩张的目标了！可见，在世界历史转变的当口，中国文化一直在按照欧洲的意愿被发现、被借鉴、被批判。在本质上，它们都是欧洲历史的表意实践。

文明的流动：
从希腊
到中国

|杨巨平

古代希腊和中国作为欧亚大陆两端的伟大文明，在古代有无接触，是学术界长期关注的一个问题。从现有文献与考古资料来看，二者有可能通过中亚获得一些相似的传闻。

希罗多德《历史》中提到的最东面的民族是伊赛顿人。根据中外学者的研究，他们可能大致活动于乌拉尔、里海以东，锡尔河之北，或到达伊犁河上游，甚至中国敦煌以西的塔里木和罗布泊地区。伊赛顿人之所指，主要有月氏说、乌孙说、塞人说。但不论哪种说法，都说明公元前7—5世纪，希腊人对中国西北地区的游牧民族已有所知晓。中国先秦典籍中提到西北方向的约有10种，但真正有史料价值，且能与希腊方面史料暗合的并不多。较多记述中国西北人文地理的是《山海经》和《穆天子传》。《山海经》中提到流沙之外有大夏、竖沙、居繇、月支之国（"海内西经"），流沙之外，则应包括伊犁河一线。《山海经》中还提到"一目国"，此与希罗多德的独目人传说暗合。这一时期的有关文字资料从同期考古实物上也可加以佐证。阿尔泰巴泽雷克古墓出土的保存完好的中国凤凰纹刺绣和山字纹铜镜，以及德国南部克尔特人首领墓中发现的中国丝绸残片，都证明草原丝绸之路的存在。公元前5世纪与公元前4世纪之交的希腊人克泰西亚斯在其《波斯史》一书中首次提到了赛里斯人，即产丝之人。这实际上是间接提到了产丝的中国人。但中国方面对希腊却一无所知。古代希腊与中国之间真正意义上的接触与交流要到亚历山大东征之后与张骞通西域之时。

亚历山大东征及其帝国的建立，在古代东西方文明交流史上具有划时代的意义。希腊文明首次以前所未有的广度和深度与远到中亚、印度的其他东方文明发生了直接的接触和交融，以希腊文化为主同时含有其他东方文化因素的希腊化文明得以产生。虽然，随着罗马的东进和各希腊化王国的衰落，希腊化世界到公元前后已不复存在，但希腊化文明的遗产仍在各地潜移默化地发挥着作用，与此有关的信息也通过丝绸之路在地中海与中国之间流动，这就为希中两大文明的接触和沟通提供了便利和可能。

亚历山大对巴克特里亚地区和印度西北部的征服奠定了此后希腊化文明与中国文明接触的基础。亚历山大死后，他的部将三分天下，中亚的巴克特里亚地区成为塞琉古王国的属地。公元前3世纪中期，该地的希腊人总督宣布独立称王。公元前3世纪与公元前2世纪之交，此地的希腊人国王曾向东面的赛里斯和弗利尼扩张。这时的赛里斯已经有了比较明确的指向，即巴克特里亚以东。因此有学者认为这时的巴克特里亚希腊人可能进入了现在的塔里木盆地。至于弗利尼，有学者认为指的是匈奴，但根据《史记·匈奴列传》，匈奴的势力此时还未进入塔里木东部地区。因此，希腊人的东进不可能越过塔里木盆地以东，但巴克特里亚的希腊人又向中国方向前进了一步则是事实。巴克特里亚希腊人王国的统治一直维持到公元前2世纪中期，它的灭亡者很可能就是来自中国西北方向的大月氏人。

公元前139年，张骞奉汉武帝之命，出使西域。辗转多年后，大约在公元前128年来到大月氏人统治下的大夏（巴克特里亚）。张骞在此地耳闻目睹的是与中原内地完全不同的一种文化景象。一是城郭林立，居民务农经商，且"有蒲陶酒"（蒲陶即葡萄）。二是"以银为钱，钱如其王面，王死辄更钱，效王面焉"。三是"画革旁行以为书记"，即在羊皮纸上横着书写。张骞还带回了西域的葡萄、苜蓿种子。这些信息显然与希腊化文明的遗产有关。希腊人每到一地，都要建立自己的城市，亚历山大和塞琉古王国都曾在此地建城。这些中亚城郭中至少有一部分应是希腊人的遗存。据古典作家斯特拉波的记载，巴克特里亚希腊人王国曾统辖着一千个城市。20世纪60年代法国考古队在阿姆河上游的阿伊·哈努姆发掘了一处希腊人聚居地的遗址。希腊式的剧场、体育馆、人物雕塑、建筑柱式、希腊语的铭文、文献（其中包括来自希腊德尔菲神庙的格言）、希腊化王国的钱币，都向世人充分展示了一个希腊式城市的整体风貌和典型特征。张骞看到的城郭应该包括此类希腊人曾经建立或仍在居住的城市。希腊人与葡萄、葡萄酒有着久远的、深厚的文化情结。据斯特拉波的记载，希腊人把先进的葡萄栽培法和葡萄酒酿造法带入了西亚和中亚。张骞带回的"蒲陶"一词有学者认为来自希腊语表示"一串蒲陶"的βοτρυς（botrus）。至于将国王头像置于钱币的正面，则纯粹是亚历山大及其后继者的遗产。那些羊皮纸是小亚希腊化王国帕加马的特产，并以该国国名命名。这种羊皮纸上的文字应该属于通行于希腊化世界的通用希腊语。考古学者已经在阿伊·哈努姆遗址发现了这样的希腊语文献，说明希腊语在巴克特里亚地区的流行。张骞之后，丝路开通，中国的丝绸、铁器、炼钢术经大宛、安息（帕提亚）传至东地中海各希腊化国家，甚至罗马。中国与希腊化文明之间此时事实上已经有了一定的接触和交流。

印度西北部是希中文明的又一个接触点，是希腊化文化因素进入中国的又一个中转站。自亚历山大撤离后，此地虽有部分希腊人留存，但基本上被孔雀王朝控制。公元前 2 世纪初，巴克特里亚希腊人大规模进入印度西北部，将其纳入王国的版图。退入印度后，这些希腊人孤悬万里之外，与地中海的希腊人渐渐失去了联系。为了自己的生存和对当地人的统治，他们不仅要与当地的民族通婚，还必须接受当地的文化，但他们又念念不忘自己的宗教、语言、习俗。总之，不愿失去自己的民族性——希腊性。希腊文化与当地文化的融合势不可免，希印双语币以及其上王像的印度特征（如象头皮头盔）和希腊神、印度神并存，希腊人对印度神的崇拜和对佛教的皈依等文化混合现象随之出现。一位名叫米南德的希腊人国王竟然皈依了佛教，成了在家的居士。著名的印度犍陀罗艺术就是印度佛教精神和希腊雕塑造型艺术相结合的产物。有学者认为希腊的阿波罗太阳神形象就是后来佛陀形象的原型，希腊神话中的英雄赫拉克勒斯被佛教吸收，变成了护法金刚。

犍陀罗艺术通过丝绸之路的东传意味着希腊化文化因素的东传。犍陀罗艺术在中国内地的逐渐本土化，也就意味着其中的希腊化文化因素与中国文化因素的融合。虽然它在传播过程中受到中原文化的强烈影响，但仍保留了一些古希腊雕塑中人物造型艺术的特征，如高而通直的鼻梁，波浪卷的头发，贴身透体的薄衣，线条流畅的褶纹。这些特征使人很容易联想到古希腊遗留下来的诸多人物形象。希腊人崇尚人体美，喜欢用完美的裸体形象表现神。龟兹壁画中的众多裸体人物似与古希腊的艺术观念有关。赫拉克勒斯的形象也随着佛教传入中原，在隋唐时期中国北方的一些墓葬中就出土了类似赫拉克利斯形象的武士陶俑。甘肃麦积山石窟的一尊武士塑像就颇有赫拉克勒斯的特征：虎头或狮头盔和木棒。

希腊式钱币的影响也波及中国的塔里木盆地。在和田地区发现的"汉佉二体钱"（"和田马钱"）就是贵霜帝国境内（大致范围在原来印度和巴克特里亚希腊人的活动之地）此类钱币影响的产物，是希印双语币与中原钱币的混合。这种币中、希、印三种文化因素兼备，其中圆形无孔，周边铸有王号或王名，是希腊特征；币上表示币值的汉文是中国特征；佉卢文是印度特征。钱币上面的马或骆驼应是当地的特产。

希中文明之所以最终能在一定程度上实现接触、沟通与交汇，原因主要有二。一是希腊人在中亚和印度的长期统治及其文化遗产所具有的强大影响力。这就使得希腊人作为一个外来民族于公元前后在当地消失或被同化之后，他们的文化因素仍在当地的文化传统中流动并向外传播。希中文明的接触在很大程度上就是通过这种混合文化以及其他民族，尤其是进入巴克特里亚和印度西北部的游牧民族（如斯基泰人和大月氏－贵霜人）间接传递的途径实现的。二是中国方面从汉武帝以来，一直力图控制西域，扩大汉帝国的影响，从而使两种文化的接触在地域上成为可能。丝绸之路的开通与延续，无疑缩短了两大文明的时空距离，从而实现了从希腊到中国，从地中海到黄河之间文明流动交融的壮举。

多元
文明交融的
中亚

孙壮志

地处我国西邻的中亚地区，拥有较为适宜的气候和良好的自然条件，阿姆河和锡尔河横贯东西，使这里在数千年的历史长河中孕育了独特的文明。同时，其连接亚欧的独特地理位置，又赋予这一地区东西方贸易、文化交流的"走廊"和"通道"地位，是古代丝绸之路的必经之地和繁盛之地。

多种文化的交汇点

中亚地区远古的最早居民是印欧人种，一般来说，这里被认为是雅利安人的发源地。当时这里大片地域水草丰美，是游牧民族理想的栖息之地。而在中亚的南部，阿姆河和锡尔河之间古称"河中"地区，则分布着大大小小的绿洲，很早就开始农业生产，饲养家畜。由于地理条件复杂，加上经济社会发展的不同步，造成了地区间的文化差异，早期是游牧和农耕等生产方式的差异，后来又出现了城市文明。居住在山区、河谷、平原、草场、沙漠的居民拥有截然不同的生活方式。

中亚地处亚欧大陆的腹地，向东是中国古老的儒家文明，向西北是希腊文明，向西南跨里海与波斯文明相通，向南则是多文化的印度。从公元前 6 世纪波斯帝国居鲁士的扩张到公元前 4 世纪马其顿亚历山大大帝的东征，短短数百年间周边强国先后把自己的影响扩及中亚。公元前 2 世纪中国汉朝的张骞出使西域，开辟了联通东西方的丝绸之路。公元 7 世纪阿拉伯帝国的占领，彻底改变了中亚文化属性；到 13 世纪成吉思汗的蒙古军队席卷欧亚，中亚又成为蒙古汗国的属地；再到 16 世纪帖木儿帝国分裂后其后裔巴布尔南征印度，建立莫卧儿王朝。中亚与亚欧大陆上各著名的古代文明都有过"亲密"接触，尽管有时是无奈的战祸蔓延和外族征服，但各种文化的相互碰撞、交融，造就了这个地区独特的发展轨迹。

总体来讲，中亚文明发展经历了几个不同的阶段。公元前 6 世纪之前是文明的孕育和成长阶段；公元前 6 世纪到公元 8、9 世纪是外部文明频繁冲击的时期；9 世纪到 15、16 世纪是本土文明再度成为主流并走向兴盛的时期，这个时期的征服者很快接受当地文化，开始出现土著民族建立的强大王朝，塔吉克人的萨曼王朝以及后来的帖木儿帝国是其杰出代表，创造了不凡的经济和文化成就；公元 16 世纪以后是现代民族走向成熟的阶段，但也经历了很多分分合合。16、17 世纪，北方的哈萨克汗国一分为三（大帐、中帐和小帐，也称三个"玉兹"），南部是三个乌兹别克汗国（布哈拉、希瓦和浩罕），土库曼、塔吉克等民族则保持着相对的独立。到 20 世纪 20 年代，苏联时期的民族划界，奠定了今天中亚民族国家的最终版图。虽然经历了长期的外部侵略和奴役，但中亚各民族十分珍视自己的文化传统，并且在 20 世纪 90 年代冷战结束后迎来了发展的新契机。

民族宗教的万花筒

中亚地区民族众多，现有 130 多个不同民族。如果把古代生活在这片土地上的民族都计算在内，大概有成千上万的民族和部族留下过自己的足迹。在长达数千年的演进过程中，有的民族迁徙他处或最终消失，有的现代民族则是由多个古代民族融合而来。今天的中亚主要由五个主体民族即哈萨克、乌兹别克、吉尔吉斯、塔吉克和土库曼民族组成，他们有着各自特殊的形成条件，彼此又有着千丝万缕的联系。中亚的民族分布相当复杂，呈现"大杂居、小聚居"的特点，不同民族生活的地域相互交错，同时又在一定程度上保持了自身文化的独特性。

中亚历史上曾经历过数次对整个亚欧大陆都产生冲击的民族大迁徙。其中公元前 2000 年到公元前 500 年的三次大迁徙，在很大程度上改变了当地居民的民族构成。在民族迁徙过程中，有一些古代民族顽强生存了下来，创造了属于自己的辉煌篇章。中国古典史籍详细记载了到阿拉伯帝国吞并前中亚的民族史，出现了很多今天耳熟能详的称谓：大月氏、乌孙、康居、粟特、大宛等。许多民族从中国北方大漠甚至是黄河流域迁至中亚，如公元1世纪的匈奴人、公元3世纪的鲜卑人、5世纪的柔然人、6世纪的突厥人、10世纪的契丹人等。

古代中亚各民族中，有些民族有自己的语言和文字，有些民族只有语言没有文字，历史通过口口相传保留至今。近代以后，在中亚逐渐形了成三种有影响的语言体系：一是操突厥语系的乌兹别克人、哈萨克人、吉尔吉斯人和土库曼人，分布地域较广；二是操东伊朗语支的塔吉克人，主要居住在中亚的南部山区和平原；三是后来的操斯拉夫语系的俄罗斯人、乌克兰人、白俄罗斯人等，主要居住在城镇。有一些小的民族，也保留了自己的语言，如中亚的东干人等。

大多数情况下，中亚地区各个民族之间是能够和睦相处的，这也是今天中亚各国能够友好共处并积极推动地区合作的重要原因。与多个民族相伴的，是不同的宗教信仰。虽然中亚地区大多数居民是穆斯林，但其他宗教始终有自己的信徒。在伊斯兰教之前，佛教、拜火教等也曾在中亚传播过。伊斯兰教之后，又有东正教、基督教等传入。可以说，世界历史上几种主要的宗教，都曾在中亚立足、发展甚至走向兴盛，这也是多元文化的另一个重要表现。此外，中亚还是古代宗教在亚欧大陆上传播的桥梁，如佛教从印度经中亚传到中国。

丝绸之路的中转站

提起中亚，不能不想到有着两千多年历史的"丝绸之路"，从西汉开始，中国当时的经济文化中心长安便与欧洲国家建立起联系，东汉时期经历了"三绝三通"，到唐代走向鼎盛。这条"贸易之路""文化之路"自然离不开作为交通枢纽的中亚地区，中亚甚至形成了北线、南线等多条线路，分别通往欧洲、西亚或者南亚。丝绸之路的基本功能是商业活动，与大量商队同行的，往往还有官方的使者和传教士，沿途各国之间的关系也因此变得越来越密切。

由于丝绸之路的发展，中亚的商业和手工业较为发达，很早便形成了一些较大的国际城市，如撒马尔罕、布哈拉、塔什干、奥什等。有的城市，在当时属于人口较多的大都市，奠定了中亚经济繁荣的基础。但是，随着新航路的开辟及海上运输的发达，地处内陆的中亚地区逐渐失去了在国际贸易当中的特殊地位。直到今天，从中国建设新的铁路、公路经过中亚直通欧洲、西亚，尤其是"一带一路"倡议提出后，中亚国家迎来了重要的发展机遇。

中国与中亚地缘相近，有着数千年的友好交往史，甚至在张骞出使西域之前，就已经有了贸易往来。"丝绸之路"上的贸易和文化交流使中国和中亚能够互通有无，中国古代的"四大发明"通过中亚传到欧洲，欧洲和西亚还有中亚的很多产品、艺术也传入中国。历史上由于战乱等原因，双方的交往曾经被迫隔断，但这种源远流长的情谊，成为今天中国与中亚国家"世代友好"的基础。

印度文明发展的
包容性
与多样性

|金永丽

————

  印度次大陆有如大海，外来文化不断汇入其中，最终形成了现在以包容与多样闻名于世的印度文明。印度开国总理尼赫鲁在《印度的发现》一书中对印度文明感叹道："它与波斯人、埃及人、希腊人、中国人、阿拉伯人、中亚细亚人及地中海各民族皆有亲密的接触。虽然它影响过他们，可也受过他们的影响，然而它的文化基础还是相当坚实。"

  多样性是印度给人们最深刻的印象。印度有人种博物馆、语言博物馆和宗教博物馆之称。印度种族多样，肤色多样，包括印欧人、达罗毗荼人、原始澳大利亚人、尼格利陀人、蒙古人种等。这些人有的是印度土著人，有的是不同时期从欧亚大陆或海上来到印度次大陆的外来移民。从欧亚大陆来到印度的途径有两个：或者从西北部的山口进入，或者从东北部山区渐次迁入。雅利安人、波斯人、希腊人、斯基泰人、月氏人、匈奴人、突厥人、阿富汗人是从西北部山口进入的，而来自中国西南地区的移民多是从东北部山区渐次迁移而来。早期的阿拉伯人和后来的欧洲人大多从海上来到印度。这些外来民族有的是通过外来入侵的方式进入，更多的是通过和平迁移方式进入印度。他们在印度定居下来，融入了当地社会，成为印度社会的有机组成部分。拉其普特人和部分穆斯林的经历可以印证这一点。一种流行的观点是：聚居于拉贾斯坦邦的一部分拉其普特人的祖先可以溯源至外来的斯基泰人和匈奴人等，他们在当地建立政权，通过祭司编纂谱系转而成为刹帝利种姓，成为统治阶层。印度部分穆斯林的祖先可以追溯至现在的伊朗和阿富汗等地，他们在德里苏丹和莫卧儿王朝时期构成了统治阶层的一部分。

  印度的语言也是多种多样。印度语言的多样化正是文明融合的体现。印度语言分属多个语系：78.05% 的印度人说的语言属于印欧语系，19.64% 的印度人说的语言属于达罗毗荼语系，其他少数人所说语言分属澳亚语系和汉藏语系等。印度宪法表列语言有 22 种，宪法未表列语言有 100 种。根据 2001 年的人口普查数据，印度有 30 种语言的使用者超过一百万人口，使用者超过 1 万人的语言总共有 122 种。作为印欧语系印度 - 伊朗语支的梵语，是印度教经典《吠陀经》的记录语言。梵语又与印度各地方语言结合衍生出印地语、旁遮普语、克什米尔语、古吉拉特语、拉贾斯坦语、马拉塔语、孟加拉语和乌尔都语等多种语言。乌尔都语是典型的文明融合的产物，该语言形成于中古时期，源自梵语、波斯语和阿拉伯语，是在波斯文化和阿拉伯文化共同影响下形成的语言。上述印欧语系印度分支语言的形成充分体现了文明的融合，它与南部的达罗毗荼语系诸语言和谐共生数千年。后者包含的地方性语言有泰米尔语、泰卢固语、坎纳达语、玛里雅兰语等。由于达罗毗荼语系各邦对印地语作为印度官方语言的抵制，英语实际上已经成为印度唯一全国通用的官方语言。另外，印度西北部和东北部一些民众使用的语言属汉藏语系，它与当地历史上的民族迁移密切相关。

　　印度还有宗教博物馆之称。印度次大陆是印度教、佛教、耆那教和锡克教的诞生地。除了本土诞生的宗教以外，印度还容纳了诸多外来宗教，如伊斯兰教、基督教、犹太教、琐罗亚斯德教和巴哈伊教等。这些外来宗教在不同历史时期传播至印度，并使很多本土居民皈依。根据 2011 年的人口普查，印度 79.8% 的人信奉印度教，14.2% 的人信奉伊斯兰教，2.3% 的人信奉基督教，1.7% 的人信奉锡克教。印度教一般被看作多神教，这与它拥有数不清的神灵有关，但也有一些人认为其是一神教。抽象的"梵"是一些印度教精神导师最推崇的概念。印度教中"梵"的概念与道教中"道"的概念相似，都被看作宇宙的最高本体。证悟"梵我如一"始终是印度教徒追求的最高境界，从"吠陀的末份"《奥义书》的创作者到中古时期印度教集大成者的商羯罗，再到近代享誉西方的辨喜莫不如此。相信"梵我如一"的印度教徒认为，不管是人、神抑或是精灵，他们都只是梵的显现，"大梵"与"小我"其实并无二致。"梵我如一"的概念就像一根绳索把纷繁复杂的印度教信仰串了起来，使印度教成为最具包容性的宗教之一。伊斯兰教传至印度可以追溯至公元 7 世纪，德里苏丹和莫卧儿王朝等伊斯兰教政权的统治促使更多本地印度人皈依，据统计，印度穆斯林人口约占世界穆斯林人口总数的三分之一。受印度本土文化影响，印度穆斯林内部也有种姓划分。锡克教的诞生本身就是伊斯兰教与印度教的一种结合，是由古鲁那纳克在 15 世纪末 16 世纪初融合了印度教和伊斯兰教的教义创立的一个新型宗教，该宗教在当代依然富有活力。琐罗亚斯德教和犹太教在印度也有久远的历史，印度有世界上最多的琐罗亚斯德教信徒。

印度文明的包容性和多样性既体现在人种、语言和宗教的接纳与发展方面，又体现在贸易交换和文化交流的广泛性方面。印度对外贸易的历史可以追溯至公元前两千年左右的印度河文明时期，那时的人们已与远在千里之外的两河流域存在贸易往来。古代罗马人与印度也有颇多贸易往来，罗马作家曾因交换各种奢侈品导致黄金从罗马大量流入印度而深感痛惜。罗马帝国皇帝图拉真的钱币与贵霜帝国国王迦腻色伽的钱币曾在同一个地方被发现。印度佛学家、汉学家师觉月在《印度与中国——千年文化关系》一书中谈到，张骞在西域古国大夏发现中国西南省份出产的竹棉制品，或许是由印度商旅经由北部印度和阿富汗运送过去的。玄奘在东印度见到迦摩缕波国王时，后者询问他关于当时阿萨姆地区非常流行的《秦王破阵乐》的情况。《秦王破阵乐》是庆祝秦王李世民凯旋的乐曲，史载该曲以"擂大鼓为主""杂以龟兹之乐"。玄奘访印时距离《秦王破阵乐》的诞生时间并不长，可见那时虽然交通不便，中印之间的人员与文化交流却并不少。南印度的朱罗王朝鼎盛期也曾经多次派使者通过海路与中国互通。

新航路开辟以后，印度的对外贸易和文化交流在频率和范围方面都大为增加。其中，英国殖民统治给印度带来的影响最为深刻。英国殖民者的侵略造成印度手工业的衰败、农村的广泛贫困等，为了加强殖民统治，英国在印度还建立了文官制度，引入英式法律体系和议会民主制度，推进铁路、公路和邮政等基础设施建设。印度精英在面对西方文化冲击时大多主张改革印度社会弊端，发扬传统文化精髓和吸收西方进步理念，他们兼容并蓄的主张为印度传统文化的扬弃式传承与发展发挥了积极的推动作用，印度社会的多样色彩更加鲜明。

印度数千年的历史表明，辉煌灿烂的文明必须具备一定的包容性和多样性。在《印度的发现》一书里，尼赫鲁谈道，"古代印度，像古代中国一样，自成一个世界，它本身就是形成一切事物的一种文化和文明"。开放和包容是文明发展与繁荣之基，闭关锁国和排他性发展是行不通的。

东西融通中的
柬埔寨
文明

| 顾佳赟

　　海上丝绸之路酝酿自先秦，成形于西汉，数千年来联通货运商贸，沟通文明交流。这条古老航道上的每个文明机体，既呈现出文化个性，又与周边贯通，受到外来文明影响，组成相互联动的海上丝路文明共同体。高棉人是东南亚的古老土著，高棉族人创造的柬埔寨文明是这一共同体中的重要组成部分。它毗邻南海丝绸之路，与中华文明、印度文明往来密切，与西方文明发生碰撞，形成了东西交融的柬埔寨文明。

山岳王国融通中印

　　"柬埔寨"这一名称始自明万历年间。在不同历史时期，中国古籍记录了对柬埔寨文明不同的称谓，其中最早出现的是"扶南"。扶南是东南亚历史上最早的文明国家之一，发端于今柬埔寨东南部波罗勉省巴普农山附近。公元 1 世纪初，印度南部婆罗门混填与本地女王柳叶结合，创建扶南国，效法古印度政治。随后，二人"生子分王七邑"，开启了柬埔寨的王族世系。

　　扶南早期的征伐和外交为柬埔寨文明的发展开拓了空间。范蔓"穷涨海，攻屈都昆、九稚、典孙等十余国，开地五六千里"，扩大了扶南的势力范围。范旃遣使节往东吴"献乐人及方物"，派苏物使天竺国，与三国时期孙吴政权和古印度缔结了往来关系。扶南很快成为文明互动中的重要节点。康泰、朱应奉孙权之命回访扶南时，就偶遇了同样受命回访的天竺国使节。

　　公元 3 世纪初，古代的南海丝路贸易推动扶南成为当时著名的海港国家，取道马六甲海峡的船舶都要在这里中转和集散。位于今天越南南部的俄厄就是当时的扶南海港之一。从地理位置看，俄厄港位于湄公河三角洲复杂的河道当中，是绝佳的避风场所。从考古文物看，这里汇集了来自古罗马、古印度和中国东汉时期的商货，是名副其实的国际港口。

古印度政治与宗教紧密相连。扶南在借鉴政治制度的同时，也受到印度宗教的影响，来自印度的僧人时常成为扶南王信赖的使者。公元 484 年，印度僧人那伽仙就奉扶南王之命觐见南齐武帝萧赜。他在朝堂上描述了扶南王在巴普农山祭拜婆罗门教湿婆神的场景。巴普农山是扶南的圣山，被视作王国中心，是婆罗门教世界观中宇宙中心须弥山的隐喻，也是想象中扶南最接近天神处所的地方。因为崇拜山岳，扶南王国也被称为山岳王国，"扶南"二字正是山岳之意。扶南宗教政策宽容，奉行婆罗门教的同时，佛教也广为传播。僧伽婆罗、曼陀罗、须菩提是扶南著名的译僧，先后来到中国译经弘法。

与中、印之间的文明互动改变了扶南人的生活习惯。混填称王后，教授柳叶"穿布贯头"，"穿布贯头"很快在扶南传播开去，成为当地女性的着衣习惯。因此，当康泰、朱应到达扶南时，发现"国人尤裸，唯妇人著贯头"。于是，康、朱二人向扶南王范寻建议"国内男子著横幅"。公元 3 世纪的"横幅"如今已经演化为水布，是现代柬埔寨人不可或缺的日常用品。

尽管受到外来文化影响，扶南依旧保留着一些传统习俗。例如，古印度盛行的种姓制度未被严格执行；审判时，扶南也不使用《摩奴法典》，反而奉行"捧斧""探卵""投鳄"等神判法；丧葬习俗仍然保留着水葬、火葬、土葬、鸟葬等多种形式。

中印文化汇聚吴哥

真腊是位于扶南北部的属国，与扶南同属高棉民族。公元 6 世纪中叶，真腊崛起，南向兼并扶南建立王权。但是，真腊很快陷入分裂，形成了"北多山阜，号陆真腊半；南际海，饶陂泽，号水真腊半"的割据局面。9 世纪初，阇耶跋摩二世从爪哇回到真腊，统一河山，拉开了吴哥王朝的序章。他在古莲山上修建山寺，通过婆罗门祭司举行"提婆罗阇"仪式，实现国王与天神两种属性的结合。

山寺是置放提婆罗阇、举行祭祀仪式的场所。起初，山寺被修建于特别选定的山峦上，这座山隐喻湿婆神的修行圣地凯拉什山。在无山可选的情况下，吴哥王兴建宏伟的多层级塔寺替代山的职能。随着神王哲学的发展，山寺演变成须弥山的象征，也成为宇宙论意义上王城和国家的中心。巴肯寺、巴芳寺等都是山寺的代表。除了山寺以外，吴哥古建筑群中还有一种平寺，平寺的职能是祭拜重要人物。全寺建在一层台基上，不采用须弥山式多层级的建筑方式。

吴哥古建筑群中的雕刻主要以古印度神话为题材。《摩诃婆罗多》《罗摩衍那》《翻搅乳海》等史诗和各类往世书故事都被搬上浮雕墙壁，天神及其化身形象被雕刻成圆雕接受祭奉。比起扶南时期重在模仿的雕刻思路，吴哥时期的工匠更愿意让雕刻风格适应本民族的审美情趣。在建造于公元12世纪中叶的吴哥寺中，成千上万的阿普萨拉仙女形象就是以古高棉女性为原型雕刻而成。

阇耶跋摩七世（约1181—1218年在位）统治的年代是吴哥王朝的鼎盛时期，势力范围覆盖大半个中南半岛。传统强邻占婆国被吴哥攻陷，沦为行省，接受直接管制。阇耶跋摩七世偏好大乘佛教，但吴哥依然延续了宗教宽容的政策。婆罗门教祭仪继续被尊重，传统的神王哲学被创新为佛王哲学。国王在他的山寺巴戎寺中以佛陀像代替了林伽石。在这一时期，吴哥修建了大量建筑，包括王城、寺院、医院和驿站等。四面佛塔是其中的艺术经典。塔上四张面孔均以国王本人为原型，同时象征着婆罗门教中的湿婆神与大乘佛教中的观世音。阇耶跋摩七世是现代柬埔寨人心目中最伟大的古代国王。他代表了勇武、智慧，以及艺术美学的巅峰。他的造像被摆放在大学门口，激励学生精进学业，还被用于文化与艺术部的徽标，彰显柬埔寨的灿烂文明。

吴哥与中国关系密切。除了古籍中记载的朝贡、册封等史实外，巴戎寺浮雕壁上宋朝士兵与吴哥士兵并肩作战的景象反映了吴哥人眼中的两国关系。1296年，元朝使节周达观在吴哥王城进行了为期一年的实地考察。回国后，他撰写了《真腊风土记》，为中国详细了解吴哥"风土国事"提供了重要依据。《四库全书总目》赞周达观"谙悉其俗""文义颇为赅赡"。1819年，法国汉学家雷慕沙首度将《真腊风土记》译成法文，启发了西方世界对吴哥进行研究和探索。

对话西方走向世界

地理大发现开启了西方探索东方的大航海时代，柬埔寨文明开始了与西方文明的对话。16 世纪中叶，葡萄牙传教士克鲁兹最先到达柬埔寨，但此时吴哥王国已不复存在。接待克鲁兹的高棉国王安赞不是吴哥世系，取名也不用类似"跋摩"的梵文。他是"舔瓜国王"的后裔。这位具有传奇色彩的"舔瓜国王"很可能是反抗吴哥王朝的起义军领袖。多个版本的《柬埔寨王族史》将他神化，戏剧性地呈现在历史舞台上。

高棉国王对初来乍到的西方人饶有兴趣。葡萄牙人受到礼遇，高棉王萨塔一世（1576—1586 年在位）还将自己的妹妹嫁给了葡萄牙探险家维罗索。西方传教活动顺利开展，但效果不尽如人意，高棉民众对上座部佛教的虔诚信仰令传教士们始料未及。英国人和荷兰人也与高棉王国建立了联系。他们在柬埔寨设立商站，与王国进行贸易往来。

高棉王国的权力斗争先后将暹罗和大越的势力引入柬埔寨，王室内讧演变成邻国蚕食。19 世纪中叶，暹、越两国在柬埔寨的争夺进入白热化。高棉王国同时沦为它们的属国，仅维持着形式上的独立。国王安东向法国求援，希望缓解危机。从 1863 年开始，法国在柬埔寨建立起排他性的殖民制度。柬埔寨沦为法国殖民地，成为输出原材料的产地和倾销商品的市场。诺罗敦国王（1859—1904 年在位）曾尝试改革图强，却换来更加严苛的殖民政策。金边王宫保存的诺罗敦国王骑马铜像便是其冀望民族崛起的写照。

西哈努克与殖民者进行了艰苦的斗争，取得了最终的胜利。1947 年，柬埔寨颁布了史上首部宪法，建立起政党制度。1953 年，柬埔寨获得独立后，西哈努克结合现代民主理念与高棉民族传统建设民族国家，并活跃在国际舞台。他声援亚非拉民族解放运动，坚持不结盟中立政策，与中国建立了外交关系。然而，美国在东南亚的布局很快将柬埔寨拖入冷战漩涡，引发柬埔寨政局动荡，国家发展陷入低谷。20 世纪 90 年代，在国际社会的帮助下，柬埔寨实现了民族和解，建立起以君主立宪、多党民主自由为内核的现代政治制度，政局日趋稳定。洪森政府坚持以经济建设为中心，制定开放的投资和金融政策吸引全球资本。2011 年来，柬埔寨经济发展取得显著成就，国内生产总值保持在 7% 左右的高增长，已经成为令人瞩目的"亚洲经济新虎"。

　　总之，柬埔寨文明是在东西融通中成长起来的文明机体。冲突引发了文明的动荡，互鉴丰富了文明的内涵。当下，单边主义、保护主义有所抬头，但和平与发展仍是时代主题。文明多样发展是基本现实，也是破除文明隔阂、文明冲突和文明优越论的必由之路。

古代埃及文明
与希腊文明的
交流互鉴

| 郭丹彤

哈佛大学教授、科学史专家乔治·萨顿说："希腊科学的基础完全是东方的，不论希腊的天才多么深刻，没有这些基础，它并不一定能够创立任何可与其实际成就相比的东西……我们没有权利无视希腊天才的埃及父亲和美索不达米亚母亲。"

从时间的维度看，古代希腊与古代埃及的交往开始于公元前 2000 年。这一时期埃及刚刚从第一中间期的分裂中挣脱出来，一个统一稳定的时期——中王国（约公元前 2055 年—前 1650 年）初创伊始。埃及在重新统一后，便开始着手加强与外界的广泛联系，其中当然也包括克里特岛，此时的克里特岛正处于米诺斯文明中期。希罗多德以及后来的古典作家都曾描绘过埃及对克里特岛的征服活动，并且宣称米诺斯文明的公牛崇拜也源于埃及，但是这些论断都因缺乏有力的文献和考古证据的支撑难以令人信服。

根据确切的考古资料显示，古代埃及与古代希腊文明交往的第一个高峰期出现在埃及的第一个异族政权希克索斯王朝统治时期（约公元前 1650 年—前 1550 年）。在希克索斯王朝的首都阿瓦利斯出土了带有浓厚米诺斯文明风格的壁画残片，这些壁画残片绘有公牛以及斗牛者，植物以及山水，人物以及其他动物。可以设想，当米诺斯文明的海上贸易延伸到埃及后，他们的官员或商人前往埃及时，一些艺术家也随之前往，并在埃及留下了丰富多彩的壁画。

大约在公元前 1550 年，古代埃及进入强盛的新王国时期（约公元前 1550 年—前 1069 年），古代希腊则进入迈锡尼文明时期。这一时期是埃及与希腊文明交往的另一个高峰期。大量的文献和考古资料显示，这一时期的埃及与米诺斯文明的联系日渐疏离，但与迈锡尼文明的联系却处于日渐增强的态势，集中反映在新王国时期埃及文献对希腊称谓的变化上。被译为"克里特"或"米诺斯"的单词 kft 出现在新王国时期文献中的次数从公元前 15 世纪开始呈现减少的趋势；而被译为"迈锡尼"iww hryw-ib nw w3 d-wr（直译为"大海中的小岛"）的词语则在逐步增多。与此同时，无论是在迈锡尼还是在埃及都有对方的考古文物出土，尤以出土于埃及的迈锡尼陶器为多。而在迈锡尼出土的埃及物品多刻有埃及国王和王后的名字，表明两地存在着外交和贸易活动，并以官方贸易为主。

古代埃及的艺术作品反映出迈锡尼和埃及联系的变化。公元前 15 世纪中期迈锡尼人的形象在埃及人的坟墓壁画中多有出现，而一百年后的公元前 14 世纪中后期，迈锡尼人则完全绝迹于埃及人的艺术作品中，表明埃及与迈锡尼文明的联系中断。新王国结束后埃及进入动荡的第三中间期，国力衰微，利比亚人、努比亚人、亚述人相继入驻埃及，而此时的希腊正处于其文明的黑暗时代，亦即荷马时代。

直至埃及进入第二十六王朝时期（公元前 664 年—前 525 年），这是古代埃及文明行将终结之时由本土埃及人创建的王朝，是埃及文明最后的辉煌。而在希腊，正是其海外殖民活动最为活跃的时期。在这一历史背景之下，希腊人首先以雇佣兵的身份来到埃及，继之而来的便是商人、手工业者和古典作家，以及其他各行各业的人。伴随埃及社会中希腊人口的增长，希腊人和埃及人的摩擦不断升级，为了约束埃及境内的希腊人，更是为了避免希腊文化对埃及人的精神世界产生影响，这一王朝的国王阿玛西斯在埃及北部三角洲地区为希腊人创建了一个聚居地——瑙克拉提斯城，以此将希腊人与埃及人隔离开来，从而断绝希腊文化对埃及文化的影响。故此，第二十六王朝时期，埃及社会中的希腊因素并不常见。但是，这并不代表希腊文化对埃及社会没有影响，随着商业的发展及人们交流的增多，埃及的文字在形式上开始走向字母化，不过埃及人并没有接受希腊的铸币和铁器冶炼等先进技术。相反，埃及因素频繁地出现在希腊人生活的诸多方面，如陶器的图案、艺术表现形式和墓葬等，埃及文化渗透到了希腊人的生活中。

到希腊马其顿人创建托勒密王朝（约公元前 305 年—前 30 年），埃及文化始终对希腊存在一定的影响。托勒密王朝在政治上加强了专制主义统治，在经济上实行国家垄断主义，但是在文化特别是宗教上的控制却显得相对松弛。所谓埃及的"希腊化"，并不单纯是希腊文化强加于埃及文化，而是两个文化之间相互交融。古代埃及文明几乎所有的文化形式，如文字、文学、艺术、建筑和科学，甚至国家组织形式，无不深深地带有宗教痕迹。因此，希腊人从埃及吸收的文化大都与宗教有关。

托勒密王朝宗教信仰的最显著特征是埃及传统的神与希腊神的认同合一，托勒密的统治者不仅创造出埃及宗教与希腊宗教的结合体——塞拉匹斯神崇拜，而且把阿蒙等同于宙斯，托特等同于赫耳墨斯，荷鲁斯等同于阿波罗等。不仅如此，埃及宗教还深深地影响着希腊哲学思想的产生。根据古典作家的记述，梭伦、泰勒斯、柏拉图、毕达哥拉斯、优多克斯和莱克格斯等古希腊圣贤都曾到访过埃及，其中毕达哥拉斯曾在埃及驻留 22 年。在埃及，他学习了神秘知识。而从柏拉图的《对话集》中，我们看到有关赫耳墨斯主义的早期记载。所谓赫耳墨斯主义，就是希腊化的埃及神学，是希腊文化和埃及文化融合的典型代表。它形成于埃及托勒密王朝统治时期，对犹太教、基督教、伊斯兰教以及欧洲文艺复兴时期的文化均产生深远影响。

其实，早在托勒密王朝之前的第二十五王朝时期（约公元前 747 年—前 656 年），以孟菲斯神学为代表的古代埃及宗教就已经对希腊哲学产生了深远影响。所谓孟菲斯神学，就是以孟菲斯城主神普塔为创世神而构建起来的宗教神学体系。在世界起源、对立法则、自然元素理论、物质永恒理论、有序世界等方面，孟菲斯神学都对希腊哲学产生了深远影响。可以说，埃及文化尤其是宗教思想为希腊人营造起自己的精神家园提供了范本。故此，萨顿说埃及是希腊文明的父亲似乎并不为过。

然而，当希腊文明的各种构建日趋稳固后，便摆脱埃及影响走上独立发展的道路，希腊人在辩论、抽象思维和逻辑推理等方面均取得了重大成就。与此同时，他们还从巴比伦、腓尼基、犹太等文明中汲取营养，最终成长为内涵丰富且成熟的文明，并对埃及文明施加影响，例如，希腊人教会了埃及人如何建造舰船等。到埃及文明后期，两个文明不再是父与子的关系，而是比肩的兄弟。因此，埃及文明与希腊文明的关系其实是互相影响、互相借鉴，随着历史发展的不同阶段呈现出不同特点，从而演绎出人类文明交往的变奏曲。

港口犹太人
与近代早期的
洲际交流互鉴

艾仁贵

海洋及其赖以依存的港口，不仅从事着货物、信息、物种的交换，更是不同文明、族群、宗教的交汇之所。特别是自地理大发现以来，全球逐渐连结成一个有机联系的整体和互动共生的网络。在此过程中，散布在港口地区的"贸易流散社群"发挥了十分重要的作用。作为近代早期贸易流散社群的重要代表，16—18世纪，港口犹太人在新旧大陆之间从事着多层次、多形式、大范围的洲际交流互鉴。从很大程度上讲，港口犹太人及其参与的洲际交流互鉴是一部由海洋联结的微型全球史。

联结不同帝国和文明的港口犹太人

美洲的发现为犹太人提供了空前广阔的舞台，使之得以广泛而深入地参与资本主义和殖民扩张的历史进程。这些分布在新旧大陆各大重要港口的犹太人通常被称为"港口犹太人"。港口犹太人活动的重要港口或岛屿有：欧洲地区（里斯本、塞维利亚、安特卫普、阿姆斯特丹、伦敦、汉堡、阿尔托纳等），美洲地区（累西腓、库拉索、苏里南、圣尤斯特歇、新阿姆斯特丹、牙买加、巴巴多斯、马提尼克、瓜德罗普、圣多明各等），西非地区（菲斯、圣多美、佛得角、塞内加尔等），亚洲南部和东部（霍尔木兹、孟买、果阿、马六甲、马尼拉、香港、上海等）。这些港口城市几乎都是当时最具活力的国际经济中心。

借助分布在各地的同胞，港口犹太人跨越宗教与民族的界限，在洲际开展交流活动，充当着不同民族之间"互相交流的媒介"。与近代早期的其他贸易流散社群（亚美尼亚人、胡格诺教徒、海外华人等）相比，港口犹太人的洲际交流活动形成了自身的独特特点：

首先，分布地域空前广阔，成为联结不同帝国和文明的纽带。以大西洋为中心，港口犹太人的活动范围涵盖了近代早期七大最主要的海上强国——威尼斯、奥斯曼、西班牙、葡萄牙、荷兰、英国、法国。这些殖民强国之间通常壁垒森严，但港口犹太人突破了种种限制，穿梭在各大殖民强国及其殖民地之间，并成功地将它们联结起来。

其次，以港口为依托主要从事海洋贸易，是当时国际贸易的重要引领者。港口犹太人具有鲜明的海洋特征，除从事传统的丝绸、黄金、珠宝贸易以外，主要从事殖民地贸易，包括奴隶、蔗糖、烟草、钻石、珊瑚、香料、兽皮、可可等。这些商品由港口犹太人从美洲等地运至里斯本、波尔图、马德拉、亚速尔等地，再进入欧洲各地的消费市场。港口犹太人所从事的海洋贸易，是大西洋经济体系中的重要组成部分。

最后，港口犹太人是新旧大陆之间贸易和物种交流的首倡者之一。犹太人是美洲的第一批商人，当地的许多制糖厂、种植园都由犹太人创办和经营。港口犹太人将蔗糖种植引入马德拉、亚速尔、佛得角群岛、圣多美与普林西普等大西洋岛屿，而后又将蔗糖种植引入南美洲，从而开启了作为大西洋经济三大支柱之一的蔗糖业。烟草、香草、钻石等洲际贸易类型的引入，也得益于港口犹太人。

港口犹太人成功参与洲际交流的"秘密"

在没有国家载体为商业机构及其活动提供保障的情况下，穿梭在各大殖民帝国之间的港口犹太人积极开展洲际交流，在商业上取得成功，建立并维系跨地区的海洋贸易网络达三个世纪之久。港口犹太人成功参与洲际交流并发挥重要作用，主要得益于自身的诸多优势条件。

首先，流散社群与生俱来的"跨界"特质。长期的流散生活使犹太人具备较强的社交能力与环境适应力，善于判断当地的行情，灵活周旋于不同群体之间，充当着本地与外部进行商业交往的中介。

其次，港口犹太人具备突出的语言才能。殖民扩张初期，西方殖民者对美洲以及东方的了解十分有限，亟须探知外部世界的情况。犹太人具有出色的语言能力，与外部世界的联系较为广泛，得以从事翻译、顾问和航海向导等职业，正好满足殖民者的需求。

最后，港口犹太人建立的跨地区网络，是其成功参与洲际交流的关键机制。近代早期散居在大西洋两岸的犹太人虽然数量并不多，但他们通过家族网络以及在各地的代理人、经纪人，在主要港口建立贸易据点。费尔南·布罗代尔在《地中海与菲利普二世时代的地中海世界》中写道："他们（犹太人）建立了世界上最主要的商业网络，因为他们遍布全球，在落后地区或者不发达地区充当手工业者、店主或者当铺老板。在主要城市里，他们参与促进这些城市的经济的勃兴和商业的繁荣。"

近代早期犹太思想与欧洲思想的双向互动

从人口构成上看，活跃在大西洋、地中海、印度洋等各大海域的港口犹太人，多源自伊比利亚半岛的塞法尔迪犹太人及其后裔。在 1492 年西班牙大驱逐的过程中，大批塞法尔迪犹太人进行了空前的人口流动，大部分前往地中海、美洲、西北欧地区，另有一部分进入北非、印度洋等地区。通过频繁的人口迁移，这些散布在各大海域的港口犹太人，不仅参与了洲际经济交流，而且推动了近代早期犹太思想与欧洲思想的双向互动，成为研究近代早期不同文明之间交流互鉴的重要案例。

一方面，港口犹太人的出现及其在全球范围内的活动，得益于近代早期欧洲的特殊环境。地理大发现后，许多欧洲国家高度重视对外贸易和国际联系，积极招徕从事海外贸易的犹太人前来定居，使犹太人的商业才能得以充分施展。在欧洲统治者看来，拥有雄厚资本实力以及广泛经济联系的犹太人是一股不容忽视的经济力量。在与欧洲人交往的过程中，港口犹太人汲取了欧洲文明的丰富滋养，促进了犹太社会的现代转型。

另一方面，港口犹太人以其独特的国际视野和商业特征参与了近代欧洲思想的塑造，促进了资本主义精神的成长。在大规模的跨地区流动和海洋扩张中，港口犹太人逐渐超越宗教的藩篱，转而追求现世的成功，由此产生了最早的怀疑主义思想，代表人物有 17 世纪中叶的世俗思想家乌里尔·达·科斯塔、胡安·德·普拉多和巴鲁赫·斯宾诺莎等，他们都是来自葡萄牙随后定居在荷兰的港口犹太人。尤其是被称为"第一个现代犹太人"的斯宾诺莎将怀疑主义精神推向了顶点，强调历史的最高主宰是自然而非上帝，动摇了有神论的根基，推动了怀疑主义和理性主义思想在欧洲社会的发展。此外，港口犹太人运用、改进和推广了一系列现代经营手段和信用工具（包括代理人制、合伙制、海上保险、汇票等），不仅使自身的经济联系变得积极有效，而且促进了国际贸易的便利化和标准化，助推了资本主义精神在欧洲的生长。

总的来看，港口犹太人既是文明交流的参与者和推动者，同时又是文明互鉴的实践者和受益者。重新审视港口犹太人及其参与的洲际交流活动，不仅有助于突破传统大西洋史和犹太史研究中的欧洲中心论，发掘边缘少数群体在大西洋世界和经济全球化进程中发挥的重要作用，而且有助于理解犹太人与更广阔的外部世界之间的深刻联系和广泛互动，从而为考察人类的文明交流互鉴提供一种不同的历史视角。

"罗马和平"下
不同文化的
相遇

│徐晓旭

    罗马通过长期征服和帝国主义外交，在旧大陆西部建立了一个大帝国。地中海成了罗马人名副其实的"我们的海"。这片海域之外从莱茵河到大西洋沿岸的西欧大陆、多半个不列颠岛、多瑙河流域以南的中欧部分和以北的罗马尼亚、大部分黑海沿岸、尼罗河流域、阿拉伯沙漠的西北边缘等地也都被组织到这一政治体中。甚至两河流域和亚美尼亚也短期落入罗马治下，高加索地区曾不乏其属国。罗马的对外战争集中在公元前几个世纪，从奥古斯都结束内战一直到马可·奥里略时代边境危机为止，除克劳狄征服不列颠、图拉真征服达契亚等拓土外，帝国居民一直享受着和平与繁荣。现代学者经常用古代罗马作家笔下的"罗马和平"一词来指称早期帝国这两个世纪的太平盛世及其政治秩序。

    在罗马征服之前，一些地区和人群已经开始有所接触甚至是频繁的文化交流，但也有一些地区缺乏经常性直接交往。帝国的行政管理、军队的边境和行省驻扎及治安维护、通达的道路建设和河海航运、密布的境内外贸易网络、人员的往来、旅居、移民和族群杂居、罗马公民权的推广等，都给境内各地乃至境外有关地方不同文化的相遇及互动提供了多种可能性。帝国本身也对其不乏影响甚或干预。

    皇帝克劳狄把拉丁语和希腊语称为"我们的两种语言"。从通用语来看，晚期古代"希腊的东方"和"拉丁的西方"的底色在"罗马和平"中已绘就。整个帝国的文化面貌也可概括为希腊化的东部和罗马化的西部。不过，"希腊化"和"罗马化"已遭质疑：两词将希腊罗马文化预设为高级文化，片面强调其单向度传播，忽略了文化互动的复杂性。并且，罗马已颇为希腊化，精英阶层和受过教育者会说希腊语，文学、艺术、建筑、思想和生活方式深受希腊影响。希腊人也并非全无罗马化，取得罗马公民权者会把名字改成罗马式姓名。

帝国东部希腊化已有三四百年。小亚的吕底亚、吕基亚、卡里亚古典时代就已开始希腊化。亚历山大东征开启了希腊化时代。塞琉古、托勒密等希腊化王国把希腊语作为官方语言，结果是当地精英和城市居民的希腊化。罗马的征服并未打断反而助推了希腊化。奥古斯都时期的铭文显示，吕底亚城市萨尔狄斯、图亚提拉均属"亚细亚的希腊人同盟"。它们还是"泛希腊人同盟"成员，该同盟为"爱希腊的"皇帝哈德良对希腊语地区加强掌控的巧妙手段。

小亚细亚西南部的基比拉城也是"泛希腊人同盟"成员。其遗址上的市场、运动场、剧场、音乐厅、神庙、拱门、浴室、喷泉、供水和排水系统等公共建筑，多建于公元2—3世纪。它与整个帝国的城市大同小异，希腊罗马建筑并存。关于其地点记载不一，它最终被定位于此遗址，依据为写有"凯撒利亚·基比拉人的议事会和公民大会"的出土铭文。议事会和公民大会是希腊古典城邦制度，在希腊化王国时代仍保持活力，此时又变成罗马帝国自治城市的管理形式。基比拉有的钱币上也带有铭文"凯撒利亚人"，"凯撒利亚"应为该城得自皇帝的新名。

基比拉官方文件用希腊语发布，这是希腊化东部城市的通则。帝国的行政语言是拉丁语，政令到达东部要译成希腊语或用双语公布。除非获得罗马公民权的精英想进入帝国元老院，或者谁想参加地方行政管理、参军、去西部工作，东部居民一般没有学拉丁语的动力。

西部以及北部各地被征服后也陆续步入罗马化进程。意大利最早，到共和国末期，整个半岛凡是受过一些教育的，无人不会说拉丁语。甚至南意大利的希腊人，在保留希腊语的同时，也说起了拉丁语。西西里到帝国时代，拉丁语也已普及。

公元前4世纪早期迦太基曾禁学希腊语，却未见长效，希腊语在北非成了仅次于布匿语的第二语言。罗马征服后，拉丁语的重要性超过希腊语，成为迦太基人从小习得的语言，城市中受教育者两种语言都会。但整个阿非利加行省仍通行布匿语，也有人说柏柏尔语。在大莱普提斯遗址可见拉丁、布匿双语铭文。剧场和新市场的铭文中记载了出资建造者拥有罗马式三名 Annobal Tapapius Rufus，不过仅第三个是纯拉丁名字。其家族在帝国初期主导了城市政治。铭文中的"苏菲特"

原本为迦太基执政官，后变为城市自治官职。随着罗马化程度的加深，公元 1 世纪末后布匿语退出公共领域。

西班牙和高卢有很多罗马的殖民地，罗马和意大利移民带去了拉丁语及城市的生活方式。古典作家老普林尼说，那尔波高卢"更像意大利而非行省"。该省的尼姆是"罗马和平"下一座繁荣的城市，它有几千年的人居史，高卢时代就是一座城镇，是阿雷科米基人的首府。这支高卢人于公元前 121 年归附罗马，行省同年设立，随后多米提亚大道经过尼姆。尼姆大兴土木始于奥古斯都时期。在陆续建成的公共建筑中，加尔河上的高架引水桥是向城内供水工程的一部分，圆形剧场则是帝国境内最大的剧场之一。

高卢尼姆以卡瓦利埃山和山下泉水为中心，山上建的石塔又被奥古斯都扩建。泉边为帝国宗教建筑，有奥古斯都圣所和祭坛、宁芙庙，还有一座高卢式神庙供奉奈毛苏斯。该高卢神现为尼姆保护神、泉水和治疗神。祭坛铭文把他和罗马的朱庇特或"太阳城的朱庇特"相提并论。泉边还奉祀奈毛茜凯诸母，她们也是高卢神。高卢神与罗马神、希腊罗马化的闪米特神，以及遍布帝国的皇帝崇拜共处一片神圣空间。

罗马官方需要地方行政管理人员，西部和北部行省当地精英阶层想跻身罗马统治体系，合作愿望构成拉丁语传播的动力，面向当地贵族子弟的学校成为拉丁语乃至希腊语教育的阵地。卢格敦高卢的奥顿、莱茵河附近、朱利安阿尔卑斯山区的埃摩那、潘诺尼亚的萨瓦里亚、不列颠都有这类学校。伴随语言习得的是对罗马生活方式的模仿，目标是获得罗马公民权和从政。

西部、北部有些地区的罗马化较为迅速。帝国早期，罗讷河畔的高卢部落已会说拉丁语，图尔狄塔尼人和"曾为西班牙最野蛮的民族"的凯尔特伊比利亚人也将拉丁语作为第一语言。潘诺尼亚人公元前 9 年被罗马征服，公元 6 年起义时不仅熟悉罗马军纪，而且掌握了拉丁语，不少人还了解罗马文学和思想。达契亚在罗马治下仅经过一个半世纪，拉丁语就扎了根，并在此基础上发展为罗马尼亚语。有些行省罗马化有限。在上麦西亚，除罗马殖民地外，拉丁语局限于行政和上层使用，农村仍说本地语。罗马人虽有引导罗马化之举，却无意消灭当地文化。正如科普特语、阿拉米语（它是耶稣的母语）、亚美尼亚语在东方，伊里利亚语和色雷斯语在巴尔干仍有不少人说一样，日耳曼语、凯尔特语、伊比利亚语、阿奎塔尼语在帝国西部继续存在。

西部和北部当地宗教不再繁荣的同时，除希腊宗教被罗马吸收并推广外，每一种强劲的东方宗教都被奴隶、水手、商人、士兵，甚或传教者等带到西部。埃及的伊西斯崇拜、小亚的居柏莱崇拜、以波斯神米特拉为崇拜对象的密特拉教，以及从犹太教中分离出来的基督教，都在"罗马和平"之下发展为跨越族群和文化、具有某种"世界性"的宗教。

"罗马和平"，正值罗马帝国、帕提亚帝国、贵霜帝国、汉王朝的共同和平时期。在贯通它们的丝绸之路和印度洋商路上，物资、人员、技艺、思想不停流动，各种文化不断相遇与对话。如非洲阿克苏姆王国的钱币上以及犍陀罗佛教艺术中均可见希腊罗马元素，而印度香料和中国丝绸也丰富了罗马人的生活。

"罗马和平"，作为盛期帝国的一个样本，提供了一种观察不同文化相遇的大范围的场域单元。在这一文化系统下，帝国的政治框架和某些干预举措，提供了不同文化接触、适应和杂合的便利，其结果是，既可能造成原有文化因素的消亡，又可能催生新的文化种类；既放任文化的多样性，又促成文化的同一性。

地中海世界的建筑艺术：
欧洲和中东文化互动的
一个面相

|刘耀春

————

从古典时代到近现代，地中海世界与东方世界的交往和互动非常密切，既有战争和杀戮，也有贸易与和平的文化交流。比利时史家亨利·皮朗曾提出一个著名的观点：正是公元 8 世纪阿拉伯人对地中海的征服，导致一个围绕地中海展开密切交往的古典世界的终结。阿拉伯人扩张的步伐最终未能跨越阿尔卑斯山，相较而言，中东世界与地中海世界南欧人的交往更加密切，双方的文化互动也更频繁。

威尼斯建筑中的中东元素

从中世纪晚期开始，威尼斯的崛起就与中东世界（当时欧洲人习惯的称呼是"利凡特"）紧密联系在一起。威尼斯商人通过与东方的贸易积累了巨大财富并开始斥资修建重要公共建筑，其中包括威尼斯总督宫。这座宫殿建筑的整体风格为哥特式，与它旁边的罗马—拜占庭风格的圣马可大教堂形成鲜明对照。威尼斯的哥特式建筑在整个欧洲独树一帜，具有鲜明的地方特色，这在很大程度上缘于其中的阿拉伯建筑元素。威尼斯总督宫就包含了大量的阿拉伯建筑元素。总督宫屋顶上的垛口源于埃及的清真寺，其外立面高层红色与白色相间的瓷砖装饰也与伊朗建筑装饰传统吻合。有史学家考证，总督宫的淡黄色瓷砖装饰图案，与乌兹别克斯坦的布哈拉清真寺宣礼塔上的装饰图案惊人地相似。此外，威尼斯贵族们修建的哥特式私人宫殿常见的双重尖拱，也具有浓厚的中东建筑色彩。

在以古典文化为圭臬的文艺复兴时期，中东建筑元素仍继续被威尼斯建筑师采用。威尼斯古典主义风格的集大成者安德烈亚·帕拉迪奥设计的救世主大教堂，就采用了中东建筑的一些元素。教堂的拜占庭式穹顶两旁耸立的高塔，显而易见就脱胎于清真寺的宣礼塔。此外，帕拉迪奥设计的一些古典风格的别墅也采用了这种宣礼塔风格的高塔，佛斯卡里别墅就是一例。总之，在威尼斯建筑中洋溢着一股浓郁的中东风情。

西班牙建筑的摩尔风格

自从阿拉伯人征服伊比利亚半岛的南部地区之后，西班牙文化就打上了深刻的阿拉伯文化烙印，这在建筑中表现得尤其明显。阿拉伯人的后裔（西班牙人称其为摩尔人）修建的科尔多瓦清真寺、塞维利亚大清真寺的大宣礼塔（后来被改造成天主教教堂的钟表塔和风向塔）和黄金塔以及格兰拉达的阿尔罕布拉宫，都是伊比利亚半岛上阿拉伯—伊斯兰建筑艺术的精品。这些建筑还影响了西班牙的一些教堂和犹太人会堂，后者大量采用摩尔人的建筑装饰风格，即"摩尔风"。"摩尔风"装饰主要包括几何图案、阿拉伯书法或阿拉伯风格叶饰，此外还有彩釉砖、灰泥装饰和木雕装饰等。在 14 世纪，卡斯提尔国王"残忍的"佩德罗一世在塞维利亚修建的王宫就采用了摩尔风格。在 1492 年之前，尽管西班牙的天主教教徒、摩尔人和犹太人之间存在冲突，但总体来说天主教艺术、摩尔人艺术和犹太文化形成了一种富有成效的共生和互动关系。

这种局面在 1492 年发生了转变。这一年，西班牙人攻占了摩尔人在格兰纳达的最后据点，并开始实行严格的净化政策和同化政策。他们强迫摩尔人和犹太人改信天主教，并开始驱逐不愿意改宗的阿拉伯穆斯林和犹太人。原先的宗教建筑，如科尔多瓦清真寺，则被改造成天主教教堂。虽然如此，摩尔风格并未完全消失，而是在西班牙帝国的一些地区如塞维利亚继续发展。神圣罗马皇帝查理五世在塞维利亚的花园仍采用了摩尔的建筑装饰风格。西班牙贵族修建的彼拉托斯宫也是一个文化杂交的产物。其中有意大利文艺复兴风格的影响，如庭院上层古典风格的连拱廊、下层的罗马皇帝半身像以及庭院中央的雕塑喷泉，但是庭院底层的柱子、拱廊以及装饰细节，则是地地道道的摩尔风格。

奥斯曼土耳其对欧洲建筑风格的接受

1453 年，奥斯曼土耳其攻陷拜占庭首都君士坦丁堡，一度在拉丁世界引起了普遍恐慌。土耳其人与欧洲人的冲突时断时续，并在 1683 年达到高潮。这一年，奥斯曼土耳其军队一路凯歌高进，直至维也纳城下。此后，奥斯曼土耳其在欧洲扩张的势头基本停止，双方开始进入相对和平的时期。征服拜占庭帝国之后，奥斯曼土耳其人将君士坦丁堡打造成了奥斯曼土耳其帝国的新都城——伊斯坦布尔。奥斯曼土耳其的建筑师希南等认真学习和吸收拜占庭建筑传统，并以神圣索菲亚大教堂为样本修建了一些规模宏大的清真寺。如今，建筑史家通常将这些清真寺视为奥斯曼土耳其宗教建筑的代表，但实际上这是一种混合风格：拜占庭—奥斯曼土耳其风格。征服者吸收了被征服者的建筑文化，将其变成自己宣示胜利的象征。

文艺复兴以后，欧洲与东方建筑艺术的双向互动一直没有中断过。18 世纪中后期，巴洛克风格在欧洲退潮并逐渐被新古典主义取代，土耳其人却开始积极地学习和吸收巴洛克风格并形成了所谓的"奥斯曼土耳其巴洛克风格"。在 19 世纪，奥斯曼土耳其帝国与欧洲强国英国和法国的差距越来越大，刺激土耳其苏丹修建了一座能与当时欧洲列强的王宫媲美的新宫殿"花园宫"，以取代传统伊斯兰风格的旧王宫托普卡皮宫。新王宫采用了欧式建筑风格，同时又进行了创造性的改造。新王宫大门"苏丹门"的基本形制借鉴了古罗马凯旋门，但其华丽的装饰却让人想起巴洛克风格的审美趣味，一些建筑史家称之为"土耳其巴洛克"。

面向大海的王宫建筑借鉴了欧洲建筑注重外立面的传统。宫殿的立面采用了科林斯风格的柱子，但其华丽的装饰又是土耳其风格。一座古典风格的门廊立面几乎是欧式古典建筑的翻版，但其立面上的伊斯兰装饰细节又提醒人们，这是一座欧—土混合风格建筑。总的来说，在中东世界，土耳其人在学习欧洲文化方面一直是最积极主动和最有创造性的，或许正因为如此，在 19 世纪欧洲帝国主义和殖民主义的狂潮中，土耳其人才艰难地保持了独立。

文化互动是贯穿人类历史的普遍现象，只是在不同时期表现形式不同而已。从中世纪盛期到近现代的漫长岁月里，在地中海世界，欧洲与中东地区既有激烈的战争和冲突，又存在密切的贸易往来和文化互动。建筑艺术就是这种互动及其成效的显著例证。在这里，文化互动促进了威尼斯、西班牙和奥斯曼土耳其混合风格建筑的形成和发展。这也表明，战争和对抗是短暂的，文化艺术的相互交流和促进则是永恒的。

唯物史观
的
文明话语

————

在中文语境中，根据《现代汉语词典》，文明一方面可指文化，另一方面可指社会发展到较高阶段和具有较高文化的状态；文化则指人类在社会历史发展过程中所创造的物质财富和精神财富的总和，特指精神财富。也就是说，文明是指人类的社会实践成果。人的社会实践本身的丰富性，使得从多重视角区分文明成为可能。例如，就时间而言，文明可以区分为古代文明、近代文明、现代文明；就载体形式而言，可以区分为物质文明、精神文明；就宗教而言，可以区分为犹太文明、基督教文明、伊斯兰文明，等等；就地域国别而言，可以区分为东方文明、西方文明、欧洲文明、埃及文明、印度文明、中华文明，等等；就生产方式而言，可以区分为农业文明、工业文明，甚至是呼之欲出的信息文明，等等。这些划分当然可能有所交叉，体现的正是人类历史的纵向发展与横向发展的辩证统一。其中的显著特点则是文明的实践性与人类历史的实践性相一致。这是马克思主义唯物史观在文明话语阐述上的基本出发点，同时也是各种文明之间能够发生交流与互鉴的现实前提。

一

在唯物史观的理论视野中，作为社会实践成果，"文明的一切进步"（即社会生产力的任何增长），"例如科学、发明、劳动的分工和结合、交通工具的改善、世界市场的开辟、机器等"，都是在人类进入阶级社会以后的过程中逐渐实现的。相应的，唯物史观的文明话语，是通过分析人的社会实践如何演化，探讨如何摆脱剥削压迫、实现人类自由解放的文明状态。马克思指出:"当文明一开始的时候,生产就开始建立在级别、等级和阶级的对抗上,最后建立在积累的劳动和直接的劳动的对抗上。没有对抗就没有进步。这是文明直到今天所遵循的规律。"恩格斯指出:"由于文明时代的基础是一个阶级对另一个阶级的剥削,所以它的全部发展都是在经常的矛盾中进行的。"只有在社会生产力和人类交往高度发展的基础上,才能突破阶级、地域等种种限制,指向"人类能力的发挥,真正的自由王国",实现人本身的自由发展。

与文明概念密切相关的是社会、国家和阶级的概念。马克思指出,社会是人们交互活动的产物。恩格斯指出,国家是社会在一个有形的组织中的集中表现,是为了缓和社会冲突,把冲突保持在"秩序"的范围以内。社会作为人的集合体,其本身划分为阶级(即人对人的剥削),也就是生产的积累和发展使得社会分配出现差别,不仅是文明产生的基本前提,而且是国家出现的基本前提。文明作为人类不同社会群体的实践产物,突出特点是在人的生产和交往的复杂互动中实现自身的发展。各种文明的发展都是不断"再生产"的过程,这个过程既是人的主体性的体现,也是各种文明核心价值的凝聚和增值。正如马克思所言:"人就是人的世界,就是国家,社会。"推展而言,人就是文明,文明既是人的创造物,也是人的发展过程。在这个意义上,社会、国家、文明构成了一体多面,分别从人的群体性、阶级性、实践性的不同角度描述了人类进入阶级时代以后的实际发展。

二

在人类历史上,文明发展中心的变迁转移、文明实体的盛衰兴亡时有发生。纵向来看,文明发展的阶段性建立在生产和交往的历史阶段性之上,与人类社会形态的演化具有基本的一致性。横向来看,16世纪资本主义生产方式掀起的世界文明交往大潮,充斥着资本主义工业文明国家对封建农业文明国家的剥削掠夺,以及不同工业文明国家之间的矛盾斗争。资本主义国家在攫取最大利润的过程中,发展到垄断资本主义即帝国主义阶段,造成了"全世界的帝国主义大厮杀"。正如列宁指出的,1914年大战爆发前夕,殖民地人口已近6亿,如果再加上波斯、土耳其、中国这类当时已处于半殖民地地位的国家,匡算一下,约有10亿人口被最富有、最文明和最自由的国家置于殖民地附属地位，受它们的压迫。资本主义文明在极大地发展了生产力的同时，也给人类社会造成了深重的灾难。

与人类文明同步发展的是社会生活状态的日益复杂。对于现代文明而言，最重要的现实基础是工业生产力和国际交换形成的世界市场。资本主义全球扩张导致的世界市场的存在，意味着商品生产的普遍化，劳动力也成为商品。但是，人之为人，不应被异化、商品化。人类文明的可贵之处，在于保有反思和自新的勇气与实践。马克思主义唯物史观作为人类文明的优秀成果，深刻阐明了"无产阶级同资产阶级和土地所有者阶级之间的对立和斗争，将促使资本主义生产方式最终瓦解"。这引发了对人类文明前途命运的新思考和新实践。列宁指出，马克思的观点"构成作为世界各文明国家工人运动的理论和纲领的现代唯物主义和现代科学社会主义"。1917 年俄国十月社会主义革命的胜利，标志着社会主义文明登上世界舞台，鼓舞了全球被剥削被压迫的殖民地半殖民地国家和人民。

三

马克思主义传入中国后，与中国具体实际和中华优秀传统文化相结合，推动了马克思主义中国化的进程。在此过程中，中国人运用唯物史观不断深化对人类文明的具体认识。例如，在新民主主义革命时期，李大钊明确提出希望青年们"反抗这颓废的时代文明，改造这缺陷的社会制度，创造一种有趣味有理想的生活"，要"创造一种世界的平民的新历史"。李达认为："近代物质文明本为现今社会罪恶之渊源，然其弊在资本主义之猖獗而不在工业之发展。生产力之发达为社会进化之原动力，苟能改造社会组织，未始不能使大多数人享受物质文明之幸福也。"何干之指出，大凡闭关自守的国民，不与世界文明相接，无可师法，一旦遇着新力的袭击，也只有抱残守缺或日趋灭亡，因此输入思潮是在互相切磋、互相观摩，使"思想为作，日趋于新"，他主张"用批判的方法来接受外国文明"。华岗指出，"人类社会一切文明的过程，都是劳动者的血与火的记录"，历史是"人类生活斗争及其革命的实践所推进社会发展之一贯的全面的总述"。这表明，马克思主义中国化的文明话语从来不是孤立地就文明而论文明，而是从文明与社会、国家、历史的综合考察中分析如何通过革命实现中华文明的传承与升华。

马克思主义中国化的重大成果毛泽东思想、邓小平理论、"三个代表"重要思想、科学发展观、习近平新时代中国特色社会主义思想，创造性地将马克思列宁主义的基本原理与中国社会实际相结合，解决了新民主主义革命时期、社会主义革命和建设时期、改革开放和社会主义现代化建设新时期、中国特色社会主义新时代四个时期中国所面临的迫切时代任务。习近平新时代中国特色社会主义思想是马克思主义中国化最新成果，是当代中国马克思主义、21 世纪马克思主义。习近平总书记指出："我们坚持和发展中国特色社会主义，推动物质文明、政治文明、精神文明、社会文明、生态文明协调发展，创造了中国式现代化新道路，创造了人类文明新形态。"这一科学论断立足人类文明演进的历史大局，极大地拓宽了唯物史观文明话语的分析范畴。我们所创造的人类文明新形态，不仅是中华文明连续性的自然体现，而且是人类社会发展规律的具体表现，丰富了人类文明的实践模式。这是中华文明为人类文明发展做出的积极贡献。

　　由此可以看出，文明历程就是发展道路，中国特色社会主义道路正是人类文明多样性的展现，同时也说明，文明交流互鉴的内容和意义就在于人类不同群体社会实践成果的相互启发、激励与借鉴，从而更好地实现共同发展。人类命运共同体的深刻内涵之一，就是各种文明的共同发展。这显然将会减小霸权主义、单边主义和强权政治对文明实践的阻碍作用，有利于维护世界和平，促进共同繁荣。

古代中国
与波斯的
文明交往

|闫　伟

公元前 1000 年左右，中国与古代波斯已有间接交往。中国的丝绸通过北方草原或经由印度传入波斯。公元前 6 世纪，波斯帝国与中国的交往加强。中国曾多次发现刻有"居鲁士圆柱"铭文的马骨，说明两国在居鲁士时期或已有直接联系。张骞"凿空"西域，开辟了横贯亚洲大陆的"丝绸之路"。公元前 119 年，张骞再次出使西域，中国与波斯首次建立直接联系。《史记·大宛列传》记载：安息王密特里达提二世令两万骑迎汉使于波斯东界，随后遣使中国。从公元 87 年到公元 101 年，波斯两次遣使中国。在南北朝时期，萨珊波斯使节出使中国十余次。

由于政局变动，中波政治联系时有中断，但贸易、文化交往不绝于缕。中国有希腊和罗马不可企及的技术，故波斯十分珍视与中国的交往。波斯谚语有云："希腊人只有一只眼睛，唯有中国人才有两只眼睛"，意指中国不仅精通理论，还拥有技术。此时，波斯将对外交往的重心转向东方，成为沟通东西方的贸易枢纽，并一度垄断丝绸贸易。近年来，中国出土了上千枚萨珊波斯银币，足见当时波斯商人与中国贸易交往的活跃。

丝绸之路的兴盛还激发了中国与波斯的文化交往。安息王朝时期，许多波斯佛僧来华传教。早期的汉译佛经多为安息僧翻译，波斯人安世高是最早在汉地译经的翻译家，自公元 148 年始译出佛经百余部。当时著名的波斯译经家还有安玄、昙谛、安法贤、安吉藏等，南北朝的名僧菩提达摩可能也是波斯人。

唐宋时期，中国与波斯的交往达到高峰。唐初，适逢阿拉伯帝国崛起，对萨珊波斯王国带来威胁，萨珊波斯君主伊嗣俟三世 3 次遣使来华求援。波斯亡国后，波斯王子卑路斯获得唐廷庇护，被封为波斯王，以扎兰季城（今为阿富汗尼姆鲁兹省首府）为都。卑路斯复国未果，客居于长安，唐高宗授之以右威卫将军。卑路斯亡于长安，其子泥涅斯承袭波斯王的封号。唐朝甚至一度出兵协助泥涅斯复国。

萨珊波斯亡国影响了唐朝与波斯的政治交往，但双方的商贸、民间交往盛极一时。当时，波斯商人被称为"藩客"，云集长安、广州、扬州和泉州。唐代高僧鉴真发现，仅海南的波斯村寨，"南北三日行，东西五日行，村村相次"。中国史籍称波斯商品为"波斯货"，波斯人在中国南方素有"舶主"之称。波斯商人将中东和东南亚的宝石、药材贩卖至中国，又将中国的丝织品、铁制品、茶叶和香料转运至其他地区。唐代诗人李珣就是波斯后裔，被称为"李波斯"，他撰写的《海药本草》是《本草纲目》的重要参考。一些波斯商人"安居不欲归"，甚至被授予高官，其中尤以安附国和阿罗喊为要。杜环的《经行记》和波斯人忽尔达兹比的《道里与诸国志》等记载了唐代两国的民间交往。

密切的经贸交往促进了波斯文化东传，"三夷教"即祆教、摩尼教和景教便是典型。三者皆由波斯人传入，后两者于唐代传入中国，并随着大量波斯人来华迅速发展。其中尤以摩尼教影响最大，一度成为回鹘国教，直至明清才逐渐消亡。波斯文化作为异域文化也吸引着唐人效仿，胡饼、胡乐、胡服受到青睐，唐代文学有许多描写波斯文化的诗句。

元明时期，宋代中断的陆上丝绸之路再次勃兴，东西方交通臻于鼎盛。中国与波斯的交往达到前所未有的高度。元朝与统治波斯的伊尔汗国是宗属关系。合赞汗时期，伊尔汗国的驿道直通中土。《金史》有云："天下会于一，驿道往来，视为东西州矣。"伊尔汗国统治者皆获得元帝册封，元朝赐之以篆有"辅国安民之宝"的汉字宝印。伊尔汗国奉元帝为宗主，对元朝遣使不辍。明朝初年，帖木儿3次遣使明朝，递交国书和国礼。1395年，明朝使臣傅安也曾回访帖木儿帝国。1405年，帖木儿暴毙，沙哈鲁继位，中国史书称为"哈烈国"。从1368年到1581年，波斯遣使中国50余次。永乐年间，明廷派遣陈诚3次出使哈烈国。1417年，明朝的使团高达300余人，哈烈国回访使团更是达到600余人。明朝在波斯的政治影响甚大，甚至调解波斯的政治纷争。明朝给哈烈国的国书称："永结成好，相与往来，同为一家，俾商旅通行，各随所愿。"嘉靖朝不堪入贡之重负，限制西域诸藩入贡，至此中国与波斯的联系日渐疏远。

与唐宋时期相比，元明时期的中国与波斯在文化方面的交往更为深入，其中中医、陶瓷、绘画等对波斯影响甚大。早在 10 世纪，阿维森纳的《医典》就介绍了中医的脉学，拉施特的《中国药学》收录了中国《千金要方》《外台秘要》《苏沈良方》等。当代伊朗裔学者玛扎海里认为，波斯医学的药剂半数来自中国。旭烈兀曾从中国招募 1000 余名工匠，在波斯烧制瓷器、绘画，营造中式建筑。中国画与波斯绘画逐渐融合，波斯细密画由此产生；中国的缝纫技术、服饰、衣橱等在波斯也十分流行。

波斯对中国文化的影响同样引人注目。郭守敬在研定《授时历》时就参考了波斯天文学家扎马鲁丁的《万年历》。15 世纪前后，波斯著名诗人萨迪的名篇《蔷薇园》《果园》传入，并流传至今。元明两朝分别设立回回国子学、四夷馆培养波斯语翻译人才。波斯语在元代是除汉语、蒙古语之外的第三种官方语言。可以说，波斯语是古代除梵语之外影响中国文化最重要的外来语言，也是古代汉语外来词汇的重要来源。波斯的苏麻离青与中国陶瓷技艺的融合，还催生了元青花。

元明之际，大量旅行家往来于两国，加强了双方的认知。陈诚和李暹的《西域行程记》《西域藩国志》，马欢、费信和龚珍的《瀛涯胜览》《星槎胜览》《西洋番国志》等详细记载了波斯的地理风貌和风土人情。波斯的《中国人的治国策略》《沙哈鲁遣使中国记》《中国志》等亦介绍了中国的典章制度和社会风俗，并高度推崇中国文化。《中国志》有云："我们从未听说过世界上存在有另一个与中国一样完美政府的国家。"波斯著名诗人菲尔多西认为，中国艺术是"不可企及的完善标准"。

中国与波斯是古丝绸之路上的重要国家。两大文明在相互碰撞、互鉴、交融和创新中不断地将异质文明内化为各自的本土文明，丰富、拓展了两国的文化内涵，为文明的传承与发展做出了重要贡献。中国从波斯引进大量物产，如葡萄、石榴、黄瓜、胡椒等植物约 50 种，而波斯学习中国丝绸、铁器、瓷器的生产技术，获利甚巨。中国与波斯的交往使东西方物种交流、商品贸易、宗教传播、文明传承和创新成为可能，客观上是东西方文明交往的纽带，具有世界性的意义。

中国丝绸
最早何时传入
古代希腊

|李永斌

————

古希腊作家阿里斯托芬在《吕西斯特拉特》（创作于公元前 412 年）中曾记载了一种"透亮"的服装，称其为"阿摩戈斯服装"。此后的希腊罗马作家和辞书关于阿摩戈斯服装的记载，基本上都援引阿里斯托芬的文字。1929 年，美国学者瑞切特撰文认为，古希腊作家所记载的"阿摩戈斯织物"就是丝，并认为这种织物通过进口获得。波斯帝国在公元前 5 世纪盛行丝质服装，并且已有确切的文献记载证明，所以可以推测这种丝质服装是经过波斯帝国转运进口到希腊的。

瑞切特的结论一度得到考古学的证明。20 世纪 30 年代，雅典的德国考古研究所系统发掘了雅典的克拉米克斯公墓。在阿尔克迈翁家族（古典时代雅典最有权势的家族之一）的墓地中，有一个墓室属于亚西比德的孙女西帕利特。1936 年，考古学家在这个编号为 35—HTR73 墓室的石棺中发现了一个铜质圆底深口碗，碗被禾秆包缠着，碗口封着紫色绶带。碗中有一种被烧过的轻薄的纺织品残迹，这块纺织品的四个角处被染成紫色。这个石碗现存于希腊文化部，考古学家认为其年代应该在公元前 430 年—前 400 年。20 世纪 60 年代，德国科学家亨特及其科研团队采用显微技术和氨基酸测试技术对碗里的纺织品残迹进行了鉴定，认为这块纺织品包含五种织物，其中包括学者们通常所称的"庞比蚕丝"，亨特认为这种"庞比蚕丝"正是原产自中国的家蚕丝。与此次检测大概同一时期，另一些德国科学家检测了德国霍米克勒出土的纺织品，这些纺织品的时间被断定为公元前 6 世纪中期，略早于雅典克拉米克斯公墓的出土物。检测结果显示，霍米克勒出土的纺织品也有产自中国的家蚕丝的成分。

诸多学者基于上述检测结果，结合其他地区的考古发现对古代中国丝绸西传的问题进行了论述。1991年，美国学者巴伯尔在《史前纺织品》一书中认为，古典时代后期希腊人的纺丝技术来自对中国丝绸技术的模仿，克拉米克斯公墓出土的纺织品显然是重新纺织过，以符合希腊人的品位。巴伯尔还认为，希腊语中指称丝的词汇 sēr 直接来自中国的"丝"，希腊人借用中国的"丝"字的发音，加上希腊语中常用的形容词后缀 -ikós，变成了 sērikós，这一词语后来又用于指称丝的来源地——赛里斯。再后来，许多民族语言都借用了希腊语的 sērikós 来指称丝，比如英语中的 silk。1995年，美国学者艾琳·古德在《汉代之前欧亚大陆的丝》一文中概览了从蚕茧中抽取丝的技术，并且力图从现存的纤维测试结果中回溯各种丝的品种及其原产地。她认为，中国的丝最早传入欧洲的时间是公元前6世纪早期。

21世纪初，希腊文化部和德国考古研究所再次对克拉米克斯公墓出土的纺织品样品进行检测。此次采用了更多更先进的技术，包括重叠区扩增基因拼接法、傅里叶变换红外光谱法、扫描电子显微镜技术。检测结果出乎意料——这些样品里面并没有丝的成分。科学家检测到了四种纺织品的成分，其中两种是不同品种的亚麻，还有一种可能是棉，最后一种则是亚麻和棉的混制品。因为这个出乎意料的结果，科学家们又重新检测了德国霍米克勒出土的纺织品，结果证明这种纺织品也不是丝。当然，尽管此次重新检测使用了更为先进的科学技术，但是并未形成最终定论。那么，我们应该如何认识古代文献的记载与考古发现和现有技术条件下的科学检测结果之间的巨大差异呢？

有的学者认为，墓葬出土文物只能说明保存手段和保存条件，并不能完全否认古典时代希腊人使用丝的可能性。但是，争议的声音一直存在。有学者坚持认为古典时代及其以前，希腊人是不知道丝的存在的。古典时代希腊文献所记载的阿摩戈斯织物，很可能是一种特殊的亚麻。也有学者认为，古代地中海地区很早就有使用野蚕丝的传统，并且也有考古学的证据。20世纪90年代，英国和希腊的考古学家联合发掘的铁拉岛发掘现场出土了一枚茧，最终被证实为一种野蚕丝的茧，其时间大约在公元前1500年左右。考古学家据此认为，早在青铜时代，爱琴海地区就已经有野蚕丝了。值得注意的是，无论何地的野蚕丝，在质量和产量方面都完全不能与中国的家蚕丝相比，不可能生产出大规模精美的服饰。也有学者认为，用野蚕丝纺线织布的技术实际上是模仿中国家蚕丝的技术，其原因是远距离进口中国的家蚕丝太过昂贵，需要用野蚕丝来做替代品。

综合上述考古学的发现和古代文献记载，我们可以对中国丝绸传入古代希腊的时间和阶段问题进行一定程度的复原。笔者认为，中国丝绸传入古代希腊大致可以分为三个阶段。第一个阶段是可能的零星传入，时间是在希腊的古典时代（公元前5世纪至公元前4世纪）；第二个阶段是小规模传入，时间是在亚历山大东征及其以后的希腊化时代（公元前4世纪后期到公元前1世纪）；第三个阶段是大规模传入，时间是拜占庭帝国时期（公元4世纪及以后）。

就第一阶段而言，综合古代希腊文献的记载和公元前5世纪至公元前4世纪欧亚大陆整体的文明交流情况，零星的中国丝绸进入古代希腊的可能性是存在的。中国丝绸的西传，首先是从蒙古高原到阿尔泰山，再经过准噶尔盆地到哈萨克丘陵，或者直接由西伯利亚南部的巴拉巴草原到黑海地区的北方草原。实际上，这是一条从东到西的丝绸传播路线分出来的两个岔道，这两个岔道最终又汇合于巴尔干半岛南部的希腊地区。前者从中亚经过波斯帝国传入希腊地区，后者通过博斯普鲁斯海峡传入希腊。这条传播路线在张骞凿空西域之前已经存在了若干世纪。它是一条由散居在广袤欧亚草原的游牧民族主导的东西方文化交流通道，虽然控制"草原丝绸之路"的民族和国家在不断变迁，这条"丝绸之路"却未曾完全中断过。

就第二阶段而言，亚里士多德在《动物志》中的记载可以说是所有传世希腊文献中史料价值最高的。亚里士多德记载了科斯岛的人们养育一种类似蛆虫的小虫子，这种虫子从幼虫变成蚕蛾需六个月，然后妇女们拆开蚕茧、纺丝，再将丝织成布。基本上可以肯定亚里士多德对这种蚕虫的记载是建立在实际观察的基础之上。但是他并未提及"阿摩戈斯织物"，也未提及这种蚕丝究竟是家蚕还是野蚕。不过，结合当时的历史背景来看，他所记载的极有可能是中国的养蚕纺丝技术。亚里士多德生活的最后十几年，正是亚历山大东征的时间。随之而来的"希腊化时代"虽然名为希腊化时代，但是文明的交流从来不是单向的，而是交互的，这些交流无疑包括亚历山大东征所到之处，甚至非常接近更为遥远的中国。如果中国与此时的希腊存在直接的交流，丝绸必定是重要的媒介和载体。

张骞凿空西域以后，横贯欧亚大陆的商路已经打通，汉代中国和中亚的巴克特里亚之间的商贸活动越来越频繁。经过欧亚大陆各民族的逐步"接力"，中国丝绸从中亚的巴克特里亚、南亚的印度到达原来的帕提亚境内，然后到达小亚细亚，最后通过爱琴海或者直接穿过地中海到达希腊地区。罗马帝国时期，罗马庞大的版图使地中海西海岸到欧洲大陆的交流更加便利，帕提亚帝国则连接了中亚到西亚之间的贸易文化交流通道。罗马帝国治下原希腊地区的一些作家已经对丝和养蚕纺丝的过程有了一定的了解，这就说明，中国的丝绸已经传到了希腊地区。不过，此时传入希腊地区的中国丝绸主要还是纺织成品，规模应该不算大，罗马帝国时期的希腊人对中国的丝及丝的来源还存在着某些因未曾亲眼见到而带来的误解。

就第三阶段而言，拜占庭帝国统治希腊地区的时期，距离李希霍芬所界定的丝绸之路开通的时间已经有 500 多年了，欧亚大陆物质文明交流更加频繁，丝绸作为重要的交流内容，已经大量进入拜占庭帝国，引起帝国内各个阶层的浓厚兴趣，不再是贵族阶级独享特权的象征了。从一些社会的习俗也可以看出丝绸在拜占庭帝国的普及性，比如当时的东正教会就盛行用丝绸来装饰教堂、制作教士法衣，用丝绸包裹尸体下葬。日耳曼诸民族进入罗马境内以后，也开始追求丝绸等东方奢侈品。公元 448 年，拜占庭帝国与匈奴首领阿提拉谈判时，为羁縻严重威胁帝国边境的匈奴人，向阿提拉赠送了包括丝绸在内的大量东方奢侈品。根据普罗科皮乌斯记载，拜占庭帝国官方不仅通过贸易获得中国的丝绸，而且开始有意识地了解种桑养蚕的知识，并获得了生成蚕丝的技术。

至此，从古典时期可能的零星传入，到亚历山大东征以后小规模传入，再到拜占庭帝国时期大规模传入，中国丝绸基本完成了从中国到希腊的流传旅程。

中越关系
的
历史演变

| 于向东

　　中国与越南，既有名山大川的相接相连，又有历史悠久的古代民族渊源。中越交往可以上溯到先秦甚至更为久远的时代。从地理、民族和文化角度考察，结合越南民间传说中折射出的史影、中国先秦诸子文献中的零星记载和两国学术界的考古发现，隐约可见先秦时代活动于红河中下游流域的越南先民——古雒（骆）越部族，与华夏民族特别是南方古越族先民有着诸多联系。

　　中国秦朝经略岭南，设置有桂林、南海和象郡三郡。尽管学界对于象郡位置尚有争论，但可以肯定的是象郡和秦末赵佗建立的割据政权南越国，与位于今越南北部和中部的地区已有了密切关系。至西汉元鼎六年（公元前 111 年），汉武帝统一岭南地区，在越南设置交阯（趾）、九真、日南三郡。自此，越南北部和中部地区纳入中国版图，为中国历代封建王朝直接统治，直到公元 10 世纪中叶。这一长达千年的时期，史称"郡县时代"，越南又称"北属时期"。

　　郡县时代越南地区的历史，既是中国南部边陲民族地区历史的一部分，又是越南古代历史整体发展进程的一部分。经过两汉时期诸多"循吏"的治理，在中国较为发达的经济文化和社会形态的影响下，交阯（交州）社会逐渐从传说中的"文郎国"和"瓯雒国"部落时代贵族制统治的社会转向封建制社会。汉唐间的郡县时代，中国封建王朝派出的统治官员在当地实行民族"和辑"政策，"教民礼仪"，传播汉字和儒学，促进了越南地区的经济发展、社会和文化进步。当然，也有一些统治当地的"酷吏"残酷压榨百姓，引发人民的反抗斗争。

　　唐代中央王朝在越南设立安南都护府，进一步加强了对当地的治理。汉代对于安南士人参与选举多有限制，而唐朝由于安南文化已较两汉时期有了显著发展，朝廷放宽安南人入仕的一些规定。但越南一些学者把郡县时代中国封建王朝的治理，视为"同化"和"奴役"的枷锁，否认了当地社会的发展和进步。

随着当地社会、经济与文化的进步，越南民族意识日益高涨，封建割据势力不断发展。早在东汉初期，就有二征夫人率众起事，反叛中央政府，被伏波将军马援很快平定。后来又有赵妪、李贲、梅叔鸾等势力试图摆脱中原封建王朝的统治而独立。唐末五代十国，中原丧乱，经历吴权称王和"十二使君之乱"，至宋朝初开宝六年（公元 968 年），丁部领建立起越南历史上第一个自主封建王朝——丁朝（968—980 年）。不久，丁朝遣使请封于宋，宋朝作为宗主国接受其为藩属。由此，中越两国的宗藩关系正式拉开帷幕。历经宋、元、明、清各朝代，越南历代王朝与中国封建王朝保持了近千年的宗藩关系。这种宗藩关系尽管不同时期会有一些变化，但总体上一直延续至清朝末期的 1885 年才最后终结。

宗藩关系时期，中越两国的经济、文化交流极为密切。从越南封建王朝来说，大致是三年一贡，或六年两贡并进。派往中国朝贡的一批又一批的"使部"，本身就是一个国际贸易商队，既有官方货品的交换，也有使臣私人的交易行为。中国封建王朝的统治者，一般会按照"计值回赐，以优其值"的原则，使越南的进贡获得丰厚回报，并不像越南学者所云，是一种沉重的"经济负担"和"剥削"。

越南在其自主封建王朝统治时期，作为中国周边国家汉文化圈中的一员，进一步接受从中国传播过去的佛教，创立了禅宗竹林派，继续使用汉字作为正式文字，按照儒家思想治理国家，效仿中国模式设置政治、行政和法律制度，从李朝即已开科取士。设史官、开史馆，以中国编年体、纪传体和纲目体史书为参照，纂修《大越史记全书》等国史。

两国官方和民间的海上合作也是中越友好交往的途径之一，其表现如在南海缉拿海盗、保护商船航海通行安全、救助海上遇难船只和漂民、在东南亚一带贸易活动中华人为越南人的沿海航行引航等。

近代历史上，面对西方列强的侵略和亡国灭种的威胁，两国人民在反抗外来侵略斗争中相互支持。越南沦为法国殖民地的过程中，还多次遣使，与清朝政府商议，寻求保全之策。中法战争时期，在经历清朝臣工普遍关心的"弃藩"与"保藩"之争后，清朝被迫与已逐步控制越南的法国殖民者签署条约，放弃对于越南的"宗主权"。但在官方和民间的大力支持下，刘永福率领的黑旗军在越南英勇抗击法国殖民侵略者，做出了突出贡献。

中国共产党和越南共产党相继成立后，两国革命者相互支持，在共同的革命斗争中结下了深厚的情谊。参加过红军长征的越南革命者阮山（洪水）被誉为"两国将军"。20世纪40年代后期，越南民主共和国和中华人民共和国相继建立，毛泽东主席和胡志明主席等老一辈革命家培育了"同志加兄弟"的睦邻友好情谊。中国人民为越南人民的抗法、抗美救国战争，为越南的革命和建设提供了巨大支持，为越南人民在1954年5月取得奠边府大捷、在1975年春季完成民族独立、实现南北统一做出了巨大贡献。从20世纪50年代初至越南战争结束的70年代中期，中国持续不断地向越南提供的援助总价值超过200亿美元，绝大部分为无偿援助。为了帮助越南人民争取民族解放和独立，从抗法战争时期的中国军事顾问团，到抗美救国战争中中国派出的30多万工程、防空部队，先后有4000多名官兵牺牲在越南，至今仍有1000多名烈士长眠在异国他乡的陵园。没有中国人民克服自己的重重困难，提供大量无私的支持和帮助，甚至献出鲜血和生命，越南人民反抗美伪统治、争取民族解放的斗争，不会在70年代中期取得最终胜利。

从漫长的中越双边关系历史演变来看，我们可以得出几点认识：第一，两国之间曾经出现过的战争状态只是短暂的，两国和两国人民的友好交往、和睦相处是历史的主流。越南总有些人从狭隘民族主义出发，喜欢夸大中越历史上的战争，甚至把从殷商时期以来中越的联系和交往，说成一直是在反抗北方的侵略，把所谓的"侵略"和"反侵略"说成是中越关系的主流，显然是违背历史事实的。第二，经济、文化交流是中越联系和交往的主要内容，人民和睦相处、发展经济的深切愿望是两国睦邻友好关系的根本推动力。即使在两国关系交恶时期，民间的经济、文化交流也不曾完全中断，尤其是文化联系，其作用和影响是持久的，难于完全割舍的。第三，历史上并不存在南海争端问题。中国古代航海事业发展早于越南，唐宋时期已甚为发达，至宋元时期华侨华商经营的南海贸易网络已经覆盖到东南亚地区。中国人早已发现、命名并开发经营南海和南海诸岛，远比越南声称的17、18世纪发现、开发"黄沙、长沙"群岛早得多。越南南北统一前，其官方照会和谈话，承认西沙、南沙群岛及其附近海域主权属于中国。南北统一后，越南通过发表白皮书等形式，企图在国际社会上混淆视听，攫取海洋权益，公开挑起了南海争端。

南海争端与中越两国的国家利益有着密切联系，但它并不是中越关系的全部内容。近年来，越南领导层在南海问题上存在一些严重的战略误解和误判，使中越睦邻友好关系面临诸多考验。温故知新，以史为鉴，我们有理由相信，顺应中越友好交往的历史潮流和当今世界和平发展的趋势，两国和两国人民会寻求妥善解决南海争端的途径与措施，推动中越睦邻友好关系取得新进展。

明清时期
西洋钟表的
传播

|江滢河

———

乾隆年间曾任两广总督的赵翼在其《檐曝杂记》中提到钟表时，称其绝技："自鸣钟、时辰表，皆来自西洋，钟能按时自鸣，表则由针随晷刻指十二时，皆绝技也。"其实，早在明末，西洋钟表已通过宗教和贸易的渠道，从广州进入内陆，开启了一段备受瞩目的中西文化交流史。

明代万历年间，西方传教士利玛窦等力图进入内陆传教，他们在广东等地寓所陈列自鸣钟等西洋奇器。自鸣钟集报时、音乐和机械运作于一体，精思神巧，富有情趣，将之赠送给中国官员并进而献给皇帝、实现传教目的，最为合适。万历二十八年，利玛窦送给万历皇帝的礼物中就有自鸣钟两架，"……谨以……珍珠镶嵌十字架一座，报时钟二架……奉献于御前。物虽不腆，然从极西贡来，差足异耳"。

入清之后，宫廷对西洋钟表的喜爱有增无减。康熙帝曾作诗《戏题自鸣钟》："昼夜循环胜刻漏，绸缪宛转报时全。阴阳不改衷肠性，万里遥来二百年。"康熙注重西洋钟表的科技性，在养心殿造办处自鸣钟处下设制钟作坊，让西洋传教士技师仿制、维修欧洲机械钟表。广东督抚定期向朝廷汇报来华外国商船上是否搭载有特殊技艺之西洋人，康熙四十六年（1707）五月，康熙特差人到广州传旨督抚，"见有新到西洋人若无学问只传教者，暂留广东，不必往别省去。……若西洋人内有技艺巧思或系内外科大夫者，急速著督抚差家人送来"。这些西洋人中包括钟表技师，他们以广州作为据点，申请批准、等候答复、学习汉话，最终进入宫廷。康熙五十五年（1716）传教士林济各进京，他精研钟表制作，在做钟处主持清宫钟表制作。雍正皇帝也喜欢自鸣钟，注重其实用计时功能，他继续招募西洋技师进宫，并选募民间钟表匠，宫廷自制钟表数量增多，做钟处规模扩大。最有名的为雍正七年（1729）入宫服务的法国传教士沙如玉，他在造办处制作包括小表、子时钟、问钟等不同类型的钟表，还根据宫中夜间打更需要发明了报更自鸣钟（更钟）。乾隆朝继续引进和使用西洋钟表技师，做钟处中外匠役人数达100多人，堪称盛况。西洋技师培养了最早的中国钟表匠，他们制作了大量钟表，仅乾隆十五年（1750）到乾隆二十四年（1759）的十年间就做出钟表56件。现存清代自鸣钟、更钟、时乐座钟、闹钟等大多为乾隆时期生产，造型多为楼台、亭阁、寺塔等建筑形式，制作中还需漆、铸、牙、玉、木、金等其他作坊的协作，所产钟表用料珍贵，式样奇巧，做工精细。

在传教渠道之外，随着中西贸易在广州常规性展开，尤其乾隆年间"一口通商"制度确定，西洋钟表贸易在广州也日渐繁荣。《粤海关志》记载，"向来外番各国夷人载货来广，如钟表、哔叽、羽绒等货，各投各行商交易"，粤海关明确规定西洋钟表的各项税则，并规定其交易由行商承办。这些进口的西洋钟表，是每年元旦、端阳和万寿节贡品中必备之物。乾隆二十二年（1757），粤海关总督李永标、广州将军李侍尧进贡"镶玻璃洋自鸣乐钟一座，镀金洋景表亭一座，镶玛瑙时辰表两圆"，乾隆帝看过贡品后传谕"此次所进镀金洋景表亭一座甚好，嗣似此样好得多觅几件，再有此大而好者亦觅几件，不必惜价，如觅得时于端阳贡几样来"。（《乾隆朝宫中进单》）

宫廷对钟表的喜爱超出对实用价值的追求，将之视为高雅奇巧的珍玩，直接促使沿海地方官员不惜重金从海外搜罗，乾隆四十九年（1784），两广总督、粤海关监督等累计进贡钟表共130件。官宦显贵之家对西洋钟表的追捧，不仅吸引西方钟表商直接来广州贸易，还催生了广州本地钟表业，出现了以融合中西文化、使用烧珐琅为特色的精致"广钟"。广州不仅是西洋钟表贸易之地，也成为中国少数几个钟表制作中心之一。

英国东印度公司是18世纪对华贸易最重要的西方势力，与西洋钟表的进口和制作有着密切关系。自鸣钟体积小、价值高、利润大，是英国商人船长乐于携带的私人贸易商品。还有英国钟表匠以中国为主要市场制作钟表，目前所知与英国东印度公司关系最密切的钟表商是詹姆斯·考克斯。他是伦敦著名珠宝匠和机械师，18世纪50年代开始在伦敦雇请能工巧匠制作钟表，按照东方题材设计，使用名贵珠宝镶嵌装饰，主要面向印度和中国市场。1766 年，英国东印度公司向考克斯订购了两座镶嵌宝石的大型自鸣钟作为给清朝皇帝的礼物；1766—1772 年，他出口到东方的自鸣钟价值达 75 万镑。由于进口太多，广州自鸣钟市场饱和，负责收购的行商写信给英国东印度公司抱怨货物积压已达百万两，甚至出现了行商因此破产的情况。1772 年，英国东印度公司禁止考克斯出口自鸣钟到中国。1778 年，考克斯出现财政困难。为了走出困境，英国东印度公司同意其子詹姆斯·亨利·考克斯来广州进行为期 3 年的自鸣钟销售活动，亨利以私商身份于 1781 年 2 月抵达广州，开设了名为"詹姆斯·考克斯父子商行"钟表商店，1787 年又与私商丹尼尔·比尔合作创建了钟表商店"考克斯·比尔商行"。从 1783 年到 1796 年，瑞士日内瓦制作的大量钟表等机械制品被运到广州由该商店出售。此外，包括来自瑞士的钟表制造商和贸易商都曾来广州从事贸易和钟表制作，如马戛尔尼使团成员、瑞士钟表匠珀蒂皮埃尔。他没有跟随使团回英国，而是留在澳门和广州为当地钟表商工作。嘉庆年间马光启游历岭南，在其《岭南随笔》中详细记载了广州红毛馆（英国馆）所见之钟表匠："红毛馆人最白皙硕，善作钟表，有年少者云十三岁来粤，今已十七年矣。有一钟高四五尺，中有四五层，每层有一金架，面前有一团花，上层有两洋雀，客至，以机关挑动之，下面作乐，备金石丝竹之声。每层团花各开数十种，翻转不穷。上层洋雀飞鸣跳跃，作各种鸟声与钟声相应和。夷人奇巧一至于此，欲卖万钱，尚待价未售也。"英国馆钟表匠人出手不凡，奇巧之器待价而沽。

广州本地钟表制作可以追溯到康熙年间，早年本地技师的技术水平一般。乾隆年间编撰的《广州府志》称："自鸣钟本出西洋，以索转机，机激则鸣，昼夜十二时皆然。广人亦能为之，但未及西洋之精巧。"不过，富有创新精神的广州钟表匠，努力学习新技术，到乾隆时代，他们创造了既有浓厚中国色彩又带有西方艺术风格的广钟，形成了相当规模的钟表制造业，成为达官贵人喜爱的陈设收藏，为国内钟表制作之翘楚。马戛尔尼使团成员巴洛提到："中国人在广州的制作已经和伦敦的一样好，这些精巧机械品的价格只有考克斯等仓库运来的钟表价格的三分之一。"广钟工匠技艺超群，在造型、机芯上可与西洋钟表相媲美，尤其在价格上占有优势，更容易在市场上行销，广州街头还出现了专卖自鸣钟的店铺，自鸣钟成为清代贵族家庭普遍的陈设，不少官员以广钟作为西洋钟表的代替品进献皇帝。

明清时期，广州是中国与世界交往的重要场所，大量西洋物品在此汇聚，并由此进入内陆，影响中国社会。广州率先引进西洋钟表工艺制作技术，并融合中西艺术风格和技术，造就了一批技艺精良的能工巧匠。西洋钟表从采买到制作，完成了从商品到产品的转变，同时也凸显了广州在中西贸易与文化交流中的重要地位。

中国瓷器
及制瓷技术
在欧洲的流传

董少新

由唐至清，在长达 1000 多年的历史中，中国瓷器大量通过中外船舶被运往东南亚、南亚、西亚乃至非洲。水下考古打捞上来的 9 世纪"黑石号"海船、12 世纪"南海一号"海船以及明万历年间的"南澳一号"海船，均装有数以万计的各类瓷器，这是中国瓷器出口千年绵延不断的历史物证。15 世纪以前，虽然日本、朝鲜乃至波斯、阿拉伯等地区也都出现了中国瓷器的仿制品，但其质量和规模远无法与中国瓷器相抗衡。当瓷器的传播网络已经覆盖了大部分亚洲地区和部分东非区域之时，中国瓷器在欧洲还极为罕见。从 16 世纪起，这一切开始发生变化。

1499 年 9 月，首航印度的达伽马返回里斯本，将一打从印度带回的中国瓷器进献给了葡萄牙国王曼努埃尔一世。1517 年葡萄牙船队抵达中国，便开始为其国王定制专属的瓷器。保存至今的一把 1520 年生产的青花宽口执壶，绘有古式地球仪图案，既是葡萄牙国王的私人纹章，也是大航海的象征。从此，瓷器成为中欧贸易中最大宗的商品之一，欧洲也成为中国制瓷业的重要市场之一。

中国瓷器以如丝般的光滑润泽、美观的器形以及丰富多彩的纹饰，迅速成为欧洲市场上的抢手货。一些王公贵族对瓷器如痴如醉，不惜重金竞相购买。有"瓷王"之称的萨克森选帝侯兼波兰国王奥古斯都二世拥有 35000 多件瓷器，他曾用 600 名萨克森士兵与腓特烈·威廉一世交换 151 件康熙时期的青花瓷。有学者估计，17—18 世纪英国、荷兰、瑞典、法国等国的东印度公司从中国运回的瓷器总量高达三亿件以上。中国瓷器改变了欧洲人的餐桌礼仪、室内装饰、生活品位和审美情趣，也对欧洲艺术风格产生了重要影响。

对于欧洲人而言，购买一件来自中国的精美瓷器，是一种身份和地位的象征。中国的瓷器生产历经千年的历史，积累了丰富的经验。拥有三千座瓷窑的景德镇，被视为当时世界上最大的工业复合生产区，无论是生产规模还是分工的细密程度，都堪比亚当·斯密所描绘的生产分工协作，但比其所描绘的生产情形更早出现。

由于从中国进口的瓷器价格高昂，从16世纪下半叶起，欧洲便开始出现仿制瓷器的工厂，例如建于1575年的意大利佛罗伦萨美第奇陶瓷厂，建于1673年的法国诺曼底鲁昂陶瓷厂等。从器形和纹饰上看，这些陶瓷厂的产品可称得上是中国瓷器的"高仿"品，但在质地方面始终无法与中国瓷器相比，只能停留在"软质瓷"的阶段。因此，18世纪以前从中国进口瓷器，仍然是欧洲瓷器市场的主流。

欧洲从中国大量进口瓷器，导致对华贸易严重入超，大量重金属货币外流。这在当时一些重商主义人士看来，是对国家经济的一种损害。一位17世纪晚期的英国人抱怨道，从亚洲进口货物"有碍我们本国制造品的消费，而且以我国国库购入时，这个现象更为严重"。因此，从17世纪后期至18世纪，不断有人提出限制进口数量，不准贵金属过度外流，并呼吁立法禁止中国瓷器、印度棉布等商品的进口，以及实行提高关税、特许专卖和政府对本土制造业加以补贴等措施。

与此同时，欧洲研究瓷器生产技术的脚步并没有停止，并在1710年取得了重大突破。自17世纪90年代起，因使用大型聚焦镜加热陶土而名声大噪的日耳曼科学家契恩豪斯开始为奥古斯都二世服务，他在实验室中已经可以通过光学镜片获得烧制瓷器的高温，此后又研究戴夫特陶艺和奥古斯都二世收藏的中国瓷器样本，并在炼金师博特格的协助下，终于成功烧制出硬质瓷。奥古斯都二世喜出望外，立即着手创建迈森瓷厂。该厂成为欧洲第一家能够生产硬质瓷的陶瓷厂，但是其在上釉、瓷绘等工艺方面仍无法与中国瓷器相媲美。奥古斯都二世对迈森瓷器生产工艺严格管控，以防技术外泄。迈森瓷器刺激了法国人的神经，寻找制瓷秘方已成为燃眉之急，"制出和中国一样的瓷器"成为捍卫法兰西王国经济的口号。

1664年，法国在路易十四的财政大臣科尔贝的主导下建立了东印度公司，与英国、荷兰等国的东印度公司相抗衡。与此同时，为了对抗葡萄牙和西班牙等老牌殖民强国，法国也开始向海外派遣自己的传教士。1688年，由路易十四派遣的五位"国王的数学家"以宁波作为起点，进入中国。与以往的来华耶稣会士不同，法国耶稣会士更重视在中国从事科学考察，向法国传递科技信息。来华的法国耶稣会士，有多位都是法兰西科学院的通讯院士。这一时期欧洲已经有人对派遣具有高级科学素养的传教士前往中国传播天文学、数学等欧洲科学知识表示不满，认为这些传教士更应该为本国效力。

1693 年，"国王的数学家"之一的白晋返回欧洲。1698 年，白晋携新招募的十名耶稣会士搭乘法国东印度公司"海后号"商船在广州登岸，其中之一便是殷弘绪。在谒见完康熙皇帝后，白晋将殷弘绪派到景德镇传教。这是一个有意的安排，目的就是让殷弘绪打探景德镇制瓷的秘方，以便向本国汇报。

到达景德镇后，殷弘绪积极发展教徒，尤其是从事瓷器生产的陶工，向他们打探制瓷原料和工艺；同时也积极结交当地官员，比如督陶官郎廷极和唐英，以获得出入窑坊之间打探制瓷秘密的便利。此外，殷弘绪还查阅包括《浮梁县志》在内的相关书籍，以获得中国瓷业知识。通过亲身观察、向教友询问以及查阅中国文字资料，殷弘绪于 1712 年 9 月完成了一份长篇书信，并寄给了时任中印传道事务部司库的欧里，非常详细地介绍了制瓷所需的各类原料和整个工艺流程。殷弘绪还把瓷土样本寄给欧里，欧里将该样本转交给对热力学和岩石很有研究的列奥米尔。列奥米尔通过分析瓷土样本成功辨认出其主要成分，并于 1715 年协助指挥在法国各地搜寻合适的黏土材料。或许由于资料不充分，法国仍无法造出硬质瓷，因此要求殷弘绪进一步打探。1722 年，殷弘绪给欧里写了第二封书信，补充了大量的颜色和釉料信息。

殷弘绪有关瓷器的两封书信寄回欧洲后，很快被收入《耶稣会士中国书简集》中，1735 年杜赫德的《中华帝国全志》以及后来狄德罗的《百科全书》也都收录了殷弘绪的中国瓷器书简，从而使其广为流传，并对整个欧洲陶瓷业产生了深远影响。从此以后至 18 世纪末，法国、德国、意大利、英国、比利时、俄国、奥地利、瑞典、丹麦等欧洲各地陆续建立了数十家陶瓷厂。1768 年，化学家比拉里及其朋友达尔内首次在法国利摩日南部发现高岭土，不久法国便造出了硬质瓷，在技术和影响力方面终于赶上甚至超越了迈森瓷。1738 年，《中华帝国全志》被翻译成英文，五年后英国一位一心想改造陶瓷世界的年轻人韦奇伍德，便把其中殷弘绪陶瓷书简部分内容抄入了自己的笔记本中。韦奇伍德尤其对景德镇复杂的生产工序着迷，并仿照景德镇的分工形式来组织他的伊特鲁里亚陶瓷厂，该厂为现代工厂制度树立了典型，因此有学者认为，工业革命的胜利显然有一部分必须归功于景德镇。殷弘绪的瓷器书简可谓 18 世纪欧洲最重要的工业文献之一。

18 世纪欧洲瓷器的发展，导致中国瓷器长达 1000 多年的一枝独秀地位被打破了。欧洲瓷器很快在国际市场上崭露头角，中国瓷器的出口则出现滑坡，走向衰落。

咖啡
的
世界历史版图

|邢媛媛

从埃塞俄比亚古国绿树枝头上的野生红色果实，演变为当今世界上三大饮料之一，咖啡自被人类初识起历经一千多年历史。滴滴醇香背后承载着厚重的历史，深藏着战争、扩张、殖民、争霸、奴隶贸易以及革命的苦涩记忆。

由于记载咖啡的原始史料较为稀少，考古界也未发现可靠实物证据，咖啡的起源被赋予了诸多无法证实的传奇色彩，我们只能在历史宴享的餐桌上寻觅些许芳踪。海伦的"忘情水"、古斯巴达的"黑肉汤"、天空之神瓦卡的"眼泪"等美誉，伴随着"牧童卡狄与跳舞的羊群""西库·奥玛尔与小鸟"等经典情节，共同塑造出人类对咖啡的最初印象。现代学术界普遍认为，咖啡可能最早在公元6世纪被发现于非洲埃塞俄比亚一个断裂开的河谷斜坡上，葱郁的高地植被是咖啡树优渥的生长环境。"咖啡"一词，即源自附近的咖法小镇。由于劝人皈依的苏菲派圣徒频繁地四处奔走，公元10世纪前后，咖啡被传至也门。伊斯兰医学家拉奇斯与阿韦森纳分别在医书上提及咖啡可做药饮。至少在14世纪，咖啡在阿拉伯半岛已经被伊斯兰教中崇尚神秘主义的苏菲信徒当作饮品，目的是让他们在极为冗长的礼拜仪式中始终保持头脑清醒，咖啡中的咖啡因也被视为神的力量源泉。到15世纪中期，伊斯兰教的宗教领袖之一、科学家盖玛勒将这一神秘饮料公之于众后，饮用咖啡的习惯得以在苏菲社群乃至阿拉伯诸多地区流行起来。

奥斯曼帝国的对外扩张对咖啡的早期大范围传播功不可没，苏丹用战争成就了咖啡最初的荣光。1453年，穆罕默德二世进攻拜占庭，君士坦丁堡陷落。1517年，苏丹谢里姆一世征服埃及，将咖啡饮用之风带回伊斯坦布尔。1536年，苏莱曼一世占领也门，控制也门出口咖啡的摩卡港。16世纪中期，奥斯曼帝国成为地

1760 年，著名的罗马希腊咖啡馆在罗马出现，欧洲诸多艺术名流经常在此聚会

跨亚、非、欧三大洲的帝国，咖啡也由此遍传整个帝国领土。通过咖啡贸易，奥斯曼帝国积累了大量财富。不过，奥斯曼帝国并非一直支持饮用咖啡，在不同时期也曾下达过一些咖啡禁令。法国年鉴学派学者布罗代尔指出，"咖啡在穆斯林地区的早期传播中，周期性地被禁止又被开禁"。就在这一禁一开之中，咖啡在帝国境内急遽散播。奥斯曼帝国凭借对咖啡输出的严苛检查和无可匹敌的军事优势，垄断了咖啡生产、销售长达 100 多年。16 世纪 30 年代，大马士革出现世界上第一家商业性咖啡馆；16 世纪 50 年代，伊斯坦布尔出现被现代咖啡控们所熟知的凯恩咖啡馆。从此，欧洲旅行者、商贾、探险家在帝国境内接触到由"黑色种子煮成的黑色糖蜜"热饮。伊斯兰咖啡馆所拥有的许多特征，日后都被欧洲基督教世界的咖啡馆所吸收、借鉴，潜移默化地改变着欧洲人的传统观念和日常生活方式。

　　15 世纪末的地理大发现将相对隔离的世界各地紧密联结，开启了具有跨时代意义的全球物种大交流，咖啡、可可、茶等得以在更广阔的地域中流转。16世纪中期起，欧洲人开始垂涎于咖啡带来的利润，但此时的其他任何国家都不具备对奥斯曼帝国的军事优势，无法获取咖啡苗来大面积种植咖啡，只能与奥斯曼帝国进行咖啡贸易。

咖啡在西方的传播，反映出西方人在东方追逐财富的过程。咖啡在16世纪下半叶成为英国放眼海洋、走向海洋、统治海洋的"黑色载体"。早在中世纪晚期的"特许贸易时代"，英国人就不失时机地开拓北海、波罗的海、地中海和远东的多条贸易线路、开辟海外市场，不断突破由西班牙、葡萄牙、荷兰等国垄断的国际贸易，海外殖民特许贸易公司利凡特更是一度包揽过与奥斯曼帝国的贸易。1579年，东印度公司通过与利凡特公司的"交情"获得关于咖啡贸易巨大潜力的情报，得知咖啡是一种潜在的能够带来丰厚利润的商品。17世纪20年代，英国积极从也门采购咖啡并在阿拉伯海、地中海一带交易，咖啡贸易成为东印度公司控制印度洋水域贸易的良好机遇。通过转运贸易，英国成为先于欧洲大陆的咖啡流行之地。

17世纪中期，咖啡由奥斯曼帝国通过两种方式被介绍到欧洲大陆：外交与战争。穆罕默德四世派遣大使索里曼·阿伽前去巴黎谒见路易十四，商量缔结联盟对抗哈布斯堡王朝。被冷落后，机智的阿伽大使用咖啡取悦来访的伯爵与公爵夫妇，很快便得知法国真正关心的是与哈布斯堡王朝保持边界稳定，无心与东方结盟。咖啡让阿伽搜集到的法国关于东方世界的情报，无疑影响到奥斯曼帝国的对外政策。1683年，"维也纳围困"成为欧洲大陆历史与咖啡历史上的拐点：加速了奥斯曼帝国的衰落，却开启了咖啡在欧洲大陆的"垦荒之旅"，咖啡伴随"战争的铁蹄"迅速扩散至哈布斯堡王朝和更多欧洲国家。

欧洲的贸易与殖民扩张，推动着咖啡种植向全世界传播。荷兰与咖啡渊源甚深。17世纪，觊觎咖啡已久的荷兰人甚至以非法方式盗取或武力抢夺也门的咖啡树苗，试图运回阿姆斯特丹种植，但咖啡树怕霜、遇冷就枯萎，一直无法在寒冷的欧洲顺利进行规模化栽培。18世纪初，荷兰人把咖啡引入荷属殖民地爪哇培植，把咖啡树配额强加给爪哇岛民，廉价使用劳动力，最先建立起殖民地咖啡种植业，巨额利益由之而来。咖啡产业在西半球的崛起更加迅猛。1730年，英国人将咖啡引进牙买加；1748年，西班牙人把咖啡带到古巴，并传播到危地马拉、秘鲁、哥斯达黎加、委内瑞拉和墨西哥；1752 年，葡萄牙人把咖啡引入巴西。为满足热带殖民地种植园需求，跨大西洋奴隶贸易异常频繁。英国依赖对海洋的控制，掌控着美洲一半的奴隶贸易。美国独立后，也迫不及待在自己的后院种植咖啡。贪婪的咖啡贸易，使残酷的奴隶制在许多殖民地作为首选方式存续下来，奴隶贸易成为咖啡贸易的基石。咖啡贸易中心由地中海、红海一代移徙至大西洋，咖啡的东方主角换成了西方主角，海洋船队代替了沙漠驼队。西方列强对外采取野蛮方式、无视他人利益的同时，对内则通过创立保险业、金融业和运输业，营造有利于资本运营的商业秩序，使咖啡经济蜕变为名副其实的、彻底的资本主义经济。

咖啡在世界历史上的传播、贸易、种植，是一部资本主义逐渐取代封建主义、资本主义逐步全球化的演进史，同时也是近代西方殖民扩张的缩影。咖啡的世界历史版图呈现出近代资本主义的起源和发展脉络，这为我们解释现代世界一系列问题的产生提供了独特的视角。

辣椒
在全球的
传播

|张 箭

———

    辣椒，又叫番椒、大椒、辣子、海椒、秦椒、辣茄等。作为印第安人第一批栽培的自授粉的农作物之一，前哥伦布时代辣椒普遍种植于墨西哥、中美洲和部分南美洲地区。其中，秘鲁是辣椒栽培品种最丰富的地区；玻利维亚则是野生品种最多的地区，那里的印第安人把它们划分为小圆果型和长条果型两大类。在距今 7200 年至 5400 年，墨西哥、危地马拉、哥斯达黎加、洪都拉斯、巴拿马地区的印第安人已开始驯化、家养、栽培辣椒。玛雅人和阿兹特克人以辣椒为家常菜肴和重要的调味品，并培育出一些食用品种。西方语言中表示辣椒的 Chili 一词，就源于印第安人纳华托尔语（即阿兹特克语）的辣椒。印第安人特别是阿兹特克人，是万物有灵论或泛神论者，他们把祭拜的辣椒女神称为考肖洛特尔或钱提科。

    哥伦布第一次航渡美洲，在海地岛就发现并记载了辣椒。他称其为胡椒，因为它味道辛辣、刺激。他在 1493 年 1 月 15 日星期二的日记中写道："还有一种果实为辛辣品食物的作物，比我们西班牙的胡椒好，产量很大，在伊斯帕尼奥拉（今海地）岛每年所产可装满 50 大船。他们每顿饭都必须有它，否则便吃不下去。据说它还有益于健康。"西班牙编年史家萨哈贡在其 16 世纪中下叶成书的《新西班牙通史》中，根据印第安人的资料和自己的观察，对辣椒做了较多的介绍，并说印第安人一日三餐都要吃辣椒。

    1493 年，哥伦布返航并将辣椒带回西班牙，很快辣椒又传入其邻国葡萄牙。随着达·伽马开辟欧印新航路的成功，16 世纪初，葡萄牙人把辣椒先后传入西非海岸和东非海岸，紧接着又通过来往于里斯本和果阿之间的葡萄牙商船传入印度西部的马拉巴尔海岸。美洲辣椒很受亚非热带和亚热带地区人们的欢迎。哥伦布首航后不到50年，美洲辣椒已在印度马拉巴尔海岸广泛传播并开始出口。印度是辣椒扩散的大型中转站。从这里，辣椒沿着古代的丝绸之路传入中东，又沿着传统的海上丝绸之路于17世纪传入季风带南亚和东南亚地区，传播者包括印度人、阿拉伯人、马来人、爪哇人等。而鸟类则帮助人类把辣椒传入印度洋、南洋（东南亚）和太平洋上各小岛及内地。到18世纪，辣椒通过印度传到不丹。

在欧洲，辣椒通过各种路线和渠道，大约于1535年传入意大利，至迟于1538年传到英国，1542年传入德国。德国植物学家福克斯在其大部头著作《植物志》中对辣椒做了进一步的介绍，并首次画下了辣椒的植株果实彩色图，画得栩栩如生。有研究者评论道："十分稀奇古怪的是，辣椒种子首先被带到东印度，从那里该作物回传到欧洲。福克斯（因此）称它为卡利库特辣椒。"辣椒在1569年之前传到巴尔干半岛，1585年传到摩拉维亚（今捷克）。不过除了在巴尔干半岛和地跨欧亚的土耳其，不管是作为调味品还是蔬菜菜肴，欧洲人都不甚喜欢食用辣椒，主要将其作为庭院和盆景作物栽培，用于观赏和点缀。到18世纪中叶以后，部分品种的辣椒在培育过程中，辣度不断降低，至此才逐渐为欧洲人所接受。此时的欧洲人多认为辣椒起源于印度，是从东方传来的。19世纪中叶，瑞士植物学家阿·德·康多尔出版了《植物地理学》，书中用大量证据证明了辣椒起源于美洲，欧洲人关于辣椒的来源地观念才有所转变。康多尔在1885年出版的《栽培作物的起源》中，进一步梳理、探讨和阐述了红辣椒、一年生辣椒、灌木丛辣椒的起源、发展、传播和特性。他指出，法国人经常因其以为的原产地而称辣椒为几内亚辣椒或印度辣椒。

西班牙人把辣椒传入旧大陆之后，在美洲开始殖民活动。16世纪下半叶以降至16世纪末，他们在北美建立了圣奥古斯丁、佛罗里达、圣塔菲、新墨西哥几个要塞据点和流放地。这些地区在其他欧洲人开始殖民北美东海岸之前就开始了美洲的加勒比—佛罗里达、墨西哥—北美之间的各种交流和作物交换，于是辣椒传入北美。有趣的是，到了17世纪，英国殖民者又把辣椒从英国本土传入北美东海岸的英属殖民地。

在东亚，1542年，葡萄牙人首次航达日本，便把辣椒传入日本西南部九州岛上的丰后国。1552年，葡萄牙传教士又向丰后国大名大友义镇献上辣椒种子。当时的日本人称辣椒为"南蛮胡椒"或"番椒"。1592年的《多闻院日记》记载了辣椒的性状、特点，此后日本文献对辣椒的记载渐多。16 世纪末 17 世纪初，辣椒再次输入日本。几乎同时，辣椒也在朝鲜半岛传播开来。

约在明代万历年间，辣椒传入中国。传入的途径一是经陆上丝绸之路，然后在甘、陕等地栽培；二是经海路，然后在两广栽培，再传入云南。中国关于辣椒的记载始见于明代高濂的著作。他的《草花谱》（约 1590 年成书）有"番椒，丛生，白花，（果）子俨秃头笔，味辣，色红，甚可观，子种"等语。清初陈淏子所著的《花镜》（1688 年成书）对辣椒记述翔实："番椒……丛生白花，深秋结子，俨如秃笔头倒垂，初绿后朱红，悬挂可观，其味最辣。人多采用，研极细，冬月以代胡椒。"上述原始文献说明，辣椒刚引进时主要供观赏用，后来又由花作蔬，继而由菜兼当调料。在此之前，中国的辛辣调味品主要是生姜、胡椒、花椒等。辣椒传入后，逐渐担当起辛辣味的"主角"，并和原有的辛辣品互补而相得益彰。"辣椒"一词，最早见于乾隆二十九年（1764 年）王锦所修的《柳州府志》。该志谈到，今广西壮族自治区柳州地区的壮汉人民当时在日常生活中已经常吃辣椒，认为吃辣可以消水气，解瘴毒。到 19 世纪上半叶，辣椒在中国的栽培和食用已经相当普及，在一些地方甚至成为"国蔬要品，每顿不离"。

综上，辣椒起源于美洲，欧洲人"发现"并将辣椒传播到非洲、亚洲等地区，印度人、阿拉伯人、马来人等也参与了辣椒的传播。辣椒在全球范围内的传播，也是不同国家和地区人们交流、交往的历史。在我国，辣椒不仅是国人的日常蔬菜，更重要的是影响了国人的口味，推动了川菜、湘菜等著名菜系的形成。中国今天已是世界上最大的辣椒生产国、消费国和出口国，是名副其实的辣椒王国。

茶叶
的
全球传播

|周莉萍

原产于中国的茶叶，漂洋过海后，演变为日本的抹茶、英国的红茶，并且重新进入中国。在当今中国的街头巷尾，随处可见抹茶糕点、抹茶饮料、英式红茶等饮料及食品。面对着琳琅满目的茶叶制品，我们可以深切地体会到一个道理：文化只有经过交流，才会更加丰富多彩。

茶叶与日本国粹

中国是茶叶的故乡，茶文化源远流长。到了唐朝，饮茶之风已经兴起，茶叶成为生活日用品。在此基础上，唐代名士陆羽写出了世界历史上第一部专门研究茶叶的著作《茶经》。随着海上丝绸之路的发展，茶叶作为中国文化的代表传播到世界各地，并对其他国家产生了重大影响。

日本原先既无茶树，也无饮茶的习惯。唐代，日本掀起了学习中国文化的高潮，大批日本使节、僧侣扬帆渡海，前来中国学习文化，并把中国文化带回到日本。在这样的背景下，饮茶的方法和茶树的种子也就传到了日本。崇尚唐朝文化的嵯峨天皇（810年—824年，年号弘仁）就非常喜好饮茶，他不仅下令种植茶树，而且还像唐朝士人那样品茶作诗，抒发雅兴，留下了"吟诗不厌捣香茗，乘兴偏宜听雅弹"的诗句。当时日本人饮茶的方式，也与陆羽在《茶经》中所介绍的一样，即先将茶叶加工成茶饼进行保存，喝茶时将茶饼碾成粉末，放入沸水中烹煮，而且往往要加入盐等调味品。所以诗中有"捣香茗"之句。在嵯峨天皇的大力推动下，日本贵族中出现了模仿中国人品茶的风潮，后人称其为"弘仁茶风"。

但弘仁茶风仅在上流社会中盛行，而没有扎根到社会底层，所以嵯峨天皇去世后，饮茶之风就在日本急剧衰退了。300多年后，一个名叫荣西的日本僧人来到宋朝统治下的中国。此时的中国，不仅饮茶之风已经广泛普及，而且饮茶的方式也发生了一些变化。例如，不再将茶叶放在水中直接烹煮，而是采用"点茶"的方法，即先把茶叶末放于茶碗中，然后注入沸水，再用茶匙搅拌。此外，社会上还流行品评茶叶质量及烹茶技艺的娱乐活动，称为"斗茶"。在这样的背景下，荣西于1168年、1187年两次渡海入华，到过明州（今浙江宁波）、杭州、天台山等地。荣西离开中国时，将中国的茶种带回日本，种植在好几个地方。荣西晚年还用汉文写了《吃茶养生记》一书，其中许多内容引自宋朝的《太平御览》。《吃茶养生记》是日本历史上第一部关于茶叶的专著，荣西在书中将茶叶称为"养生之仙药""延龄之妙术"，并且介绍了宋朝的蒸青抹茶制作方法和饮茶方法。许多学者认为，现代日本茶道中所用的抹茶，最初就是由荣西从中国引入的。在荣西等人的大力推动下，饮茶之风在日本的僧人及贵族中再度兴起，并且不断向社会下层扩散。

中国的茶、饮茶方式、斗茶风气、茶具等传入日本后，逐渐与日本本土文化相结合，到了16世纪，形成了日本独特的茶文化——茶道。茶道追求"和、敬、清、寂"的精神境界，数百年来持续发展，已经成为日本文化的一个象征。不过，日本茶道实际上是中日文化交流的结晶，如果没有中国茶树及茶文化的引入，茶道这个日本的国粹也就无从谈起了。

茶叶与英国习俗

欧洲人是在16世纪开始获知茶叶的，但最初向欧洲介绍茶叶的并不是那些初到中国沿海的葡萄牙人，而是一位名叫拉木学的意大利学者，尽管他本人并没有见过茶叶。拉木学在1559年出版的一部书中写道，根据一个波斯人的说法，中国出产一种被称为茶的植物，用水烹煮，可治多种疾病。而最早将茶叶输入欧洲的则是荷兰人，时间大约在1610年。茶叶引入荷兰后，饮茶之风随之而起。荷兰是欧洲最早开始出现饮茶之风的国家。到了17世纪中期，饮茶在荷兰已经比较流行了。

16世纪末17世纪初，英国人通过翻译其他欧洲人的著作开始认识茶叶。1615年，英国东印度公司派驻日本的一位职员，写信给澳门的一位同事，请他代购"一罐上等好茶"。这可能是最早提到茶叶的英国人。17世纪中期，茶叶已通过各种途径输入英国。1657年，英国伦敦的一家咖啡店打出这样的招牌：在英国，由于茶叶"非常稀罕，十分珍贵，每磅售价高达6~10英镑，所以一直以来都被视为高贵奢华的象征，只有王公贵族才能享用"；"从现在起，本店首次向公众出售茶叶及茶叶饮品"，"价格仅为每磅16~50先令"。这块招牌还说，中国茶叶"有益健康，老少咸宜"，并且列出了茶叶的10多项功效，包括提神明目、健肝养胃、益肾利尿、增强记忆、促进消化、治疗头痛、预防疟疾，等等。由此可见，茶叶在当时主要被视作药物。正因为如此，伦敦的一家咖啡馆于1658年9月30日在报纸上刊登广告时，强调茶叶是"所有医生推崇的美妙饮料"。这也是英国历史上第一则登在报纸上的茶叶广告。

正当饮茶之风在英国盛行起来的时候，1662年，葡萄牙公主凯瑟琳嫁给了英国国王查理二世。凯瑟琳是英国第一位喜好饮茶的王后，她使饮茶成为宫廷生活的一部分。也正因为如此，英国东印度公司于1664年特地精选了一批茶叶进献给英国国王。在凯瑟琳的倡导下，英国女子也以饮茶为时尚。这样，饮茶之风以更快的速度风靡英国。

在英国，茶叶最初是在咖啡店中出售的。1717年，第一家专门的茶馆在伦敦诞生，名为"金色里昂"。与兼售茶叶的咖啡馆不同的是，"金色里昂"同时招待男女客人。一位作家曾这样写道：这家茶馆"淑女云集，细细品尝小杯中的美妙饮料"。此后，类似的茶馆纷纷出现，吸引了更多的男女。1722年，一个英国人赞誉说："在我国引入的所有食品或药品中，茶叶是最佳、最令人愉悦、最安全的植物。"

18世纪前期，茶叶已由奢侈品转变为大众饮品，进入了寻常百姓之家。饮茶成了英国人的日常习惯，英国因此而成为"饮茶王国"。19世纪中期，饮用下午茶的风尚在英国蔓延，最终发展成英国人生活习俗与文化传统的组成部分。不过，由于自然及文化的原因，英国人更偏爱经过发酵的红茶。他们还喜欢在茶中添加糖和牛奶，从而调制出别具英伦风味的茶饮。

茶叶与美国革命

哥伦布发现美洲后，西班牙人、法国人、荷兰人等纷纷横渡大西洋，踏上北美洲，建立起殖民地。英国人是从 17 世纪开始大规模移居北美洲的。到了 18 世纪前半期，形成了 13 个英属殖民地。来自英国的移民，不仅带来了母国的饮茶习惯，而且开始经营茶叶贸易。由于茶叶逐渐成为北美殖民地居民的日用消费品，英国政府因此而将茶叶视为重要的税源。1767 年，英国议会通过《汤姆逊税法》，决定在北美各港口对众多从外国进口的货物进行征税，其中包括茶叶。该税法引起了北美殖民地居民的激烈反抗。1770 年，英国议会被迫废除《汤姆逊税法》，但保留对进口茶叶征税。结果导致茶叶走私的猖獗，大量茶叶从荷兰被偷运到北美殖民地。

18 世纪，英国东印度公司垄断了中英之间的茶叶贸易。东印度公司先将茶叶从中国运到英国，然后由英国或北美的中间商转运到北美殖民地，并向政府交纳高额税收。而在全球茶叶贸易的竞争中，英国东印度公司的劲敌是荷兰人。1772 年，英国东印度公司面临着严重的财务危机，库存的茶叶大量积压。为了挽救东印度公司，英国议会于 1773 年通过了《茶叶法》，允许东印度公司不通过中间商，直接向北美销售茶叶，并对每磅茶叶仅征收 3 便士的进口税。《茶叶法》出台的目的是要降低茶叶在北美市场的销售价格，从而击败来自荷兰的茶叶。按理说，《茶叶法》可以使北美殖民地人民享受到更加便宜的茶叶。但北美殖民地人民却担心，英国东印度公司以垄断茶叶销售为开端，进而逐步垄断其他商品在北美的销售；更加重要的是，英国议会通过诱使殖民地人民接受《茶叶法》，进而接受英国议会对殖民地的立法权和征税权。

这样，《茶叶法》引起了北美殖民地人民的强烈不满。纽约、费城等地民众建立起"自由之子社"之类的组织，以抵制从英国进口的茶叶。这些组织还宣布：任何参与或协助运输、销售东印度公司茶叶的人都是"自由的敌人"。波士顿等地的妇女则宣誓，坚决拒绝饮用茶叶。各地严禁茶叶，即使是想购买一点用作药物，也需要得到"自由之子社"的批准。根据保存下来的一份档案，一位妇女"由于年迈体弱"而获准"购买 1 磅武夷茶"。当时纽约的一个商人甚至写道："人们宁愿购买毒药，也不愿购买茶叶。"无辜的中国茶叶，简直成了英国政府的替罪羊。

1773 年 12 月 16 日夜，一群波士顿居民化装成印第安人，登上三艘英国东印度公司的船只，将船上所载茶叶全部倾入海中，使波士顿港成了"茶海"。这就是著名的"波士顿倾茶事件"。其他城市的民众纷纷仿效波士顿的做法，或拒绝东印度公司的运茶船上岸，或焚毁船上的茶叶，从而将反英斗争推向新的高潮。

波士顿倾茶事件，点燃了美国独立战争的导火线。1775 年，美国独立战争爆发。1776 年，《独立宣言》发表，美国宣布脱离英国独立。1783 年，英国承认美国独立。这样，在太平洋的东海岸，出现了一个全新的资产阶级共和国，而来自太平洋西海岸的茶叶在其中起了独特的作用。

西洋参
在中国的
传播

|田 力

西洋参原产自北美大陆，与中国所产的人参同科同属不同种，性状和化学成分相近，都是珍贵的药材。在哥伦布 1492 年发现美洲之前，北美印第安人早已利用西洋参来治疗头痛、痉挛、发烧、咳嗽以及不孕等病症。不过，欧洲人在到达美洲之后的 200 多年时间里，一直不了解西洋参。欧洲人是通过中国的人参进而发现西洋参的。

中国人服用人参的历史非常悠久，而且对其倍加推崇。据成书于东汉的《神农本草经》记载，人参是"久服轻身延年"的上品"君"药。明代李时珍的《本草纲目》认为，人参"能治男女一切虚症"。明末清初，众多欧洲传教士来到中国之后，开始了解人参，并将相关知识传回欧洲。葡萄牙人曾德昭在 1642 年用西班牙文首次出版了《大中国志》，书中写道，人参是产于辽东的一种"极珍贵的树根"，"健康人服用，可以增加力量和精力，如病人服用，则有奇效，得到滋补"。之后，波兰人卜弥格、意大利人卫匡国等来华传教士在各自的著作中也都介绍过人参。1696 年，法国传教士李明在巴黎出版的《中国近事报道》中，比较详细地描述了人参的形状、味道、药效等。不过，这些传教士并没有见过真正的人参。

1709 年，法国来华传教士杜德美奉康熙皇帝之命，到东北进行地图测绘。在此过程中，杜德美亲眼见到了鲜人参。杜德美在 1711 年 4 月 12 日写回欧洲的一封信中，不仅介绍了人参的各种特征，而且还附上了人参的细节插图。更加重要的是，他在信中指出，在中国，人参产地大致位于北纬 39 度与北纬 47 度之间的高山密林之中，据此推测，在北美加拿大的相似地带，可能也生长着人参。当时正在加拿大魁北克传教的法国耶稣会士拉斐特了解到杜德美的这些观点后，在当地印第安人的帮助下，于 1716 年在蒙特利尔附近果然找到了人参。北美洲的人参与中国人参并非同种，因此，被命名为"美洲人参"（American Ginseng）。1718 年，拉斐特在巴黎发表文章，宣布北美洲也有人参。拉斐特还认为，北美印第安人把美洲人参称为"嘎兰特区恩"（garantoquen），意为"人的形象"，这与中文里所说的"人参"在意义上相同，所以，北美大陆与亚洲大陆原来是连在一起的，否则，中国人和北美印第安人对于人参的称呼不会如此相近。

欧洲人虽然在北美洲找到了人参，但由于西方根本没有重视人参的传统，所以，人参在西方并不被视为"灵丹妙药"，更难以找到市场。相反，当时的中国市场正急需人参。清朝建立后，为了增加财政收入，清廷实行人参专卖制度，严禁私自采挖。与此同时，由于长期的消耗，中国的人参资源也越来越稀缺。结果，在中国市场上，人参供不应求，价格不断上升。在此背景下，法国人率先将美洲人参运到中国销售。1720 年，一艘法国商船满载着美洲人参来到广州，很快销售一空，获利甚厚，这大大刺激了欧洲人在北美开采人参的热情。1747—1752 年，从法国拉罗谢尔港转运至中国的美洲人参增长了 25 倍。英国人紧随其后，在北美洲掀起了采挖人参的热潮，然后转运到伦敦，最终输送至中国广州。

美洲人参传入中国后，很快在医学界广泛使用。中国人并不知道其真实的产地，只是模糊地知道它产自海外，所以称其为"洋参"。雍正年间颁行的《常税则例》规定：人参每斤三钱，洋参每斤一钱五分。至乾隆时期，又出现了"西洋参"之名称。成书于 1757 年的《本草从新》写道，西洋参"出大西洋佛兰西，形似辽东糙人参，煎之不香，其气甚薄"。此处的"佛兰西"即指法国。当时将西洋参贩运到中国的主要是法国人，所以中国人就误以为西洋参产自法国。医家们还根据中医理论，对西洋参的性味、归经、功能和主治进行了研究。清人赵学敏在 1765 年完成的《本草纲目拾遗》中，就专门列有"西洋参药性考"一节，认为西洋参"味类人参，惟性寒"，"虚而有火者相宜"。这样，药性偏凉的西洋参，刚好可以与"提气助火"的中国人参相互补充。这种观点一直流传至今。

1775 年，美国独立战争爆发。1783 年，英国正式承认美国独立。新生的美国经济困难，所以寄望于发展海外贸易来解决危机。而中国不仅盛产美国人所需要的茶叶、瓷器等商品，还可以为美国所产西洋参提供广阔的市场。因此，美国独立初期积极发展对华贸易，而西洋参便是美国输入中国的主要商品。1783 年 12 月，波士顿商人派出"哈利提号"商船运载西洋参等商品前往中国，途经好望角时，被英国人获悉。英国人为阻止美国参与对华贸易，提出以中国茶叶高价换取船上的西洋参。"哈利提号"船长贪图利益，答应了英国人的条件，并从好望角返回美国。1784年2月22日，美国商船"中国皇后号"满载西洋参、毛皮等特产从纽约起航，逾半年抵达广州，同年12月27日返航。这是美国建国后第一艘来华商船，标志着中美贸易的开端。运来的货物售得白银136454两，其中473担西洋参独占80410两。从此，西洋参就成了美国对华贸易的主要商品。中国人根据美国国旗的图案而将美国称为"花旗国"，所以，西洋参又被称为"花旗参"。

进入19世纪，西洋参在美国对华贸易中的地位愈发显著。从1804年至1829年，美国输入中国的西洋参共计43602担。1843年在中美《望厦条约》谈判时，美方甚至特别要求减少西洋参的进口税，足见其在两国贸易中的地位。从1858年至1893年，美国向中国出口的西洋参超过了1860万磅。不过，由于高额利润所导致的毁灭性采挖，美国西洋参资源逐渐枯竭。19世纪末，美国人成功实现了西洋参的人工栽培，威斯康星州则逐渐成为美国西洋参栽培的中心，该州法定的"州草"便是西洋参。2017年，威斯康星州生产西洋参超过100万磅，占全美西洋参产量的98%、全球供应量的10%。直至今日，西洋参依然是美国对华的一项重要出口商品。

跨撒哈拉商路上的文明交流

的

文明交流

｜潘华琼

————

　　撒哈拉是阿拉伯语的"沙漠"，它东起红海，西至大西洋，北达地中海附近，南抵萨赫勒——阿拉伯语的"海岸"，面积 900 多万平方公里，气候干燥，年降水量不足 100 毫米，以致居民极少。

　　跨撒哈拉商路是指连结沙漠的南北两端、即北非马格里布地区与西非萨赫勒地区的贸易通道，为世界历史上最著名的十大商路之一。

　　当位居十大商路之首的丝绸之路在 14 世纪因"黑死病"的暴发而终止时，跨撒哈拉商路却迎来了其黄金时期。见证之一是伊本白图泰留下的游记，他在 1351—1353 年经跨撒哈拉商路遍访了马里帝国（约 12—16 世纪中叶）的首都尼亚尼和其他重要城市，是最早记录该帝国历史的作者。见证之二是 1375 年出版的地图，由加泰罗尼亚的制图学家、犹太人俄伯拉阿姆·克雷思克斯（1325—1387 年）绘制，第 6 页上有马里国王左手持金杖、右手持金块、头戴金冠、坐在金凳子上，面朝正骑着骆驼到来的人。作者在旁边留注："这个黑人领主叫穆萨·马里，是马里黑人的君主。在他的国家发现的金子是如此丰富，以至于他是全世界最富贵的国王。"

　　虽然上述绘图与游记不完全一致，但马里的富庶引来不少掠夺者或探险家的注意，如葡萄牙人 1415 年占领休达，后来还南下航行，1591 年摩洛哥的朱达尔帕夏远征廷巴克图，都有探索黄金产地并攫取黄金的目的。

跨撒哈拉商路的由来与发展

　　自新石器时代起，古代西非与北非就有贸易往来，有撒哈拉岩画中轻便马车的轨迹为证，也有迦太基帝国的"哑市贸易"和古典作家的著述为证。但真正有规律又有规模的贸易活动离不开沙漠行舟——骆驼，"骆驼每天48公里的长途旅行能力和240公斤的运载重量……50年的实际寿命也超过了驴（30～40年）和马（25～30年）"。

这种交通工具的革命，罗马非洲早在公元1世纪就出现了，但传到撒哈拉腹地经历了一个缓慢的过程。阿拉伯人从7世纪中叶起将骆驼广泛用于贸易并从中获利。自8世纪起，大规模繁殖骆驼的成功，使摩洛哥南部的德拉河流域成为盛产骆驼的基地，这为大型骆驼商队穿越撒哈拉提供了必要的物质条件。

中世纪的跨撒哈拉商路主要分东、西两支：西线主要是连接加纳首都昆比萨利赫与摩洛哥的西吉勒马萨。这条商路上有重要的盐场伊吉勒，先由西非的索宁克人、后由柏柏尔人的一支桑哈贾人控制。两者分别创建了加纳帝国（7—13世纪）和阿尔摩拉维德王朝（1049—1145年，阿拉伯语称穆拉比特王朝），但由于后者攻占加纳首都之后向北发展直至伊比利亚半岛而使西线衰落。东线是从加奥出发，经塔德迈卡和塔加扎，然后穿越撒哈拉，到达地中海国家。塔加扎不仅是撒哈拉商路的十字路口，而且是重要的盐场。

随着14世纪马里帝国和15世纪桑海帝国（15—17世纪）对塔加扎盐场及其商路的控制而崛起，跨撒哈拉地区又发展了四条主干道，包括中路一连结的黎波里和卡奈姆－博尔努王国；中路二自突尼斯城到马里的加奥或尼日利亚的卡诺及其他豪萨诸城；西路一自阿尔及利亚的特莱姆森、经塔加扎或陶德尼（离塔加扎盐场150公里，16世纪取代了塔加扎）产盐区、到廷巴克图和杰内；西路二从摩洛哥的非斯出发到尼亚尼，后者控制着西非的黄金产区。

此外，这些商路通常也是穆斯林的朝圣之路，远至麦加、近至当地的圣人居所，由此形成四通八达的运输网。不过，由于气候的影响和人口的流动，这些商路经常处于变动中。至于究竟有多少条商路，至今没有精确的定论，也没有相同的历史地图。这既反映了人们掌握非洲史料的难度，也反映了跨撒哈拉商路的不确定性。

跨撒哈拉商路上的文明交流

跨撒哈拉商路上的文明交流，除了上述的交通工具革命之外，还包括阿拉伯人、柏柏尔人和撒哈拉以南非洲人之间进行的物质交换和思想文化的交流。

首先从物质交换来看，经由跨撒哈拉商路，西非输出黄金、纺织品、红椒、象牙、乌木、皮张、鸵鸟羽毛、可乐果及其他农产品，还有奴隶；西非输入的商品有盐、武器、铜、贝壳、织品、珠子和其他饰品，还有少量奢侈品。在这些商品中，中世纪占主导地位的是黄金和盐。黄金产地是班布克（今塞内加尔和马里接壤处）、布雷（今加纳）和洛比（今布基纳法索西南部）矿区，主要盐场是伊吉勒、塔加扎、陶德尼和比尔马等。奴隶贸易也是很常见的，如摩尔人用 10 至 18 个黑人奴隶可换取一匹马。

其次，在跨撒哈拉商路上，不同文化背景的人相遇、交流与融合。早期是迦太基人和罗马人先后来到北非，他们没有穿越撒哈拉到达萨赫勒地区，但他们的统治曾迫使当地的一部分柏柏尔人部落南迁并与居住在撒哈拉沙漠的当地人混居。阿拉伯人征服北非之后，虽然没有强迫当地人改宗，但制定的政治经济政策导致绝大多数柏柏尔人皈依了伊斯兰教并接受阿拉伯语言和文化。这些阿拉伯－伊斯兰化的柏柏尔人在向南开辟商路的同时传播了伊斯兰教，尤其是伊巴德派穆斯林（又称伊巴德人）。在萨赫勒地区，最早与伊巴德人进行贸易往来的索宁克商人——万家拉人也皈依了伊斯兰教。伊巴德人和万家拉人对跨撒哈拉商路的伊斯兰化起到了传播的作用。

再次，跨撒哈拉商路上的城市和国家是文明交流的成果。图阿雷格人创建了廷巴克图和阿加德兹两座古城，索宁克人创建了瓦拉塔古城，桑海人创建了加奥和杰内古城等。这些城镇以水源为中心，通常是由商队临时设立的集市或商栈发展为相对固定的聚居地，进而成为跨撒哈拉商路上的重要节点。为了有效控制跨撒哈拉贸易的资源和利润，国家政权应运而生，如加纳、马里、桑海和卡奈姆－博尔努等。这些国家因共同的信仰而彼此建立了联系，如马里帝国与摩洛哥的马林王朝（1213—1554 年）互派使节等。

最后，在跨撒哈拉商路上的城镇或清真寺还留下许多阿拉伯文和阿贾米文手稿，内容以《古兰经》抄本为主，但也包括其他如天文、数学、医学（药方）、法律、诗歌、日常生活等记录。仅廷巴克图一城就多达 20 余万卷，由国立的艾哈迈德·巴巴高等教育与伊斯兰研究院和近二十家私人手稿图书馆收藏。这些手稿反映了北非和安达卢西亚与西非地区的学术交流，从而见证了跨撒哈拉商路也是重要的文化和知识交流之路。

跨撒哈拉商路的历史作用和启示

跨撒哈拉商路不仅是连结沙漠南北的纽带，而且是多元文化的汇聚地，在历史上起到了经济交流、文化传播、推动城市和国家兴起的作用。

在经济上，跨撒哈拉商路是游牧民（牧业）-农耕民（农业）-城市居民（商业）互通有无的结果。在伊斯兰世界，"贸易被看成是为他人服务的，且不乏宗教价值，所以是值得称赞的一种追求"。随着贸易的发展出现了社会分工，越来越多的男人去从事远程贸易，而女子留在了农田，成为农业的主要劳动力和农村集市的主力，这也是今天撒哈拉以南非洲一个重要的经济特征。

在文化上，穆斯林把贸易与朝觐结合在一起，使跨撒哈拉商路成为传播伊斯兰文化的通道。随着苏丹地区转变成伊斯兰地区，非洲传统的社会结构发生了一些变化：一是出现了马拉布特阶层，即专门讲授《古兰经》及传播伊斯兰教的人；二是父系继承制逐步取代了原来的母系继承制。

在城市和国家兴起中，跨撒哈拉商路是产生沿线城镇的必要前提，也是连接这些城镇的重要渠道。城镇是文明交流的产物，也是国家政治、经济和文化的中心。

由于沙漠化的加剧、政权衰落和近代世界商业网的变迁，中世纪一度繁荣的跨撒哈拉商路如今已沦为"非法"移民和走私货物的通道，而且是滋生极端宗教势力的温床。

回望跨撒哈拉商路的历史发展，带给我们一些当代的启示和思考：其一，只有当商路两端的政治王国同步强大时，才能保障跨撒哈拉商路的安全与发展。其二，跨撒哈拉商路发展需要不断开发人力资源（包括商人、朝觐者、向导等）和物力资源（如黄金、盐和热带物产等），人们应针对这种新的要求积极做出调整和回应。其三，跨撒哈拉商路上多元文化（柏柏尔人、阿拉伯人、欧洲人等）交流互鉴的成果，即从集市发展到城镇、从无文字到有文字、从族群部落发展到规模较大且制度完善的国家等，也是文明发展进步的表现。

棉花
的
全球传播

棉花在中国的传播和种植

　　古今中外，人们驯化栽培的棉花一般有四个品种：亚洲树棉、非洲草棉、中美洲陆地棉和南美洲海岛棉。根据史料记载，较早进行栽培并向外传播扩散的是亚洲棉。1929 年，考古学家在今天巴基斯坦的摩亨佐·达罗地区发现了公元前 3250 年至公元前 2750 年间的三件棉织品残片，是目前考古发现最早的棉纺织物。公元前 6 世纪，印度棉纺织品被销往红海和波斯湾沿岸的港口，希腊商人再将这些棉纺织品从埃及和波斯贩运至欧洲，罗马商人后来也参与其中，使得棉纺织品成为一种令社会上层垂涎的物品。

　　亚洲棉传入中国，是棉全球传播史上的重大事件。根据文献与新近出土的资料，可以大致确定木本多年生亚洲棉传入中国的历史。在公元前 2 世纪或更早时期，棉花及棉织品开始传入中国。公元前 3 世纪《尚书·禹贡》中"扬州"一段写道"岛夷卉服，厥篚织贝"，"卉服""织贝"很有可能为棉纺织品。"吉贝""古贝""劫贝"等多为我国古书对棉花的称呼，直至今天南方一些农村地区仍将棉花称为"吉贝"。而据《后汉书·南蛮西南夷传》所载："武帝末珠崖（今天海南岛）太守会稽孙幸，调广幅布献之。"其他史料也表明，西汉时期海南岛居民已经开始种棉织布。关于棉花的传播路线，有学者推断亚洲棉最早自印度经陆路传入中国西南地区。不过棉花传入中国后并没有大范围普及，仅在西南边疆和东南沿海省份种植。

　　宋末元初，松江人黄道婆从黎族人那里学习了纺织技术。技术的传授、工具的革新，使得元代棉花种植在江南地区快速推广。元代时期，国家空前统一，疆域广阔，政府重视农桑，棉花种植也完成了由珠江流域到长江流域再到黄河流域的空间分布。值得注意的是，元朝政府设置了木绵提举司，征收棉花、棉布作为夏税。这是中央政府第一次设立专门机构管理棉花，是我国最早大规模征收棉赋的开始。据《元史·世祖本纪》记载，至元二十六年（1289 年），元朝统治者"置浙东、江东、江西、湖广、福建木绵提举司，责民岁输木绵十万匹，以都提举司总之"，这说明在元朝时，棉业已经覆盖了长江流域及华南的广大地区。这里需要说明的是，南宋书籍中最早出现"棉"字，意指木绵。至元明时期，"绵"与"棉"多通用。到清代，棉或棉花最终成为习惯用语。关于棉花种植情况，元以来的诸多农史文献，如《农桑辑要》《王祯农书》《农政全书》等皆有详细记载，明朝宋应星的《天工开物》记载棉花种植"寸土皆有"。

晚清时期尤其是到 20 世纪以后，亚洲树棉和非洲草棉（公元 2 世纪沿陆上丝绸之路自印度传入，来到新疆、陕甘地区，传播仅限西北地区）因绒长度偏短逐渐被市场淘汰，美洲陆地棉和南美洲海岛棉则因绒长质优取而代之。美洲陆地棉自 1865 年被引入我国后，经过数次改良，已经成为我国目前最主要的棉种。其中新疆棉区不仅是我国最主要的产棉区，而且是世界上顶级优质产棉区。高度机械化、智能化、规模化、产业化和环保化的新疆棉花对世界棉花产业链的稳定与发展意义重大。中国与印度、美国并称世界三大棉花生产国，中国也是世界上最大的棉花消费国。

欧洲社会对棉花的认知与引入

当棉和棉织品在南亚和阿拉伯世界被广泛种植和传播之时，欧洲社会对棉的了解依旧处于想象阶段。公元前 5 世纪古希腊历史学家希罗多德说，印度有一种奇怪的树，可以长出羊毛。在罗马人的世界里，棉似乎是一种离奇的材料，不仅仅因为它天然柔软而轻薄，而且因为长出棉的树木颇为古怪。甚至在欧洲，有人把棉花想象成在世界的某个地方，存在一种不需要吃草就能长出羊毛的羊，有人把这种"植物绵羊"称为"菜羊"，"菜羊"是植物和动物的混合体。

棉花最初传入欧洲是伊斯兰教在伊比利亚半岛扩张的结果。到公元 950 年，一些受伊斯兰教影响的城市如塞维利亚、科尔多瓦、格拉纳达、巴塞罗那等有了棉纺织业。11—13世纪延续200余年的十字军东征运动，使得欧洲人深入阿拉伯世界的棉花生长带。欧洲最早的非伊斯兰的棉花产业中心出现在意大利北部城市，如米兰、博洛尼亚、威尼斯等。其中，威尼斯是欧洲第一个棉花集散中心，长期以来支配着地中海世界的棉花贸易。这一时期，意大利的棉花产业不仅可以十分便利地获取来自印度和阿拉伯世界的优质原棉，而且也有机会接触到亚洲高超的纺织技艺和先进的纺织工具。

地理大发现开启了不同物种在全球的交流。来自墨西哥南部高地的陆地棉（高原棉），因欧洲殖民者的到来开始了自新大陆到旧大陆的传播历程。美洲原住民不仅向世界贡献了重要的粮食作物马铃薯、玉米、番薯等，而且还为人类贡献了舒适保暖的棉织物。哥伦布在航海日记中曾这样记载，当他们到达巴哈马群岛的一个地方时，当地人穿着棉织品，染着各种颜色的棉线被织出漂亮的花纹和图案，而且他们"把棉线团赠送给我们做礼品"。这是欧洲人最早对美洲棉的明确记载。在大航海时代之后的几百年中，美洲陆地棉以其绒长优势迅速在世界各地得到栽培和种植。

新航路的开辟和海上丝绸之路的繁盛，为亚洲棉的进一步对外传播提供了便利条件。欧亚贸易成为仅次于大西洋贸易的重要商贸路线，充满异域风情的亚洲物产如香料、咖啡、印度棉布、中国丝绸、茶叶和瓷器等被源源不断地输往欧洲，深受欧洲社会各阶层喜爱。17世纪末，印度出口到欧洲的棉布，引发欧洲社会的"棉布热"。整个18世纪，在阿拉伯世界和欧洲，印度一直都是主要的棉纺织品供应地。

18世纪60年代工业革命在英国兴起，棉纺织业技术发生了明显变革，资本主义工业棉开始代替农耕时代手工棉。正如美国学者斯文·贝克特在《棉花帝国》中指出的，棉的资本主义化彻底改变了棉花的命运，讲述了一个"由欧洲主导的棉花帝国兴衰的故事"。棉花和棉织品被纳入欧洲主导的资本主义世界体系中，将世界不同文明区域紧密连接成一个"关于土地、劳动力、运输、生产和销售"的全球经济网络。意大利学者乔吉奥·列略的《棉的全球史》则展示了从前工业化时代"离心"体系下的"旧棉纺织体系"到工业化时期"向心"体系下的"新棉纺织体系"的转换，也就是前工业化时代由印度主导的第一次棉纺织革命到工业化时代英国主导的第二次棉纺织革命的转变，意味着世界财富在不同地区出现新的分流。

　　洁白无瑕、轻薄透气的棉花，向人们提供了舒适柔和的棉织衣物，满足了人们御寒保暖的基本生存需求和多样化的消费选择。大航海时代以来，棉花及棉织品在全球范围内的传播，对新旧大陆不同文明区域经济与社会发展产生了深远影响。法国作家埃里克·奥森纳总结道："人类历史上第一次全球化是围绕棉花的种植、采摘、纺纱、织布自动形成的……要了解世界化，要了解昔日的世界化和今日的世界化，不如研究一块布片。"可以说，棉花及棉织品的全球传播，书写了一部棉与人类互动、不同文明交流互鉴的物质文化交流史。

第三部分

————

国际海洋史研究

欧洲古代文明是在大海中孕育出来的。在过去的 500 多年中，一个又一个欧洲强国先后登上了世界历史舞台，成为叱咤风云的主角：16 世纪有葡萄牙和西班牙，17 世纪有"海上马车夫"荷兰，19 世纪有"日不落帝国"英国。纵观历史，可以发现，这些国家既是世界大国，更是海洋强国；一旦丧失了在海洋上的主导权，其大国地位也就衰落了。21 世纪是海洋的世纪，也是中国人实现海洋梦想的世纪。当我们为建设海洋强国而奋斗的时候，应当看看欧洲人走向海洋的历程，以获得借鉴、经验及教训。

500 年前
西欧人的
海洋意识和实践

| 王加丰

中世纪后期欧洲人的海上冒险精神

有许多事实能说明中世纪西欧人的航海风气之盛。1291 年，热那亚人维瓦尔第兄弟驾着两条船驶过直布罗陀海峡进入大西洋，据说是想通过海洋到印度去，但此后不知所终。1344 年，热那亚当局颁布了一条法令，禁止在没有武装的情况下往西西里和马略卡以外的地区冒险，可见当时热那亚人往未知海域探险和失踪的例子相当多。正是得力于这些探险，在约 13 世纪末和 15 世纪中，欧洲人陆续发现或重新发现了大西洋上的马德拉、加那利、亚速尔、佛得角群岛，熟悉了欧洲到美洲之间大约 2/5 的海路。在 15 世纪下半叶，这几个群岛的主要岛屿、西非海岸，与英吉利海峡两岸及北海沿岸各港口间发生了频繁的贸易，当代西方学者称之为"大西洋地中海"。也就是说，在 14、15 世纪里，西欧人的海上活动范围增加了一个地中海的面积，这里成为他们建立的第一批海外殖民地，也是进行新的殖民开发的前哨。

1476 年哥伦布因海难来到葡萄牙，与葡萄牙前圣港岛总督的女儿结婚，又得到在里斯本的许多热那亚人的帮助，在大洋上广泛航行。他利用他的岳父留下的资料与自己的航海实践，掌握了大西洋上的航海技术，他是西欧特别是里斯本航海文化的产儿。

统治阶级对海洋的关注超乎想象

中世纪后期以来，西欧的国王们和教会卷入航海的程度，现在已经很难想象。国王们喜欢扩张，因为这不仅可以增加王室财富和扩大他们的领土，而且还是解决国内冲突的好办法。西欧的国王们对远方的国家总是充满好奇心，1508年葡萄牙国王给其派往马六甲的使臣塞凯拉的命令中有这样一段话："汝须问中国人何时来马六甲或其贸易之地，来自何方，其来远否，贸易何物，每年到此有若干艘船，其船有何模样，是否于本年内回国，有无商行在马六甲……彼等为懦夫，抑或战士，有无武器或炮兵及所穿何种衣服，其身躯是否伟大……遵守何种习惯，国境伸张至何处，与何国人邻近。"当时中国的皇帝若知道这种事，一定会感到非常奇怪。

教会则热衷于调解西欧各国因航海殖民引起的矛盾。1494年教皇调解西班牙与葡萄牙的冲突，划定教皇子午线，1529年后又帮助这两个国家签署了西方人瓜分世界的第一个条约，即《萨拉哥萨条约》。但英法两国都对此类条约嗤之以鼻。1496年，英格兰国王亨利七世向卡波特与他的三个儿子签发许可证，批准他们"向一切地方和地区，向东海、西海和北海所有的海岸进行航驶……以便寻找、发现和考察一切海岛、陆地、国家，以及至今为基督教世界所未知的地区"。法国国王法兰西斯一世则说："太阳照耀我如同照耀别人一样，我倒很想看看在亚当的遗嘱中哪个条款剥夺了我分享天下的权利。"他还说，上帝创造了这些陆地并不是专给西班牙人的。

同样令人瞩目的是知识分子和高级教士对航海的热衷。1410年红衣主教戴利写出《世界的样子》，说地球是圆的。15世纪后期教皇庇护二世写的《自然史》出版。1474年佛罗伦萨的地理学家托斯卡内利向哥伦布写信，说往西走一定能到达东方，还说日本宫殿的房顶都是黄金做的。哥伦布在上述书籍（包括《马可·波罗游记》等）上做了许多批注，现存于西班牙的有关图书馆里。

举国一致的追求及其原因

为什么在15和16世纪里，欧洲国家这么热衷于海上扩张？是不是那时它们的生产力特别发达？恐怕不是这样，当代西方许多著名学者都认为，15世纪时西方经济比中国落后。西方人的海外扩张，主要在于他们的体制。这里主要谈两点：

1. 欧洲中世纪的社会关系有一个与中国封建社会不太一样的特点，那就是各阶级或阶层之间的权利与义务比较固定，在这种情况下，任何阶级或阶层要获得额外的好处，一种比较好的选择就是往外扩张。早在 1336 年，为取得新的领土，葡萄牙政府就发起过往加那利群岛的远征。到 15 世纪时，海外冒险已经成为葡萄牙人的一项举国一致的事业。葡萄牙历史学家萨拉依瓦指出，15 世纪初，葡萄牙国内条件为扩张创造了大好时机。通过扩张，普通人和贵族都可以得到新的土地，教会可以扩大地盘，商人可以扩大市场，国王可以提高威望、稳定自己的统治和增加财源。总之，海外扩张大家都能得到利益，否则大家都感到日子难过。整个西欧的情况都是这样。

2. 欧洲中世纪各个国家和各个城市存在着某种竞争性的关系，这些关系培养了商人和手工业者的竞争和冒险精神，使西欧中世纪的社会充满活力。15 世纪后期西欧人加速往大西洋发展，得力于两个原因：一是这种竞争性的体制；二是 1453 年奥斯曼人攻克君士坦丁堡，伊斯兰对基督教的西欧构成了极大的威胁，西欧人失去了往东扩张的可能性，迫使他们往海洋发展。

可以说，地理大发现就是这样一种"举国追求"的产物。这里，竞争性的体制是基础，而奥斯曼人的西进则强化了西欧人往海洋发展的动力。

导航技术的
发展
与欧洲海外扩张

｜龚缨晏

————

从 15 世纪末开始，欧洲人沿着海洋向全球不断扩张，其基本前提之一就是航海导航技术的不断发展。

从地中海到大西洋

地中海是欧洲文明的摇篮，也是欧洲航海文化的摇篮。欧洲人的航海知识与航海技术主要发源于地中海地区。自古代至中世纪，人们在地中海上航行时都是沿着海岸线进行的。

经过一代又一代的积累，欧洲人的地中海航行知识日渐丰富，并且以文字的形式被记载下来。罗马帝国时期的希腊学者斯特拉波曾介绍说，当时有两种航海著作，一种是记载航海路线的《海道总汇》，另一种是介绍各个港口情况的《港口大观》。3 世纪后半期，一位不知名的作者在《沧海航程纪》中罗列了地中海周边的众多港口及各港口之间的距离。这部希腊文著作，被誉为是"唯一存世的、真正的古希腊航海作品"。

12 世纪，古代中国四大发明之一的指南针传入欧洲，被制成航海罗盘用于航海。13 世纪，罗盘已普遍应用于地中海航行中。航海者可以利用罗盘来确定航行方向，而不再依靠沿海地标进行模糊的估算。到 13 世纪后期，西欧出现了一种"海道指南图"，现存最早的实物，就是法国巴黎所藏的"比萨航海图"。水手们利用罗盘、"海道指南图"、沙漏等仪器，根据船只航行的方向及速度，就可以估测出船只当前所处的位置，并且推算出下一时刻的位置。这种导航方法，被称为"航

16 世纪一个水手到岸上测量天体

位推算法"。

　　千百年来，地中海一直是欧洲人进行航海活动的主要舞台。12 世纪后期，伊比利亚半岛上出现了独立的葡萄牙王国。由于葡萄牙濒临大西洋，所以自然把航海的重点放在大西洋上。而欧洲人在地中海航行中所积累起来的航海知识与技术，则成为葡萄牙人在大西洋中进行探险的技术基础。

从观测北极星到观测太阳

　　进入 15 世纪，一批又一批精通地中海航行的水手投奔到葡萄牙国王的麾下，他们携带着用于地中海航行的仪器进入大西洋进行探险。不过，地中海与大西洋有很大的不同。地中海基本上风平浪静，大西洋则波涛汹涌；地中海位于北纬30~45度之间，南北距离并不大，非洲海岸线则越过赤道延伸到南纬30多度。因此，地中海的航海知识与航海技术并不适用于大西洋。

现实的需求迫使葡萄牙人寻找新的航海导航方法。当时，葡萄牙人在大西洋上的探险活动是沿着非洲海岸线从北向南推进的。他们实际上从高纬度地区向低纬度地区进行航行。水手们很快发现，他们在葡萄牙里斯本所观测到的北极星高度，与他们在非洲几内亚所观测到的北极星高度是不一样的。这样，北极星就成了导航的坐标。

15世纪后期，葡萄牙人采用北极星导航方法后，加快了在大西洋上的探险活动。葡萄牙人沿着非洲海岸线自北而南逐渐前进。但当他们于1471年到达加纳沿海后，发现海岸线不断向东伸展。他们误以为沿着这条海岸线航行下去，就会很快到达印度。大约在1474年，葡萄牙船队穿越了赤道，直到南纬2度一带为止。从古希腊时代开始，欧洲就流传着这样一种说法：赤道地区阳光强烈，气候炎热，甚至海水都热得沸腾，人类根本无法居住。葡萄牙人用自己的实践证明了这种说法是错误的。

不过，当葡萄牙人向赤道挺进时，遇到了又一个航海上的难题：由于纬度越来越低，很难观测到北极星，因而也就难以根据北极星来进行导航。1484年，葡萄牙国王若奥二世聘请了一批数学家、天文学家、地理学家等学者，专门研究如何解决海上导航与定位问题。最后，葡萄牙人找到了一种测量纬度的新方法：通过观察太阳中天高度来确定纬度。葡萄牙人这个测量纬度的新方法，是人类航海史上最为重要的进展之一，并且奠定了天文导航的基础。

从计算纬度到计算经度

通过观测太阳，葡萄牙人解决了纬度的测定问题。不过，在大海上航行，特别是在全球范围内航行，要想给船只进行导航，仅仅知道纬度是不够的，还必须测定经度。

古希腊学者埃拉托色尼把天文测量与大地测量结合在一起，推算出一个经度是59.5海里，非常接近实际距离（实际距离应为60海里）；另一位希腊学者托勒密则认为是 49.9 海里。此外，托勒密还在其《地理学》中列举出了世界主要地区及城市的经纬度。不过，西罗马帝国灭亡后，托勒密等古希腊作家的作品在西欧被人遗忘了。相反，阿拉伯学者则对托勒密的《地理学》等著作进行了深入的研究。

14 世纪末，托勒密的《地理学》从拜占庭重新传回西欧。但此时的西欧学者不仅无法确定一个希腊里的长度，而且，还把阿拉伯人所使用的长度单位阿拉伯里（约等于 1972 米）与意大利人所使用的长度单位罗马里（约等于 1481.5 米）搞混在一起。正是由于把阿拉伯里错误地等同于罗马里，所以哥伦布推算出一个经度为 45.2 海里，并且认为从大西洋的加那利群岛到中国杭州的海上距离只有 3550 海里（实际距离约为 11766 海里）。基于这样的认识，哥伦布估计最多 28 天就可以横渡大西洋抵达亚洲沿海。因此，当他经过 30 多天的航行于 1492 年 10 月 12 日到达巴哈马群岛时，也就很自然地认为已经到达亚洲沿海。由于缺乏测定经度的方法，还有许多航海者犯过此类错误，甚至危及生命。

1707 年，一支英国舰队在英国沿海的锡利群岛遭遇海难，导致数艘船只沉没，近两千名船员丧命。这一事件震动英国朝野。同年，英国国会决定成立一个"经度委员会"，并且设立了高额的专项奖金，用以奖赏发明出经度测量方法的人。

英国人哈里森决心获取这笔奖金。1735 年，他成功地制造出了世界上第一台航海时钟。此后，他在不断改进的基础上又陆续制造出了三台体积更小、更加精确的航海时钟。1762 年，哈里森制作的第四台航海时钟被装载在一艘船上进行试验。该船从英国航行到牙买加后，仅误差 5 秒。哈里森为欧洲航海事业的进步做出了重大贡献，同时也为英国成为 19 世纪的"日不落帝国"做出了贡献。

19—20 世纪，西方的航海导航技术更是突飞猛进，先后出现了陀螺导航、惯性导航、无线电导航和卫星导航等技术。从欧洲航海导航的发展历程中我们可以看到，欧洲的海外扩张，是以航海技术的不断进步为前提的。我们还可以看到，在欧洲历史上，海洋不仅是渔民水手的衣食来源，不仅是国王君主争夺霸权的疆场，更是知识分子的关注焦点。只有当海洋问题在整个知识体系中占据突出地位，并且成为学术传统的一个重要组成部分时，海洋强国的梦想才有可能实现。

"在地中海"与"属于地中海"：
两种不同的
治史路径

夏继果

　　英国历史学家佩里格林·霍登和尼古拉斯·珀塞尔在2000年出版的《堕落之海：地中海史研究》一书中区分了两种类型的地中海史研究，分别为"在地中海的历史"与"属于地中海的历史"。对于两者的区别，书中有两处较为明确的说明，"前者不需要涵盖一个广阔的区域、漫长的时段或宏大的主题，并且仅仅偶然地或间接地同其地理舞台相关；相比之下，书写属于地中海的历史的前提是理解其整个环境，而作为考察对象的环境乃是种种人文与物质要素复杂互动的产物，并不仅仅是地理背景或一系列永不变更的限制条件"；"我们已数次区分了在地中海的历史与属于地中海的历史，就前者而言，它在地中海纯属偶然，也并非在全地中海范围内展开，视之为基督教或伊斯兰教宏观历史中的一部分也许更为合适，而要理解后者，确立一种明确的地方感、进行地中海范围的比较研究都是至关重要的"。

　　根据霍登和珀塞尔的论述，大致可以这样来区分"在地中海的历史"与"属于地中海的历史"。前者与具体的历史舞台、与广阔的地中海区域其实没有什么关联，仅仅是发生在地中海区域的某个地方而已；后者注重人与自然的互动所塑造的环境及其历史演变，并且从整体上来理解地中海的历史发展，可谓地中海本身的历史。《堕落之海》所研究的正是这种"属于地中海的历史"。作者并没有专辟章节讲述地中海的政治、社会、经济或宗教史，而是把传统的"在地中海的历史"纳入微观生态的研究体系之中。在此基础上，它关注"连通性"这一海洋的本质属性，从地中海区域互通有无的角度论述各微观生态之间的相互联系，进而说明地中海的整体性。

进入 21 世纪以来，海洋史作为一种新方法，促使人们反思民族国家范式、大陆范式和文明范式，因此成为国际学术界的研究热点，地中海史研究尤其如此。霍登和珀塞尔于 2006 年发表《地中海与"新海洋学"》一文，重申了之前的观点——"'属于地中海的历史'和'在地中海的历史'仍是一个有用的二分法"。霍登和珀塞尔对于两种地中海史研究的区分给许多西方学者带来一种方法论的自觉，由供职于美国大学的西班牙史学者米歇尔·M.汉密尔顿和努里亚·西列拉斯—费尔南德斯主编、2015 年出版的论文集更是旗帜鲜明地以此作为标题——《在地中海与属于地中海：中世纪和近代早期伊比利亚研究》。编者在导言中指出，本书试图为伊比利亚研究提供一个宽广的地中海框架。从大约公元前 11 世纪腓尼基商人在伊比利亚半岛南部建立商业据点开始，半岛始终是地中海世界不可分割的一个组成部分。很明显，所有伊比利亚文化和历史都可定义为"在地中海"，然而，"本书的目的在于思考对于中世纪和近代早期的伊比利亚及其居民来说，作为地中海的一部分意味着什么"，即把西班牙文化视为"属于地中海"而不是"在地中海"。

可以从以下方面解读编者的这种学术追求。首先，把伊比利亚半岛视为地中海的一部分，可以看到半岛与非洲、中东等地区的联系，研究贸易、教育中心与网络，朝圣路线，思想和文化习俗的流动是如何把伊比利亚与地中海世界联系在一起的。也就是说，深入挖掘地中海史中与伊比利亚有关的方方面面。其次，在上述前提下聚焦伊比利亚半岛，关注从古至今生活在半岛或者途经半岛的人们是如何生产其丰富的语言、文化和历史的。具体而言，这种伊比利亚研究关注生活在半岛的区域性的、语言的、种族—宗教的群体的历史和文化，包括犹太人、穆斯林和基督教徒，以及生活在伊比利亚诸王国的说写阿拉伯语、希伯来语、加泰罗尼亚语、葡萄牙语、拉丁语等语言的人们，这样就可以最大限度地避免例外论的思维模式，把伊比利亚研究变成一个地中海课题。最后，所有学术研究都使用概念范畴。对于研究同一个现象，可以使用许多不同的范畴和视角。伊比利亚是欧洲的一部分，但也是地中海的一部分，"把伊比利亚研究放到地中海的台灯或阳光之下，将会进一步照亮我们学科的智识景观"。

编入该书的第一篇论文由美国地中海史研究的积极倡导者布莱恩·A.凯特罗斯撰写。该文从基督教徒、穆斯林和犹太人的关系这一角度具体探讨了中世纪"西班牙"与地中海的关系。在中世纪，拉丁基督教徒、拜占庭基督教徒、穆斯林和犹太人生活在同样的空间，常常是同一个统治者的臣民。他们在经济、社会、政治上相互依赖，再加上共同的宗教—文化定位（亚伯拉罕宗教），形成一种催化剂，推动政治和社会调适、文化适应，从而构成竞争和冲突的基本框架，中世纪地中海世界的许多地方因而有着类似的发展。伊比利亚半岛也不例外。公元前后，犹太商人和旅行家沿着腓尼基人贸易殖民的路线，流散到伊比利亚半岛。从711年起，穆斯林征服信仰基督教的西哥特王国，从而形成三大宗教群体共栖伊比利亚的局面，文化的多样性和地方性成为半岛中世纪历史发展的常态。但是，传统史学却认为这里存在着以基督教为特征的"西班牙"主流文化，是现代西班牙民族国家的源头。这是典型的从现实反推历史的研究方式，与客观的历史进程相矛盾。总之，从基督教徒、穆斯林和犹太人三者的关系来看，中世纪的伊比利亚绝非一个孤立的例外，可以被纳入地中海的历史框架之中。

霍登和珀塞尔对于地中海史研究进行区分，倡导研究"属于地中海的历史"，其典型特征是从地中海的具体场景出发，研究人与环境的互动关系及微观生态的形成，进而关注因"连通性"而形成的地中海历史的整体性。《在地中海与属于地中海》充分肯定了霍登和珀塞尔的这种区分，注重从地中海的视角来审视伊比利亚历史发展，所看到的是多元文化共存这一属于地中海、在伊比利亚半岛有更明确体现的共同现象，对传统的"再征服运动"思路下的西班牙历史研究形成巨大冲击。可以说，《在地中海与属于地中海》丰富了"属于地中海的历史"的内涵。

这种研究思路对于海洋史、全球史研究具有重要借鉴价值。全球史研究关注跨越边界的历史进程，海洋史因其通达性而成为全球史研究的天然素材。关注流动、交换等跨界进程并不意味着必然是宏观和大规模的研究，可以从具体的微观现象入手，思考整体性和普遍性的形成。依据这种对于关联和社会结构的判断，重新认识某些限定空间的历史发展，一种新的历史景观也许就会呈现出来，近年来兴起的地中海视野中的意大利文艺复兴研究就是典型例证。从"属于"而非"在"的角度思考民族国家、区域、洲际、全球的内在历史发展，既可以丰富历史研究的内涵，又在某种程度上克服了"碎片化"研究的缺陷。

大西洋史
研究的
兴起和发展

施 诚

　　大西洋史萌芽于"大西洋共同体"的概念。1944 年反法西斯盟军在诺曼底登陆后，美国记者沃尔特·李普曼发表文章《美国的战争目标》，认为战后世界新秩序将被多国组成的大区域所支配，其中第一个大区域就是"大西洋共同体"。随着"北大西洋公约组织"的建立、"美国大西洋委员会"的形成，"大西洋共同体"观念不断深入西欧北美各国的人心。与此同时，欧美史学界也开始倡导"大西洋史"的研究。1947 年，法国历史学教授雅克·戈德肖在《大西洋史》一书的前言中提出，把大西洋当作"没有地标的大平原、巨大的'无人岛'、亘古不变的沙漠"，但它是一个有历史的地区，"因此，撰写大西洋史不是荒谬的"。1962 年，比利时经济史家查尔斯·威灵登出版了《大西洋文明的起源》，强调"大西洋欧洲、南北美洲、非洲"的相互关系，认为欧洲通过向土著人口移植文化、使殖民地社会适应新的自然和人类环境而形成单一的大西洋文化区域。作为一个研究领域，大西洋史兴起的主要标志是美国史学家菲利普·D. 科汀 1969 年出版的《跨大西洋奴隶贸易：一项统计》、英国史学家约翰·H. 艾略特爵士 1970 年出版的《旧大陆与新大陆：1492—1650 年》。

　　20 世纪 70 年代，美国大西洋史学家杰克·P. 格里恩率先在约翰霍普金斯大学开设大西洋史课程，之后被美国和欧洲的其他大学效仿，这些课程逐渐取代了传统的地理大发现史、殖民主义史、帝国主义史等。1996 年起，哈佛大学教授伯纳德·白林每年举办"大西洋史国际研讨班"，来自多国的学者参与其中。2004 年，跨学科杂志《大西洋研究》首次出版，为"大西洋世界内的历史、文化和文学问题研究提供一个国际论坛"。2007 年，美国大西洋史学家道格拉斯·R. 埃格顿、美国乔治城大学阿里森·戈麦斯等人共同编写了第一本大西洋史大学教材《1400—1800年大西洋世界的历史》。与此同时，大西洋史成为欧美史学界的热门研究领域，并出版了多本论著。

什么是大西洋史

艾略特爵士认为，大西洋史就是研究"大西洋沿岸的人员、商品和文化交流引起大西洋共同体的创造、破坏和再创造"。阿里森·戈麦斯认为，"大西洋史"的字面意思是对大西洋沿岸四个大陆（欧洲、南北美洲、非洲）各民族的研究；它特别关注从1492年哥伦布首次航行到达美洲到1825年拉丁美洲独立运动期间，那些受到四个大陆的影响而发生转变的国家和地区。

但大多数人接受格里恩以及白林对大西洋史所下的定义。格里恩认为，大西洋史并非史学界公认的研究领域，而只是"一种分析结构"，用于考察"早期近代（1500—1800年左右）一些最重要的发展"：15世纪后，四个大陆及其附属岛屿之间出现的人口、经济、社会、文化交流。白林认为，大西洋史既不是模仿布罗代尔的地中海史，也不是传统的"帝国主义史"的简单扩充，而是三个世纪（从美洲被征服到殖民时代结束）以来大西洋沿岸四个大陆的社会、经济、政治和文化互动的历史。他将大西洋史划分为三个阶段：早期大西洋世界（约1500—1600年），其特点是边疆地区充满残忍的、暴力的、野蛮的和种族灭绝的冲突；后大西洋世界（1600—1750年），其特点是出现了稳定的政治制度、国家疆域，西班牙商业经济导致跨大西洋的、多经济中心的出现；第三个阶段是殖民地革命时期（1750—1825年），其特点是克里奥人（土生白人）领导的独立运动。白林还归纳了大西洋史的三个特点：第一，对西半球来说，它是一个殖民地的时代。从1500年到19世纪早期独立运动的300多年里，西半球受到欧洲殖民列强的深刻影响。反过来，欧洲也受到美洲殖民地的影响。第二，奴隶贸易是大西洋史的根本特点。300多年里，被贩卖到美洲的非洲奴隶人数达1000多万，是同期迁徙到美洲的欧洲人的4倍多，奴隶贸易把欧洲、西非和美洲紧密地联系在一起。第三，随着非洲奴隶贸易和欧洲殖民主义统治的终结、工业革命的开始，大西洋世界逐渐融入更大的全球性世界，独特的大西洋史也结束了。

大西洋史的研究现状及发展趋势

自 20 世纪 90 年代以来，大西洋史研究成果颇丰，已经出版相关专著近 200 部，研究的内容主要包括物种传播、商业、移民、殖民帝国、宗教传播、拉美独立运动等方面。但从研究视角和方法看，这些研究都不外乎英国史学家大卫·阿米塔格所归纳的三种大西洋史：第一种是"大西洋内部的历史"（"cis-Atlantic history"），在大西洋背景下考察一个特定地方的历史；第二种是"跨大西洋史"（"trans-Atlantic history"），它强调比较研究；第三种，"环大西洋史"（"circum-Atlantic history"），它把大西洋的历史当作一个整体。

关于"大西洋内部的历史"，英国学者肯尼斯·摩根的《18 世纪布里斯托尔和大西洋贸易》（1993）采用的便是这种研究方法，主要分析 18 世纪英国大西洋沿岸城市布里斯托尔与北美和加勒比殖民地的贸易、参与西非奴隶贸易活动；美国年轻学者阿普利尔·李·哈特菲尔德的《大西洋背景下的弗吉尼亚：17 世纪殖民地之间的关系》（2004），则通过论述英国人、荷兰人和土著居民之间的经济和文化互动关系，使弗吉尼亚摆脱了之前大家所认为的依赖烟草种植的形象。哈特菲尔德认为，如果不考察大西洋与当地互动的历史背景，那么就不能理解弗吉尼亚的发展。

"跨大西洋史"在奴隶贸易研究方面取得的成果最多。在美国学术界，詹姆斯·A.劳莱的《跨大西洋奴隶贸易史》（2005）不仅研究了奴隶贸易对欧洲列强的经济、政治和外交的影响，而且分析了奴隶贸易与英国和西欧各国工业革命的关系；马修·卡丘尔的《奴隶贸易》（2006）一书则主要研究奴隶贸易、非洲奴隶对美国经济发展的作用。赫伯特·S.克莱因的《大西洋奴隶贸易》（2010 年第二版）全面叙述了跨大西洋奴隶贸易的原因、规模、奴隶死亡率、废除等。大卫·艾提斯是继菲利普·D.科汀之后研究奴隶贸易成就最大的美国学者，出版了大量论著。其主编的《延伸的边疆：全新跨大西洋奴隶贸易数据库论文集》（2008），不仅分析了奴隶贸易的出发地和目的地，还利用新史料，重新考证了奴隶贸易的规模为1106.2 万。

"环大西洋史"是把大西洋沿岸的各种交流、互动作为一个整体进行研究。用这种视角研究大西洋史的学者主张大西洋史并非结束于 19 世纪早期，而是更往后，甚至没有终点。如美国学者托因·法罗拉的《大西洋世界：1450—2000 年》（2008），研究了大西洋的移民、殖民帝国、奴隶制、拉美独立运动；美国学者托马斯·本雅明的《1400—1900 年的大西洋世界：欧洲人、非洲人、印第安人及其共享的历史》（2009），论述了始于 15 世纪的跨大西洋联系、互动和交流，既强调西欧在大西洋及其岛屿扩张中的重要性，又认为大西洋贸易、殖民地、经济和帝国的发展是欧洲人、非洲人和印第安人的创造性和适应性的结果；美国学者安娜·苏南伊的《大西洋的联系：1450—1900 年大西洋世界史》（2015），主要探讨欧洲人为何及如何支配了大西洋，特别强调大西洋沿岸各个社会之间的相互联系及其后果。

在取得大量研究成果的同时，大西洋史研究也暴露了自身的缺陷。第一，大西洋沿岸各地的自然环境、经济社会发展水平、历史文化传统差异极大，它能否作为一个整体进行研究值得考虑。第二，世界上的海洋都是相通的，多数大西洋史研究忽略了大西洋与外部世界的联系，如大西洋的贸易和殖民活动与同时代欧洲在亚洲的商业冒险和殖民活动之间的联系。第三，迄今为止，大西洋史最明显的缺陷是其强烈的"欧洲中心论"色彩。1996—2004 年，哈佛大学"大西洋史国际研讨班"学员提交了 268 篇论文，其中从英国、西班牙、法国、美国、葡萄牙、荷兰角度关注大西洋的论文占 219 篇。美洲土著印第安人、非洲人的历史几乎被忽略，以致有的批评者指出，"大西洋史"只是增加了一点内容的"帝国主义史"别称。

所幸的是，有些大西洋史家已经意识到这些缺陷，开始采用全球视野审视大西洋史，如美国学者凯伦·奥达尔·库博曼的《世界历史中的大西洋》、美国学者乔治·卡尼扎尔－艾斯格拉的《全球史中的大西洋：1500—2000 年》以及英国学者杰里米·布莱克的《世界历史上的大西洋奴隶贸易》。这些论著的一个重要特点就是把大西洋史置于世界历史之中，把它作为世界历史的一个组成部分，强调它与其他海洋和地区之间的互动，代表了大西洋史发展的一种重要趋势。

就我国史学界而言，目前已经有学者开始关注大西洋史，如翻译了有关大西洋史的著作，介绍了大西洋史的一些研究成果，但是在研究的广度、深度和高度上仍有很大的努力空间。随着全球史在中国的兴起和发展，相信中国史学工作者会以指向现实的问题意识提出具有自主性、独创性的观点，建构起具有中国特色的大西洋史研究。

东亚海域
古沉船发现货币
及相关问题

李庆新

20 世纪 70 年代以来，东亚海域发现 7 世纪以后的古代沉船超过四十艘，大多来自濒海国家或擅长航海贸易的岛国，如古代阿拉伯、中国、东南亚国家以及近世欧洲西班牙、荷兰、英国等国。沉船出水大量珍贵的贸易商货，不同材质的各国货币也时有发现，有些沉船出水货币数量巨大。

这些货币大体可分为三类：一是贵金属货币，包括金银铸币、金块、金锭、金叶、银锭、碎银等。年代较早的黑石号沉船、印坦沉船、井里汶沉船、南海 I 号沉船、大航海时代的圣迭戈号沉船、海尔德马尔森号沉船等均有古代货币出水，数量多寡不等。二是中国历代铜钱，不管中外沉船，多数有发现，钱币年代从秦汉至明清，以宋钱为多。三是以其他材质合金铸造的钱币，主要发现于 10 世纪来华贸易的外国商船，如曾出水过南汉国的"乾亨重宝"铅钱。

这些货币来自不同国家，承载着各国不同的历史与文化，成为见证东亚海域交流、海洋发展历史的重要实物资料，具有多方面的研究价值，许多问题值得深入思考。

（一）东亚海洋贸易中，货币交换与市场流通呈现多样化、国际化特点。古代东亚各国对外贸易，或使用本国货币交易，或采用以物易物方法，也有使用外国货币。古罗马、波斯、阿拉伯的金银铸币，中国历代铜钱，以及东南亚贝币等，都在国际贸易中使用，种类甚多。上述沉船考古以及东亚地区其他考古发现显示，古代东亚沉船发现最多的货币为中国历代铜钱。而大量历史文献记载也证实中国铜钱具有国际性价值，在东南亚地区长期流通，充当东亚国际贸易通用货币的角色，即使是用低劣材料铸造的南汉国"乾亨重宝"铅钱，也被东南亚国家所接受。

（二）东亚贸易对国际钱币有广泛的需求，导致中国钱币长期外流。受国际贸易与海外市场力量的影响，唐中期中国已经出现钱币外流现象，甚至引起了"钱荒"，宋代更加明显。宋朝长期实施"钱禁"，但是效果不佳，律令形同具文。2014—2015 年，南海 I 号沉船出水宋代及以前铜钱至少有 15000 枚。1975 年，韩国新安沉船出水的宋元及以前铜钱多达 28 吨 196 公斤。1980 年，泰国暹罗湾吞武里海域沉船出水唐宋铜钱超过 10 万枚，显然是海外贸易发展、铜钱外流的结果。明清时期，中国铜钱外流也相当普遍。20 世纪 70 年代以来，中国南海诸岛海域打捞到铜钱多达 14 万枚，明代"洪武通宝""永乐通宝"最多。2010—2012 年南澳 I 号沉船出水铜钱 24586 枚。越南金瓯沉船、平顺沉船等发现清代"顺治通宝""康熙通宝""乾隆通宝"等为数也不少，说明清代钱币外流依然属于常态。

（三）东亚国家仿照中国钱制，铸造本国货币，也有直接仿制唐宋钱，在本国或国外流通。有别于以古希腊 - 罗马货币为代表的西方货币文化，中国古代"圆形方孔"铜钱是东方货币文化的代表，对周边国家如朝鲜、日本、越南及印度尼西亚、马来西亚等产生了深远影响。越南自黎朝开始，依照唐宋铜钱规制铸造"天福元宝"铜钱，号称"南钱之始"。后黎朝"顺天元宝""昭通元宝"及西山"光中钱""景兴钱"等都是仿中国钱制铸造（以仿铸"祥符元宝"居多）的。资料显示，18 世纪越南仿制的钱币除了早期在本国流通外，还大量流往中国、柬埔寨、暹罗和南洋群岛，因此在中国和东南亚流通的"中国铜钱"，有些是唐宋真钱，有些则是越南铸造的"中国铜钱"。

东亚其他国家如日本，钱制亦仿中国。7 世纪末，日本就仿效唐代通宝铸造了"富本钱"，8 世纪更开始铸造"和同开珎"。1659—1685 年间，日本设铸币厂于长崎，模仿中国旧铜钱样式，生产主要用于对外贸易的铜钱。在东南亚地区，马六甲在 15 世纪中期仿照中国货币铸造"柔克"锡币，一面为汉字，一面为阿拉伯文，铸有发行人或公司的名字，有的还铸有满文。在爪哇等地，麻若巴歇王朝时期（约 9—16 世纪）铸造铜钱和锡钱，多数是圆形方孔，状似中国钱。17 世纪末至 18 世纪初，印度尼西亚一些华侨自铸钱币，铸造"史丹裕民""邦其兰宝""大港公司""何顺公司"等带汉字的方孔钱。

（四）我国古代华南民间长期存在杂用"南金""夷钱"现象，形成杂用国际铸币与铜钱的特殊通货区。中古时期，交、广地区与东南亚贸易关系密切，文献记载晋代广州"市司用银易米"，梁代"交、广之域，全用金银为货"。被称为"南金"的国外货币不断流入广州等港口，与本地货币混杂使用。广东英德市浛洸南齐墓、曲江县南华寺、遂溪县附城边湾村南朝窖藏，均出土过一批波斯银币；与广州贸易密切相关的黑石号沉船、印坦沉船、井里汶沉船等，发现了多种类型的外国金银货币，从侧面展现了岭南地区货币流通的状况。

宋代以后，越南铸造的铜钱在两广、福建等沿海地区流通，被称为"夷钱"。清道光年间广东"行使钱文，内有光中通宝、景盛通宝两种最多，间有景兴通宝、景兴巨宝、景兴大宝、嘉隆通宝，谓之'夷钱'，掺杂使用，十居六七，潮州尤甚"。福建漳泉用"夷钱"，俱系光中、景盛、宝兴年号。宁波"小白礁Ⅰ号"清道光年间沉船发现的越南"景兴钱"，粤海关博物馆收藏的一堆18串互相粘连的"明命通宝"铜钱，应该是中越贸易商船遗留下来的。

（五）大航海时代金银交易与全球贸易。16—18世纪，金银交易在全球贸易中异军突起，主要是因为中国对白银有广泛需求。日本银矿业发达，每年输出大量白银购买中国商品；西班牙美洲殖民地白银生产也大幅增加；而中国与西方国家的金银比价差异，也使得金银交易成为有利可图的生意。从16世纪中叶开始，葡萄牙人、西班牙人、日本人通过广州、澳门、月港贸易，将白银输入中国，转而购买丝绸、黄金，输往全球市场，赚取差价利润。西班牙人把持马尼拉与月港、美洲大陆的贸易。葡萄牙人则在17世纪40年代以前垄断澳门与长崎、马六甲、果阿至欧洲之间的贸易。1635—1640年，荷兰人在台湾、巴达维亚经营转口贸易，中国黄金经由安海输往巴达维亚、暹罗、苏拉特、科罗曼德尔等地，稍后英国人也加入广州、会安等面向全球的国际性金银交易网络。在沉船考古中，圣迭戈号沉船出水了大批菲利普Ⅱ-Ⅲ世时期的金银币，纳斯奥号等四艘沉船出水了数千枚西班牙银币，海尔德马尔森号沉船发现了125块金锭，都是当时东西方金银交易中失事沉船遗存下来的实物。

（六）外国货币输入与赋役制度变迁。对外贸易与国际货币流通，对相关国家经济社会产生不同程度的影响。日本室町战国时代商品生产、流通非常活跃，被称为"货币经济时代"，除了流通官铸的优质皇朝十二钱与私铸的各种劣质恶钱外，还有从中国输入的宫膏古钱（宋钱）、渡唐钱（洪武、永乐、宣德钱）及私铸京钱。中国铜钱在日本颇受欢迎，永乐钱在室町时代"贯高制"下充当耕地年贡纳钱的标准通货，在近世日本赋役制度中占有重要地位。

大航海时代日本、北美的白银大量流入中国，逐渐取代铜钱成为合法的交换手段和支付手段，东南沿海地租形态出现货币化现象。嘉靖、万历间，广东、福建深化"均徭""均平"和"一条鞭法"等赋役制度改革，以白银折纳是一项重要内容。嘉靖年间，广东各府徭役，包括银差、力差、解户、均平诸项，皆以银两计算缴纳。白银在明朝社会经济体系中占据越来越重要的地位，引起了社会经济结构与生产关系的深刻变迁，法国汉学家谢和耐称之为 16 世纪以降中国历史"最重要的变化之一"。19 世纪 20 年代白银流通仍在增长，并一直持续到 20 世纪初。

在古代东亚海域交往中，作为价值尺度、交换手段同时具有储藏功能的各国货币成为国际贸易的交换媒介，并在相关国家的某些地区流通起来，东亚海陆交通沿线出现大大小小的杂用国际货币的"特殊通货区"，这些交通线路被称为"白银之路"或"货币之路"。在海洋"货币之路"上，沉船考古发现为探索东亚海洋贸易与货币流通提供了独特的视域和难得的史料，有助于拓展深化唐宋中国社会变迁、东亚海域交流与互动、全球近代化进程与区域发展等问题的研究。

印度洋史
书写的
新趋势

|朱　明

　　印度洋是联结东西方的重要海上走廊，也是"海上丝绸之路"的关键通道。我们对它的认知大都通过陆上国家，以及沿岸的重要港口城市，但对于海洋本身却鲜有了解。进入 21 世纪后，中国在印度洋投资建设了瓜达尔、皎漂、巴加莫约等港口，与非洲的合作也如火如荼地进行着。印度洋成为人们关注的热点，而国际史学界的目光也正向这里聚焦。

　　印度洋史研究主要始于 20 世纪中叶。受传统欧洲学术的影响，学术界一般从欧洲扩张的角度考察印度洋。印度洋被视作地中海东段的延伸，它的历史主要是从达伽马、麦哲伦时代开启，伴随着欧洲商品和资本的入侵而展开的。无论是布罗代尔，还是沃勒斯坦，都将这里作为依附于欧洲的边缘区域进行研究。

　　到 20 世纪后期，学术界开始重视印度洋本身的整体历史。一个明显的变化就是受布罗代尔的影响，学者们将印度洋称为"亚洲的地中海"。这一时期的研究者仿照年鉴学派，注重经济和贸易方面，尤其对印度洋上的商人网络和香料贸易产生兴趣，同时也对早期在此竞逐的欧洲帝国加以研究，并且关注到亚洲本地商人对此的回应。虽然这一时期的研究主要还是采用西方殖民扩张的框架，将印度洋视作西方物质和精神文明的被动接受者，但越来越多的学者开始重视亚洲本土的能动作用，将印度洋视作季风影响下的整体区域。这些研究多是欧洲学者与亚洲学者合作，其中印度（裔）学者占相当大的比重，如 K.N. 乔杜里和一直活跃在学术界最前沿的 S. 苏布拉曼亚姆。

　　进入 21 世纪以后，印度洋的历史书写又出现了一些新的趋势。

　　其一，传统的经济贸易史依然延续，但是更加多样的商品受到关注，且被置于更广阔的全球网络当中进行研究。除了香料、贵金属外，棉布、食品等大宗贸易构成了印度洋贸易的主角，弥补了过去专注于香料等奢侈品贸易的不足。如关于棉布的研究，2015年的两本新著《棉的全球史》和《棉花帝国》都强调了印度洋作为棉布流通的重要渠道。前书的作者还编撰了《纺织的世界》（2012）和《印度何以衣披天下》（2013），对印度洋区域历史上的棉纺织业生产和贸易予以高度重视。这一转变使我们对棉纺织业的认识从过去专注于英国工业革命，到现在转向印度洋区域。

此外，全球史的流行也推动了将印度洋置于世界范围内加以考察的学术研究，考察印度洋区域与世界其他区域的联系，实际上是对亚洲经济兴起进行历史维度的重新审视。近年来，英国的劳特利奇、帕尔格雷夫等出版社都组织出版了关于印度洋史的系列著作，体现了很强的问题意识和全球视角。其中，德国学者萧婷主编的两卷本《印度洋世界的早期全球联系》将面世，可谓最新力作。

其二，印度洋的移民和劳工问题受到关注。在印度洋各个地区和港口，早期有许多来自印度和阿拉伯的商人。欧洲人到来后，开始在这里建立蔗糖、咖啡等种植园，引进奴役性劳工，这促使印度洋在语言、种族和文化上呈现出多样性的特征。有些迁徙人群在所到国家取得成功，但也造成了少数族裔的问题，构成了当下许多矛盾的源头。

哈佛大学历史系教授苏尼尔·阿姆利特在《穿越孟加拉湾》中从历史维度追踪了孟加拉湾的人员流动和生态变迁。18、19世纪，英帝国将孟加拉湾东部作为"边疆"进行开发，对人力的需求带动了南印度的劳工向孟加拉湾东部迁移，成为种植园中的契约劳工。二战以后，孟加拉湾自由流动结束，英帝国逐渐解体，新兴的民族国家如缅甸、马来西亚、印度开始划定边界，排斥移民。随着边界的确定和公民身份的确定，出现了少数族裔的问题。这些被视作"帝国的孤儿"的人群曾经在大流动时代往来于孟加拉湾两岸，但是在民族国家化的时代却成为被抛弃的人群。如吉大港的阿拉干佛教徒社群、缅甸若开邦的孟加拉穆斯林社群、锡兰的泰米尔人，都成为民族国家内部一直延续至今的少数族裔问题。这些对移民、劳工的历时性研究，有助于我们认识印度洋区域政治和社会问题的历史根源。

其三，印度洋的环境变迁受到重视。印度洋曾经深受西方殖民影响，西方殖民者对资源的掠夺给这一区域留下了深刻的烙印，即使去殖民化之后，新生的民族国家依然进行竞争性的能源开采和涸泽而渔式的掠夺性生产，加剧了该地区的环境问题。近年来频频出现的海啸、地震、火山爆发、全球变暖等问题也更多地吸引了人们对该地区的关注。

澳大利亚新南威尔士大学教授迈克尔·皮尔逊写于2003年的《印度洋史》提到了经济全球化以及生态环境变迁对印度洋周边居民生产和生活的影响，涉及移民、劳工、交通运输、渔业、污染等方面。作者将印度洋史作为"海洋中的历史"进行研究，虽然也是历时性叙述，但更加关注这片海域上的活动对人类生存环境的影响。

苏尼尔·阿姆利特的《穿越孟加拉湾》亦关注生态问题。英帝国时缅甸被大规模开发，成为向英属印度供应粮食的重要地带，这对孟加拉湾地区的政治地缘和生态环境都产生了很大影响。二战后，随着世界范围内农业生产力的提高和粮食自给自足，孟加拉湾东岸摆脱了粮食出口地的身份，转向以本国经济利益为目的的发展。经济全球化给整个印度洋区域都带来了生态挑战，滥捕滥捞、使用农药、过度开采石油等行为对生态环境造成了威胁，每年都会有大量垃圾从陆地排入海洋。大坝的建造也对河流入海口造成了破坏，导致生态危机愈益严重。全球变暖导致的海平面上升与季风结合，将产生更大的灾难，甚至促成"气候移民"，从而给国家安全带来难题。

在方法论上，当下的印度洋史书写有以下特点。

首先，强调跨区域性。传统的历史研究往往以民族国家作为单位，即便区域研究兴起以后，也以陆地和海洋的地缘关系作为研究目标。但海洋体现了很强的流动性，且没有中心，这就对以往的研究范式提出了挑战。以海洋为中心的书写实现了从"海洋的历史"向"海洋中的历史"的转变。因此，我们可以看出，对印度洋史的研究鲜有以民族国家为单位的，从区域进入印度洋史的研究越加普遍，而且跨区域研究开始兴起。其中，对中世纪以阿拉伯人为主的商业贸易、近代早期的欧洲殖民时期至二战以前的英帝国时代研究得较多。当然，印度洋的特定区域、民族国家与印度洋的关系也是值得进一步研究的地方。

其次，体现跨学科性。近年来的印度洋史研究有越来越多的人类学家加入，他们关注更细微、更具体的人和物的流动，注重实地的田野考察，对移民和商品的关注和追踪甚至跨越整个印度洋，一定程度上弥补了传统历史学自上而下的研究视角。当然，其田野调查亦需要历史维度的考察，需要回溯历史以寻找现状的根源，这就为印度洋史的研究提供了跨学科合作的可能性。耶鲁大学人类学教授萧凤霞组织历史学家和人类学家共同完成的三卷本《亚洲内外》可以说树立了一个合作研究的典范。随着对印度洋上文化交流、物种传播、环境变迁的重视，未来将会有更多的跨界合作。

最后，强调现实关怀。进入 21 世纪以后，贸易、能源、移民、环境、全球化等议题被更深入地研究，再加上国际社会对全球南方问题的关注，印度洋史与现实研究紧密结合。此外，还有诸如殖民帝国、民族国家、利益集团、全球治理、地缘战略这样的现实问题有待研究。

总而言之，印度洋史是一个新近发展起来的研究领域，未来还有很大的发展空间。我们希望可以从国际史学界获得启发，做出具有解释力和前瞻性的成果，进而书写出中国视角的印度洋史。

"太平洋世界"

|王　华

——太平洋史研究的新路径

————

　　"太平洋世界"是 20 世纪末以来太平洋史研究转型中出现的一种新路径、新的历史分析框架。它以太平洋水体部分为出发点，辐射覆盖海流所及的周边大陆、半岛和岛屿，重点关注地理大发现以来该区域内因人类活动而导致的生物交换、人员交往、物资和文化交流。就核心特征而言，"太平洋世界"试图集中研究"属太平洋的历史"（history of the Pacific），这是它与既往的太平洋史研究——"在太平洋的历史"（history in the Pacific）形成区别，并被视为新路径的关键原因。

"太平洋世界"路径的史学渊源

　　"太平洋世界"最初的史学渊源可以追溯到布罗代尔的"地中海世界"，其海洋中心、海陆相结合的整体视野和相应的历史哲学，构成了"太平洋世界"路径的核心因素。

　　无论学者是否乐于承认，布罗代尔的地中海史学不只推动了新地中海史研究的兴起，还推动了大西洋史研究向"大西洋世界"路径的迈进。之后，经由哈佛大学教授伯纳德·白林等人发展起来的"大西洋世界"研究，把大西洋海陆多元文明看成历史分析的整体单元，"为有关早期近代最重要的历史发展提供了分析性比较，并界定了明确的历史分析范畴"。"大西洋世界"研究的兴起，让挣扎在"大洋洲史学"和"民族国家史学"困境中的太平洋史学者看到了路径突破的可能。通过吸纳和借鉴，太平洋史研究开始向"太平洋世界"路径转换。

　　此外，全球史研究的勃兴，也为太平洋史研究突破"欧洲中心"、发现和重构具有相互依存关系的"社会空间"提供了新视角。全球史倡导去传统中心化，内容上表现为对他者空间和社会空间的发掘，视角上则由俯视转向平视，由重点化转向全面化；注重整体性联系和互动，内容上表现为发现整体和意义，视角上由单向度视角转向双向度乃至多向度。借助全球史视角的深度介入，"太平洋世界"研究得以在一个更开放、更宽广的时空视野和语境中重新审视并建构。

"太平洋世界"路径下的史学研究

20世纪90年代之前的太平洋史研究基本上被两种路径主宰：以堪培拉学派为代表的"局内人"的大洋洲史学，以及仍将太平洋历史依附于大国历史的"局外人"的帝国史学。随着太平洋作为单一研究单元被"发现"，打破内外壁垒、重构新路径的呼声日盛。澳大利亚国立大学的太平洋史专家保罗·达希发现太平洋在殖民时代之前便是有人的地方，并注意到它在人种、经济、文化、语言等方面的内在联系性，由此提出"太平洋海域是桥梁而非边界"，使太平洋实现了学术视野上的开放。约翰·麦克尼尔则从环境史视角入手，采纳泛太平洋的大视野，关注该地区人类的关系和交往，以及由此带来的动植物和环境变迁。在他看来，太平洋地区曾经的原住民与环境的和谐关系在白人拓殖之后遭到破坏，经过"库克大交换"，太平洋世界的环境面貌被彻底改变。以达希和麦克尼尔对太平洋时空性的延展和整体联系性的开拓为基，"太平洋世界"研究路径建构成型。

从2000年开始，美国历史学家丹尼斯·弗林主编的丛书《太平洋世界》陆续出版。这套用新的研究视角编汇的文集，意在引起学者对"16世纪以来不断发展的重要却常常被忽视的跨洋和内部联系互动"的注意。它对"太平洋世界"研究新路径的初步定位，以及在调和总体史与微观史、人文科学与自然科学方面的努力，为太平洋史研究的全面转型打开了局面。在21世纪的第一个十年里，对"太平洋世界"术语的倡导，的确带来了太平洋史研究整体视野的初构和对传统陆地中心观念的质疑，大洋洲史研究者渐渐自觉关注与外部的联系，"局外人"也开始从非西方视角来看待太平洋，但绝大多数学者仍未实质性摆脱"在太平洋的历史"的框架束缚。

转入"属太平洋的历史"，探究人与环境的互动关系及微观生态的形成，进而关注因连通性而形成的太平洋历史的整体性，才是"太平洋世界"路径走向成熟的标志。加拿大约克大学荣誉地理学教授唐纳德·弗里曼 2010 年出版的《太平洋史》堪称首部较集中体现"太平洋世界"路径特点的专著,在某些方面甚至已领先于同期的大西洋史研究。但因过度突出整体性和去国家化,书中缺乏微观叙事,俨然一个未完成的框架。之后的几位学者则相继赋予"太平洋世界"以更清晰的路径内涵。美籍日裔历史学者马特·松田发展了弗林的构想,通过《太平洋世界:一部海洋、人民和文化的历史》,尝试从跨本土主义的多点化视角,将太平洋各处联系起来进行研究。英国历史学家戴维·阿米蒂奇借鉴布罗代尔和"大西洋世界"的概念、方法,明确提出"太平洋世界"的研究路径问题。他主编的《太平洋的历史》把大洋洲纳入太平洋,将人类学家豪欧法的"群岛之海"历史与环太、亚太历史相融合。美国西部史专家戴维·伊格勒用"太平洋世界"视野重构美国西部史,他的《伟大的海洋》用"一种海洋而非陆地的路径",通过环境、商业和文化元素,揭示出美国远西部在成为国家扩张的纽带前就已经是太平洋世界不可分割的一部分。堪萨斯大学的环境史专家格里高利·库斯曼则另辟蹊径,从 19—20 世纪的太平洋鸟粪贸易这一微观议题入手,探讨太平洋诸岛与澳大利亚、北美等外缘大陆间的密切联系,以及它们在全球农业产业化发展中的重要地位,"试图据此证明,太平洋世界在全球产业资本主义的发展过程中扮演了重要角色"。

由此,以太平洋为中心的多点化视角下的联系和比较、对"内史"的容纳、与环太大陆传统国家史研究的结合互渗,以及从微观专题透视整体意义,构成当下"太平洋世界"路径的体系性框架,形成了研究"太平洋本身的历史"的新模式,并日趋成长为太平洋史研究的主导性路径。

"太平洋世界"路径面临的问题与挑战

作为站在前人肩膀上的后发研究,"太平洋世界"的研究者及时察觉了"大西洋世界"研究存在的问题:对大西洋史的论述仍未摆脱简单的帝国史模式,叙事中基本排除了印第安人、非洲原住民及混血种族;只重视沿岸主要大国间的跨国关系和对他者地区的单向度影响和改造,对其反影响关注甚少;缺乏作为一个体系、区域或文明所应有的连贯性和统一性;忽视了与其他海域和地区的联系。得益于堪培拉学派学者的努力,太平洋史学者在克服前两个缺陷方面取得了显著进展。但对后两个问题的解决，研究者们尚未取得有效突破。除却这两个结构性问题，"太平洋世界"路径还面临着其他一些突出挑战。

　　首先，作为一种新路径，"太平洋世界"的学术概念界定并未达成相对一致的意见。其次，"太平洋世界"应如何更好地处理与大洋洲史的关系，两者能否实现相容甚至相融？毕竟，太平洋历史研究总体还相对滞后，诸岛史和专题史还有太多需要深入研究的内容。再次，如何在保证"太平洋世界"主体性的前提下更好地处理宏观研究与微观研究的关系？近年来的微观史学采用了在宏大的全球视野下研究地方、地区和跨地方、跨地区的历史，即所谓"定点"加"跨越大陆划分的空间联系"的分析方法。库斯曼的现有研究与此有相合之处。但仅将整体性转化为一种视野和意义显然是不够的，如何在"太平洋世界"的宏大建构中有机地融入足量的微观生态，还是一个巨大的挑战。

海洋史
视域下的
大洋洲研究

｜费 晟

————

在这个星球上，没有哪个地区比大洋洲更契合海洋史研究的旨趣。浩瀚的太平洋占地球海洋总面积近一半，大洋洲则是其空间之主体。20 世纪 80 年代初，澳大利亚知名民族主义史学家杰弗里·布莱尼提出一个经典论断，叫"距离的暴虐"。他认为，包括澳大利亚在内，大洋洲每个国家其实都是岛屿，这里的历史进程因为地理上的汪洋孤绝而与众不同。布莱尼的判断具有洞见性的一面，因为他意识到，地球上许多人群的历史更多受到远洋而非内陆因素影响。然而这个论断也失于偏颇，因为他忽略了从马林诺夫斯基、萨林斯到豪欧法等人类学家的反复提示，即大洋洲的航海民族并不视汪洋为天堑而恰恰是通途。自有人类活动开始，大洋洲内部就逐步形成了跨海交流的网络，而在近代"太平洋世界"的成长过程中，大洋洲亦通过海洋与更广阔的外部世界连为整体。毋庸置疑，大洋洲史研究离不开对海洋环境与文化的重视，反之它也为海洋史研究提供了新颖丰富的议题，成为太平洋史研究跨越有形地理边界、文化藩篱以及学科门户的试验区。

一

从西方航海家闯入大洋洲起，及至太平洋战争结束，基于陆地视角的取向一直主导着大洋洲史的撰述：以罗塞尔·瓦德的《澳大利亚的传奇》为代表，澳大利亚学界热衷于从荒野边疆的拓殖中寻找和建构国族认同，而大洋洲岛民则普遍被视为没有历史的人群，不足为道。与之对应的现实是，从殖民瓜分到一战后所谓的"委任统治"，再到二战后的"托管制"，大洋洲岛屿社会的历史自主性与整体联系性从未得到尊重。20世纪60年代，有意将澳大利亚与周围群岛纳入同一单元加以考察的大洋洲史研究寥寥无几，值得一提的仅有美国权威澳大利亚史专家格拉坦的部分政治史论著。

20世纪80年代以后，新文化史、环境史及全球史的兴起为大洋洲史研究提供了新的发展机遇。新的研究不仅尝试超越传统民族国家史的研究理论与方法，也激励学界对历史参与主体多样化的认识，更增进了学者对作为一个自然地理而非行政地理单元的大洋洲的思考。原住民、少数族裔移民乃至自然环境都成为学界关注的新对象，海洋要素与向海而生的人群开始受到重视。有关大洋洲的定义甚至出现了广义与狭义之分，如保罗·达希等本土学者提出，狭义的大洋洲主要是指完全受海洋环境主导的美拉尼西亚、密克罗尼西亚及波利尼西亚（含新西兰）等群岛，以此强调大洋洲的海洋文明特性。

需要注意的是，上述变化并不意味着学界可以摒弃传统的国别与区域史研究范式。只是它提醒新一代学人，若要深入理解包括大洋洲在内的世界史传统叙事的边缘地带，尤其需要采用海洋史等研究新视角。对此，汤加学者豪欧法的观点犀利，引发共鸣。首先，他强调大洋洲不是"海洋中的岛屿"，而应是"岛屿的海洋"。西方列强将大洋洲群岛划分为十数块殖民地并以此建立现代民族国家，根本是强行臆造。国际社会再以领土与人口为标准去衡量岛国，必然导致岛民的自卑与绝望。其次，他揭示了海洋文化具有包容性与敬畏自然的价值观。大洋洲岛民之间的联系，不仅具有天然的去边界化特性，而且依赖于海洋知识与海洋文化之积淀。神秘的汪洋对人类行为的限制是所有自然力都难以比拟的，但人们也可以利用流动的海水抵达无垠的新世界。总之，研究大洋洲史应该围绕海洋元素展开，再细致的案例考察，都需要胸怀宏大的世界观与整体的历史观。

二

大洋洲海洋史研究的发展总体呈现出两大引人关注的特点。首先是引领全球海洋史研究的制度化建设。1979年，受训于莱顿大学的澳大利亚史学家布鲁泽与同仁，发起成立了澳大利亚海洋史学会并创办会刊《大洋圈》。布鲁泽明确提出海洋史研究的主题应该是人与海洋的关系，具体包括海洋及海地资源开发、航海、海权、海上科学探索、海洋休闲、海洋文化及意识形态，赢得了广泛认同。以此为基础，大洋洲学者积极推动国际学术共同体建设，争取国际话语权。例如，澳大利亚海洋史学会开放接纳国际会员，《大洋圈》也从不将征稿主题局限于大洋洲区域内。1989 年，国际海洋经济史学会就以《大洋圈》为样板，创办了当今业内最权威的专业期刊之一《国际海洋史》。此外，与北美学者吉利斯等重视沿海海洋史不同，大洋洲海洋史学家强调与远洋相关的海洋史，尤其是太平洋沿岸与大洋深处的历史联系。不过从总体上看，专门史意义上的大洋洲海洋史研究，依然深受大西洋世界海洋史研究传统的规训，关注的具体议题多为海上探险、贸易、海军史、船舶史、捕鲸与渔业、海盗、海洋法、港口等，主流叙事线索依然是西方势力如何发现并开发澳大利亚与大洋洲岛屿。这固然有跨国史与整体史的自觉，但缺乏对西方中心的超越。

其次，以前述研究为基础，大洋洲海洋史研究开始积极整合全球环境史研究成果。在 20 世纪 70 年代以降勃兴的环境史研究中，海洋是公认的短板。但环境史研究与生俱来的跨国性与跨学科性要求，促使这一短板被不断补齐，大洋洲研究"一马当先"。受到"哥伦布大交换"理论的启发，麦克尼尔等学者提出了"库克大交换"的概念，即认为跨太平洋的物种交流同样深刻影响了世界历史的进程。而以格罗夫为代表的大洋洲本土学者提出"绿色帝国主义"与"全球南方"的议题，强调南半球不同区域间跨海的有机联系，通过发掘近代热带海岛的殖民开发史，提出环境史的非西方起源及海洋环境的历史影响等问题。美国学者库什曼与大洋洲学者格里菲斯则通过把"厄尔尼诺—南方涛动"等海洋气候科学问题引入通史与专题史研究，不仅强化了对大洋洲不同区域历史性联系的认识，甚至将海洋史研究的空间推向了极地。

上述成果的积累又催生了两个变化：其一，《剑桥太平洋岛民史》《牛津英帝国环境史》等新问世的权威地区史研究，开始自觉重视海洋环境要素，包括从岛民与海洋的互动中发掘其历史特色。而在有关鸟粪石与鲸鱼等海洋资源开发的新全球环境史专题研究中，大洋洲及太平洋都不再是边缘而是居于核心地位。其二，毕以迪与摩根等大洋洲的新生代学者以近代大洋洲海上网络的发展为线索，提出了"生态－文化"网络的概念。毕以迪等认为，近代太平洋世界得以形成的关键，在于生态与文化要素的自由流通。此处的生态交流，不仅包含各种具体的自然环境要素流动，更包括移民群体在内的生态体系整体的迁移与再造；此处的文化交流，也不只包括意识形态等思想性与知识性要素的传播，更包括政治、经济与环境改造活动。这些交流都依托海上交通进行，不仅将大洋洲各地纳入一个有机联系的整体，还将它与包括印度洋在内的整个海洋世界相联系。

相较于印度洋与大西洋世界，作为一个整体存在的太平洋世界的历史还非常短暂，而作为太平洋地区一体化进程中的重要组成部分，大洋洲历史的研究已经表明，即便看似孤立的、破碎的陆地之间其实一直存在着联系。它肇始于航海民族与汪洋环境的相得益彰，加速发展于近现代太平洋沿岸文明与域外势力的碰撞与交融。发掘海洋因素在该地区整体历史进程中的影响，是深入发掘大洋洲历史特色并理解该地居民复杂命运的重要途径。而海洋史研究在浩瀚的大洋洲也找到了发展壮大的理论与现实基础，越来越多的有志学人开始探问人类与海洋尤其是深蓝水域的历史渊源。

远途贸易
塑造的
印度洋世界

|岳秀坤

————————

　　20世纪40年代，法国年鉴学派学者布罗代尔在二战集中营里完成了关于地中海世界总体性研究的鸿篇巨制，揭示出地中海多种层次的历史变化节奏，树立了典范性的样板。近几十年来，中央欧亚、印度洋世界、东亚海域、大西洋世界等新的历史研究领域相继形成，其共通之处在于加深了我们对历史上不同文化之间交往与互动的理解。关于这种地理空间广袤、涉及文化多元、延续时间漫长的巨大区域，有学者称之为"互动区"。印度洋世界是研究进展极为显著的一个"互动区"。

　　以往学者关于印度洋史的兴趣，长期聚焦于1500—1800年，重点研究印度洋贸易纳入全球化进程之中的历史表现。一方面是因为这一时期欧洲人（主要是葡、荷、英、法四国）在印度洋的殖民活动留下了大量公私文献，为研究者提供了便利；另一方面受欧洲中心主义心态影响，轻视之前时代印度洋地区历史文化的发展和积累。然而，过去几十年里，考古学、语言学、生物学等多学科的研究工作，呈现了印度洋世界在漫长历史进程中的结构性特征，以及多元文化长期交流的丰富细节。学者们逐渐认识到，欧洲人的影响被夸大了，尽管他们在15世纪末闯入了印度洋，但是直到18世纪中叶，印度洋世界的运行仍然遵循着历史积淀形成的节奏。

　　印度次大陆向南伸入海洋，将印度洋分成东西两块被陆地半包围的海域，形似一个大写的字母M。在西印度洋，北部海域由阿拉伯海、波斯湾、红海彼此联通，为西亚、埃及、阿拉伯与印度次大陆之间的交流提供了海上通道。公元前4千纪，当人类文明在西亚崭露曙光时，这片广大区域里的人们就开始利用海陆通道进行自然资源与手工制品的交换。大约公元前 2500—前 1950 年，两河文明和印度河文明的频繁交流带来波斯湾海上航路的初次繁荣。此后，随着印度河文明的衰弱，主要贸易网络向东地中海转移，波斯湾航路的长途贸易沉寂了近千年。进入公元前 1 千纪，印度、中国进入兴盛期，成为在地中海之外欧亚大陆上的另外两个文明中心，影响力逐步向外扩展。在印度次大陆，以北部的恒河流域为中心，形成多国并立的文明核心区，与德干高原、斯里兰卡形成互动发展的网络，进而与周边世界加强了海陆联系。在此背景之下，西印度洋的海上贸易再度繁荣，来自印度、波斯、阿拉伯以及阿比西尼亚等地的商人共同参与了这一历史进程。可能在希腊化王国——埃及的托勒密王朝统治时代，就已经有希腊商人介入印度洋贸易，但要等到公元前 1 世纪罗马征服埃及，之后才真正出现地中海商人远赴印度洋西海岸的长途贸易活动。

东南亚文明的发育相对较晚，印度与东南亚之间跨越东印度洋的交换网络，约在公元前 1 千纪中叶之后的几百年才确立，推动力可能是南亚商人向东方探求新的财富来源。由此带来的一个重大变化是，环南海的东南亚贸易网络开始向西扩张，与向东伸展的印度洋网络联通，进而使得从东亚到地中海的海上道路完全打通。以地中海、印度、中国为核心区域的欧亚大陆文明地带，通过陆路或海路的交通网络，结成一个频繁交流、相互影响的整体。

印度洋上的季风和洋流为人类活动限定了运动路线和时间节奏。简言之，印度洋世界的海上通道分为两条路线。一条是近海航路，如果从东向西，沿着孟加拉湾、阿拉伯海的海岸线行进，从阿曼湾、亚丁湾可以分别进入波斯湾、红海，或者沿着非洲之角折向南方，经索马里、坦桑尼亚抵达莫桑比克和马达加斯加岛，那里是历史上贸易船队的终点。另一条是横跨印度洋的航路，从东向西，自东南亚的苏门答腊或马来半岛出发，径直向西，经斯里兰卡、马尔代夫，可以直达亚丁湾。这是东南亚、斯里兰卡的香料输送到印度洋西岸的快捷路线。大约到公元前 1 千纪晚期，沿着上述海陆交接的轮廓线，印度洋世界周边的多元社会形成了资源交换、人口流动、财富转移、文化互动的定期交流机制。

1498 年，达伽马率领船队绕道好望角，抵达印度西南海岸的卡利卡特，此时他对当地香料和宝石的渴望与羡慕，与 1500 年前处在欧亚经济网络西北边缘的欧洲人相比，并没有什么不同。在漫长的岁月里，印度洋上的物资流动方向基本保持不变：丝绸和瓷器来自东亚，阿拉伯半岛供应乳香、马匹，波斯出产丝织品、地毯以及马匹，索马里以南的东非海岸则供应黄金、象牙、龙涎香、奴隶，价格高昂的丁香、肉豆蔻产于东南亚的马鲁古群岛、班达群岛，胡椒和生姜的主要产地是印度南部的马拉巴尔海岸，高等级的肉桂只有斯里兰卡和印度西南部才出产。此外，印度大量出口棉织品，西北的古吉拉特、东南的科罗曼德尔海岸以及东北部的孟加拉都是重要产地。

在资源分布、市场流向以及固定航路等因素的共同影响下，环印度洋的一些区域成为长期活跃的商品集散地、中转站或造船基地。达伽马进入印度洋之后，他首先看到的是东非海岸商业繁忙的莫桑比克，不晚于 7 世纪，这里就已经成为西印度洋贸易的重要一环。继续北上，是港口城镇星罗棋布的斯瓦希里海岸，由于非洲班图族与从阿拉伯、波斯、印度等地来的商人长期通婚杂居，这里形成了独特的语言文化。著名旅行家伊本·白图泰在 1331 年造访斯瓦希里海岸，在控制黄金出口的重要港口基尔瓦看到当地街市繁华，东方瓷器比比皆是，还有来自印度古吉拉特、马拉巴尔的商人。

从斯瓦希里海岸继续北上，即抵达扼守红海出海口的非洲之角，它与阿拉伯半岛南部的也门、阿曼隔着亚丁湾对望。此处是连接地中海与印度洋两个贸易区域的重要通道。据约在公元 1 世纪撰写的希腊语文献《红海周航记》记录，非洲之角东侧的索科特拉岛，有希腊人与印度人共同生活。2001 年，考古学家在岛上一个深达两公里的洞穴里面发现两百多处涂鸦，产生时代集中在 2 世纪至 5 世纪初。多数涂鸦用的是印度西部的婆罗米文字，其他还有犍陀罗的佉卢文、大夏文、希腊文、帕尔米拉的阿拉姆文、古代埃塞俄比亚的阿克苏姆文、南部阿拉伯文等。可能是在等待季风转换的空档期，来自各地的商人、旅行者、僧侣利用这一洞穴进行求神祈祷等宗教活动。这些涂鸦涉及语言种类之丰富，让我们对两千年前西印度洋这个小岛上多元文化杂处的状况有了更新的认识。

与红海入口处的亚丁类似，霍尔木兹同样因为扼守波斯湾出入要道而成为商业都市。霍尔木兹岛炎热多雨，土壤贫瘠，整个岛屿只有一口水井，生活用度完全靠贸易输入，但凭借其有利位置成为国际化的贸易中心。当地居民以阿拉伯人、波斯人为主，犹太商人、亚美尼亚商人、古吉拉特商人均以此地为其贸易网络的重要据点。11—17 世纪，是霍尔木兹作为西印度洋贸易中转站的盛期，来自印度、东南亚的货物抵达此地，再转运西亚、阿拉伯、东非。

在印度洋的另一侧，与霍尔木兹类似，室利佛逝和马六甲凭借其险要的地理位置，控制了印度洋和中国南海之间的海上交通，依靠对商品征收进出口关税，先后发展成为商业王国。他们的统治者运用灵活的手腕，与中国、印度、阿拉伯等各方势力建立政治、宗教等方面的友好关系，以维系其国际商贸中心的地位。16世纪初，葡萄牙人托梅·皮列士初到马六甲，在港口看到各国商人摩肩接踵，他们来自西亚、南亚、东亚等各地，肤色各异，信仰多元，使用语言多达84种，繁荣景象让其惊叹不已。

研究印度洋世界的学者经常强调，在欧洲人到来之前的1500年里，尽管周边社会有复杂多样的族群、语言、文化、宗教，甚至同一宗教之下又有各种教派的信仰分歧，但交往的基调是和平、友好、互惠的，没有一种政治势力企图谋求垄断性霸权。葡萄牙人的到来，在16世纪以后逐步改变了这里的游戏规则，暴力手段成为经济霸权的后盾，而往昔的和平岁月难以追回了。

海洋
与
古希腊文明

｜白春晓

―――――

"大海！大海！"：希腊人的家园之感

公元前 4 世纪的雅典作家色诺芬在《长征记》中记载了这样一个故事：他所率领的希腊雇佣军从波斯帝国的腹地撤回希腊，在陆地上行军多日，途中遇到了重重险阻和困难。终于有一天，当先锋部队来到一座山顶后，士兵们大叫起来。色诺芬和后卫部队听到后，以为是前面遭遇了敌人的攻击。当色诺芬带领骑兵前去增援时，才听清楚士兵们在喊——"大海！大海！"大家激动得热泪盈眶，互相拥抱。士兵们还立即搭起了一座大石坛来献祭。色诺芬的叙述所透露出的文化内涵显而易见：虽然雇佣军知道此地离希腊还有很远的距离，但大海对希腊人就意味着家园，能给他们带来安全感和希望。

米诺斯迷宫和特洛伊远征：希腊文明的起源

在地理上，希腊不仅占据着巴尔干半岛南端的陆地区域，而且还包括周边的许多岛屿。希腊最初的青铜文化，就诞生在爱琴海南部的基克拉泽斯群岛上，时间约在公元前 3000 年。公元前 2600 年左右，克里特岛进入了青铜时代，并产生了希腊乃至欧洲最早的文明：米诺斯文明。在古希腊神话中，克里特国王米诺斯曾建造了一座巨大的迷宫。大海之中的米诺斯王宫，激起了后人无限的遐想。1900 年，英国考古学家伊文思在克里特中部的克诺索斯发现了古代宫殿，证实了米诺斯文明的存在。为了管理行政和经济活动，克里特人还发明了欧洲最早的文字。它被书写于泥板上，伊文思称其为线形文字 A。

　　大约在公元前 2000 年时，克里特岛上的文明通过海上贸易传播到了希腊大陆的南部和中部。这种交往对希腊大陆上的迈锡尼文明产生了巨大影响。迈锡尼人不仅借鉴了米诺斯文明的元素，还采纳了克里特人的文字书写系统。迈锡尼人的文字，被现代学者称为线形文字 B。同时，迈锡尼人还通过航海加强了与其他地区的往来。《荷马史诗》所讲述的希腊联军渡海远征特洛伊的故事，很可能就发生在迈锡尼时代末期（前 13 世纪）。19 世纪 70 年代，德国考古学家谢里曼在特洛伊、迈锡尼等地进行了一系列考古发掘，从而揭开了几千年来一直笼罩在爱琴海上的历史迷纱，使我们管窥欧洲文明的海洋之源。

"就像蚂蚁和青蛙生活在池畔"：希腊人的殖民运动

　　米诺斯文明和迈锡尼文明消亡之后，大约从公元前 1050 年起，希腊人驾船出海，向爱琴海东面的小亚细亚进行殖民，建立了米利都、以弗所等重要城邦。到了公元前 8 世纪中期，希腊人开始向海外大规模殖民，并且持续了两个多世纪，直到约公元前 500 年时才结束。来自希腊各母邦的殖民者起初在西西里岛和意大利南部，之后在爱琴海北部、赫拉斯滂（现在的达达尼尔海峡）及黑海地区、北非，还有现今法国东南部和西班牙东部一带建立起数以百计的新城邦。这些城邦环布于整个地中海和黑海沿岸，而且大多建立在距离大海不到五十公里的范围之内。所以，在柏拉图的《费多篇》中，苏格拉底才会说，希腊人生活在大海的周围，就像蚂蚁和青蛙生活在池畔。这句话，形象地道出了古代希腊人与大海之间的密切关系。

　　殖民运动是希腊历史上影响深远的事件，它大致确定了古代希腊文明的地理范围，并传播了希腊人的生活方式。一些殖民地（尤其是小亚细亚沿岸、西西里岛和意大利南部地区的城邦）非常积极地参与了希腊文化的建设。希腊人还通过殖民运动吸收了地中海周边众多民族的优秀文化，并在此基础上创造出了自己的灿烂文化。

"一座难攻不落的木墙"：雅典的海权国策

经过殖民运动的洗礼，希腊城邦迅速崛起，雅典则是其中的佼佼者。雅典的强盛，与其重视发展海上军事力量密不可分。希波战争爆发后，波斯侵略军于公元前480年直逼雅典。雅典派使者去德尔斐神庙祈求神谕。神谕说，宙斯会给他们"一座难攻不落的木墙"，用来保卫他们和他们的子孙。雅典人不仅相信这"木墙"就是他们的海军，而且认为他们可以击败强大的波斯军队。于是，他们放弃了雅典城，将妇女儿童疏散到安全的地方，而男子们则登上战船。雅典人利用计策，大败波斯舰队，扭转了希波战争的整个战局，为希腊人的最后胜利奠定了基础。

希腊，尤其是雅典，在希波战争后进入了鼎盛时期。凭借强大的海军，雅典逐步成为爱琴海地区的霸主。它几乎每年都派出舰队去向其他城邦征收贡赋，并在许多城邦内扶植亲雅典的政权。依靠海外贸易和收缴贡赋而来的财富，雅典人不仅进行了大规模的城市建设，而且还给平民发放津贴，为他们参加城邦的政治和节日活动提供了经济保障。坚实的经济基础，还使雅典成为希腊的文化中心，哲学、文学、科学、艺术全面繁荣，在欧洲文化史上打下永恒的烙印。

"水是万物的始基"：面向大海的思考

古希腊的哲学之父、米利都的泰勒斯曾宣称，水是万物的始基。或许只有以大海为家园的民族才会如此重视水，乃至将其作为世界的本原。而希腊古典文化的集大成者亚里士多德则是第一个用科学方法研究大海的人，后人将其誉为"古代海洋学之父"。他观察过海水的物理特点，还试图解释海洋气象与潮汐现象。他在《动物志》中系统地研究了约180种海洋生物，并率先认识到鲸和海豚是哺乳动物，而非鱼类。亚里士多德对于海洋的许多看法，对后世产生过深远的影响。

今天，在古代希腊基础上发展起来的西方文明广泛地影响了包括中国在内的世界上绝大多数地区。深入考察海洋与古希腊文明之间的关系，对中国人来说很有现实意义。

第四部分

—————

城市史

城市化水平是衡量一个国家发达与否的重要标志，因此各国在进行工业化的同时，也不断推动着城市化发展。城市化为人类创造现代文明和社会财富的同时，也带来了各种社会问题即"城市病"，如住房狭窄、交通拥挤、环境污染、治安混乱等。各国在解决这些问题时，都进行了哪些有益的探索和尝试？又分别具有怎样的特征呢？在城市建设快速发展的过程中，改造如何与保护相协调，改造过程中如何再造经典，如何处理好城市现代化建设与历史遗产保护的关系等，都是近代欧洲国家城市化过程中曾经面临的问题。

城市史：
一门学理
与现实兼具的学科

|陈　恒

可以想象一下前现代、现代、后现代的城市景观，无论在城市规划、街道布局，还是在建筑风格、空间设置上，都表现出巨大差异。这种差异对生活在其中的群体、个人都会产生深远影响，决定着他们的行为方式、思想观念，可见研究城市是非常必要的，也是有现实意义的。马克思说，城市使"生产者也改变着，炼出新的品质，通过生产而发展和改造着自身，造成新的力量和新的观念，造成新的交往方式，新的需要和新的语言"，这是对城市功能的高度概括，也是我们进行城市研究所遵循的一个基本原则。

关于"什么是城市"的概念，众说纷纭，如城市是一种文明进程、城市是一种生活方式、城市是文明的场所、城市是文明的熔炉等。从词源学角度看，"city"（城市）一词来源于拉丁语"civitas"（城邦），描述的是城市及生活在其中的居民，后来逐渐在西方思想中形成了人类进步与城市发展之间的联想关系，如"城市，让生活更美好"的观念；"urban"（都市）一词也来源于拉丁语"urbs"（市区），用来表示物理特性或建造环境。可见，二者所指不同。不过，到了19世纪晚期尤其是20世纪初，这两个概念逐渐混同。今日我们在使用这两个词语时，可以发现二者间的差异——前者指的是城市的精神与气质，后者指的是城市景观的雄伟与壮观。简言之，城市就是在一定地域范围内聚集人口、财富、资源、建筑、服务、信息等人类文明要素的载体，是人类社会与特定地理环境紧密结合的一种实体。

当前我国正经历着大规模的城市化，到2020年城市人口将达到中国总人口的60%，城市化是大势所趋。城市化水平迅速提升的同时也导致城市问题丛生，一方面如何借鉴域外经验看待城市化进程中的中国城市问题；另一方面如何保护我国传统城市的历史文脉,都需要借鉴前人的城市研究经验。城市研究是一门新兴的前沿学科,主要研究城市的起源、发展、嬗变、互动以及这一进程中出现的各类问题。目前已出现了诸多与这一领域相关的学科,如城市社会学、城市历史学、城市政治学、城市人类学、城市地理学、城市生态学、城市气象学、城市考古学等。城市研究的一个重要特点是跨学科性,它综合各人文社会科学的优势,借助自然科学的研究手段,吸收不同的观念与方法,以独特的视角研究城市的历史、现状与未来。城市研究不但有着重要的学术价值,而且有着强烈的现实关怀。城市史作为城市研究的重要组成部分,对其进行系统梳理尤其是对西方城市史开展深入研究,将有助于我国的城市发展,同时也将为我国学术界在城市研究领域占据一席之地乃至形成本土的城市史研究体系打下基础。

20 世纪展开的宏伟历史画卷让史学发展深受其益。举凡人类活动的核心领域如经济关系、权力运作、宗教传播、思想嬗变、社会流动、人口迁徙、医疗进步等都曾在史学家的视野之内,而当代史家对这些领域的研究已大大突破了传统史学的范畴,并与普通人的日常生活息息相关。不论是对物质生活或情感世界中细节的把握,还是期望对整个世界获得深邃的领会,当代历史学都提供了无尽的参照与启迪。

当代史学这种无形的创造力,可从全球城市史研究的丰富内涵中窥见一斑。城市史研究奠基在一种历史写作的全球语境之中,诉诸全球视野,用跨国的研究方法,突出历史上不同城市文明之间的交流与互动,从而构建起全球城市史叙事模式。城市史不等于简单的城市化历史,而是以城市为中心的广泛的社会历史进程;城市史也不是城市化以来的历史,而是自城市这一聚居形态诞生以来的历史;城市史更不是不同区域单个城市历史的汇总,而是以城市为中心的系统和网络的复杂过程。城市史研究须遵循"一线多元"的框架:"一线"即以城市发展模式为主线,通过纵向的时间顺序,探讨和总结城市史的不同阶段、模式及其动力机制、基本特征和影响;"多元"即不同时期城市社会结构的复杂面相,如权力关系、生产模式、文化形态、宗教信仰和社会生活等。城市史着重研究城市文化个性的形成与市民精神之间的关系,并在采用历史学方法的同时,借鉴其他学科的相关研究。

宏观层面的城市史研究迫切需要研究视角的转换和理论体系的创新。我们所熟悉的城市史在时间上多集中于工业革命后,是以城市与乡村二元对立为主线的城市化历史进程,简单说来,就是城市人口增多、空间扩大的外在形态之线性发展史。但城市化之前的城市发展同样值得关注,而且上述理论体系只适用于解读工业时代的城市史。20世纪以来,发达国家向后工业社会转型推动城市化进入新阶段,第三世界的去殖民化和工业化催生了城市化的新模式,还有信息化对城市所带来的影响等,这一切都使得传统城市史理论体系亟待修正。因此,构建城市史的新体系正是当下中国学术界的一个目标。

微观层面的城市史研究关注的是城市布局、城市空间、城市外貌与居民精神生活之间的关系。城市是人类活动的集聚之地,历史上集聚的形式、内容与动力影响着城市的外在空间形态和内在社会结构。比如,西方城市从古典时代的城邦开始,经历了西罗马帝国灭亡后的城市萧条和11世纪后的城市复兴,再到工业时代和后工业时代;从相互隔离到区域性城市网络;从地区中心到全球城市;从单一中心到多中心、城乡统筹;等等。在上述历史性变迁中,城市的功能、结构、形态与地位随之改变。

城市史研究要将宏观与微观恰当结合,既有整体性的城市进程,又有个案研究;既有本土研究,又有国际视野,引入跨国史视角;既重视区域间的共性,又梳理区域间的差异;既总结规律性认识,又分析差异的原因。只有这样,城市史研究的现实意义才会更加凸显。

城市研究在欧美国家已较为成熟,成为一个专门的研究领域,涌现出不少流派,出现不少经典作品。早期如恩格斯的《英国工人阶级状况》,法国学者古朗士的《古代城市:希腊罗马宗教、法律及制度研究》,近来如美国思想家芒福德的《城市发展史》,加拿大简·雅各布斯的《美国大城市的死与生》等,当下如美国历史学家安德鲁·利斯的《城市:一部世界史》,英国历史学家彼得·克拉克的《牛津世界城市史研究指南》《欧洲城镇史》等;还出版了不少可供查阅的百科全书,如美国社会学家雷·哈奇森的《城市研究百科全书》,美国历史学家戴维·古德菲尔德的《美国城市史百科全书》,埃利科特的《世界城市》等,这些都是值得我们学习和参考的。需要特别指出的是,美国城市史家科特金的《全球城市史》梳理了从城市出现到21世纪的全球城市发展历程,总结了决定城市命运的三个关键因素,即神圣、繁荣、安全;美国学者霍恩伯格、利斯的《都市欧洲的形成

（1000—1994）》侧重从人口学和地理学的角度解释欧洲的城市化；美国城市规划学家布赖恩·贝利的《比较城市化：20世纪的不同发展道路》通过对比不同地区的城市化历程，指出文化背景和发展阶段的差异导致城市化的不同道路和结果。这三本书分别代表通论、专论、比较三种不同的研究城市的路径。

就我国西方城市史研究而言，相关的史学研究主要集中在国别史方面，如美国、英国、法国以及东欧部分国家与俄国的城市史，且多以个案为主，缺少集成性研究；同时，现有研究往往局限于某个时代，缺少贯通性研究。因此，我们仍需在城市史研究的全面性和系统性上努力，深化对城市化规律、城市特性与共性的认识和理解，从而对中国城市问题的解决提供有益的思路。

大都市区：
20 世纪美国城市史的
主导

|王 旭

美国城市的发展可分为前后衔接但又各具特色的两大阶段：第一阶段是传统城市化时期，以城市集中型发展为主，城市是其主要的空间载体；第二阶段是新型城市化时期，以多中心格局和城乡统筹发展为主，大都市区是其主要的空间载体。

从城市到大都市区是城市化的必然走势

人口与资源高度集中曾是城市经济发展的不二法则。美国城市化经过近百年的发展，到 1920 年闯过 50% 大关，成为一个城市化国家。相应地，大中小城市遍布全国主要区域，城市拥有了较坚实的工商业基础。以高度集中为特征的城市经济产生了巨大效益，助推美国成为经济强国。但是，城市人口占总人口的半数以上，既是传统城市化的成熟期或鼎盛时期，也是城市发展的困难期：有限的城市空间开始出现饱和现象，"城市病"凸显，如城市住宅紧缺、交通拥堵、社会治安等问题层出不穷，无形中增加了城市发展的额外成本，城市的规模成本逐渐大于规模效益，聚集经济变成了聚集不经济。

相形之下，郊区开阔的空间和宜居的环境、公共交通的改善、私家车的普及等，比较优势凸显，而有轨电车的发明和交通线路的延伸为居民迁移提供了可能。居住在郊区，工作在中心城市，每天通勤上下班开始成为时尚。很多工商业企业经过权衡，也随之迁移。曾经是制造业大本营的中心城市，在 20 世纪二三十年代开始出现制造业外迁现象，即所谓制造业"空心化"，到二战后这一趋势更为明显。零售业也紧随其后。中心城市的经济结构悄然发生了变化，其制造业中心的特征开始弱化，服务和管理中心特征日益明显。

发展重心向郊区转移并不是一个孤立的现象，它是城市发展到一定阶段、城市功能外延、城市化范围扩大的表现。中心城市与郊区由此形成互动关系，共同促成城市化地域范围不断扩展，进而出现了新的地域实体——大都市区。这标志着，城乡关系有了实质性的良性互动，城市化进入城乡统筹的高级发展阶段。1920年后，随着美国人口和经济活动大规模向郊区扩展，大都市区地位日益凸显。1940年，大都市区人口占全国总人口的比例将近一半，美国成为一个大都市区国家；1990年，百万人口以上的大型大都市区有40个，其人口占全国总人口的比例超过一半。截至2010年，大都市区人口占美国总人口的比例已高达82.3%以上。因此，整个20世纪，是大都市区在美国长足发展并居主导地位的时期，是美国城市化舞台上的主角。与大都市区长足发展相反，美国绝大多数大城市在20世纪二三十年代达到峰值后，规模便不再增长。

值得注意的是，这种城市化转型不仅限于美国，20世纪中期以后也相继在世界各地发达国家普遍出现，是城市化达到一定程度的必然现象。任何国家或地区，或迟或早都会经历这个阶段。

大都市区概念的完善和社会各界的认同

由于城市与郊区走向一体化，两者的区别淡化，传统的城市概念已无法准确涵盖这种新的地域。早在1910年，美国预算总署就发布了"大都市区"概念，用于统计数据收集、分析和信息发布。其标准为：人口在10万及10万以上的城市以及与其相邻、人口密度达388人/平方千米的地区，均可合计为大都市区人口。具体统计以县为单位，标准的大都市区，起码拥有一个县，规模较大的大都市区，可以跨越几个县。此后，为了准确反映大都市区的发展状况并保持概念的连续性，美国预算总署先后对大都市区的定义进行了数次修改，包括对主要大都市统计区和联合大都市统计区等规模上的区分。2000年起，美国人口统计总署等部门已用大都市区和非大都市区概念取代了传统的城市和乡村的概念。

大都市区取代城市，已经不仅仅限于概念上的探讨，而是成为人们的某种思维定式。例如，洛杉矶市，307万人，但L.A.大都市区，人口达1640万之众，被称为"内陆帝国",规模直追全美首位大都市区纽约。纽约大都市区地处美国东北部城市密集区,已不仅仅是一个大都市区独立发展,而是与相邻的几个大都市区连成一片,形成横跨 4 个州,囊括 27 个县,729 个市和镇区,人口逾 2000 万的联合大都市统计区,全称为纽约—北泽西—长岛联合大都市统计区。居住在该大都市区的新泽西州北部居民可能首先认同自己是大纽约人,其次才是新泽西人;康涅狄格州和宾夕法尼亚州在大纽约所属县份的居民也多半持类似的定位。

由此可见,城市和区域实际上已无清楚界限——城市区域化了;另一方面,功能性区域地位提升,行政区划明显淡化,这恰恰就是大都市区的要义所在。

经济统筹与政治碎化:大都市区的双重影响

美国各大都市区的形成,使城市和郊区的经济资源得到整合与优化,发挥了综合性和整体性优势,在经济方面有不俗表现。特别是大都市区内的多中心格局,实际上是中心城市和郊区经济结构的转型和角色的部分置换。郊区出现的次中心与原有的中心城市形成互补关系,有助于缓解中心城市在人口、交通、环境、就业、住房等方面的压力,同时充分发挥了各个次中心的相对优势,从而在整体上提高了经济运行效率。据一项权威统计,如果把大都市区作为国家计算,全世界前 100 个经济体中有 47 个是美国大都市区,其中仅一个纽约大都市区的国内生产总值就超过整个澳大利亚,10 个最大的美国大都市区的国内生产总值合计可在世界构成第三大经济体!美国学术界和政府有关部门现在已更多地使用大都市区生产总值(简称 GMP)的概念,而不仅仅是国内生产总值,来反映经济增长的实际。

与此同时,大都市区的发展,也给美国政治和社会方面带来很多新的问题和挑战。例如,城市化地域过度蔓延,资源浪费;地方自治导致政治零碎化,妨碍行政管理一体化;居住区分离,社会层级分化明显,形成白人中产阶级住在郊区,而黑人与白人中下层蜗居中心城市的"两个世界"现象。其中表现最为明显、也最难治理的是政治零碎化现象。美国地方政府由县、市、镇区、校区和专区等组成,而且多半实行自治,具有很强的自主发展能力,这就造成一种矛盾的现象:一方面,地方政府根据本地发展状况,制定相应的经济社会政策,实行自我管理;另一方面,大都市区又不断出现很多管理缺口或真空,与大都市区的一体化发展的客观要求相去甚远。美国和其他发达国家相继进行结构性改革，如组建大都市区政府，但成功者寥寥。从 20 世纪八九十年代开始进行功能性改革，尝试管治（即区域范围的协调合作）。目前这些改革仍在进行，所展现的经验与教训都值得我们思考。

2011 年，我国城镇人口首次超过农村人口，传统城市化告一段落，即将跨进转型的门槛。在这个关键节点，我们迫切需要了解与认识城市化的总体走向，修正和完善传统的城市化理论，扬长避短，有前瞻性地确定城市化道路和具体发展模式，其中，完整准确认识大都市区的地位和作用，意义不可小觑。

欧洲城市建设的黄金时代

| 刘景华

近代早期的西欧，经济上先进与落后生产方式并存，政治上新旧制度搏斗，思想上发生文艺复兴、宗教改革、科学革命和启蒙运动，而其城市建设也进入脱胎换骨式的黄金时代。这一时期欧洲城市建设的大规模展开，其经济基础在于商业贸易促使财富增长并集中于城市，如 1688 年英国全国财富的 80% 藏于城市；其政治基础在于民族国家强化君主权威，以及天主教会强调自己的精神地位。现今令人流连忘返的欧洲城市景观与风貌，大多是近代早期留下的遗产。

其一，地理大发现和新航路开辟后，欧洲的商业中心转向大西洋沿岸，大西洋岸边一批国际商业中心人口聚集，商业贸易的大量财富投入城市建设。这些中心城市后来一直居于欧洲最重要城市的行列。

伦敦。以它为核心形成了英国国内市场网络，并在此与国际贸易体系连接，控制了英国进出口贸易的 80% 以上。伦敦在 1500—1750 年膨胀性发展，人口从 5 万人增至 65 万人。1700 年，伦敦超过巴黎成为欧洲最大的城市，也是世界上最繁忙、最富有的都市。时人有言："厌倦伦敦亦即厌倦生活，因为伦敦提供了所有的生活。"

阿姆斯特丹。它作为西欧最大的贸易中心和金融中心，地位维持了一个世纪之久。以阿姆斯特丹为首都的荷兰，被马克思称为 17 世纪的"模范国家"。阿姆斯特丹的经济利益主要在海外贸易。荷兰人作为"海上马车夫"，驱动着世界总吨位一半以上的航海商船。阿姆斯特丹商人积累的资本财富后来大量借贷于英国，成为后者工业革命资金的重要来源。

里斯本。新航路开辟后，里斯本迅速成为西欧至印度洋航路贸易体系的中心，

西班牙塞维利亚黄金塔

是东方产品输入欧洲的主要口岸，每年运往里斯本并转运至西欧各地的东方香料多达7000吨。1500年里斯本有6万至7万人口，1700年发展到近20万人。

塞维利亚，是西班牙的殖民地贸易中心和行政中心。它离瓜达尔基维尔河出海口仅百余公里，16世纪西班牙航海探险活动多从这里出发，如首次环球航行的麦哲伦舰队就是从塞维利亚启程的。随着大西洋贸易的兴旺以及美洲金银矿的开采，塞维利亚成为西班牙贵重商品贸易的唯一港口，其财富令人艳羡。瓜达尔基维尔河畔矗立的"黄金塔"以及巨大教堂是其极其富有的历史见证。

其二，欧洲城市进入有规划建设时期，以中心广场等公共建筑和王宫建筑为主体，辅之园林、雕塑、喷泉等，并拓宽或新修街道，讲求街区布局。新航路开辟后，意大利城市从事的地中海贸易衰落，资本大量转向城市建设；经过文艺复兴洗礼的意大利，追求美好生活成为城市社会中上阶层的共同价值指向。故16世纪意大利的城市建设形成了高潮，广场是其城市建设和改造的主要标志。以威尼斯圣马可广场为例，它连同北面小广场以及南面海湾广场，可容纳这座近20

万人口城市的市民集会需要。广场四周耸立着圣马可教堂、近百米高的方锥形钟塔、总督宫、图书馆、新旧市政大厦等，气势宏大。意大利各主要城市都建设有这样的广场及街道，如罗马的诺沃纳广场和威尼斯广场，佛罗伦萨的西格诺利亚广场和乌菲齐大街、斐拉拉的亚里奥斯梯亚广场等。罗马波波罗门内的椭圆形广场与三条笔直的大道相交，呈放射状通向城区。17 世纪法国对卢浮宫进行了改造。新修宫殿则以巴黎近郊的凡尔赛宫为代表，为路易十四所建，集王宫、园林、雕塑、喷泉于一体，场景宏大，力图展现民族国家的强大和君王威严，其中富丽堂皇的镜厅更张扬了奢华气派。在分裂的德国，大小诸侯为了自卫而致力于将领地内城市建成设防城堡，南德意志大量城堡式城市基本是在这个时期涌现的。

其三，艺术风格精彩纷呈，使这个时代的欧洲城市建筑千姿百态、争奇斗艳。16 世纪意大利文艺复兴艺术达到高峰时，英法仍有哥特式遗风，如剑桥国王学院礼拜堂、威斯敏斯特亨利七世礼拜堂，法国则出现了哥特式修正形式，即有两面斜坡的"曼萨尔德式"屋顶。17 世纪意大利盛行巴洛克风格时，法英则模仿意大利文艺复兴风格，以穹窿顶为一种基本建筑样式，如巴黎的索邦教堂、伦敦的圣保罗教堂。17、18 世纪，法国一方面出现了巴洛克艺术的升华——更加细腻的洛可可风格；另一方面又见证了古典主义风格的复兴，强调秩序和规范，同时也含有巴洛克元素。总的来说，这一时期是巴洛克风格作为艺术主流的时代。

"巴洛克"的西班牙语原意指不规则的、奇形怪状的珍珠，欧洲人认为是过分、变形、反常、怪异、荒诞和不规则的同义语。建筑上的巴洛克风格一反以往呆板、划一的模式，喜爱奇形异状的装饰，追求活泼怪诞，讲求曲线和动势，而且往往将希腊式、罗马式、哥特式、文艺复兴式诸种风格融为一体，兼收并蓄。复杂的建筑配以复杂的装饰，是巴洛克建筑最典型的特点，以西班牙和葡萄牙的巴洛克建筑雕塑和装饰最为繁杂。巴洛克风格的建筑有教堂、宫殿和公共建筑等。它们的共同点是突出中心建筑的地位，让其他建筑元素围绕它、烘托它，这反映了天主教会要求居于中心、让世俗社会服从它的意志。罗马的彼得大教堂及门前的椭圆形加梯形广场、维也纳的卡尔大教堂是最经典的巴洛克建筑。在大量的城市民居中，注重个性装饰的巴洛克建筑式样亦随处可见。

其四，近代早期是"原工业化"时代，在乡村工业发展与集中的基础上，诞生了一批新型工商业自由城市。典型者如英国兰开夏纺织区的曼彻斯特、利物浦，西密德兰铁工业区的伯明翰，约克郡西莱丁毛纺区的利兹，约克郡南部铁制品工业区的设菲尔德，东北部采煤区的纽卡斯尔等。它们作为近代早期西欧最引人注目的工业城市，具有许多过往城市所没有的新品质，如经济专门化、开放化、自由化等。由于没有行会等保守性组织，市政当局也不干预经济活动，因而吸引了大量的资本财富和人力资源。工业革命前夕，它们均已进入英国人口最多的城市行列。城市建设也适应了人口增长的需要，城区不断拓展，面貌日新月异。如利物浦是兰开夏乡村棉纺区的对外窗口，输入原料棉花、输出产品棉布，又介入了大西洋贸易包括奴隶贸易，城区范围在17、18世纪持续扩大。1650年，利物浦仅6条街；1677年为18条街；1708年为34条街；1725年为44条街。18世纪中叶开建的利物浦市政厅大楼，至今仍是其地标建筑。

其五，市政设施建设、市容改造、市政管理等提上日程，欧洲城市开始摆脱脏乱暗的印象。城市普遍注意道路规划和铺设、街道布局及照明、供水排水管道的铺设和维护、消防设施建设和灭火工具购置等。市容改造方面，禁止违章建筑，禁止街道两侧房屋和商店铺面侵占街道，规定屋檐滴水方式，将污浊行业如牲畜屠宰、皮革硝制等从闹市区和居住区移开等。市政管理和市容维护走向日常化，包括清扫街道垃圾、建立专业消防队、组建维持市容市貌的专业队伍等；也包括成立专门的城市建设和管理机构，负责街道路面的修理、铺设以及供水和照明等工作。例如，英国到1760年时，共有20多个城市设立了这类机构。

德国城市的
历史遗产
及其保护

邢来顺

城市历史遗产是城市发展的历史见证，是一个城市个性特征的彰显和集体记忆的载体，也是一个城市文化财富的象征和文化涵养的重要体现。德国在处理城市的现代化建设与历史遗产保护问题上有着自己的成熟做法，即可靠的法律保障、资金投入和科学合理的保护取向。这些做法或许可以资鉴于我国的城市建设。

德国城市的历史遗产积淀

德国的城市发展有着久远的历史，大致经历了三个发展阶段。上古时期，早在公元前后，德国境内就已经出现了一些罗马人建立的城市，如特里尔、亚亨等。中世纪时期，除了帝王诸侯和主教驻跸城市外，随着商业的繁荣，又形成了吕贝克、汉堡等商业城市，这些发展奠定了德国城市化的早期轮廓；近代早期的绝对主义王权时代，专制君主们为了彰显自己的威严和统治合法性，开始了以宫廷所在地为核心的大规模城市建设，形成了卡尔斯鲁厄、波茨坦、德累斯顿等一批规划规整、个性鲜明的城市；近代后期的工业化时期是德国城市发展最快速的阶段。从 19 世纪 30 年代德国开始第一次工业革命到 20 世纪初，德国在实现工业化的同时也基本上完成了城市化。与这三个时期相对应，德国城市建筑也呈现出明显的阶段性特征，即基于教堂和城堡等核心载体的古代中世纪城市建筑文化，基于各类宫殿、要塞、市政厅等主要载体的近代城市建筑文化以及基于工业文明之上的现代厂房文化和大都市文化。每个时期的城市建设又积淀了自己的核心城区，形成了所谓的历史"老城"。

德国大规模的城市改建和发展是在二战以后。二战期间，德国的主要城市在盟国的地毯式轰炸中遭到了极大破坏，变成了残垣断壁、废墟瓦砾。因此，战后城市重建首先提上了日程。当时存在三种意见：一是推倒一切重来，建立现代性全新建筑；二是完全恢复原有的城市结构和面貌；三是走中间道路，实行所谓"传统基础上的与时俱进"。最后，无论是分裂时期的西德和东德，还是重新统一后的德国，都选择了第三种方案，即在与时俱进地进行城市现代化建设的同时，关注城市的历史传统，对于带有强烈历史印记且已经成为城市象征的老城或城市核心区采取恢复和保护措施，强调"历史的连续性"，从而实现城市现代化建设进程中传承与发展的和谐统一。例如，柏林就遵循了普鲁士的古典主义传统，而德累斯顿则坚持萨克森的巴洛克风格。相关城市历史遗产的保护和维护工作取得了举世瞩目的成就。据统计，德国目前有两万多座古城堡，平均每16平方千米就有一座古城堡和宫殿。

德国城市遗产保护的原则取向

德国人在城市历史遗产保护方面有三大原则取向，值得学习和借鉴：

一是珍视历史馈赠。德国各个城市，无论大小，在城市规划和发展中都特别注意保留自己的历史印记。现存各种古色古香的建筑和精美绝伦的传统园林，都应该归功于这种努力。美因茨是莱茵—普法尔茨州首府，在这里，从中世纪的皇帝大教堂、原德国十字军的总部，到文艺复兴时期的水井、近代巴洛克式的贵族宫廷，无不展示着这座古老城市一路走来的历史辉煌。海德尔堡小城是当今德国最具有吸引力的旅游城市之一。在这里，有一座文艺复兴时期的建筑海德尔堡宫。由于长期风吹雨打和战火的洗礼，古堡已经残破。尽管如此，人们并没有对它进行修复，其中原因很简单："我们只需要精心保护这座古堡的现状，而不是去改变它。建筑是残破的，记录的历史却是完整的。残破是一种美。"

二是注重彰显城市个性。德国各城市并非简单笼统地对历史遗产进行保护和维护，而是把能够彰显城市个性的历史遗产作为主要的保护和维护目标。例如，拥有53座城市的鲁尔大都市区曾经是德国最重要的煤钢工业区。20世纪60年代以后，由于新兴产业发展和能源结构的转向，出现了严重的衰落危机。面对困境，鲁尔区在进行产业结构调整和转型的同时，并没有"抛弃"原有工矿设施等历史遗产，而是把这些标志着德国飞速崛起的近现代工业遗迹作为提升民族自豪感的文化据点，对它们进行"一体化"的保护性开发，将工厂、矿坑等改造成电影院、博物馆、攀岩场所等文化设施，走出了一条以呈现现代工业遗产为特色的"工业文化之路"。

三是尽可能将城市历史遗产保护与所在城市的日常生活和经济发展紧密联系起来。在规划城市历史遗产保护时，并非消极地为保护而保护，而是积极地将这种保护与当地的居住、工作、文化、休闲等因素有机结合起来，服务于当地居民，激发所在城市的生机活力。与此同时，开发历史"老城"的历史建筑文化价值，展示其独特景致，吸引旅游者，进而吸引相关企业进驻，拉动当地经济的发展。

德国城市历史遗产保护的保障

德国的城市历史遗产保护之所以取得巨大成功，得益于诸多因素，其中，完备的法律法规、有效的管理和充裕的资金保障最为重要。

德国对城市历史遗产实施法律保护有着悠久的历史。早在 1780 年，黑森－卡塞尔就颁布了《维护邦国内现有纪念物和古文物》的规定，这是德国第一部保护历史遗产的法规。1818 年，黑森－达姆施塔特和黑森－霍姆堡也颁布了保护纪念物的规定。1902 年，黑森－达姆施塔特又颁布了德国第一部具有现代意义的历史遗产保护法《关于纪念物保护法》。萨克森于 1894 年专门成立了"保护艺术品委员会"处理历史遗产保护问题，1909 年又通过了第一部纪念物保护法《反对毁坏城市和农村法》，1934 年则通过了《艺术、文化和自然纪念物保护法》。

就整个德国而言，保护历史遗产正式列入法律始于魏玛共和国。1919 年《魏玛共和国宪法》第 150 条明确规定："艺术、历史和自然纪念物及景观享受国家的保护和维护。"二战后，德国虽然陷入分裂，对于城市历史遗产的保护并没有停止。

民主德国对于历史遗产保护相当重视，早在 1952 年就出台了《保护和维护国家纪念物规程》。此后又先后于 1961 年、1975 年出台了《维护和保护纪念物规程》以及《民主德国纪念物保护法》。

在联邦德国，基于《基本法》规定，各州拥有"文化主权"，各州都颁布了专门保护历史遗产的《纪念物保护法》。两德统一后，新加入联邦的东部各州也都通过了自己的《纪念物保护法》。在联邦层面，则主要是以 1960 年提出、1971年正式通过的《城市建筑促进法》来推进城市历史遗产的保护和维护工作，"保护历史上的城市核心区的城市建筑纪念物"。另一部用来规范城市历史遗产保护和维护的法律是《建筑法》。根据该法律，在强化内城区和地方中心的城市功能建设时，要"特别考虑到纪念物的保护和维护"，即所谓的"特别城市建筑权"。

在管理方面，拥有"文化主权"的各州设有专门的纪念物局或纪念物维护局，负责历史遗产等的保护和维护问题。城市和城镇则有自己的文化委员会。联邦政府没有统一的中央管理部门，而只有少数特殊文化遗产管理机构，如普鲁士文化财产基金会等。有关"城市建筑纪念物保护"项目的确定和实施并非随意和盲目的。各级政府和职能部门都成立有专门的专家小组进行咨询，定期召开会议确定相关资助项目。

德国的城市历史遗产保护和维护有较充裕的资金保障，既有各级政府及职能部门专项资金，也有私人筹措和企业捐助资金。在西德，到 1990 年为止各州受"城市建筑纪念物保护"项目支持的资金达 140 亿欧元之巨。两德统一后，历史遗产保护的重点转向东部。1991 年到 2012 年，东部新加入各州得到 240 项财政支持，用于保护城市历史遗产。涉及的城市历史遗产保护和维护对象不仅有单个建筑，也包括街道、广场和具有历史价值的老城区。仅 1991 年到 2006 年，东部各州获得的城市建筑促进资金就超过 200 亿欧元。2009 年以后，原西德各州也开始得到"城市建筑纪念物保护"项目，迄今为止已经有超过 200 个项目在 190 多个城市中得到实施，取得了较好的效果。此外，德国还通过补贴和减免税等措施来鼓励私人和企业投资历史遗产保护事业。一些私人基金会，如德国纪念物保护基金会、迈瑟施密特基金会等也在资助历史遗产保护方面扮演了重要角色。

欧洲城市
兴起的
双向根源

|谢丰斋

　　中世纪以来，欧洲经历了三次"城市化"浪潮，分别发生在 11—13 世纪的中世纪盛期、16—18 世纪的转型时期和 18 世纪末以来的工业革命时期。三次城镇化过程的总体特点是：越到后期，对外贸易在城市兴起过程中发挥的作用越大。这是因为在 16 世纪之后，欧洲经济已经与世界市场紧密联系在一起，城市作为商人和商品的聚散地，不能不与海外市场即对外贸易捆绑在一起。那么，在新航路开辟以前出现的第一次城市化浪潮又是在一种什么背景下发生的呢？这个问题不仅涉及第一次城市化过程本身，而且直接提出了现代欧洲城市的发源问题。

　　当时，欧洲还处在中世纪的封建经济阶段。过去的观点一般总是把封建经济看成是以自然经济为主体的比较落后的经济形态，近些年来这种看法已经发生了变化，开始把封建经济视为自然经济与商品经济相结合的二元形态。但是，在研究过程中，我们发现，西欧的封建经济还是有它的特殊性，那就是对外贸易始终占有很大的比重，而且对外贸易发挥的作用总是尽到中世纪条件所能提供的最大可能。这是一个被忽视然而又令人震惊的事实。我们正是在研究西欧城市起源问题上注意到这一现象的。西欧中世纪城市的起源有两种情况：小城市（以集镇为主）主要起源于当时的农业拓垦运动，而大、中城市（又称"中心地"城市）则大多得力于以对外贸易为主的长途运输。

　　城市兴起于长途贸易的学说并不是我们的新发现。早在 20 世纪初，比利时学者亨利·皮朗就已经提出了"长途贸易论"观点。他认为，西欧的复兴源于欧洲国际贸易的开通，而城市作为长途贸易的"结点"，自然也是这种以对外贸易为主的长距离贸易不断发展的结果。这个观点与我们现在的研究有契合之处。但皮朗的观点实际上是有缺陷的，因为他没有注意到小城镇的大量存在。他所留意的城市实际上都是中心城市。因此，其观点虽然受到西方自由派史学家的普遍认同，但是自20世纪60年代以来，希尔顿、蒂托等新一代的信仰马克思主义哲学的史学家提出了反对意见。他们认为，西欧的大多数城镇，尤其小城镇的出现，其实与长途贸易的关系并不大，它们的兴起更多是当时农业垦荒运动的产物。

皮朗的研究的确没有关注中世纪的大垦荒。他把这种拓荒行为只是简单地看作农村地区受长途贸易刺激后出现的被动反应。而欧洲国际贸易和复兴开始于11世纪，当时，"整个地中海向西方开放，或者说重新开放了"，欧洲的海运商业由此兴起。"随着海运商业复兴而来的是海运商业向内地的迅速深入。不仅是农业因市场需要农产品而受刺激，及受交换经济的影响而变成交换经济的一部分，而且还产生了一种新的出口工业。"这是欧洲发生变化的契机。而城市作为联结国际贸易的长距离运输的中转站，对于领主把持的乡村来说，属于"外来"产物，完全是一个"异类"。乡村的地方法规管辖不了城市，城市的法律从根本上也不同于地方上的村规民约。他说："中世纪的市民……是一个与城墙以外所有人完全不同的人"，"一离开城门和壕沟，就是另一种法律的领域。"皮朗的城市论与同时期的德国学者马克斯·韦伯的研究产生了共鸣。韦伯也认为，欧洲中世纪城市是一个由自由市民控制的自治实体，它有自己的法庭、法律以及至少部分的自我管理；而中世纪的乡村，则因为其土地产权中负载了村社和庄园的种种权利，因而限制了农民的自由。继韦伯和皮朗之后，西方资产阶级自由派学者一般都把中世纪的西欧城市看成"封建的汪洋大海中非封建的岛屿"；或者认为"城市是封建社会的外部实体"。

实际上，在国际长途贸易出现之前，西欧已经发生了大规模的垦荒运动，时间大约是1000年前后。当时，萨拉森人、马扎尔人和维金人的入侵浪潮刚刚退去，外族入侵基本结束，欧洲获得了自我发展的机会。这是西欧城市兴起的又一个根源，即"内部根源"。希尔顿强调，"孤立的贸易史不能告诉我们封建制度特有的关系何时和怎样让位给资本主义关系"，"经济发展是以超过生存需要的社会总剩余生产量的增加为标志的。这一因素，而不是所谓国际贸易的复兴……乃是商品生产的基础"，而"国际贸易的显著增长从年代顺序上看是在农业生产力发展之后发生的"。正是在系统研究西欧地方农业史的基础上，"内源论"学派看到了中世纪小城镇（即集镇）的普遍存在。据庞兹统计，1330年西欧全部3267座城市中，2000人口以下的小型城市共计3000座，占全部统计总数的90%以上。小城镇实际上占中世纪城市兴起的绝对多数。从城镇兴起的"内源性"出发，希尔顿等人关于城市性质的看法与自由派观点完全相反。他们认为中世纪的城市并不是封建结构的外部实体，而是封建结构的一部分。希尔顿说："城市远不是封建社会中的对立因素，而是构成其基本结构的成分之一。"这样，从城市的起源到城市的性质，西方学术界出现了两种截然不同的历史观。直到20世纪末，两派的学术"论战"还不见分晓。

实际上，我们认为，这种对立的阵势是完全可以和解的，只要相互吸收，就能建立起西欧城市起源的完整学说。欧洲城市兴起正是"外源"因素与"内源"因素的结合。多数小城镇源于拓荒运动给地方经济带来的发展，交换增多，由此形成了诸多集镇，此外，少数专业化城镇和矿业城镇也相继出现；而大、中城市的兴起则主要根源于欧洲国际长途贸易的复苏，国际贸易的较大需求推动了产品的集中，催生了产品集散地的出现，使西欧各国的"中心地"城市相继兴起。

这里需要特别强调的是，对外贸易之于西欧封建经济的发展的确发挥了不可忽视的作用，它是西欧封建经济不可分割的重要组成部分。因此，对外贸易也是西欧封建经济不同于中国古代经济的重要方面。中国古代经济是典型的农本经济，"重农抑商"成为传统，虽然对内贸易异常兴盛，但对外贸易却受到了官方的严格限制，只能在少数港口城市有限度地进行，对于整个经济的影响面小到了"可有可无"的程度，与中世纪西欧对外贸易兴盛的局面完全不同。而这一点又正是我们的中世纪经济社会史研究所缺乏的。

19 世纪
伦敦的
"模范住宅"

| 张卫良

自 18 世纪中期以后，伦敦人口急剧增长，由 1750 年的约 60 万人，1801 年的 86 万人，1821 年的 123 万人，到 1851 年的 236 万人。伦敦在 19 世纪早期的既有住房根本无法满足城市人口的居住需求，很多家庭只能挤入已有的存量住房，一套住房居住 1~2 户人家甚至更多，过度拥挤成为一种常态。普通工人的收入难以支付体面住房的房租，只能选择并不适合人居住的地下室、贫民窟和分隔房。大量的历史文献记载了那个时代糟糕的住房情况，恩格斯在《英国工人阶级状况》中说："在威斯敏斯特的圣约翰教区和圣玛格丽特教区，根据统计学会会刊的材料，在 1840 年，5366 个工人家庭住了 5294 所住宅（如果这还可以叫作'住宅'的话）；男人、女人和小孩，总共 26830 人，不分男女老幼地挤在一起，在这些家庭中有四分之三只有一个房间。"面对严峻的城市住房问题，19 世纪的伦敦出现了一种创新的"模范住宅"形式，风行一时。所谓"模范住宅"是指在住房结构、设施和舒适度等方面符合住房立法所规定的最低标准，适合工人租赁居住的住房。

在 19 世纪 40 年代，伦敦的两个慈善组织"大都市改善勤劳阶层住宅协会"和"改善劳工阶级生活状况协会"率先进入工人阶级住房领域。前者宣称"在保证回收成本的前提下，为劳工的生活提供舒适和方便的住伦敦萨瑟克区的皮博迪广场房"，1845 年获得皇家特许状，限定利润不得超过 5%；1847 年，该协会在圣潘克勒斯路修建了 21 套两居室的住宅和 90 套三居室的住宅，后又在金色广场、新街等地段修建了类似的住宅。后者宣称要建造、租赁或购买合适的住房，以每周合适的租金，用隔间房形式出租给那些需要的家庭和夜宿者。1844 年，该组织在伦敦彭顿维尔的洛厄路开建了第一个模范住宅项目；1850 年，该协会也获得皇家特许状，规定利润为 4%。模范住宅形式获得了社会的广泛认同与政府的大力支持。1849 年 10 月，伦敦第一任公共卫生医务官约翰·西蒙在《关于伦敦城公共卫生状况的报告》中提出，"要求城市行动起来，消灭贫民窟，为穷人建造模范住宅"。1866 年，英国政府开始向慈善住房机构提供贷款，利息为 4%，期限为 40 年；到 1875 年，累计为模范住宅公司提供贷款 25 万英镑。

进入 19 世纪 60 年代以后，伦敦的模范住宅公司获得了快速发展。1862 年乔治·皮博迪成立了皮博迪信托公司，1863 年西德尼·沃特罗成立了"改善工人住宅公司"，1867 年"工匠、劳工和普通人住宅公司"成立。其后，伦敦 30 多家模范住宅公司进军住房领域。上述三大公司在伦敦住房租赁市场发挥了重要作用，建造了不少模范住宅。到 1875 年，皮博迪信托公司建造了大约 1800 套公寓，"改善工人住宅公司"建造了 1500 套公寓，"工匠、劳工和普通人住宅公司"建造了 1000 套公寓；至 1895 年，这三家公司建造的公寓数量分别是 5100 套、5350 套和 6500 套。这类住宅部分地改变了伦敦贫穷区域的灰暗面貌，出现了一种住房新气象。在白教堂区，到 1900 年已有 3748 套模范住宅公寓，居住 15494 人；在肖尔迪奇，到 1919 年已有 59 个独立的模范住宅街区，总共 2134 套公寓（5694 个房间），居住 8450 人；在切尔西，1913 年有 2200 人居住在由萨顿信托机构建造的模范公寓里，1390 人居住在刘易斯信托公司的公寓里，还有 1000 人居住在吉尼斯大楼里，500 人居住在住宅改造公司的公寓里，200 人住在皮博迪大楼里。这些住宅虽然不能解决城市住房问题，但部分地缓和了伦敦城市中心区域的住房过度拥挤的状况。

模范住宅不是普通的商品住房，而是具有一定社会福利色彩的住房。模范住宅公司是基于慈善理念参与住房建设与管理的，它们的利润大致保持在 5% 左右，号称"百分之五慈善"。这些公司的主要资金来源是社会各界的慈善捐赠、王室赞助、政府贷款以及民间投资。在 1855 年以后，伦敦工程委员会将贫民窟清理以后腾出的空地优先提供给模范住宅公司，并督促这些公司在原址建造工人住宅，为工人阶级提供住房。

作为现代城市公寓的早期形态，模范住宅在城市住房发展史上占有一席之地。伦敦的各个模范住宅公司聘请了专业的住房建筑设计师，对工人阶级住房进行了专门的设计，他们建造的房屋结构与风格虽然不尽相同，但这类住房仍有一些基本的共性。与其他住房相比，模范住宅公司重视房屋结构中的房间分隔，建筑师亨利·罗伯茨曾经设计的"四口之家模范住宅"街区，在建筑平面上植入了重要的住房分隔理念，包括家庭之间的分隔以及每个家庭内部家庭成员之间的分隔，其中有避免道德混乱之因素。另外，这类房屋注重自然采光和通风，连接自来水和排水系统；重视公共卫生，配备公用厨房、洗衣间和卫生间，符合《公共卫生法》所规定的基本要求，因而也成为其后城市公寓开发的一种样本。

模范住宅与简陋的贫民窟住房相比具有很大的反差，前者壮观整洁，后者低矮破败。模范住宅可以被视为一种高端的租赁住房，房租虽然高于住宅市场的租金，但按其住房品质，这样的房租并不算太高。在 19 世纪的伦敦，市中心房租昂贵，一个单间平均每周房租大约 3 先令 10.75 便士，2 间房 6 先令，3 间房 7 先令 5.25 便士。据估计，1866 年伦敦工人的平均工资在每周 10 先令到 12 先令 6 便士之间，房租一般占到工人收入的 1/3 左右。在 19 世纪 70 年代，皮博迪信托公司的租客是一部分收入较高的工人，最穷的租客平均工资是每周 15 ~ 20 先令。皮博迪信托公司为了增加竞争力，其收费实际低于市场价的 20% ~ 25%，有时收费更低一些，因而其住宅受到了印刷业、珠宝制造业、雕刻和马车制造行业工人的欢迎。不过，这类住宅数量有限，租客申请一般要等待两年之久，大多数普通工人依然无法租住这类住宅。

模范住宅公司出于住房管理的需要，构建了一种与其他社区相隔离的封闭小区。例如，皮博迪信托公司用威严而可怕的铁栅栏将其住宅与其他相邻的住房分隔开来，晚上大门紧锁，形成了一个相对独立的社区，被称为"严厉的家长式制度的建筑风格"。另外，模范住宅有非常具体的管理章程，对租客进行严格管理。皮博迪信托公司的管理章程有十五条，其中规定：除非每个申请者家庭成员接种疫苗或同意遵守《疫苗法案》，并同意把每个受感染病例送往合适的医院，否则将不接受其房间申请；不允许拖欠房租；每周六应该清洗过道、盥洗室和厕所的窗户，在每天早上 10 点前清扫完毕，租客应该轮流清扫；洗好的衣服不应该挂到住房外面；垃圾不应该扔到门外或窗外；不能在房屋场所内养狗等。任何不遵守公寓管理规章的租客都将收到驱逐令。这种刻板的管理方式虽然为人诟病，但是，在其后的年代里，伦敦建造的市政公房同样采取了极为严格的管理制度。模范住宅在一定程度上重塑了城市居民的生活习惯与习俗，公共卫生、疾病预防、自我约束、邻里尊重、举止文明以及遵守管理章程等成为现代城市居民应该具备的修养与行为方式。正如当时一位卫生医务官所表达的，模范住宅是"植根于广大野蛮荒地之中的小块文明"，尽管这个判断有些言过其实，但在提升城市居民素质及其生活品质方面还是具有一定作用的。

意大利城市

——美与文化力量的象征

|刘耀春

————

　　当今，人们习惯将一个国家的影响力分为硬实力和软实力，如果说经济、科技和工业产品代表了硬实力，那么文化就是软实力的重要构成部分。在文化软实力中，创造美的能力无疑是衡量一个民族文明程度的重要指标。意大利人创造美的能力举世公认，尤其是他们在视觉艺术、建筑和城市建造等领域取得的卓越成就。在2010年的上海世界博览会上，意大利馆的主题是"城市让生活更美好"。其策划者的基本理念是"意大利制造之所以能够创造出享誉全球的意大利产品，正是因为意大利城市所体现的文化底蕴。意大利对建造当代城市所能做出的最优秀的贡献就是意大利建造城市的艺术。在几百年风云变化的历史发展过程中，城市文化是意大利最突出、最有个性的表征"。

　　意大利人的自信和自豪不是没有道理的，打开任何一本讲述西方建筑和城市历史的书，意大利建筑和城市都占据了相当多的篇幅。从罗马帝国灭亡到19世纪中后期，意大利一直处于四分五裂的状态。在这漫长的历史岁月中，意大利的历史是以大大小小的城市为中心构筑的。正如19世纪意大利杰出的政治思想家卡罗·卡塔内奥精辟地指出："把意大利三千年的历史连缀成一个持续整体的唯一原则是意大利的城市。没有这个理想的主线，我们的记忆将迷失在诸如征服、党派纷争、内战以及连绵不断的国家形成与分裂等各种事件的迷宫里。"

　　作为意大利历史特征最显著的城市，其根基是在中世纪盛期奠定的。中世纪意大利城市的突出特点是多样性。罗马帝国的城市基本上都是以罗马城为样本建造的，城市虽规模不一，但结构和布局无不大同小异。罗马帝国的灭亡虽一度对城市文化造成了沉重打击，但也为未来城市的发展提供了自由和空间。到中世纪兴盛期，随着经济的复兴、政治和社会秩序的重建，城市再度兴盛。在这一时期，城市俨然形成了一个个独立的政治、社会和文化实体，城市自豪感体现并渗透在城市社会文化的各方面。各城市不仅在政治、经济上较量，也在城市建设，特别是世俗公共建筑和宗教建筑，即市政厅和主教堂的建设方面相互竞争，这两类公共建筑所在的区域构成了城市的政治、宗教、社会生活核心，也成为今日意大利城市的历史文化中心。这一时期，意大利的城市建设一方面遵从本土传统，另一方面广泛吸收外来建筑艺术风格元素（哥特式风格、拜占庭风格、伊斯兰风格等），既有鲜明的文化个性，又显示了整个欧洲艺术和建筑的发展潮流。中世纪盛期的意大利城市还逐渐形成了自己的建筑美学原则，这集中体现为对建筑装饰的注重，包括外部的立面设计和建筑的内部装饰。与北欧地区的建筑相比，意大利建筑的壁画装饰尤其普遍和发达。

文艺复兴时期，意大利建筑师和建筑理论家继续贯彻功能与美观结合的原则。同时，受崇尚古典文化的氛围的影响，这一时期的建筑师不仅强调古典建筑元素和风格的使用，同时开始注重建筑与街道、公共空间的统一规划和整体布局。阿尔贝蒂、费拉雷特、布拉曼特、帕拉迪奥等建筑师的理论著述和建筑作品都体现了这一趋势。威尼斯共和国的圣马可广场和大水道两岸的贵族府邸尤其生动地体现了注重统一外观的城市美学原则。圣马可教堂广场面向大海的公共建筑可以说构成了"威尼斯的面孔"，给所有由大海抵达威尼斯的访者留下了深刻的第一印象。而大水道两岸的贵族府邸则形成了一幅壮丽的威尼斯城市建筑艺术画卷。需要指出的是，意大利城市的多样性和艺术性与建筑类型的日益多样化也是分不开的。从中世纪晚期开始，公共和私人建筑的发展都日益多元化，除大教堂、市政厅，还有广场、市场、剧场、花园、私人宅第等。更重要的是，文艺复兴时期的建筑理论家还提出并努力实践一种"理想城"构想，其核心就是建造风格统一、结构规整的几何式城市，这种通盘布局的城市规划思想对后世欧洲的城市规划和建设产生了广泛而深刻的影响。

到17、18世纪，文艺复兴时期发端的建筑美学原则和城市规划思想进一步发展。巴洛克建筑不仅致力于建筑与绘画、雕塑装饰的有机统一，而且强调建筑内外空间的营造和整体布局，中轴线和对称原则的使用使巴洛克建筑呈现出无与伦比的宏大性和剧场效果。梵蒂冈的圣彼得广场可以称得上是巴洛克建筑的经典例子。雄伟的圣彼得大教堂及其正前方左右两侧的两座方尖碑和手臂式柱廊，既象征着教会对信众的关怀，也昭示着罗马教廷至高无上的权威。此外，这一时期罗马城的规划和建设还特别重视外来访者的"入城印象"，尤其着意于营造庄严感，罗马城几个主要城门的迎宾广场设计就清楚地体现了这一意图，如罗马北城门的"人民广场"。罗马城体现的巴洛克城市美学原则极大地影响了欧洲其他国家主要城市的规划和建设，特别是巴黎和维也纳，也包括俄罗斯帝国的新首都——圣彼得堡。正是由于在视觉艺术以及城市美学领域的卓越成就，这一时期的意大利虽在经济和政治上已不再是欧洲的中心，但文化上仍是其他国家仰慕和学习的对象。著名的"大游学"，即欧洲各国文人学者和艺术家到意大利的文化朝圣，既显示又扩大了意大利在欧洲文化领域的重要性和影响力。"大游学"不仅使欧洲各国的绅士领略了意大利古老的文化遗产以及文艺复兴时期以来的视觉艺术珍品，也将意大利的城市美学和建筑理想传播到整个欧洲，比如，英国"大游学"参与者伊尼格·琼斯就将古典主义建筑风格引入英国。总之，纵观整个意大利的城市发展史，从中世纪盛期到前工业化时代，意大利人总是能够将功能与美、文化个性与统一性放在同等重要的位置，并努力实现二者的有机结合，因其如此，意大利的城市才被制造成了一件件风格各异但同样精美的艺术品。

然而到了19世纪，意大利城市的多样性与美感都遭遇了空前危机。迫切希望摆脱"欧洲病夫"形象的意大利统治精英，使城市的文化遗产和美感无条件地附属于建设一个经济、军事强国的实际需要，佛罗伦萨城就是这一趋势的受害者之一。在19世纪的工业化进程中，佛罗伦萨政府将存在数百年之久的佛罗伦萨老城墙视为城市现代化的障碍拆除，并在靠近城市历史核心区的地带修建了一座现代风格的火车站，严重破坏了这座历史文化名城的风貌。随后，火车站周围又陆续建造了其他一些现代建筑，给今天的人们留下一幅不和谐及杂乱的画面，让人扼腕叹息。

意大利城市建设的成就和命运变迁，为当今的城市建设者提供了深刻的教益和启示。在全球化时代的今天，城市建设者应摆脱盲目追求现代化而罔顾城市文化遗产和艺术品质的做法，要注重城市文化个性的塑造和美学意义。城市文化，尤其是城市建筑，是塑造和体现一个城市文化品格的最重要因素。因此，我们要珍惜各个城市的建筑遗产，并努力培育各个城市自身的文化特色和个性，将城市建设和塑造成一件艺术品，即人类一个"诗意的栖居地"。

19 世纪法国的
城市保护
思想和实践

朱　明

19 世纪 50 年代，巴黎圣母院周围被改造，原本狭窄的街道、紧凑的广场被拿破仑三世和奥斯曼男爵的城市改造政策全部改变，形成了教堂前面的大型广场，宽阔笔直的大道从教堂前面穿过。就在这个时候，著名法国建筑师维奥莱·勒·杜克（以下简称杜克）也开始对巴黎圣母院进行修复和改造。正是经过他们之手，巴黎圣母院以及巴黎的许多建筑景观发生了翻天覆地的变化，而城市保护思想也是在这一时期随着他们的实践而发展起来。

在法国大革命中，巴黎圣母院遭到了严重破坏，虽然在其他大部分教堂都被摧毁的情况下保留了下来，但是圣母院正立面的国王雕像被敲掉，塔楼被推倒，圣母院内部更是一片狼藉，甚至一度被遗弃。其他跟教会、王权有关的建筑也都遭到严重破坏。对于这种现象，大文豪雨果从 19 世纪 20 年代开始撰文进行批评，1831 年出版的《巴黎圣母院》更是引发了公众对中世纪建筑的兴趣，也掀起了城市历史建筑保护的热潮。

与此同时，创作了《卡门》的作家、历史学家梅里美开始负责文物建筑的监督工作。1837 年，法国成立了文物建筑委员会，列出了需要保护的建筑清单，由政府出面进行修缮。梅里美认为，这些文物的保护和维修是为了给国家提供记忆、展现法兰西民族悠久的历史，对公民进行教育，而不是要恢复这些建筑在中世纪时的宗教作用。在梅里美的带领下，巴黎圣母院等宗教建筑都得到了很好的保护。

当杜克接手巴黎圣母院修复工作时，这座中世纪的建筑已经破败不堪，他提出了"风格式修复"的原则，即在原样修复的基础上根据修复者自身对建筑和历史的理解添加新的元素。这种修复并不是复原历史，而是使历史上的建筑得到进一步的发展。杜克所在的时代正值"新哥特风格"流行，因此，他根据这种风格的建筑样式，给巴黎圣母院增加了一个尖顶。他甚至还想给正立面上两座平顶的塔楼也各增加一个尖顶，这样就成为犹如火焰般腾空而起的"新哥特"风格。不过，这种设想仅停留在图纸上，否则今天巴黎圣母院的形象就完全不同了。

杜克的修复风格受到很多人的批评，他的工作被指责为破坏性的修复，而且不尊重历史，是对古代艺术的伪造，会让后人误解历史。但是，杜克对历史建筑的翻修，其实更多的还是为了赋予老建筑以新意义。这种意义与19世纪不断增强的民族主义密切相关。历史建筑成为增强国家记忆、打造民族身份认同的重要工具。很多修复都不是恢复原样，而是创造性地建造。

这种创造性地建造也体现在奥斯曼男爵的城市改造方面。巴黎中心老城区的房屋和道路狭窄紧凑，鳞次栉比，充满中世纪的特征。奥斯曼男爵建造了里沃利大道、圣米歇尔大道等主要道路，也对很多次要道路进行了整修。这些整修改善了城市的卫生状况，改进了交通。他还为道路进行了配套设施建设，修建了广场、人行道、林荫等，道路两旁建造了气势宏伟、风格典雅的房屋建筑，形成了对称平整的新古典主义风格。这些风格统一的"奥斯曼式住宅"使巴黎充满高贵和秩序感，成为巴黎的城市特色，也成为此后巴黎城市保护的重要目标。

正是在以上一些重要人物的推动下，法国形成了"遗产"的概念，包括具有艺术价值、景观特征、历史意义、建筑价值的文物。城市中具有历史意义的建筑、景观是极具重要意义的遗产。在法国大革命之后，法国兴起了保护文化遗产的思潮和行动，并且以公益的名义采取有效措施对遗产进行保护。而在遗产中，与城市密切相关的是不动产遗产，即建成遗产。对这些遗产的保护，雨果、梅里美、杜克等人是先驱者，而在法律上确定这些遗产的重要地位以及对其进行保护的，则是法兰西第三共和国时期（1870—1940年）。

1887年，法国颁布了《纪念物保护法》（或称《历史文物保护法》），要求国家对与"国家利益"相关的历史纪念物进行保护，并使国家的干预合法化。这个法律使法国大革命以后对城市的保护从零碎的实践上升到法律的高度。伴随着工业化的发展，城市往往被改造，大量工厂建立在城市中；而体现当权者意志的城市化，也往往对城市中的历史建筑构成威胁，如奥斯曼男爵在巴黎的城市改造被当作样本在全国铺开。这些经济和政治方面的因素对城市历史文脉的破坏，使立法保护成为必需。

到 1913 年，法国又颁布了《历史文物法》，这是对 1887 年法律的进一步发展。自 1905 年颁布《政教分离法》之后，宗教建筑收归国家，但又不能与世俗化的国家文物同等对待，因此许多教堂得不到修缮维护。鉴于此，1913 年的《历史文物法》决定将"公共利益"作为最高准则，宗教建筑因而被列入保护范畴。该法还将文物分成"不动产"和"动产"两种类型，并规定了"列级"和"登录"两种保护级别。"列级"是指国家对从历史或艺术角度符合公共利益的建筑进行列级保护，有的私人建筑甚至可以不经产权人的同意进行征收，但也需要管理者做出很多保护举措；"登录"则比较简单，保护程度也相对较弱，仅仅是对登录在册的历史文物进行监督和管理。

城市中的历史文物主要包括城堡、教堂、名人住宅、庭院花园，甚至还包括旧的工厂厂房。目前，从文物类型看，宗教建筑和住宅建筑所占比例最大，各为 30% 以上；从时间分期看，中世纪和近代建筑占有比例最大，分别为 30% 和 45%。而且，85% 的列级文物都是 18 世纪以前的，这一方面是法国大革命的大破坏所致，另一方面显示了法国在历史文物保护方面厚古薄今的特征。

不过，这也正体现了法国城市对自身的定位。首先，它是一个经历过工业化但又努力在去工业化的城市。法国对现代建筑和工业建筑的保护直到 20 世纪 70 年代才开始，工业建筑在文物建筑中的比例仅占 1%。法国的城市保护从 19 世纪早期开始，主要是针对大革命对历史建筑的毁坏而做出的补救，并且受到浪漫主义运动的影响，因此对城市中的中世纪文物遗产尤其重视。其次，法国的城市保护与其历史记忆和身份认同紧密结合在一起。国家和政府对历史建筑的保护，是为了使法国人对共同的历史产生更深刻的印象。这些被保护的建筑不仅属于国家，而且属于公众，具有公益性。因此，它们不仅反映国家的记忆，也代表着共同的记忆。法国的民族国家建构有两个主要时期，一个是中世纪，一个是 19 世纪。法国政府希望民众的历史记忆可以追溯至中世纪，以悠久的历史增强公民的荣誉感和自信心，从而加强身份认同。而城市的历史建筑恰好成为一座博物馆，起到历史教育的目的。

先行者的探索：
英国
现代城市化

｜陆伟芳

城市已有漫长的历史，但现代城市却是工业化的产物。英国是世界上第一个进行工业革命的国家，也是第一个完成城市化的国家。它所进行的城市化探索，成为后发国家开展城市化的一面镜子。

史无前例的城市化历程

18 世纪下半叶，当清王朝还沉醉在物产丰饶、无所不有的美梦之中，中国民众还在点亮"走马灯"娱人耳目之时，欧亚大陆西边不列颠岛上的蒸汽机正在彻底改变千百年来的生产模式和生活方式。工业革命中诞生的新兴产业吸引了大量乡村人口，正如《共产党宣言》所说，"它创立了巨大的城市，使城市人口比农村人口大大增加起来，因而使很大一部分居民脱离了农村生活的愚昧状态"。

城市人口比例不断提高。到 1851 年，英国一半以上的人口生活在城市，成为世界上第一个城市化国家。到 20 世纪，约八成人口生活在城市，英国进入高度城市化社会。

在工业发达地区，崛起了一大批崭新的工业城市。而且，新兴工业城市的发展远远超过老城镇，增长最快的是伦敦和近畿诸郡、工业化的西北、约克郡的西部、西米德兰的东北和东部。北方新兴工业城市曼彻斯特、伯明翰、利兹、设菲尔德、布雷福德和诺丁汉的人口以前所未有的速度增长。

城市规模扩大、大城市日益增多。1851 年，英国有 10 个 10 万人以上的大城市。到 1901 年，利物浦、格拉斯哥、曼彻斯特、伯明翰的居民达到了 50 万，而伦敦的人口等于紧随其后的 18 个大城市人口的总和，几乎等于巴黎、柏林、维也纳和圣彼得堡的人口总和。伦敦成为英国的神经中枢，成为众城之城。

城市化浪潮还催生出一大批城市群或城市带。在城市化过程中，大城市不断吞并周围的中小城市，形成当时罕见的城市群。这些城市群的经济、信息、服务互相呼应、互相依托，有着极大的聚集效应。

英国的城市化还彻底改变了英国原有的经济地理格局。英国传统的经济重心在以伦敦为中心的东南部地区，现在新兴的西北部工业区机器轰鸣，涌现出大批工业城市，英国的经济重心和人口向北移动。

"迈达斯灾祸"——城市病种种

英国从诗情画意、美丽宁静的乡村社会，变成机器轰鸣、厂房遍地、烟囱林立的城市社会。大量人口涌进城市，而相应的资源却来不及向城市集中，城市公共设施严重不足，从街道、住房，到基础设施都无法满足大量人口的需要，英国深深地患上了"城市病"。以至于英国经济史学家哈孟德夫妇用"迈达斯灾祸"来形容这段历史。

托克维尔称曼彻斯特"从这污秽的阴沟里流出人类最伟大的工业溪流，肥沃了整个世界；从这肮脏的下水道中流出了纯正的金子"，把城市社会的两面性描绘得淋漓尽致。盖茨·凯尔夫人的《玛丽·巴顿》《南方和北方》，以及狄更斯的《艰难时世》，还有恩格斯的《英国工人阶级状况》等对曼彻斯特的生动描述，都展示了城市病的种种症状。

19 世纪的英国城市发展和建设毫无规划可言。城市街道曲折狭窄，城市建筑混乱无序。另外，城市里普遍缺乏公共设施，人畜共居，臭水塘触目皆是，到处是用家庭垃圾做饲料的养猪场、肮脏的街道以及堆积如山的垃圾。

城市的空气不再清新，天空不再蔚蓝。"煤烟曾折磨大不列颠……100 多年之久，以烟煤为燃料的城市……无不饱受过数十年严重的大气污染之苦"；伦敦"250 万人的肺和 25 万个火炉集中在三四平方英里的地面上，消耗着大量的氧气"。伦敦雾如"豌豆汤"般笼罩在伦敦上空，成为伦敦"景观"的有机组成部分，直到 1952 年还有伦敦"杀人雾"毒害着居民。

城市河流污染严重影响了城市卫生。泰晤士河原本碧波荡漾，鱼虾成群，是举世闻名的鲑鱼产地。城市化进程中，大量的生活污水、工厂污水、抽水厕所的粪便都不经处理便流入下水道，最终流入泰晤士河，使其逐渐成为一条污浊不堪的"臭河"。到 20 世纪 50 年代，泰晤士河水污染几乎达到极限，其他工业城市的河流也不例外。恩格斯描绘道：流经利兹的艾尔河，像一切流经工业城市的河流一样，流入城市的时候是清澈见底的，而在城市另一端流出的时候却又黑又臭，被各色各样的脏东西弄得污浊不堪了……艾尔克河的支流布拉德福河，曾是男孩们捕鱼的乐园，也被工业化的浪潮熏染得通体黝黑。

住房拥挤和紧缺成为通病。许多住宅被分割出租，地下室与阁楼也变成了居住空间。新建住宅，则追求单位面积土地的最大利用价值，在狭小的空间里建造尽可能多的住宅。于是，出现了"背靠背住房""大杂院住房"等"创新"举措。这样的城市环境和物质条件还带来了贫困、疾病、犯罪等其他城市病。

应对城市病的积极探索

城市既带来了空前的财富与繁华，也对人类智慧提出了巨大的挑战。英国尝试着宏观视野和具体操作，来解决城市体系部署和城市内部建设问题，探索城市空间的布局。

从 19 世纪开始，英国通过国家立法来限制城市污染物的排放。20 世纪一些保护空气质量的立法，把大量污染企业疏散出城市。新世纪以来，更是把治理汽车尾气污染提上新的议事日程，特别是在治理 PM 微尘方面，可谓绞尽脑汁。从征收拥堵税，到设立低排放区，从鼓励混合动力车，到减少路面扬尘，从伦敦市长做广告推广自行车项目，到公园绿地建设，英国在节能减排、营造绿色生态城市方面可谓不遗余力。

另外，19 世纪以来，英国对城市下水道系统进行彻底的更新改造，建造起异常复杂坚固的综合系统，把污水、雨水进行处理，再加上大量污染企业外迁，最终解决了城市水系的污染问题，伦敦的泰晤士河再次出现鱼虾。

对城市穷人的贫民窟，则从私人慈善家试行的模范住房，政府规范私人住房的标准质量，确定房前屋后应有的空间，再到 20 世纪市政公房的建设，不仅让英国人住有所居，而且是具有传统风味的房屋。屋前园地，屋后花园，楼下起居室与楼上卧室私密空间的分离，房屋成为英国人的"城堡"。

前事不远，吾属之师。作为第一个现代城市化国家，英国的探索之途为世界城市化建设提供了可资借鉴的经验教训，我们要实现"中国梦"，也不能不照照这面镜子。

跨国史视域下
丝绸之路城市史的 | 车效梅
研究和书写

———

　　20 世纪 90 年代兴起的跨国史研究，其研究对象是跨国关系和跨国事务，包括人员、思想、信息、资本、物质、制度的流动和联系。丝绸之路是穿越整个亚欧大陆最长的道路，是联系多个民族和国家最重要的纽带，与跨国史研究的内涵相一致。丝路城市作为丝绸之路上各种交往的网络与纽带的支点，是跨国空间或跨国场域的具体体现。从这一角度来讲，跨国史视域是理解丝绸之路城市史的核心路径，对丝绸之路城市史进行跨国史研究意义重大。

　　跨国史研究有助于我们建构丝路城市史研究的新路径和新方法。跨国史研究通过承认丝路他国力量对本国城市发展的影响，视丝路城市发展为跨国力量互动的产物，即把丝路城市置于更宏大的历史语境之中，不仅克服了以往站在民族主义立场、对丝路城市发展中跨国性人类活动和外来因素影响重视不够的弊端，而且在拓宽研究视野的基础上建构新的研究路径。如大不里士的兴起，传统研究多关注伊尔汗国定都于此和统治者的扶持政策对城市发展的作用，而跨国史研究则看到大不里士兴起与蒙古人毁灭巴格达、中东中路贸易的中断密不可分（注：历史上中东与外部联系主要通过三条路线：北路从君士坦丁堡跨过中亚连接东亚；中路通过巴格达、巴士拉和波斯湾连接地中海与印度洋；南路从亚历山大—开罗—红海连接阿拉伯海和印度洋）。跨国力量亦不断塑造着丝路城市的形态与风貌，随着丝绸之路延伸范围的扩大，丝路城市发展中的跨国力量日益多元化，城市形态亦异彩纷呈。例如，从基督教的君士坦丁堡到伊斯兰教的伊斯坦布尔再到现代化的大都市，时间的流逝并没有淹没跨国力量在伊斯坦布尔城市历史上留下的痕迹，古朴的城堡、辉煌的教堂、庄严的清真寺、华丽的宫殿、独特的土耳其浴室、现代化的别墅交相辉映，构成一幅色彩斑斓的多样文明融合的历史画卷，向人们展现了一个丝路城市曾有的辉煌。

跨国史研究使丝路城市史的内容更加丰富。跨国史研究重视跨国或跨地区之间的各种联系，如经贸、文化、技术等，并考察这种联系带来的影响。例如，丝绸产生于古老的中国，却由于丝绸之路贸易的繁荣，成为罗马人的时尚。公元前1世纪左右，古罗马市场上的丝绸价格等同黄金，但依然得到罗马贵族特别是贵妇人追捧。公元1世纪罗马城设有专卖中国丝绸的市场，此后几世纪罗马人对丝绸的钟爱有增无减，各阶层皆以着丝绸为荣。又如，香料贸易不仅带来舍卜沃、塔姆钠和马里布等丝路城市的繁荣，使开罗穆斯林卡里米商人因从事该贸易大发横财，而且使欧洲人为之着魔。再如，751年怛罗斯之战后，被俘的唐军工匠把中国造纸术传入阿拉伯，很快在撒马尔罕开设了伊斯兰世界第一家造纸厂；792年，在巴格达开设了第二家造纸厂，造纸术从此传遍了整个阿拉伯世界和欧洲，使人类历史进程发生了显著变化。还如，阿拔斯帝国时期，巴格达和萨马拉的窑场生产的多彩釉陶器、白釉彩陶、拉斯达彩陶，其装饰技法明显受到唐三彩、唐白瓷的影响。这些陶器不仅在伊斯兰世界负有盛名，而且向中国出口。中国青花瓷器生产过程中使用的蓝色矿物颜料苏麻离青则产自波斯，而青花瓷在16世纪成为霍尔木兹王公大臣收藏的珍品。红海港口摩卡是15世纪重要的咖啡生产中心，赴麦加朝觐的穆斯林信徒，通过此地将咖啡从北非的埃及、摩洛哥传播到波斯、奥斯曼帝国。正因为丝路上丝绸、香料、茶、咖啡、陶瓷等的互相交流和传播，才有了法国国王路易十四在举办的社交聚会上用中国的瓷器享用咖啡之举。

英国历史学家克里斯托弗·希尔曾言："每一代人都需要重新书写历史，因为尽管过去不会发生改变，但现实是不断变化的，每一代人都要对过去提出新问题，发现（与现在）相似的新领域，再现先辈经历的不同侧面。"在跨国史视域下研究丝路城市，一方面能深化对丝路城市历史语境的理解，有助于构建关于丝路城市史的新叙事。如从跨国视野考察阿拉伯人扩张，能看到中东城市格局和城市形态的变迁。另一方面，跨国史的研究视域也对我们书写丝路城市史提出了新的要求。

第一，通过跨国联系来考察丝绸之"路"与"城"的互动关系。丝路城市是丝路开拓和发展的关键地点和载体，其命运直接受到丝路兴衰的影响。例如，在中国，随着海路畅通，长安等陆路城市逐渐衰落，广州、泉州等沿海城市兴起；在中东，随着蒙古帝国的崩溃，1340 年后，北部商路实际上废弃，大部分产品汇集到南路运往各地，使开罗、亚历山大等城市进一步繁荣。

第二，关注跨国空间发生的人类交往，彰显丝路城市互动的必然性。丝绸之"路"是东西方之间一连串"城"组成的道路网络，这些城市之间存在着错综复杂的互动关系。有些城市共生共荣，如随着蒙古人西征，伊尔汗国的首都大不里士、钦察汗国的首都别儿哥萨莱（位于伏尔加格勒附近），成为 13—14 世纪丝绸之路重镇，以它们为中心的区域贸易更是繁荣一时；有些城市则是祸福相依，如以巴格达、巴士拉为中心的中路贸易衰落，导致开罗作为伊斯兰世界南路贸易中心开始崛起，从开罗到亚历山大一带城市逐渐繁荣。

第三，以跨国史视野客观评价民间力量在丝绸之路中的贡献。丝绸之路除了官方参与外，还离不开民间力量的努力。这些力量，既包括手工业者、商人、僧侣等，还包括手工业行会、商人团体、宗教社团等组织。跨国史研究考察这些力量如何影响丝路城市的发展，又是如何被丝路城市所影响。两千余年来波斯人、犹太人、亚美尼亚人、粟特人、中国人、阿拉伯人等奔走在丝路城市之间，彼此间的贸易促进了城市经济的繁荣，不同的文化与信仰塑造着城市形态，而城市也为他们从事经贸和文化交流活动提供了场所、制定了规章制度等。

第四，通过跨国史研究把丝路城市放在相互联系的世界中加以考察，深刻认识各区域丝路城市发展的共性与特性。比如，长安与罗马在丝路城市发展史上都占有非常重要的地位，"西有罗马，东有长安"的美誉盛极一时。作为东西方文明的中心，两座城市内形形色色的人群、名目繁多的商铺、眼花缭乱的商品，无不彰显着丝路城市的开放、交流与多元。但从城市布局来看，"左祖右社，面朝后市"，等级森严、整齐划一的分区使长安城"城"的功能大于"市"，而以广场为核心、官邸在广场外侧、嵌错式的城市分区使罗马城"市"的功能超越"城"。这种差异既是西汉与罗马不同政治制度和文化的反映，也是丝路城市特性的真实写照。

跨国史视域下丝路城市史的研究和书写，使我们对丝路城市史的认识更加丰富。当然，跨国史并不是万能的，它是对丝绸之路城市史框架的补充，而不是替代。丝绸之路城市史的研究和书写，仍离不开全球视野和个案城市的研究。

德国
城镇化进程中的
巴伐利亚模式

| 王琼颖

据德国联邦统计署 2016 年统计年报显示，至 2015 年年底，德国城镇化率为77.2%，全德有约 41.6% 的人口生活在介于大城市和农村之间的广大城镇地带。南部联邦州巴伐利亚正是这一城乡均衡发展过程中的佼佼者，它从二战后的贫困农业州转变为今天德国最富裕的工业地区，仅用了区区几十年时间，这一转变过程颇具探讨价值。

英国经济学家凯恩斯曾评价德意志帝国是建立在煤与铁的基础之上，但事实上，这场以重工业为核心驱动力的工业革命在德国境内呈现出显著的地域发展不平衡性，并直接体现在南北城镇化水平的差距上。以 1910 年为例，德国 48 座人口超过 10 万人的大城市中，普鲁士占 33 座，而巴伐利亚则仅有 3 座（慕尼黑、纽伦堡和奥格斯堡），直到 1935 年才出现了第四座人口超过 10 万的城市（维尔茨堡）。

制约南部城镇化推进的客观因素主要是资源匮乏、交通不便，而农业与教会改革也未能构成南部工业革命的先声，原因在于它并未能解放出大量农村劳动力，小农经济支配下的传统城乡经济社会结构依然占据主导地位。如此一来，一方面是巴伐利亚的自然及流动人口增长远不如普鲁士；另一方面，传统的"中小规模农村经济体"（包括手工业）对于工业发展的压力依然持续，甚至因此影响到资本的投资信心。进入 19 世纪后半期，尽管纽伦堡或奥格斯堡这样的工业体系相对完整的大城市逐步在巴伐利亚发展起来，但更多的小工业城镇或发育迟缓，或仅以单一轻工业或消费品生产为主，且呈现零星分散的状态，如以生产辉柏嘉铅笔著称的斯泰因（靠近纽伦堡），以陶瓷生产为主的塞尔布，以及与纽伦堡并称的"啤酒酿造之城"库尔姆巴赫等，它们因此被德国历史学家保罗·埃尔克形容为工业"岛礁"。直到 19 世纪末电气与化工工业才后来居上，成为 20 世纪巴伐利亚的两大支柱产业，其中典型代表是路德维希港（今属莱茵兰－普法尔茨州，为化工巨头巴斯夫总部所在地）的崛起。但这一变化并未实质性地改变巴伐利亚乃至整个南德工业化进程缓慢及城镇化率低于全德平均水平的状况。

德国学界对巴伐利亚城镇化缓慢的评价不仅针对其在 19 世纪的表现，这一特征甚至延续到 20 世纪。直到 20 世纪 20 年代中期，随着宝马汽车以及梅塞施密特飞机完成资产重组，才为巴伐利亚奠定了汽车制造业及其相关领域的基础，上法兰克地区和普法尔茨地区（二战后并入莱茵兰－普法尔茨州）的城镇成为重点发展地区。而第三帝国的战争工业政策，某种程度上进一步推动了巴伐利亚工业化城镇的发展。但两次世界大战使得这一城镇化进程两度中断，本就缓慢的发展速度，再加上战争的巨大破坏，致使巴伐利亚直到二战结束后才得以重启城镇化，且直到 20 世纪 70 年代才完成这一进程。

1945 年 6 月，战败的德国被划分成四个占领区，由战胜国各自管辖；而从 1946 年 9 月起，英美对德工业政策开始从严厉处置向扶植、重建转变。在此背景下，当年 12 月 8 日正式成立的巴伐利亚作为美占区的重要组成部分获得了来自美国的大力扶持。除以马歇尔计划为代表的援助资金注入外，美军在 1945 年 7 月撤出划归苏联的中部地区时，还将此地大批重要企业的高管及技术人员带入美占区。其中，除照相器材公司爱克发因种种原因落户慕尼黑未果外，光学仪器企业卡尔·蔡司于 1947 年在位于巴登－符腾堡州小城上科亨重新开张，而新的"汽车联盟"则于 1949 年在巴伐利亚的因戈尔施塔特市正式诞生，这家公司日后有了一个更脍炙人口的名字——"奥迪"。

此时的巴伐利亚，一方面是一个工业化程度不高的贫困州——这个西德面积最大的联邦州，直到 20 世纪 50 年代，时薪仍位列全国倒数第二；另一方面，它作为唯一与捷克斯洛伐克及东德接壤的联邦州，从 1946 年起逐步接收了数以百万计中东欧被驱逐的德意志人及其他难民。正是考虑到巴伐利亚工业化进程所面临的历史问题与现实困境，1947 年起担任州经济部长的基社盟政治家汉斯·赛德尔提出旨在推动巴伐利亚经济转型的"中等发展政策"，其核心是要在巴伐利亚建成"主要由中小企业组成，协调区域发展的混合产业结构"，即中等发展规模，避免巴伐利亚成为仅依靠自然资源集结大工业的"第二个鲁尔"。与此同时，州政府也大力扶持具有发展潜力、"科技导向"的大企业，尤其是汽车与飞机制造、精密机械、光学工程以及金融业。这一产业转型所需的大量资金来自援助资金及州政府自有资金。

巴伐利亚州政府从20世纪40年代末起致力于调整产业布局，推动经济向工业转型，由此揭开了其在20世纪50—70年代全面城镇化的序幕。在此期间，巴伐利亚的大城市率较1939年时并无太大变化，但获得"城市（镇）地位的新城镇增量明显，农业地区工业人口密度显著上升"。可以看出，中小城镇迅速发展是战后巴伐利亚城镇化进程的主要特征。其中，又以两类城镇增长表现最为突出。一类是传统工业化城镇，其典型代表是各类"汽车城镇"。最突出的例子是20世纪60年代后期宝马公司收购了位于下巴伐利亚丁戈尔芬的汽车品牌汉斯·格拉斯，此后丁戈尔芬不仅成为宝马最大的汽车生产基地，整个下巴伐利亚也从一个经济结构薄弱、高失业率的农业地区转型为至今仍极富创新力的新兴工业地区。

另一类城镇则是二战后的新生事物——"难民城镇"，它是由各类难民（主要是中东欧被驱逐德意志人）聚集地区发展而来。这些被称为"新"公民的外乡人，在政府的资助下，重新开始异地生活；由于受教育水平普遍较高，许多人希望凭借从家乡带来的技术开办企业，州政府从1947年起提供"难民生产贷款"，它除了为难民提供住房建设资金，亦可作为企业启动的资本，此外还有一系列的政府担保与税费减免。人口的聚集、经济的发展，难民聚集地的规模不断扩大。从1950年开始，一些人口过万的难民聚居点成为独立的基层行政区，1960—1986年更有5座"难民城"获得了城镇地位，而当时整个联邦德国此类城镇仅有6座。在这些难民城镇中，值得一提的是新加布隆茨，它不仅因玻璃、人造材料和非贵金属加工成为施瓦本阿尔高地区的工业黑马，还以各种有形或无形的方式完整保留了东欧被驱逐德意志人迁徙的历史记忆。

毋庸置疑，巴伐利亚的战后崛起很大程度上源于二战后德国历史带来的特殊机遇，但从农业州走向工业繁荣，更得益于地方政府一开始就对经济发展可持续性与城镇化进程中区域协调的重视，这也使得巴伐利亚的中小城镇在"后城市化"时代依然保持着一定的社会与经济活力。

图像和数字化的历史

将图像广泛应用于史学研究中，不仅可以用来证史，还可以此为主体开辟新的研究领域，这是图像史学的基本要义。把包括地图、图画、铭刻等在内的图像资料作为历史分析的切入点，可以一窥当时的社会、经济、政治、文化状况，反映当时人的认知、观念、心态等。图像史学的兴盛，为史学发展提供了新的增长点。

互联网技术的进步，深刻影响了人文学科发展的方向，使得"数字人文"成为可能。数字化技术同样对历史学产生了重大影响，历史学在史料获取和收集、研究方法、书写方式、传播途径等方面发生了一些变化，研究效率大为提升，研究思路也有所拓宽。数字史学作为一种新生事物，对传统史学研究者提出了更高要求。历史学者应该敏锐把握时代脉搏，认清历史学科发展面临的机遇和挑战，做好迎接历史学"数字转向"的准备。

图像
的
力量

|黄　洋

————

　　古代希腊罗马文明遗留下了大量优美的雕像、浮雕、壁画、彩陶。如今陈列于博物馆的这些艺术品，最初实际上是竖立在神庙、圣地、市政广场、墓地等重要公共活动场所的，或者如彩陶，要么用于竞技比赛的奖品，要么用于装饰富人的宅第。可以说，在古代希腊罗马人的公共生活和重要活动中，它们无处不在，以致法国学者把古代希腊的城市称为"图像的城市"。但这些主要点缀在公共空间里的图像也许并不像我们在博物馆看到的那样，是作为艺术品而供人们欣赏的。事实上，无论是古代希腊人还是罗马人，都没有现代意义的"艺术"概念。古希腊文和拉丁文中同英文"艺术"一词最为接近的词语是 techne 和 ars，但它们主要都用于表述某种"技艺"，而非审美意义上抽象的"艺术"概念。因此，把这些"艺术品"重置到它们原来的环境之中，来看对于当时的人而言意味着什么，就成为晚近考古学、艺术史与历史学研究相交集的一个具有启发意义的取向。

　　举例而言，古典时期（公元前 5—4 世纪）的雅典，城邦的公共生活围绕市政广场而展开。这里集中了各类公共建筑如神庙、祭坛、市政大厅、公共柱廊等。人们在这里祭祀神明、参加城邦政治活动乃至赶集和闲谈。在议事会大厅的前面，有一堵"纪名英雄墙"，墙面是城邦各种政治信息的公告栏。举凡召开公民大会的通告、人民法庭开庭的公告，都事先公布在此，便于公民讨论和参与。墙上竖立着 10 个雅典英雄的青铜雕像，代表组成雅典城邦的 10 个部落。文献记载告诉我们，公元前 508 年克里斯梯尼改革时，将雅典重新划分成十个部落，各以一名雅典英雄命名。因此，在当时的观看者眼里，这个"纪名英雄墙"不仅象征了雅典城邦，而且通过墙上的公告，提示观者雅典的城邦与政治生活是公开的、民主的。广场上还竖立着所谓"刺杀僭主者"的雕像。据载在公元前514年的泛雅典人节游行时,雅典两名贵族及其随从试图刺杀僭主,事败而被杀。公元前508年民主制确立之后,立即视他们为民主政治的英雄,为他们塑像并竖立在市政广场,而且规定军事执政官每年都要向塑像献祭。古典作家告诉我们,这是雅典人第一次为凡人塑像,足以反映他们的地位。可以想见,今日的观众在意大利那不勒斯国立博物馆观看这一雕像的复制品时,感受到的是这两人的勇敢与视死如归的气概。但当古代雅典人在市政广场上看到它时,他们可能更多地感受到雕像传达的民主政治信息。同样,广场西面的"自由之神宙斯"柱廊上的巨幅壁画也向观者传达了民主的观念。其中的三幅画分别表现传说中的雅典英雄提修斯和拟人化的形象"人民"及"民主"。雅典人相信,是提修斯统一了雅典城邦,他也是民主制的首创者。当然我们现在知道,雅典民主制并不是提修斯建立起来的,而是要到了公元前6世纪经过梭伦改革和克里斯梯尼改革,才得以建立起来。这些绘画的目的显然不是准确地讲述历史,而是在进行政治宣传,在向观看者强调,雅典从一开始就是一个民主的城邦。政治意识形态往往神化历史,这是一个早期的例子。

对"人民"和"民主"的强调,当然和雅典实行的民主制密切相关。在这套制度里,代表人民亦即雅典公民群体的公民大会是最高权力机构,举凡祭祀神明、宣战与媾和、立法与奖惩,乃至粮食供应、城市建设等一切城邦事务,都由公民大会开会讨论决定,凡年满20岁之男子皆有权参加公民大会。公民大会每年开会40次,会场就位于市政广场西南面正对着雅典卫城的一座山丘上。因此,"人民"和"民主"是雅典民主政治中的两个核心概念。在公民大会召开之前,雅典的公民多会聚集在市政广场上。可以想见,他们在这里一边观看着"人民"和"民主"的形象,一面热烈讨论着他们即将辩论和投票决定的国家大事。在此图像被赋予了一种在博物馆里所没有的政治力量,成为政治意识形态的表达,和人们的政治活动恰到好处地结合在了一起。

对于民主和人民的刻画,几乎可以说是随处可见。就连雅典的舰队,也有多艘战舰以"民主"及相关的概念"自由"等命名。在广场西侧"500人议事会"开会的议事会大厅里,也有一尊"人民"的雕像,无疑还在提醒议事会的成员,城邦的权力在于人民亦即公民群体。从市政广场往南步行不到半个时辰,就到了雅典卫城。卫城上最为壮观的建筑是祭奉城邦保护神雅典娜女神的巴特农神庙。围绕神庙一周的浮雕刻画的是泛雅典人节的游行场面。一年一度，雅典人举行盛大的泛雅典人节，象征着新年的开始。节日中最隆重的活动是全城人参加的游行活动。队伍在西北面的城门外迎接雅典娜的神像入城，穿过市政广场的泛雅典人节大道，一直护送到卫城上的神庙里。这个游行的队伍代表了雅典城邦，亦即她的人民，而巴特农神庙上的浮雕将它恒久地固化了下来。不难想象，一个公元前5或4世纪的雅典人或者希腊人在观看浮雕时，他感受到的是人民的崇高地位。

在卫城的南坡上，是能够容纳近两万人的狄奥尼索斯大剧场。每年在这里举行狄奥尼索斯节，是上演悲剧和喜剧的主要场所。悲剧和喜剧经常表现的主题之一即是民主政治，"人民"也常常是主角，而观众则是雅典的普通公民。这是另一种形式的刻画，却和广场上的图像刻画相得益彰。

我们看到，雅典市政广场以及卫城上与民主相关的雕塑和绘画，构成了城邦政治的一部分，和雅典公民参与的公民大会、戏剧、节日等活动形成了一个有机体。在这个动态的环境中，图像以直观的和不可替代的方式，传达和灌输着民主的核心观念。当然，这只是雅典城邦许多复杂图像表述的一个显见例子，但由此我们也许能够感受到图像的力量。

英国
近代漫画的
主题转换

|陈仲丹

————

    漫画作为一种图像，以夸张的笔触描绘世相，大多带有讽刺、戏谑的意趣。西欧国家近代的漫画创作以英国和法国最为活跃。1830 年法国七月王朝建立，奥尔良公爵菲利普当上国王，其推行的政策有遭人诟病之处。当时的法国漫画家菲利蓬创办了世界上最早的漫画杂志《漫画周刊》，刊登了不少批评政府的画作。菲利蓬后来被政府以诽谤罪送上法庭，政府为此还专门颁布了严厉审查报刊漫画的法律。

    与法国漫画直陈时弊相比，英国漫画涉及内容更为丰富。17 世纪英国的漫画多为黑白木刻，有不少描绘了英国内战的相关战事；而 18 世纪的漫画则多为彩绘，以套刻彩版印制，主要在版画店出售，带有商业营销性质。以 18、19 世纪之交为界，在此前后的英国漫画主题发生了明显变化，18 世纪中后期漫画多以社会生活为表现内容，而在此之后的 18 世纪末、19 世纪初的漫画则多以政治活动为表现内容。

    18 世纪中后期的英国漫画以威廉·霍加斯为代表。他擅长描绘人物形象，将最典型、最触目惊心的场景展示出来，既体现出现实的真实感，又具有高度的艺术性。他通过对夸张的人物形象和纷繁生活场景的描绘，对那个风气不良的时代作了入木三分的刻画和令人捧腹的揶揄。他的作品形象地切中了英国社会的时弊，从而引起社会各界的关注，甚至带来某些状况的改善。例如，霍加斯的《杜松子酒巷》尖锐地讽刺了英国酗酒成风的恶习，引起民众和当局的震动，当局为此制定了相关政策，在此之后伦敦酒馆的数量大大减少。

    与霍加斯注重写实的漫画风格不同，18 世纪末英国漫画有了新的特点，画中人物形象被怪诞化、畸形化，形成了我们现在熟知的漫画风格。此时的英国舆论空间更为广阔，加之官方的鼓励，使得漫画获得较大发展，且创作主题也趋向于民族主义的政治诉求，旨在维护英国的国家利益。这些漫画家中的杰出代表有吉尔雷、罗兰森和克鲁克香克。他们的漫画主要描绘同时代发生的重大事件：法国大革命、拿破仑的兴衰、英国激进运动等。1793 年，吉尔雷发表了《法国荣耀的顶点》，以处决法王路易十六为主题，揭露法国的"自由"实为恐怖，政治倾向非常明显。英国漫画对法国大革命恐怖的揭露直到拿破仑上台后才停息。后来随着法国对英国的威胁日增，漫画主题也随之转为反侵略宣传。1813 年克鲁克香克创作了讽刺拿破仑远征俄国失败的漫画。为此，拿破仑曾一次次照会英国，要求英国政府采取措施，禁止报纸杂志刊登针对他的漫画。

受法国大革命的影响，英国国内的激进运动活跃，要求政治改良的激进运动也因此成为当时英国漫画表现的一大主题。在英国漫画界，既有以理查德·牛顿为代表的一批漫画家通过漫画作品支持激进运动，也有很多反对激进运动的漫画家。1795 年，英国重要的激进组织伦敦通讯社在哥本哈根庄园举行了两次要求改革的集会。吉尔雷以漫画的形式描绘了集会的情况。同年，在他创作的《哥本哈根庄园》中，三个激进派领袖竭力鼓动人们为改革请愿，而听演讲的人却穿戴破旧、皮肤黝黑、面容黯然。吉尔雷巧妙地通过画中人物的形象设定表达了其对激进运动的否定态度。吉尔雷的作品在批判国内激进派的同时也批评了保守派政府。1793 年英法战争爆发后的贸易停滞、通货膨胀和税收增长，加剧了社会贫困问题，激起民众的不满。面对危机，吉尔雷不再把创作主题局限于对激进思潮的抨击，他也在思考激进思想的来源。1797 年，小皮特政府宣布英格兰银行暂停对黄金的支付，为此吉尔雷创作了漫画《弥达斯》，对小皮特政府进行了有力的攻击。

这一时期的英国漫画家在作品中寄寓了个人与时代的期望。作为媒介的英国漫画，在客观上承担了政治启蒙和舆论引导的功能，沟通了政治事件和大众艺术的双向互联。另外，漫画作品自身的发展，如便于复制的版画样式，在画作中插入大量文字（表示画中人物在说话，被圈围起来称作"气泡"）等，使得漫画的传播更为广泛。对当时绝大多数文化水平不高的英国民众来说，漫画也因其形象化的表达而更具吸引力。到 20 世纪，尽管漫画的笔触已由繁至简，颜色由五彩变为黑白，形式出现了明显变化，赖以立身的媒介也由版画店转为报刊，但其表达政治诉求以引导舆论的社会功能却依然如故。

　　漫画是时代印记的鲜明镜像，是应社会的需要而创作，史学工作者可借此捕捉其中透射出的有用信息，发现作者以及同时代人的观点和立场。在世界史的图像文献宝库中还有不少类似的画种，如印度细密画、尼德兰风俗画、日本浮世绘等。它们都起到了沟通历史与艺术的不同门类、以图像的具象形式为历史记述和研究提供丰富资料的作用。需要注意的是，图像信息呈现有时候会表现出一定的模糊性，为此需要研究者了解相关历史背景、具备必要的艺术素养、深刻解读图像背后的含义，从而开拓出包括漫画在内的图像史学研究的新天地。

西方古史研究对图像史料的采集和运用

|王以欣

传统的中国史学主要依赖书面史料，推崇官方正史而轻视稗官野史。至于图像资料，尽管中国的书画传统悠久，刊印的文学古籍也常有插图出现，但史家绝少采用这些资料。随着近代摄影术和现代印刷术的传入，考古学、艺术史、历史地理学等相关学科的引入，尤其是 20 世纪西方年鉴学派引发的"史料革命"的影响，国内史学研究才逐渐关注图像的补史证史功能。最近，国内史学界受英国牛津学者彼得·伯克所著《图像证史》的影响，试图在理论和实践上构建图像史学的新学科，将图像史料的功能和利用上升到理论的层面。反观西方史学传统，尤其是近代发展，对图像史料的采集和利用有着深厚渊源，并非只是 20 世纪的新潮。

古代文明中图像史料的丰富性

西方古史研究的对象主要是古典希腊罗马文明和近东诸文明，它们都有丰富的图像遗存，尤其是古埃及。古埃及人出于宗教原因将死者尸体制成木乃伊，并制作死者雕像，作为其灵魂依归之所。雕像务须酷似本人，以便灵魂识别并投入其中。古埃及人的象形文有如色彩丰富的绘画，他们留下的纸草文献，尤其是《亡灵书》，也同样图文并茂，将古埃及的冥世观念及丧葬风俗生动直观地以视觉形式表现出来。壁画也是古埃及人留给后世的丰厚文化遗产。存世的坟墓壁画，除宗教和神话题材外，多反映墓主人生前的世俗生活，其中不乏历史事件的记述。还有那些随葬的陶土模型，是生活劳动场景的三维立体呈现。

两河流域也是最早的文明发源地之一，其造型艺术的写实性虽逊色于埃及，但也有丰富的表现力。除了表现神、精灵、祭司、崇拜者和统治者的各种程式化雕像外，还有各种碑铭（编年史和纪念碑等），附有人物和历史事件的浮雕图案，涉及战争、祭祀、神庙和土木工程建设等众多主题，如贝希斯敦铭文。另有数不胜数的滚筒式印章，其上的图案涉及宗教、神话等诸多题材。壁画所存不多，保存相对较好的马里宫殿壁画，历史文化价值很高。另外，巴比伦楔文泥版上也发现了最早的世界地图。

爱琴文明的诸多宫殿中心，如克里特岛的克诺索斯、费斯托斯，希腊本土的迈锡尼、梯林斯和派罗斯，以及桑托里尼岛阿克罗提里遗址的民居，也发现了许多题材丰富的精美壁画。此外还有诸多具体而微的印章图案、金属镶嵌画、各种质料的小雕像和各种主题的陶瓶画。该文明曾先后出现三种文字，只有较晚的线形文字 B 被释读成功，证明是希腊语，但现存数千块线形文字 B 泥版皆属宫廷账目，并无历史、文学方面的记载。学者们在很大程度上依靠这些图像来复原希腊史前青铜时代的历史、社会生活和文化风貌。

爱琴文明消亡后，爱琴地区经历了相对停滞隔绝的"黑暗时代"，伴随着与近东地区交流的恢复，又逐渐迎来历史曙光。古风时代的希腊人主要模仿埃及和近东艺术，制作程式化的面带微笑的站姿或坐姿的大理石像，即裸体少年和穿袍少女，可能多属神像。但在公元前 6 世纪，随着对人体美的刻意追求，程式化渐被打破，人体比例渐趋准确，最终在公元前 5 世纪初实现了质的飞跃，形成高贵典雅、优美写实的古典雕刻风格。希波战争后，著名政治家、哲人、诗人、史家和运动员雕像被相继雕刻出来。这些雕像都是艺术史和古希腊社会文化史研究的重要图像资料。

古希腊绘画也很发达，史书多载著名画家的传奇故事。他们的绘画或绘于私宅，或绘于公共场地供人欣赏，可以是壁画，也可以是悬挂在墙上的木版画。遗憾的是，因绘画材料易朽，古希腊绘画鲜有存世者，但彩绘的陶瓶画却大量存世。陶瓶画题材多为神话，反映了日常生活的各方面。不同时期流行不同风格的陶瓶，因而成为当今古希腊史尤其是社会文化史研究最丰富和最宝贵的图像资料。

金属货币铸造始于公元前 6 世纪前期小亚西海岸的希腊殖民地和吕底亚，后蔓延到波斯帝国和整个希腊世界。古希腊钱币通常表现各城邦的神及象征物，并附货币铸造地的铭文。罗马历任皇帝制作帝王头像币也成为定制，币上还附有皇帝的拉丁文姓名和各种头衔，皇族其他成员、神、纪念性历史事件和各种象征皆可铸于钱币之上。古代欧亚大陆留下的这些帝王头像钱币不仅是钱币学的研究对象，也是当今古代史研究和年代考据的重要史料。

如果地图亦可视为图像的话，那么，古希腊学者很早就开始绘制世界地图，并将其应用于历史地理研究与教学中。从毕达哥拉斯至亚里士多德，大地就已经被视为球体。公元前54年，尤里乌斯·恺撒曾派四位希腊学者测量所知世界，以便绘出一幅世界地图。制成的地图后来刻于大理石上，在帝国广泛传播，其研究成果也被老普林尼的《自然史》频繁引用，为2世纪希腊地理学家托勒密的名著《地理学》提供了测量数据。这些地理学成果，为古典世界的历史地理研究提供了宝贵的图像资料。

文艺复兴以来西方学界对图像史料的采集、整理和出版

欧亚大陆的古代文明留下丰富的图像史料，但学术界对这些史料的再发现和系统采集工作却是在文艺复兴后兴起的。彼时意大利的人文主义者开始关注罗马的废墟，并进行系统的文物考察、收集、记录和抢救工作。其中一项重要工作就是把那些易损的古迹画下来，作为图像资料保存在书籍里供后世研究。从事这项工作的有博物学家、历史学家、文物收藏家和艺术家等。

学者们采集的罗马文物与遗迹的大量图像资料是无法用古代誊抄方式保存的，只能借助印刷出版方式存世。时代需求引发印刷业的突飞猛进。15世纪德国印刷术的革命为保存这些图像资料创造了现实物质条件。于是，各种精心绘制的三维图画、平面图、碑铭集等陆续刊印出版。

文艺复兴也激发了西欧学界对希腊和东方的浓厚兴趣，不仅使最古老的人文学科——古典学获得重生，也奠定了东方学的基础。剑桥和牛津相继设立东方研究的教席。君士坦丁堡的陷落使奥斯曼帝国与欧洲基督教世界处于对立状态。直至16世纪后期，东西方的商业交往才重新建立起来，欧洲前往东方的旅行家们也逐渐增多。他们游历奥斯曼帝国统治下的希腊和东方，搜集古物，绘制古迹，拓印古代浮雕和碑铭，积累了重要的图像和铭文资料。

18世纪的雅典卫城残破不堪，文物流失严重。担任英国驻土耳其大使的厄尔

金勋爵托马斯·布鲁斯深知帕特农神庙浮雕的价值，呼吁英国政府实施抢救，未获采纳，遂决定自费实施。依靠行贿雅典地方当局，厄尔金将神庙最有价值的浮雕运回英国，请艺术家全面复原。1816年，189块帕特农浮雕最终被卖给大英博物馆收藏，进而成为今日帕特农神庙复原的重要图像史料。

1798年5月，波拿巴·拿破仑率三万法军和众多战舰远征埃及，随军带来500名文职人员组成的庞大团队，包括167名学者，负责测量和绘制古埃及文化遗迹、进行考古发掘、搜集和整理文物、从事科研工作。1802年，拿破仑下令刊印从埃及收集的文稿和图画。从1809年至1829年，历经20年制版、编辑和印刷，出版《埃及志》凡20卷，包括9卷文献，1卷图版说明，10卷图版集，收录图像逾3000幅，共894幅图版，另加2卷附加图册和1卷地图集。就在《埃及志》编纂期间，法国学者商博良释读象形文成功，催生了埃及学。

伴随着旅行家和古物学家对古典和东方文化古迹的测绘与调查，现代考古学也逐渐发展起来。希腊摆脱奥斯曼帝国统治独立后，制定了相关考古和文物保护法律，成立考古学会，欧美各国陆续在希腊建立考古学院，开始了系统全面的发掘工作。奥林匹亚、德尔菲、迈锡尼、克里特的发掘实践使古典考古学这门新学科逐渐成熟，牛津大学也于1885年正式设立了古典考古学教席。亚瑟·伊文思在发掘克里特岛克诺索斯史前宫殿时，先后聘任三位建筑师，用来绘制建筑遗迹的各种平面图、剖面图和复原图，还聘请了父子两位瑞士画师复原古代壁画。他还利用陶器定年方法确定各建筑层的相对年代并建立克里特文明的年代分期，同样的方法也被应用于迈锡尼、特洛伊、派罗斯等遗址的年代分期上。从1921—1935年，伊文思陆续出版了四卷《克诺索斯的米诺斯王宫》，共3000多页，3400多幅精美插图，多为其建筑师和画师精心手绘的精美图像，到了第四卷才大量使用摄影照片。

图像史料在近代史学研究中的应用

19世纪史前考古拓展了历史学的视野和研究领域。因史前文献不存，考古实物与图像成为主要史料。旧石器时代晚期的洞穴壁画和雕刻，新石器时代的母神像等，都是史前研究不可或缺的资料。某些上古文明，由于文字未能释读成功，如意大利的伊达拉里亚文明和印度的哈拉巴文化，只能依赖实物和图像资料加以复原；某些古老文明，虽然文献已能释读，如爱琴文明的线形文字 B 泥版，但充其量只是宫廷管理清单，不涉及历史、外交和文学，对这些文明的解释和复原也只能依靠实物和图像资料；某些上古社会处于史前向文明过渡时期，文字尚处萌芽阶段，缺乏详细的文献记载，对其历史和社会的复原也在很大程度上依赖实物和图像资料，如古埃及的零王朝、早王朝，希腊的几何陶时代和两河流域的乌鲁克文化时期。然而，在这些主要依赖实物和图像资料复原古史的领域，图像的局限性也是显而易见的。在历史文献匮乏的条件下，仅靠图像史料复原古史很不全面，在复原社会生活和文化方面还差强人意，在复原历史进程方面则力不从心。而且，给"没有释文的画册"填补释文，其主观随意性较大，常常停留在假说阶段，无法得到其他可靠史料的确证。因而，文献史料始终是历史研究的主体，图像史料具有补史证史功能，有时亦可直接当作史料，但毕竟无法替代文献史料。

20 世纪的新史学重视经济史和社会文化史研究，古代社会遗留的各种图像成为极宝贵的史料来源，其中壁画是最生动写实的古代生活画卷，多来自墓室墙壁，如古埃及和伊达拉里亚的墓室壁画。还有陪葬用的各种陶俑和陶制模型，表现日常生活和劳动的各种场景，在古埃及坟墓中尤多。古希腊缺乏大型墓葬，除了马其顿的王陵，类似壁画极少，但古希腊留下了极丰富的陶瓶画，除了大量的神话题材，还表现了社会各行各业的生产生活场景，因而是社会文化史研究的第一手宝贵资料，可以弥补文献记载之不足。

综上所述，西方史学对图像史料的运用和批判具有先天优势和悠久历史，不仅因为西方史学的研究对象，即古典文明和东方诸文明遗留的图像资料异常丰富，还因为近代学者的不懈采集和积累，形成了图像史料的庞大宝库。因而，西方史学界，无论是艺术史还是历史地理学，以及历史研究的各个分科，都不可避免地使用图像资料来补史证史，甚至主要依靠图像史料来复原史前历史文化。20世纪以来，西方学术界对图像的利用逐渐上升到理论的层面，也激发了我国史学界探索图像史学，创建新学科理论体系的热情。

早期欧洲人
制作地图中的
"世界"

邢媛媛

随着历史学研究方法日趋多元化，图像史学应运而生。地图是地理信息的直观载体，因而是不可或缺的图像史料之一。地图与人类文明相伴而生，人类每一次活动都被记录在地图中。早期欧洲人制作地图所蕴含的知识体系是被深刻解读的历史文档，是欧洲文化精英对整体世界观念的生动写照。早期欧洲人制作地图上的"世界"，经历了被古代人们"开启"、被基督教"定义"、被探险家"发现"、被贸易与霸权"包围"的演化，是反映过往历史的一扇窗口。

一

原始土著地图鲜有留存，但考古学家还是能追踪到蛛丝马迹。木条、贝壳、珊瑚等代表的河流（风向）、山丘、聚落，反映出人类的原始认知，懵懂的世界由此开启。作为向文字时代的过渡，原始土著地图呈现出象征符号趋于图像形式的演进，是人类文明用地图进行自我表达的发轫。

古典时代的文字地图有了显著多样性，海图、平面图、宇宙图等集中涌现出来。公元前 2300 年美索不达米亚城市平面图中带有星占学和宗教学的铭文显示出自我中心的世界观。当古埃及几何学与地理学传播到地中海沿岸后，希腊成为世界地图的摇篮，树立起大地是球形的观点，旧世界三大陆地初现雏形。一旦球形大地概念被接受，逻辑上的下一步就是测量。亚历山大大帝向印度北部的远征使用步测组以估算行军距离，扩大了希腊人对世界的认识。托勒密以经纬线划分世界、制作地图投影，创造了特殊的制图技艺。探险家从本土经中东抵达美索不达米亚，沿途见识不断丰富着地图内容。

　　受恺撒大帝控制的托勒密也为罗马服务，古罗马人成为希腊地理学的继承者。因为要用地图辅助帝国军事与行政，罗马人在地图绘制中更强调实用性。随着腓尼基人参与罗马的社会活动，罗马地图在吸纳传统的同时又有所创新，对中世纪地理学和宇宙学产生了重要影响。

二

　　中世纪的世界地图被教会定义，基督教义规定了中世纪的世界观。在基督教社会中，制作地图的宗旨不是追求地理上的准确，而是借图帮助人们理解《圣经》创世以及人类在宇宙中的位置，这是当时西方世界普遍接受的世界图景。以"神圣地理学"为要旨的地图甚至进入基督教书籍，成为其坚定不移的拥趸。渗透宗教寰宇观、对世界程式化描述的 T-O 图符合《圣经》教导，在中世纪大行其道，圣依西多禄大主教就是最古老的 T-O 图的制作者。

　　13 世纪 T-O 图上的绘画展示出基督教的文化成果。在《赫里福德世界》等百科全书式地图中，文本和图像以复杂的视觉冲击体现出神学对人的主宰。尽管很多城市早已沦为废墟，但从作为历史文献和文化遗产的地图本身可以看出，中世纪精英们对其所处世界已然有广泛了解。

　　地图呈现的是教义统治下的和谐，但现实世界中战争频仍，还有残酷至极的压迫。在"地图光鲜"与"现实黯淡"的大撕裂中，波特兰海图（航海指南书）是一抹照向新世纪的烛光。在战争和经济的双重驱动下，最古老的波特兰海图《比萨图》上的沿岸地带已标记了 1000 多个地名，从西班牙的大西洋海岸经地中海到黑海东北角的遥远区域被统揽在一起。延续《比萨图》风格，制图师将地中海画在世界中心，这为欧洲精英们打开了看非洲的方式。

　　当基督教地图还在描绘怪诞的未知大陆时，海图强调的却是南方水域的巨大商业潜力。在航海图的冲击与融合中，教会学者对地理的态度逐渐发生改变，中世纪形成了新的世界观。

三

伴随着欧洲诸国完成国内统一、建立起中央集权，民族主义悄然觉醒，欧洲君主把远航冒险当作开拓贸易、扩充实力的手段。地中海和大西洋沿岸贸易的盛衰，刺激着控制新土地与攫取新资源的贪婪竞赛在 15 世纪开始上演，越来越多的异域土地被发现。随着波特兰海图的赓续、被遗忘千年的托勒密地图重现于世，新奇的非洲南部、印度洋、东南亚、美洲等未知世界以惊人之速被添加到地图上。欧洲人的"世界"不再是上帝神圣不变的命令，而是被不断发现、不断变更，世界的边界被多次重绘。

托勒密地图再现与地理大发现的"不期而遇"，让人们惊叹历史的吊诡，历史偶然中的必然规律在地图史上得到印证。欧洲人制作的首批托勒密地图抄本中，封闭的印度洋还没有明显的贯通海道，被缩小的印度、被夸大的锡兰和明显缺失的东亚海岸都跃然其上。格尔马努斯的托勒密式样地图（1489）中，清晰画出了迪亚士发现的非洲南岬角，这指引达伽马发现了通往印度之路和马拉巴尔海岸。葡萄牙人往返于印度和更远的东方，使印度与锡兰更接近于现代外观。贝海姆的"苹果地图"（1492）描绘的大西洋与东亚，成为哥伦布满怀希望向西寻找亚洲的持续动力与指挥棒。

在波特兰风格的坎蒂诺地图（1502）上，已有卡布拉尔发现的巴西、科尔特雷亚尔兄弟发现的"亚洲北角"、哥伦布发现的南美洲北海岸和加勒比海群岛。托勒密扇子图（1506）上，日本被画在古巴西部，这是当时人世界观的体现；瓦尔德泽米勒地图（1507）上美洲的名字（写在南美洲上）第一次出现。至墨卡托地图（1569）出版的 60 多年间，有十多个伊比利亚探险队紧随麦哲伦身影，使中美洲西海岸、下加利福尼亚半岛、"南方大陆"被顺次记录到地图上。

新大陆先是被航海家发现，之后被绘到地图上，随着印刷机的发明又被印刷在纸上。当印刷商店取代修道院、手稿转变为印刷书籍时，印刷地图集得以普及。印刷地图扩大了读者群，开阔了民众视野，使知识获取变得民主化。

四

　　随着新大陆被发现与印度航线被开辟，荷兰、法国和英国的探险队陆续抵达世界大部分海岸线。欧洲连续几个世纪的探险行为逐渐演变为海上霸权和殖民主义，为其服务的世界地图扮演着关键角色。地图拥有国往往率先描绘出一个地方，并强加上一个欧洲名字来宣示主权，这从 15 世纪葡萄牙和西班牙的美洲发现中可以找到源头。拿破仑战争后，追求土地优先权成为殖民帝国一项血腥的民族主义竞赛，地图是欧洲殖民者在谋划全球的无序竞争中必不可少的有力工具。在渗透地缘政治考量的地图上，"世界"被民族主义与殖民主义所包围。

　　荷兰出版商范·林斯霍腾《航海记》中的航线秘密被荷兰政府获取后，阿姆斯特丹的地图交易日益兴盛。透过荷兰制图师的欧式世界观，我们能洞见荷兰黄金时代何以兴起，甚至了解其对外贸易的基本原理。17 世纪荷兰之所以异军突起并牢牢控制了东方香料贸易，在很大程度上归功于航海和制图技术。将海上贸易和制图权集于一身的东印度公司几乎让荷兰无人可敌。

　　在与西班牙、荷兰的霸权争战中，英法两国的商船和海军迫切需要更详细的地图和更精准的船只定位技术。航海时钟被应用后，欧洲人此前难以到达或未知的地区纷纷被绘制到地图上。19 世纪，欧洲殖民探险活动深入到非洲、亚洲和美洲内部，"月亮山"尼罗河被更名为"维多利亚湖"，太平洋东北航道上频繁可见帝国探险队。英国海军部的大规模探险将最晚发现的北美洲部分海岸与格陵兰岛绘制到地图上。俄国倚仗太平洋探险南下，紧跟美英之后打开了日本国门，将之更精确地绘制在太平洋舰队的作战图上。可见，在欧洲国家的争霸战中，地图是与火药一样具有威力的武器，掌握了异域知识（军事情报）和通往富饶新大陆最精确的航图，也就意味着拥有了支配世界的权力。地图帮助各帝国确立起有着明确地理边界的民族国家，并确立了其海外划分的势力范围。

　　镌刻时代烙印的欧洲地图，经历了"世界"观念的变迁，本土与异域、中心与边缘、文明与野蛮、有序与混沌等形态都在地图上得到彰显。地图在推动人类文明进程的同时，也被列强用来进行殖民征服活动，这也使得我们从历史的视角认识技术伦理问题。

"逼视观者"：
西方图像史学中的
母题研究

｜李　根

　　在西方美术史上，风格和内涵不同的作品往往有着相同的形式构成，即相同的"母题"。某种母题形式在不同时期会被艺术家赋予不同的文化指涉。关注母题寓意的变化，是图像史研究者解读社会文化流变的有效取径。意大利文化史家卡罗·金兹堡2010年在《你的国家需要你》一文中提到，在西方古今各类图像中曾出现一种"逼视观者"模式，反映了不同历史时期西方社会文化观念的演变。

　　"逼视观者"模式是指这样一种图像母题：画中人物通常以严肃的神情直视观者，同时手部指向观者或做出带有指示性的手势，营造出"逼视"感，由此强化某种观念的权威性。

　　金兹堡发现，"逼视观者"模式在古希腊罗马时期实际上就已出现。古罗马的博学之士老普林尼在《自然史》中，对古希腊画家阿佩莱斯（约公元前4世纪）的一幅亚历山大大帝像做了如下描写："他的手指指向画外，霹雳仿佛在画前的空中闪现。"老普林尼也提到，古罗马画家法姆卢斯的画风"拥有智慧女神弥涅尔瓦般的能力，能够从任何角度将观众尽收眼底"。

　　4世纪后，西方世界的图像绘制活动一度为基督教会所约束。《旧约·出埃及记》中，"摩西十诫"告诫信徒："不可为自己雕刻偶像，也不可作仿佛上天，下地，和地下，水中的百物的像。"在这种宗教氛围下，描绘任何形象都被视为对上帝的冒犯，有时绘制上帝本身也可能遭到诘难。带有明显的视觉修辞意涵的"逼视观者"模式更是当时艺术家不敢触及的主题。

　　文艺复兴时期的艺术家恢复了图像材料的活力。古典时代被用来表现众神天威或帝王权势的"逼视观者"模式，被人文主义艺术家用于表现上帝施展神迹或耶稣赐福。在透视法的作用下，画中人再次与观者建立了精神沟通。15世纪中叶，以威尼斯画家安托内罗为代表的一系列"基督赐福"像，一改中世纪耶稣像哀伤垂目的表情，抬眼望向观者，并向观者行赐福手势。此后更熟谙"逼视观者"模式妙处的是达·芬奇和米开朗琪罗。

达·芬奇的绘画作品数量不多，但其对眼神和手部姿势的刻画尤为人津津乐道。他较早时完成的壁画《最后的晚餐》，虽然没有直接使用"逼视观者"模式，但耶稣与众门徒各有所指的目光和手势都在向观者发出暗示。《蒙娜丽莎》的眼神和自然交叉的双手也是后人反复玩味的经典话题。与之同时期完成的《施洗者圣约翰》，则是达·芬奇最为明显地使画中人与观者交流的作品。画中的圣约翰望着观者的眼神极具深意，右臂自然向上弯曲，手指上方，透露出难以名状的神秘感。米开朗琪罗在西斯廷礼拜堂穹顶上绘制的上帝创造天地的情景，已近乎再现了"逼视观者"模式的基本特征。老普林尼所说的"他拥有……能够从任何角度将观众尽收眼底"的那种效果，在人文主义者笔下已经跃然而出。

文艺复兴盛期，佛罗伦萨风格主义画家恢复了古典时代的"逼视"母题。17世纪西班牙首屈一指的画家委拉兹凯兹以"逼视"母题表现了更为生活化的内容。他从公爵随行者的视角创作了《马背上的奥利瓦雷兹公爵》。画中主人公骑马跃向画面深处，手中的长筒望远镜指向前方，转头看向观者，目光坚毅地表达一同前往的意愿。在其另一幅作品《早餐》中，正与家人进餐的少年用得意且带有怂恿意味的目光转头看向观者，手挑大拇指，夸赞早餐的美味。这些画作可视为"逼视"母题的变体，因为其呈现的画面氛围已不再如最初那般令人肃穆仰止。

18世纪末19世纪初的法国新古典主义大师雅克—路易·大卫，用"逼视"母题创作了两幅名画：《马拉之死》和《跨越阿尔卑斯山圣伯纳隘口的拿破仑》。前者虽不是视觉意义上的"逼视"，但作者有意使马拉的头部以一种略显别扭的角度歪靠在浴缸边沿，将其脸上残留的笑意和惨死的结局形成反差呈现给观者，而垂在浴缸外仍握着笔的手，暗示观者联想到法国革命的形势。这是"逼视"母题的又一种创新表现。大卫刻画的拿破仑则表现了"逼视"母题的传统意味。战马上的拿破仑手指进军方向，目光扫向画外，观者好似这位杰出将领身后的战士，威严感鲜明。可见，"逼视"母题是西方艺术家惯常使用的艺术创作形式，不过由于其往往被用来凸显伟人或圣人的权威性，日常化使用并不多见。

"逼视"母题被大量地日常化使用，是在 20 世纪之后。新闻业和广告业的发展强化了图像制作的应用性考虑。如何让读者被海报或杂志上的图像霎时吸引，是艺术创作者们着力思考的问题，而"逼视观者"模式正符合这种要求。1910 年出现的一则香烟广告海报中，一个身着黑西装的男士手扶立在胸前的一个巨大烟盒，正视并手指观者，形成了推销的架势。该海报的效果正是同期一本名为《广告写作》的书中所设想的："以一种向读者演讲的有说服力的架势博得关注，并取得良好效果。'你，读者先生'，'你需要这个'。"

　　英国漫画家阿尔弗雷德·利特创作的"逼视观者"类型的作品，对后来的海报创作产生了长远影响。他在 20 世纪初为《伦敦观点》杂志画的一幅以当时的英国政府高官基奇纳勋爵为主人公的画像，给社会动荡时期的英国民众留下了深刻印象。画中，戎装的基奇纳表情严肃，手指观者，下方写着"你的国家需要你"，"you"字加大了字号，尤为突出。这幅海报并非官方授意创作，但却意外地在民众中产生了积极反响。此后更是被众多西方国家用在国策宣传的方方面面。例如，美国政府在号召民众购买"自由基金"时，推出了自由女神像凝视并手指观者的海报，图下写着："你，买自由基金，使我免于灭亡。"

　　值得注意的是，现代海报中"逼视观者"的对象发生了变化，由过去通常用于表现政治或宗教权威的威严或崇高，对广大民众宣示主体权力，转为商业经营者用于制作广告、海报以吸引读者，或是政府用来争取民众的支持。民众不再是被施威者，而成了被争取的对象。

　　金兹堡关注的"逼视观者"模式在 20 世纪中期以后日益表现出大众化趋势。例如，美国广告委员会为森林局设计的"护林熊"海报中，护林熊戴着护林员的帽子，手拿防火铁锹，虽憨态可掬，但表情严肃，手指观者。海报下方是两个醒目的单词："ONLY YOU"。英国 20 世纪 90 年代出现了一幅呼吁民众支持政府的海报。它依然是 80 年前的基奇纳勋爵海报的人像构图，但脸部是一张穿破原有海报而露出的非裔英国男青年的面庞。作者借此表现英国社会对非裔国民的重视。2020 年，全世界人民都在抗击新冠病毒的传播。"逼视观者"模式成为宣传闭户自律的表达方式。伦敦街头，基奇纳逼视观者的巨幅海报再次出现，标语变成："英国人，你的国家需要你，坐在沙发上。"同类海报还有戴着口罩的医生郑重地指向观者，提醒民众"你的国家需要你，待在家里"的海报。

"逼视观者"模式在西方图像史研究中长期存在，并随着时代的发展不断被赋予新的意义。事实上，图像中的母题研究是现代图像史研究的主要取径之一。它较早见于德国学者艾比·瓦尔堡的研究。瓦尔堡梳理出一条从古希腊星象图中的珀尔修斯，经古罗马、中世纪演变至15世纪湿壁画中的星座神像的脉络。他希望从众多历史图像中识别出母题背后相同的认知方式，并分析其所代表的精神文化传统的延续和变化。其学生帕诺夫斯基在《图像学研究》中进一步指出，如果扩大对图像中同类母题的识别范围，并结合母题出现的时代特征和文化传统加以思考，就可能更深入地了解过往人类精神活动的内在意义。

　　在过去相当长的时间里，由于识字率较低，全面记录和表达社会各阶层心智状况的材料往往是图像而非文字。因此，在视角日益大众化且更注重社会心态分析的新史学探索中，对图像的研究将发挥不可或缺的作用。而在图像史研究中，关于母题的研究使隐匿于图像中不易察觉的信息在历史学的长时段视野下呈现出来。它关注的是图像制作者的精神世界，使图像史研究开始深入到思想史和观念史的范畴。从某种程度上讲，这是图像史走出以研究建筑、服饰、图像等形貌信息为对象的物质文化史取径的一种努力。

试析
图像证史中的
误读现象

|韩伟华

　　德国学者潘诺夫斯基在《图像学研究》中指出："艺术史家必须将他所关注的作品或作品群的内在意义和与此相关的、尽可能多的其他文化史料来进行印证。"同时他又强调："反过来说，研究政治活动、诗歌、宗教、哲学和社会情境等方面的历史学家也应该这样利用艺术作品。"自潘诺夫斯基奠定图像学的研究方法以来，图像的史学价值受到越来越多学者的重视。虽然历史学家和艺术史家的研究方法不尽相同，但基本都同意经历岁月洗礼幸存下来的图像（广义的图像涵盖建筑、雕像、壁画、油画、漫画等），能为往昔提供某种直接的洞察力，对还原历史具有重要启发意义。如今图像不再仅仅被视为文字材料的补充，它们本身就被当作一种可视化的历史文本，成为解读特定时代精神的重要表征。通过图文互证的方法重新审视历史可能获得新的洞见，逐渐成为学界的共识。

　　不过需要注意的是，图像有时也具有一定的欺骗性，暗含某种危险的误导作用。牛津大学艺术史家弗朗西斯·哈斯克尔认为，精心制作的艺术杰作往往以其"甜美和纯真的错觉"遮蔽了战争和帝国兴亡的苦难，具有颠倒事实的迷惑性。那么，图像在多大程度上可能包含某种华而不实的误导性呢？在赏析图像时，如何有效地警惕其中可能包含的"观相误植"呢？这些都是在运用图像证史时需要思考的问题。而那些年代较为久远的图像，相关佐证文献常常缺失，更易引起后世的曲解。

　　锡耶纳画派的代表人物安布罗乔·洛伦泽蒂，为锡耶纳市政厅绘制了《好政府与坏政府之隐喻及影响》（1338—1339年）组图。大部分观者都被其标题所误导，认为这组壁画表达了政治哲学最核心的理念：好政府与坏政府的区别及影响。事实上，"好政府与坏政府"一名并非由画家命名，在所有早期文献中这组壁画均被称为"和平与战争"。从图像学的角度来看，西方中世纪的艺术多为隐喻性的宗教作品。对《好政府与坏政府之隐喻及影响》的诠释，若仅局限于以绘画讽喻时政的层面，是不够充分的。壁画里虽没有直接出现耶稣与圣母的形象，但鉴于安布罗乔在其中大量采用了基督教的图式传统和寓意人物，这组壁画也可被视为图像化的中世纪政治神学之作。"好政府之隐喻"壁画实乃高度理想化之作，画中传达出的和谐氛围与14世纪锡耶纳的现实状况差异颇大。壁画中理想城市与乡村的景象宛若现实社会的反讽，倒是"坏政府之讽喻"较贴近当时的真实情景。除了和平与战争、仁政与暴政的寓意之外，整组壁画其实还有更为宏大的旨趣。壁画里出现的纺织、耕种、狩猎活动，看似单纯表现众生相，实则反映了中世纪流行的占星理论：人们依时序、月令而劳作，彼此和谐有序地相互合作，共同维系城邦的运作。此外，壁画的上下边缘还装饰着太阳、月亮、七大行星、春夏秋冬及中世纪"自由七艺"的拟人化形象。因此，整组壁画其实呈现的是一种更为广阔的中世纪晚期的世界性图景，其中美德与恶行的各种寓意都与天体运行及四季交替的大宇宙相一致。

　　拉斐尔的《雅典学园》（约1510—1511年）是文艺复兴时期最著名的绘画杰作之一，由于画家对创作历程未留下只言片语，致使其广受争议。不过，20世纪后期哈佛大学的约翰·谢尔曼和英国艺术史家贡布里希发表令人信服的论文以来，西方学界对《雅典学园》的解读逐渐达成了某种共识。对《雅典学园》准确解读的关键，不应仅止于辨识出画中人物的姓名，还应揭示出凝结于这件杰作背后的时代精神与宗教内涵。虽然《雅典学园》画面的中心人物是柏拉图和亚里士多德，但鉴于前者对早期拉丁教父影响甚大，后者的学说则是经院哲学的重要支柱，因此基督教的核心教义其实与两人的学说有着直接的渊源关系，否则教皇是不会让他们的形象出现在自己的书房签署厅中的。《雅典学园》的建筑背景亦非古典式的希腊神殿，而是一座典型的天主教教堂。壁画建筑背景上的两尊雕像阿波罗与密涅尔瓦，也与基督教有着微妙的隐喻关系。因此，在《雅典学园》中，希腊哲学家是置身于罗马教廷背景之中的。拉斐尔的哲学殿堂，其实意味着潜藏在古代智慧之中的基督教神学。作为梵蒂冈四间拉斐尔厅数十幅歌颂基督教会系列组画的一个有机组成部分，不可将《雅典学园》简单地视为文艺复兴时代对古典学术昌盛的百家争鸣场面之颂扬。在16世纪初，《雅典学园》并非供游客观赏的艺术品，而是被罗马教廷认可的符合基督教义的"宗教图像"典范。这幅常被误读的名画，为现代人提供了一个反思文艺复兴与宗教改革时代复杂的政教关系的生动案例。反讽的是，17世纪末以来随着理性思潮影响的日益扩大，对《雅典学园》所作的基督教神学式的正解，反被认为是一种误读了。

佛兰德斯画家鲁本斯为玛丽·德·美第奇创作的24幅描绘其传奇生涯的系列组画（1622—1625年），展示了法国国王亨利四世遗孀跌宕起伏的生平。鉴于鲁本斯完成美第奇组画后并未为每幅画"命名"，对组画的确切含义长期存在着误解。误读者往往专注于组画对玛丽·德·美第奇功绩的描绘，而有意略过了潜藏于画作中的更富争议性的议题。事实上美第奇组画并非是对赞助人赤裸裸的歌功颂德，组画里的最后几幅作品《昂古莱姆条约》《在昂热缔结和平》就是对玛丽·德·美第奇与其子路易十三反目、后党与王党争权的一种大胆写照。传统的历史叙事画遵循宏大风格，不能出现任何有损主人公尊严的场景。美第奇组画虽是委托的受命之作，却超越了这类程式，戏剧性地呈现出现实政治的复杂性和多变性。鲁本斯以虚实并用的图像修辞策略，在组画中将古典神明、拟人形象和世俗统治者融为一体，达到了一画多关的政治效果。整套组画中最后补作的定调之作《摄政的美好时光》就是最佳例证，在此画里鲁本斯采用了某种充满想象的方式对王太后不稳定的摄政生涯进行了寓意提炼，并未具体描绘其统治带来的益处。作为蕴含多重隐喻的诗性之作，历史叙事与政治寓言两个层次的主题在组画中相互交错渗透，构成一种复杂的深意图像志。美第奇组画里时隐时现的王太后与国王间的政治博弈，当被视为近代法国迈向绝对主义国家的曲折历程在图像上的一种映射。

通过以上枚举的中世纪晚期到近代法国的几个经典案例，可以发现图像误读是一种时常发生的现象。为了避免在图像证史过程中误入歧途，我们应谨记潘诺夫斯基的告诫："图像学是一种源于综合而非分析的阐释方法。"图像提供的证词需要放在一系列政治的、文化的多元背景下进行考察。图像是整体文化的组成部分，如果对其赖以产生的历史语境不够了解，就无法洞悉图像的真意。假若我们缺乏古典文化和基督教神学的必要知识，在面对哪怕是《雅典学园》这样看似尽人皆知的历史图像时，也很有可能会产生错误的理解。唯有着眼于图像创作的历史背景、最初的安置地点与功能，考察其视效和文本来源，方能较准确地还原和阐明图像的本来含义。

迎接历史学的"数字转向"

|周　兵

过去几个月以来，一场全球范围的疫情，给人们带来了程度不同的、各种直接或间接的影响。在同一事件里，相近的生活经历、创伤体验，使得人们能够借由各自的经验而对他人在此过程中的命运有了更为切身的理解，也就是我们常说的"感同身受"，在心理学上称之为"移情作用"。

对于历史学家来说，历史经验的"移情作用"不仅发生在有差异的个人之间，也突破了文化和地域的空间限制，更穿越了时间的维度。现时代的人生经历、立场背景等，是我们在观察过去的过程中无法摆脱的基础，全球危机的亲身体验为历史学家们更好地解读历史中的风云际会提供了一定的启示。疫情防控期间，课堂教学和会议研讨不得不转换为虚拟空间里的交流；居家隔离的状态下，一网联通，便可以建立起有效联系。可以说，许多研究者多年来所预言的历史学的"数字转向"已然是不可逆转的趋势了。

以历史教学为例，远程视频会议系统的开发早已相当成熟，但是在疫情之前，要改变并取代已延续了几千年来师徒相授的传统课堂教学，几乎是天方夜谭；开放性的数字化远程"慕课"，诞生至今已逾十年，虽也曾受到热议和追捧，但始终无法撼动根深蒂固的传统课堂。而如今，远程教学已经成为世界范围内普遍采用的教学模式之一，虽是迫不得已，但其优势和效果即便在疫情结束之后也不能被轻易忽视。在突如其来的疫情之下，能够平稳过渡、保持教学秩序的，正是那些前期在远程技术应用、网络课程开发方面有一定基础的学校和课程。一个电脑课件做得比较完备的老师，肯定比一个主要依靠板书的老师，更能适应由实体课堂向线上教学的角色转换。时至今日，兰克倡导的"习明纳尔"（即 seminar，"专

第五部分　图像和数字化的历史

297

题讨论"之意）恐怕也只能转成线上的讨论了。

回溯史学史，可以看到，史学进步、新陈代谢的动力，是学科自身强大而主动的反省、修复能力，是开放包容和兼收并蓄的学术精神。在不同的发展阶段，历史学都曾遭遇过不同程度的冷遇和低谷，但随着新材料、新理论和新方法的引入，古老的历史学得以不断地迸发出新的活力。历史学发生的"数字转向"，便是已知的诸多新变化之一。

自19世纪以来，历史学建立了一整套较为严格缜密的研究方法、学科体系和职业规范。仅以对历史资料的收集、整理和考证为例，史料的范围从一般的档案、文献、典籍等，逐渐拓展到考古、图像、数据、口述等文字之外的形式。最近20年来，历史资料的数字化与数字化原生史料的大量出现，成为历史学"数字转向"的重要标志之一。

关于传统史料的数字化转换。自古以来，就一直存在史料在不同介质和载体之间的转换，如由口述传统向文字书写的过渡，直接带来了传统史学的诞生；再如碑刻铭文的拓印，文稿的誊写、抄录与印刷，还有一度非常盛行的微缩胶片等，都在一定程度上推动了历史研究的进步。其中，文字书写与近代印刷的发明和应用，对人类的知识生产和传播产生过革命性的影响。现代数码技术的发展，使得文件的存储、携带、阅读、检索和传播等各方面都发生了质的变化。单就史料本身而论，数字化使得历史研究者有可能尽量多地获取、占有和运用史料，并且全面细致地掌握相关的研究状况。但是，海量的史料超出了人类自然的阅读能力，这是之前任何时代都不可想象的新问题。于是乎，文本、数据库和网络范围内的电子检索，成为今天每一个研究者日常的基本操作技能；而再更进一步，就出现了利用计算机、人工智能和统计学等方法的"数据挖掘"，以及在此基础上展开的"大数据"模型分析。

再来看原生的数字史料，也就是运用数码技术直接制造产生的各类电子文档、信息和记录。随着数码电子设备在工作和日常生活中的普及，我们已经在不知不觉中进入一个"数码"的时代。对于未来将要研究我们这个时代的历史学家来说，他首先必须解决的就是如何获取这个时代里大量以数字形式出现并存在的历史资料。例如，进行历史人物的研究，一般较为传统的研究路径大致包括这样几个方面：一是通过档案资料来挖掘耙梳人物的生平信息、人生轨迹等；二是借由人物存世的著述、日记和书信等文本建构其思想、观念和情感世界；三是追踪人物的社会交往和关系网络，从他人的观察、记录、回忆和评论里还原并丰满人物的形象。即使是依然沿用这一路径，在未来的研究者所要处理的史料中，也会有大量的电子邮件、数码通信信息、社交网络记录等。况且时代在变迁，信息存储的设备和格式可能早已更新换代，加之电子信息缺乏实体的物理存在，更为隐秘、难以查找，也易被删除、破坏、篡改和散佚，许多私人信息、官方文件和电子设备可能还设有加密保护。这些情况，对于仍然按照现有学术训练模式培养的研究者来说，恐怕会成为难以逾越的障碍。因此，在一些对未来史学发展的展望中，常常会提到"数字考古""数字考证"等概念，这些或许都将成为未来历史学家们的学术基本功之一。

事实上，数字化对历史学的影响是全方位的。数字化的媒体、技术和工具，已经深入历史学的各种实践、演示、分析、教学、研究和传播当中，取得的成果也不胜枚举。但是，由于技术发展的日新月异以及传统学科本身存在一定的滞后性，两者之间还存在着不小的张力，对于历史学的"数字转向"这一议题也尚未达成共识，亟待深入展开讨论、更新学术规范、明确前进方向。历史学的研究实践，不仅需要广泛借鉴各种新的技术手段、充分利用先进的高科技产品和工具，而且要前瞻性地思考历史学本身在未来数字时代中的学科定位与理论特色。在这种背景下，对于历史学的理解，不应该是僵化刻板的，历史学家的形象也并不只有寒窗古卷、皓首书斋这一种。

历史学，归根结底是一门在时间序列上展开研究的学问，因此人们常常把历史比作现在与过去之间的对话。而作为对话参与者之一的历史学家，通常站在其所身处的时代，带着对现实生活的关怀，展开相应的研究和写作工作。作为历史学分支的史学理论与史学史的研究，则为我们提供了审视自身学科的独特视角，也促使我们思考与展望历史学的前沿趋势和未来前景。历史学者应该抓住时代机遇，迎接历史学的"数字转向"。

数字史学的
方法论
问题

｜王　涛

————

　　最近几年，"数字"成了一个令人着迷的修饰语，"数字艺术""数字人文"等概念不一而足。有学者认为，学术界正在经历一场"数字转向"。

一

　　"数字转向"对历史学的影响，已从很多侧面体现出来，如区域国别史研究的专题数据库越来越多，在线历史文献的获取越来越便捷等。在我国史学界，中国史领域关于"数字人文"的探讨已经热闹非凡，世界史学界则稍显平静。与此同时，国际史学界无论在对数字技术的关注度，还是在扎实的研究成果方面，都有着不凡的表现。历史学门类下的一些研究分支，也在纷纷冠名数字化的研究，如"数字公众史学""数字口述史""数字环境史"等，呈现出一派繁荣的景象。

　　美国史学界很早就接纳了数字史学，其发展状况也最具代表性。研究本国历史的罗森茨威格于20世纪90年代起便致力于用数字技术协助历史研究。2004年，罗森茨威格在第118届美国历史学会的年会上组织了一场题为"迈入在线历史的第二阶段"的讨论单元，提出数字史学应从之前对理论和工具的探讨转向更加专业的历史专题研究。2005年，美国学者博登对美国史学界的数字化状况进行了一番梳理，指出美国史学界在数据库建设、协作研究等方面已经硕果累累。随着数字工具越来越方便实用，数字史学得到了进一步发展。2013年，由美国史学家凯利主编出版的《数字化时代的历史教学》，为历史专业的年轻学子提供了指南，指导他们如何卓有成效地在历史研究和写作中运用数字技术。同年，美国学者多尔蒂等用"数字化"的方式，反思数字化时代历史书写这个具有先锋意义的话题。他们先是召集若干学者就这一话题写作文章，然后将成果放到开放网络平台供读者评阅。最终结集出版的文章，取名为《数字化时代的历史书写》，对数字技术如何改变历史学家思考、教学、写作和出版的方式等问题进行了回答。此外，从2013年开始，《美国历史杂志》在传统的"学术书评"之外，单独开辟了"数字史学评论"专栏，对数字史学的研究成果进行学术评议，表明了美国史学界的主流态度。

上述提及的这些历史学者，都是数字史学的弄潮儿，他们主动拥抱、推广数字史学的理念与方法，推动了整个史学界对数字技术的关注，促使传统学者从方法论层面进行探讨。

二

英国爱丁堡大学出版社在2008年推出了"艺术与人文研究方法"系列丛书，旨在为人文学科的学生展现方法论的可能性与有限性。2012年，英国史学家顾恩等在这个系列丛书下出版了《历史学研究方法》，专门有一个部分讲解历史学研究定量与定性的方法。从章节的分布来看，学者们在历史研究中运用诸如地理信息系统（GIS）以及数据库进行量化分析的方法，已经被广泛接纳。2016年，该书又推出了修订版，特别增设了数字研究的章节，以一种更加严谨的态度对待数字工具的效能问题。

随后，数字史学被纳入史学方法论的体系就成为更加自然的事情了。我们所熟悉的英国历史学家彼得·柏克一直对历史研究的新方法特别关注。2018年，柏克主编的《辨析历史学的新路径》一书，用一种具有学术争辩的方式把"数字史学"请进了"历史学的宫殿"。该书的体例设置极具特色，不同作者对当下流行的史学研究新领域进行梳理，诸如全球史、性别史、数字史学等被纳入考察范畴；与此同时，编者为每一个研究领域安排了一位评议作者对其内容提出异议，然后再由原作者进行回应。数字史学的方法也遭到一些质疑，章节作者英国历史学家温特斯的解答让我们更加深刻地意识到，在史学研究中引入数字方法的限度与效度。

英国布鲁姆斯伯里出版社多年前曾推出"书写历史系列丛书"，其中《书写历史：理论与实践》截至 2020 年已经出了 3 个修订版。在第 3 个修订版的计划中，本来设置了"数字史学"的章节，但由于种种原因，最终版本并没有刊发出来。不过，我们从这个例子可以看到包括德国历史学家贝尔格等在内的编者对数字史学的关注。

21 世纪以来，历史学门类下的多个研究方向都有进行数字化的尝试。公众史学与数字化似乎有天然的亲缘关系，意大利公众史学家努瓦雷很早就提出了"数字公众史学"的概念，并在很多场合鼓励大家通过数字化方式，让公众史学项目得到更多元的展现，其参与主编的《数字公众史学手册》也于 2021 年出版。

三

"数字"的概念虽然很吸引人，人们对它的理解却不尽相同。口述史研究也是相对较早开始思考数字转向的史学研究领域。美国口述史专家唐纳德·里奇的经典著作《大家来做口述历史》曾多次改版，他不断根据数字技术的发展状况，调整口述历史实践过程中运用数字技术的态度和方式。在口述历史实践者的眼中，数字技术使得口述史在采集、转录、存储、传播等方面带来了极大的效率改善。不过，如果始终用一种数字档案的逻辑来看待数字转向，其实是对数字化的一种片面认知。同样的认识偏差还存在于 2016 年出版的一本关于历史学方法与理论的书籍之中：《历史学的宫殿》。该书是面向历史学专业学生的拓展读物，仅仅用"量化历史"来体现方法论的更新，显然是对数字转向过于简化的一种理解。

从学术研究的角度看，"数字转向"拓宽了史学研究的思路。美国历史学家古尔迪在《历史学宣言》里呼吁"长时段"的回归，得到了许多历史学家的共鸣。不过，由于缺乏具体研究项目的支撑，古尔迪的呼吁更像是空洞的口号。反而是英国历史学家弗朗索瓦与同事们一同构建的"Seshat 全球历史数据库"，不仅兑现了进行长时段历史研究的承诺，而且改善了历史研究成果呈现方式单一的问题。

当然，除了长时段的回归，借助数字技术，历史研究也能在微观问题上得到延展。比如，借助 GIS 的技术和方法，历史学者可以更加精细地讨论时间与空间因素在历史发展过程中的作用，这也是美国学者博登海默提出"深度制图"概念的重要价值。这个理念在城市史研究中得到充分利用，有学者通过 GIS 技术挖掘中世纪晚期文献中有关空间信息的描述，进行空间数据的转录、配准，对英国城市空间的演变状况获得了更多细节的把握。除此之外，利用文本挖掘技术从海量文献中提取有价值的信息，快速掌握大规模文本的概貌，或者用社会网络分析抓取历史人物之间的隐秘关联，都能够为史学研究提供新的思路。

总体而言，"数字史学"从概念提出到正式进入史学方法论，成为史学培养体系中的一环，大概有 30 年的时间。这个漫长的过渡阶段，似乎是很多新的史学研究领域都需要经历的沉淀期。但从国际史学界的整体面貌来看，数字史学正在获得越来越好的发展态势。对中国的世界史研究来说，虽然学者们对数字史学的关注还有待深化，但基于数字技术的研究条件得到改善，研究议题不断拓展，是有目共睹的事实，这些都充分显示了数字转向的积极促进作用。我们已经很难想象，如果没有诸如 JSTOR、Gale 等数据库，世界史研究在中国的学术语境下如何展开。所以，我们应更主动地迎接史学的数字转向，助力中国的世界史研究不断推出更多具有原创性的成果。

我国世界史研究中外文数据库的利用

|姚百慧

———

据笔者调查，国内主要图书馆购买的以及可免费利用的外文专业数据库资源，已超过千种。这些数据库就文献类型而言，可分为图书、期刊、学位论文与会议论文、报纸、档案、统计资料、报告、书目与文摘、图片、音视频等。就收入内容而言，历史学涉及史学理论、世界通史与断代史、地区国别史（涉及 70 个左右的国家）、传记、文物考古，其他学科如地理、哲学与宗教、政治与法律、军事、经济、文化、科学、教育、体育、语言与文字、文学、艺术、医药卫生等，也有很多资源可以参考。世界史研究需要利用数据库尤其是外文数据库，这是无须争辩的问题。需要讨论的是，如何对这些数量庞大的数据库进行利用。本文从定名与定性、专题数据库的建立、数据库内容考辨三个角度，谈一些粗浅的看法。

一

所谓定名与定性，是指对数据库的名称、性质和收录范围有清晰的认识。

一般而言，因数据库开发者都会提供数据库名称，定名问题不会有太大的困难，但也有一些特殊情况。其一，数据库开发者有时会改变数据库的名称，从而导致在不同的馆藏地或不同的学者引用中对同一数据库标引不同。如美国档案类数据库"美国解密档案在线"（U.S. Declassified Documents Online），原名为"解密档案参考系统"（Declassified Documents Reference System）；期刊类全文数据库"综合学科学术文献大全"（Academic Search Complete），原来的英文名为"Academic

Search Premier"。在这种情况下，建议标引以最新名称为准，同时了解其历史名称。其二，存在总库、子库的情况。如 HeinOnline 法律数据库有 60 余个子库，美国国会图书馆的"数字化收藏"（Digital Collections）有 300 多个子库。一些开发商或代理商，还会重组其数据资源，形成新的总库。如 Gale 公司，它将旗下部分报纸期刊类的库组成 Gale NewsVault，又将以档案为主的 300 余个子库组成"珍稀原始典藏档案"（Archives Unbound，简称 AU），还把这两个库和它的其他偏重原始档案文献的子库组合起来，形成了 Gale Scholar 超大型数据库。就个人利用而言，清晰的子库名称更重要；但由于一些馆藏只标引了总库，所以也需要了解总库名称。其三，馆藏机构的标引方式，也会造成名称的混乱。比如，有的馆藏只列翻译而无原文名称，各馆藏有时翻译名称不同，以及有的馆藏根据购买情况重新拟定数据库名称。如国家图书馆购买了 AU 中亚洲的部分专辑，命名为"珍稀原始典藏档案合集：亚洲"（Archives Unbound Asia）。

确定性质指确定文献的收录类型。前文已提及，外文数据库的文献类型包括图书、期刊、报纸、档案等。不同类型的文献，在史学研究中所起到的作用是不同的，或作为目录检索路径，或作为前期学术史，或作为史料来源。在开发商或图书馆的数据库介绍中，会说明文献的类型或特征。需要强调的是，上述文献是基于现代的出版类型进行分类的，它很难完全体现人类过去所积累的文献的所有特征，所以只能是相对性的。比如，档案在今天往往指代有密级的、生成之时尚不能为一般公众查看的文献，但对于古代史而言，甲骨、碑铭、纸草文书、木板文书等，不管其当时的利用范围如何，都已是研究那个时代的珍贵"档案"了。

确定收录范围，指弄清数据库收录的内容特征。在数据库的介绍中，一般会对此做出说明，如"早期英文书籍在线"（Early English Books Online）的介绍，一般会说明其收录的数量（12.5 万余种、超过 2250 万页英文著作）、时段（1473—1700 年之间）、类型（名家著作、皇家条例及布告、军事、宗教和其他公共文件、年鉴）、学科范围（历史、语言、音乐、美术、物理学、妇女研究）等。但确定内容特征有时也会有一定的困难，上文提及的总库与子库的情况是其中之一。有的数据库有很多子库，但图书馆一般只会选择部分子库购买，而标引时却用总库名称，这样就很难知道该库在某一具体馆中的子库收录情况。另一种情况是，很多图书馆会选择数据库中与本校教学科研联系密切的模块来购买，从而导致即便没有子库的数据库，在各馆中收录内容差异也较大。比如 Sage 期刊库，有的馆（如首都师范大学）购买了 500 多种现刊，有的馆（如北京大学）则购买了 800 多种现刊。同名数据库各馆收藏不同，会让同一检索在不同的馆藏出现差异甚至差别较大。此外，有的数据库以模块形式呈现，模块下内容较多，而模块名称却未必能完整展现其收录内容。如 ProQuest 历史库的一个模块"越南战争和美国外交政策（1960—1975 年）"（Vietnam War and American Foreign Policy, 1960—1975）是一个单一的数据库，从其名称来看，只能判断其与越战有关。但这个数据库收录内容广泛，含有 104 个子辑，内容极其丰富，比如有成系列的美国国家安全委员会文件、国家安全委员会会议记录，从肯尼迪到尼克松时期的国家安全文件等，实际上是战后到 20 世纪 70 年代美国外交史研究的重要资源。像这类数据库，不了解其子辑内容就没法深入利用。

二

定名与定性是我们利用外文数据库的起步工作。接下来，就可以大体判断某一数据库与我们所从事研究的关系，从而确定是否要加以搜集和利用。类似于做专题文献书目一样，在从事一项专题性的学术研究时，也要围绕该研究搜集在线资源，做一个专题数据库的列表。需要注意的是，这些专题数据库搜集时面不能过窄，它们不仅要包括与某一研究直接相关的数字资源，也要包括一些宏观性质的及可能相关的其他数据库。如研究两次世界大战期间英国的绥靖外交，首选当然是英国的外交档案以及重要人物的文件集，如收录了 60 余册《英国外交政策文件，1919—1939 年》的"英国海外政策文件"（Documents on British Policy Overseas）数据库、内维尔·张伯伦和奥斯丁·张伯伦的文件集（The Papers of Neville Chamberlain；The Papers of Sir Austen Chamberlain）、"丘吉尔档案"（Churchill Archive），次选是这一时期的内阁文件（Cabinet Papers）和国会文件的系列数据库（U.K.Parliamentary Papers, House of Commons Parliamentary Papers, Hansard 等），最后是反映当时媒体动向的重要报刊，如"大英图书馆报纸"（British Library Newspapers）、《泰晤士报》《每日电讯报》《伦敦新闻画报》《图画邮报》等。同时，通过"英国外交部机密印刷件：北美，1824—1961

年"（Confidential Print：North America，1824—1961）、"英国外交部：美国通信"（British Foreign Office：United States Correspondence）、"英国外交部档案：日本，1919—1952 年"（Foreign Office Files for Japan，1919—1952）、"英国外交部档案：中国，1919—1980 年"（Foreign Office Files for China，1919—1980）等英国档案数据库，以及美国、日本、德国、澳大利亚、加拿大等国家的外交档案数字资源，可了解围绕英国绥靖行动有关国家的互动。以上搜集偏重于两次世界大战期间与英国有关、相对原始的文献，也不能忽略一般的通用数据库，如图书资源（约 50 种）、期刊资源（约 30 种）、学位论文资源（十余种）等。

三

在搜集到相当的电子资源后，还要进行内容考辨的工作。这一考辨，可以从两个角度入手。

一是观察数据库资料来源和开发机构。一般而言，政府机构公布的本机构所掌握文献的权威性，高于其他来源；知名开发商、学术机构开发的专业性数据库，高于一般网络资源。例如，我们要查美国人口数据，最优先利用的是美国人口普查局开发的"美国事实发现者"（American Fact Finder），它可以提供美国人口、住房、经济和地理数据的来源；关于美国农业人口，则要参阅农业部的"国家农业统计数据"（National Agricultural Statistics Service），它提供了自 1840 年以来美国各州和地区的农业人口普查数据；还可以利用明尼苏达大学的"美国国家历史地理信息系统"（National Historical Geographic Information System），它提供了1790 年至今的美国人口普查和其他全国性调查统计资料，包括带有地理空间属性信息的人口、农业、经济等方面的数据。

二是注重数据形式和原实体之间的关系。就人文学科的多数数据库而言，其数据往往来自某种实物。利用这种数据库时，除了传统利用实物载体要注意的考辨等工作外，还要考察数据形式同原实体之间的关系。如纸质文献在电子化的过程中，是完整电子化，还是部分电子化？电子化的文献是如何排列的，这种排列同原始文献的排列关系何在？等等。如 ProQuest 公司开发的"数字化国家安全档案"（Digital National Security Archive），其文献选取和组合模式是围绕某一国家安全问题，抽取来自不同机构的档案，并按时间先后组织在新的子辑中。虽然所抽取的档案是完整扫描，但它并不会完整扫描原档案所在卷宗或系列，研究人员只能通过不同档案的时序排列建立起联系。利用这类数据库时，有时还需使用相关的配套指南、大事年表、人名索引等工具。

定名与定性、建立专题数据库、内容考辨，是利用外文数据库的基础工作。做好这些工作，研究者可以更高效准确地找到自己所需要的电子资源。当然，它们并非利用外文数据库注意事项的全部，如从知识考古学角度，可以讨论数据库开发的知识背景、开发动机、开发人员组成、文献著录方式等；从文献挖掘角度，可以讨论挖掘工具的选用、关键词选取、算法等，这些都是我们在使用数据库时需要考虑的内容。

数字
亚述学研究的
新进展

｜刘昌玉

————

数字人文起源于 20 世纪 50 年代，是借助数字科技进行人文研究和教学的新型跨学科领域。进入 21 世纪，数字人文迎来新的发展机遇和挑战，数字技术与人文学科的结合愈加密切。作为人文学科中的一门冷门学科，亚述学在数字人文的影响下，逐渐突破传统研究方式，形成了"数字亚述学"这一新兴研究方向，并成为国际亚述学研究的前沿，引领亚述学研究未来的发展方向。

传统亚述学研究存在短板

亚述学诞生于 1857 年，是一门研究古代两河流域历史文化及其所使用的楔形文字的学科。楔形文字是目前已知世界上最早的文字系统，在大约公元前 3200 年由古代两河流域的苏美尔人所发明，后来被古代西亚的其他民族所借用，成为古代西亚的通用文字体系，一直使用到公元 1 世纪（帕提亚帝国时期），最终被字母文字取代。楔形文字的主要书写材料是用两河流域的黏土制成的泥板，以芦苇制成的笔在其上按压，因文字呈现"楔子"形状，故名楔形文字。

释读楔形文字是亚述学研究的前提与基础。19 世纪，随着欧洲探险家在中东地区的游历与破坏性挖掘，成千上万带有楔形文字的泥板文书出土，最早是在伊朗境内的建筑铭文，继而在伊拉克境内的泥板出土。这些楔形文字材料是学者们破译这门"死文字"的重要工具。一个多世纪以来，它们陆续被亚述学者释读出来，为学者们研究古代西亚的历史文化提供了第一手的原始文献资料。亚述学者发表楔形文字材料释读成果大致包括以下内容：楔形文字材料图片，手绘临摹，使用拉丁字母对楔形文字铭文的读音标识（简称"音译"）、意译或现代语言翻译，以及评注。值得注意的是，这些材料目前被零散收藏在世界各个博物馆以及私人手中。学者们利用资料卡、索引、目录等方式手工收集与整理文献，这种传统方式存在以下不足：一是工作既烦琐又耗时，投入时间与人力成本过多；二是受时间、空间以及学者个人能力所限，收集已发表的文献很难做到完整齐全，造成收集工作的遗漏；三是已发表的文献出版物数量巨大，且主题、内容、时间等要素零散，学者需要根据自己的研究主题对这些资料进行再整理，这种"二次加工"会加倍消耗研究者的时间与精力，影响其正常的研究工作。

随着计算机等信息技术的发展，自20世纪末，亚述学者开始利用现代科学技术，如数据库建设，逐渐取代传统的文献收集整理方式，推动了亚述学研究的"数据库革命"。

数据库建设取得成就

与手工收集整理文献相比，亚述学研究中的数据库建设具有极大的便捷性与实时性，能够处理复杂的数据统计与分析，为亚述学研究提供数据支撑。在国际亚述学数据库建设方面，最著名的是2000年美国加州大学洛杉矶分校的"楔形文字数字图书馆"（CDLI）项目，该项目旨在将约50万件公元前四千纪晚期至公元一世纪的楔形文字材料文本和图像录入数据库，打破时空限制，为世界各国亚述学研究者提供最齐全的第一手研究资料。

CDLI项目是目前世界上收集楔形文字材料数量最多、最为齐全的在线数据库资源。对于研究某一时期、某一语种或某一专题的亚述学者而言，还需要按照分时、分地、分类的原则，建立专题或专门数据库。分时文献数据库如西班牙马德里高等科学研究院的"新苏美尔语文献数据库"（BDTNS）项目，汇集了大约12万件乌尔第三王朝时期的楔形文字材料，为从事乌尔第三王朝研究的亚述学者提供了更为专业的数据库资源。分地文献数据库如意大利威尼斯大学的"埃卜拉数字档案"（EbDA）项目，汇集了叙利亚古城埃卜拉出土的楔形文字材料，是亚述学的分支——埃卜拉学研究的最重要语料库。分类文献数据库如英国牛津大学的"苏美尔文学电子文献集"（ETCSL）项目以及加州大学伯克利分校的"楔形文字词汇文献数字文库"（DCCLT）项目，是亚述学者从事苏美尔文学研究和词汇文本研究的必备资料库。

亚述学数据库的建设，为世界各国亚述学研究者尤其是难以直接接触楔形文字实物材料的学者搜集资料带来了极大便利，而且加强了世界各国亚述学者的联系和交流。对于中国亚述学者来说，通过利用数据库，获得和拥有更多的史料，有利于推出具有中国特色的亚述学研究成果。

数字亚述学研究新趋向

21 世纪以来尤其是 2010 年后，传统的亚述学研究迎来了新的发展机遇，古老文明成果逐渐走出学术殿堂，向普通大众开放与普及，亚述学这一"冷门绝学"变得更加具有"温度"和"热度"。数字人文与亚述学的结合，缔造了"数字亚述学"，表现为楔形文字材料的数字化建模、文本的大数据分析、亚述和巴比伦等遗址的3D 全景重现、博物馆所藏古代西亚文物的虚拟仿真应用等方面。具体说来，"数字亚述学"的发展具有以下新的趋向：

第一，从文本数据库到语言文字的数字分析，为亚述学研究提供了数据支撑。诸如 CDLI 和 BDTNS 等楔形文字文本数据库建设是从宏观上对文本的收集与初步分析，而对文本内部的要素——语言文字的微观数字分析，需要开发其他技术平台。例如，美国宾夕法尼亚大学廷尼主持的"电子版宾夕法尼亚苏美尔语词典"（ePSD）项目，以在线词典、文本解析、语言互译等技术，为亚述学者学习研究苏美尔语楔形文字提供在线资源。法国亚述学协会开发的"阿卡德语词典"在线项目，为学习研究阿卡德语楔形文字提供了便利。

第二，从二维图片到虚拟仿真，丰富了亚述学研究的多维视角。CDLI 数据库采集了楔形文字泥板的二维高清图片，包括泥板的六个面，这是比较传统的方式，无法展现泥板的逼真性。随着数字技术的发展，三维动图、虚拟仿真技术被应用到泥板复原方面。美国约翰·霍普金斯大学开发的"数字汉谟拉比"项目以及德国法兰克福大学的"虚拟楔形文字泥板重建项目"（VCTR），对楔形文字泥板的高质量 3D 图像进行数字化存档、建模和研究，从二维到三维，从静态到动态，从视觉到触觉，实现了对楔形文字材料的虚拟仿真，极大地方便了亚述学研究者通过 PC 或移动端真实还原世界各地所藏楔形文字材料。值得一提的是，笔者主持的"亚洲古文字书写技能虚拟仿真实验"项目，通过虚拟现实、仿真技术还原了西亚楔形文字和东亚汉字的书写技能，为国内亚述学发展开辟了新的研究视角和领域。

第三，从跨学科合作到新兴学科建设，拓宽了亚述学研究的学科边界。亚述学与计算机学、考古学、物理学、社会学等学科合作，进行跨学科研究。德国海德堡大学发起的"材料文本文化"项目，来自 18 个学科的约 70 位学者参与其中，对古今各个文明书写文本材料进行跨学科研究。世界许多著名高校如美国哈佛大学、加州大学伯克利分校、德国海德堡大学等先后在原有数字人文学科基础上，开拓了数字亚述学的研究方向，创新研究方法，拓展研究对象，注重团队分工合作，培养既懂楔形文字、又掌握计算机技术等知识的复合型人才，使亚述学突破纯人文学科边界。

第六部分

—————

书籍、阅读
以及知识生产的历史

人类通过阅读来认识世界和自己，一个民族的精神境界也往往取决于这个民族的阅读水平。近 30 年来，在年鉴学派、新文化史和书籍史影响下，阅读史逐渐兴起。这是一个包括文献学与书籍史，并借鉴了社会史、思想史和文化史研究方法的综合性、跨学科的研究领域，内容涵盖阅读实践本身、阅读主体在此过程中的精神状态，以及阅读对个体、社会和历史的影响等。

知识生产是指人们通过脑力劳动创造出新知识的过程。可以说，知识生产是各民族、各国家智慧竞争的赛场，是文化软实力的真正体现。近代以来，在文艺复兴、地理大发现、工业革命等因素的驱动下，西方社会对自然界与人类自身的认识迅猛发展，知识生产也呈现出不断专业化、职业化的趋向，由此奠定了西方国家文化科技繁荣的基础。

书籍史研究：
核心议题
与关键概念
　　　　　　　　　　　　　　　　　　　　　　　｜张　炜

　　书籍史是 20 世纪后半叶在欧美学术界逐渐兴起的一个跨学科研究领域。它以书籍为中心，研究书籍创作、生产、流通、接受和流传等书籍生命周期中的各个环节及其参与者，探讨书籍生产和传播形式的演变历史和规律，以及与所处社会文化环境之间的相互关系。

　　在 20 世纪中期以前，学者们主要探讨书籍制作的演变历程，同时书籍也一直是目录学者和文献学者的耕耘园地。自 20 世纪 50 年代以来，得益于以吕西安·费弗尔为代表的法国年鉴学派史学家的倡导，研究者不仅探究某一时代已成经典的书籍作品，而且将目光转向特定时代中所有可阅读的文字材料。他们通过对原始档案材料的大规模统计，试图重建书籍的流通过程，了解不同群体对书籍的拥有情况，据此对人们的精神世界以至整个社会文化思潮展开探讨。几年之内，书籍史便在法国学术界获得了肯定，并被认可为一门专门课程。

　　法国学界的研究热潮，很大程度上影响了英语国家的书籍史研究。美国学术界不管所研究的出版物形态如何，都将这方面的研究统称为"书籍史研究"。近年来，英国学术界也相继出版了数量可观的学术著作，在牛津大学等高等学府里，每年定期举行书籍史研讨班，而与此相关的学术会议也呈发展壮大之势。此外，学者们相继创办了新的专业杂志，如《出版史》《书目通讯》等。1998 年，这一领域诞生了一本标志性刊物——《书籍史》。该杂志宣称，所有有关"书面交流的全部历史"的文章都是可被该刊采纳的论题。可以说在短短数十年里，书籍史研究已成为欧美学术界一个丰富而又多产的学科领域。用美国学者罗伯特·达恩顿的话说："这块领地的富饶程度已经使它不再像是有待开垦的处女地，而更像是枝繁叶茂的热带雨林。"

书籍史研究之所以能引起如此广泛的关注，主要在于它包含了一系列新颖的历史研究方法与视角，其中既有技术史的，也有经济、社会、学术、文化史的，研究者通过开辟这些新路径，提出了有关人类社会发展进程的诸多新阐释。进入新世纪以来，研究者讨论的议题或显或隐地集中于书籍与不同社会历史时期的信仰、制度以及与权力变迁的关系上，并最终转向基本的政治发展演进问题（包括意识形态、权力支配与参与方式以及解决可能出现的争议的途径等），笔者认为这构成了新世纪以来书籍史研究的核心议题，也彰显出这项研究最富魅力的一面。

普林斯顿大学中世纪史学者赫尔穆特·雷米兹在对中世纪早期手抄本的研究，没有拘泥于对最终版本的文字解读，而是运用数字技术提供的可能性，将每一个版本都视为知识传输链条中的一环，通过观察公元 6 世纪的文本是如何被抄写、修订、删节并重新组合的，找出不同版本中出现的省略、篡改之处，从而改变了人们对公元 6—9 世纪法兰克王国政治意识形态巨变的理解。研究英国都铎王朝书籍问题的詹姆斯·卡利在《亨利八世及其妻子们的书籍》（2004 年）中通过对英国国王亨利八世与安妮·博林王后在宗教改革时期阅读书籍的分析，重新塑造了国王与王后的思想变化情形，并据此分析了亨利发动宗教改革的真实意图。又如，英国近代早期史专家乔德·雷蒙德的著作《近代早期英国的小册子》（2003 年）重点描述了由撰写小册子的"革命"而揭开的英国内战序幕、复辟时期和光荣革命期间小册子的利用情况以及随着小册子出版的衰落而兴起的报纸文化，并指出"小册子影响了公众意见，这种公众意见又极大地影响了上层政治"。

除了上述非常显著的有关政治与书籍关系的成果外，近年来研究者也特别属意于书籍在维持和建构阶级、族裔以及性别认同上的作用，这些成果则较为隐蔽地触及了书籍与信仰、制度，以及与权力变迁的关系。美国两家著名大学出版社出版的《英国工人阶级的智识生活》（乔纳森·罗斯，2001）与《被遗忘的读者：找回非洲裔美国人识字社团丢失的历史》（伊丽莎白·麦克亨利，2002）分别关注了书籍在英国工人阶级以及非洲裔美国人社会生活中扮演的角色。而英国书籍史研究新锐海伦·史密斯则探讨了近代早期英国女性作为一个独特的性别群体与书籍制作的关系（2012）。尤其值得一提的是美国学者周绍明对中国书籍社会史的研究（2006），该研究精妙地诠释了在科举制度下，中央和地方政府如何将带有文字的载体（诸如印刷品或者毛笔书写的纸张）神圣化，从而令士人获得受人尊敬的社会地位的历史过程。

书籍史研究的奠基者、法国学者让·马丁在《书写的历史与权力》中写道："书籍史总归是构成传播交流史的一个侧面。"他由此号召"超越严格意义的书籍史，转向对传播与社会进行更具普遍性的历史思考"。达恩顿曾提出"交流圈"理论，旨在为汇集多学科研究者的书籍史提供统一的理论框架。事实上，此后的书籍史研究者也都在努力践行上述研究理念。他们力图将书籍放在社会总体体系内，考察其与经济、社会、文化系统之间的关系。正是由于书籍史的主题和涉及面愈发宽泛，书籍史研究者也越来越喜欢以"媒介"这一概念来设定其研究工作。从广义上讲，媒介是一种能够使传播得以发生的中介，但在实际应用中该词的词意有其特定指向，用来表示实现大众传播的技术形式、方式和手段。就书籍史研究而言，这个概念可以覆盖书籍从生产、制作到流通、阅读的全过程。两位英国学者戴维·芬克尔斯坦和阿利斯泰尔·麦克利里在《书籍史导论》（2005）中就指出，"媒介"是一个关键性概念，它强化了书籍史和印刷文化含义的当代解释。此外，活跃于美国学术界的琼·谢莉·鲁宾在论文《什么是书籍史的历史？》（2003）中也认为："该术语摈弃了印刷品仅仅是作者文字的体现的观点，而表明了影响文本流传的诸多因素。"我国学者在刚刚开启这项研究时就积极采纳了"媒介"这一概念，如项翔的《近代西欧印刷媒介研究——从古腾堡到启蒙运动》（2001）在考察近代早期西方书籍时的核心概念就是"印刷媒介"。

但是，这一概念的运用也引起一些学者的质疑：既然传播媒介史可以囊括书籍史，那么书籍史是否还有作为独立学科存在的必要？这一争论激发了学者们对于书籍自身特性的追问，从而提醒人们要充分考虑包括书籍在内的不同媒介形态的完整意义，即关注不同媒介在人类传播交流中所发挥的某些不可替代的作用。

如今，书籍史研究作为文明传播交流史的重要组成部分，已成为汇集历史学、社会学、传播学等多学科理论方法的交叉研究领域，得到学术界的广泛认可。美国学者帕特里克·格里最近指出，过去几十年欧洲中世纪史领域里最优秀的学术成果都有一个共同特征，即对手抄本文化的重视。这也从一个侧面道出了书籍史研究在整个史学研究中地位不断上升的趋势。因为在书籍史研究者看来，历史上的各种书籍绝不仅仅是历史学家探讨其他问题时所依赖的基本资料，书籍本身的变化（不论是形态还是内容）就隐含着极为重要的信息，能够帮助我们更加全面完整地认识人类历史发展进程。

欧美学术界的研究不论在资料上还是在研究方法与视角上，都为我国学术界提供了有益的参照。不过，在欧美学者建立的书籍史研究框架里，西方之外的各种书籍文化所受关注有限。事实上，以中国为代表的东方书籍文化的特点，恰能在很多方面对其诸多书籍史理论予以修正或提供更加全面的认识视角。例如，美国书籍史名家伊丽莎白·爱森斯坦提出的"印刷革命论"，若能更多关注到中国雕版印刷与传统社会的融合情形，就可以更好地理解传播技术与社会变革之间的互动关系。此外，在对书籍史核心议题的挖掘方面，欧美学者的相关研究都有意无意地避开了对人类社会发展更具决定意义的社会形态问题的探讨。上述这些缺憾，其实正是具备唯物史观与中国传统文化双重素养的中国学者应努力探究的方向。

印刷媒介
与近代早期英国民族
认同

|陈金锋

　　15 世纪中期金属活字印刷术的发明，将中世纪晚期以来以纸张的使用、手抄书的批量生产和书籍贸易为特征的欧洲"书籍革命"推向高潮，同时也开启了印刷媒介参与近代欧洲社会转型的序幕。在近代早期英国民族国家的建构中，印刷媒介又发挥着怎样的作用呢？

1476 年，英国人威廉·卡克斯顿将印刷术传入英格兰

1476 年，英国人威廉·卡克斯顿将印刷术传入英格兰。接下来的三个多世纪，在文艺复兴、宗教改革、革命与复辟等社会背景下，大量文学、宗教、教育、史地类印刷品以及新闻报刊的出版，从语言文化、宗教信仰、民族历史观和价值观方面建构了英国民族认同。

首先，英语类印刷品的生产和广泛传播使英语逐步摆脱中古时期的口语化和地方性，初具民族标准语的雏形，成为"国王的语言""国家语言"。

作为一种商品，印刷书从一开始就遵循严格的利润法则。出于节约成本的目的，其生产者印刷商最先简化和规范了书写英语，将手稿编辑、校订为市场上流通的印刷本，从而避免了因拼写方法不同而导致的版本、内容差异。其次，印刷书在短时间内的大量生产和传播，使得书写英语迅速固定化，进而催生了阅读群体的出现，对民族国家的最初"想象"恰恰是在他们中间发生的。最后，英国以伦敦为中心的印刷业发展模式，以及印刷媒介在信息传播中的单向流动性，使得英语的规范化成为一个自上而下由精英阶层、知识分子推动并不断走近大众的过程。

英语的标准化是英国迈向现代文明的重要一步。到 18 世纪，英语不仅是一种语言，更成为一种文化，成为民族认同的纽带。大量英语印刷品的出版，使英法百年战争以来持续高涨的民族情绪得以公开表达，进而增长了英国人的民族自信心和自豪感。

其次，大量用英语写成并印行的宗教类读物使英国国教的核心教义以浅显易懂的方式广为传播，促成了新教信仰共同体的产生。中世纪晚期以来，英国民族国家的建构自始至终充满了与"异己"的对立。亨利八世宗教改革后逐渐确立的新教信仰是英国区别于天主教法国、西班牙的最好标签，也是将不列颠各地区凝聚在一起的黏合剂。印刷媒介诞生之初，都铎王室便通过任命王室印刷商、授予印刷特权等形式实现了对印刷媒介的掌控和利用。为将英国变为真正的新教国家，在亨利八世、爱德华六世的几位大臣托马斯·塞西尔、托马斯·克伦威尔、托马斯·克兰默的推动下，一系列主张简化宗教仪式、强调内在信仰的宗教类读物相继出版。从样式来看，这类印刷品多为口袋书、册页，方便携带、传播；从出版数量来说，清教传教士威廉·珀金斯的布道词在 1640 年前出版过 128 版，远超同一时期莎士比亚的作品（约 90 版）。英语《圣经》的阅读及在公共场合用英语进行的团体朗诵、吟唱、祈祷，促成了近代早期英国宗教共同体的形成。

最后，史地、文学类著作及新闻报刊的出版重新激发了人们对不列颠历史和现实的兴趣，拉近了不列颠各地区间的距离，塑造了共同的民族历史观和价值观。

现代英国民族国家的形成是以不列颠群岛为国家建构的空间基础，因此不列颠各地区间共同历史和价值观的塑造非常重要。不列颠（"Britannia"或"Britannus"）最初是罗马对生活在不列颠岛的原始居民的称呼，中世纪时期不列颠人四分五裂地分布于布列塔尼、坎布里亚、康沃尔、威尔士等地，相互隔绝。都铎王朝建立后，由于其祖先是威尔士血统，统治者有意借助印刷品重塑不列颠历史。英国学者威廉·哈里逊的《不列颠描述》（1577）、威廉·坎登的《不列颠尼亚志》（1586）、约翰·斯皮德的《大不列颠史》（1611）等大量编年史、地方志的出版唤起了人们对古代不列颠历史、地理、风俗的兴趣，强化了"共同起源"的集体记忆。以历史事件为素材的诗歌、散文特别是历史剧在16世纪最后二十年也深受欢迎，如托马斯·马洛里的《亚瑟王之死》、斯宾塞的《仙后》、莎士比亚的历史剧，这些作品中关于不列颠的神话起源被不断提及，都铎君主被塑造为亚瑟王的后代。经过都铎王权和精英阶层的重塑，不列颠人由中世纪时期的苏格兰人、爱尔兰人、威尔士人的代名词，向"英格兰人和'凯尔特'各族"的共同称呼演变，不列颠由一个地理概念向政治文化共同体演变。

除论著外，新闻报刊的出版使不列颠各地区能同时关注和感受重大事件，有助于共同价值观的形成。1640年革命的爆发，使英国的新闻报刊从"科兰特"到《日报》获得迅猛发展。1695年《特许经营法》废止后，英国成为欧洲的报刊发行中心之一，印刷媒介的社会性更加突出。在17世纪，一个识字的苏格兰人可以轻易地获取到英文版的报纸，通过王权与议会的斗争、革命的进展、英荷战争等重大事件的共享，印刷媒介促成了不列颠各地形成统一的心理归属感，这正是1707年英苏、1801年英爱政治合并的民族心理和文化认同基础。

综上所述，印刷媒介通过推动英语的标准化、促成新教信仰共同体的产生、塑造共同的民族历史观和价值观，在英国民族认同的建构中发挥了不可忽视的作用，其影响应置于长时段（15—18世纪）和不断变化的社会语境中加以考察。

从《编年史之书》看十五世纪末德国印刷业

|徐亚娟

1454 年，德国人谷登堡在美因茨成功使用金属活字印刷术出版了第一部拉丁文书籍，开启了欧洲印刷革命的新纪元，西方书籍由中古世纪手抄本步入机器量产时代。1458 年，从美因茨学成归来的约翰内斯·曼特林在斯特拉斯堡创立印刷工坊，随即谷登堡的学徒们又将印刷技术带到科隆、奥格斯堡、纽伦堡、莱比锡、巴塞尔等地，二十年间金属活字印刷术在整个德国落地生根。

15 世纪末的纽伦堡是德国贸易和手工业中心，也是人文主义重镇。这座被马丁·路德称为"德意志耳目"的城市，印刷业的起步却略显滞后。1470 年，意大利的萨比科、罗马、威尼斯、弗里诺、特雷维，甚至法国巴黎都已各自拥有独立的印刷工坊，此时纽伦堡的印刷商科贝格刚开始创立第一间印刷工坊。安东·科贝格约于 1440 年至 1445 年间生于纽伦堡一个工匠世家，初为金匠，1470 年结束金匠生意，成立了自己的印刷工坊。1488 年，科贝格当选纽伦堡大议会议员，与哈德曼·舍德尔、泽巴尔德·施莱尔等人文主义者成为同僚。与精于创新却拙于经营的谷登堡不同，科贝格是一位颇有胆识与远见的印刷商，他坐拥两家造纸厂，印刷用纸自给自足，无须远赴意大利采买，有效控制了印书成本。除关注提高印刷品质外，他还积极开辟书籍外销市场，威尼斯、米兰、巴黎、里昂和维也纳等地都设有营销分部。1472 年，科贝格的印刷工坊印刷出版了第一部摇篮本——阿尔喀诺俄斯的《柏拉图箴言》(摇篮本，在印刷史上专指 1454 年至 1500 年年底在西欧以金属活字印刷出版的所有书籍)。1480 年，印厂规模赶超谷登堡的合作者和继任者——美因茨的舍弗工坊，一跃成为德国最大的印刷工坊，盛时一天要启动 24 台印刷机，百余名排字工、印刷工和助理参与书籍制作。与此同时，科贝格开始与纽伦堡插画家米夏埃尔·沃尔格穆特展开合作，二人共同出品了《编年史之书》（以下简称《编年史》）。自此，科贝格工坊成为欧洲知名的印刷工坊，订单应不暇接，至15世纪末，已然是欧洲最知名的四大印刷工坊之一，印刷质量和数量都堪称表率。

《编年史》是15世纪德国最知名的插图摇篮本之一，以其繁复的图文排版而闻名于世。整部摇篮本从编撰、绘图到印制、出版，都离不开纽伦堡富商泽巴尔德·施莱尔和内弟塞巴斯蒂安·卡莫迈斯特的资助和推动，二人集合了当时纽伦堡一流的人文主义者、插画大师、印刷商和经销商，使该书成为摇篮本时代最优秀的金属活字印本之一。《编年史》著者哈德曼·舍德尔是一位德国人文主义者、医生、藏书家，1456—1462年在莱比锡求学，其间曾跟随人文主义者彼得·卢德尔学习。在帕多瓦，他师从来自希腊的古典学者德米特里欧斯·查尔科孔戴尔斯，为德国最早一批学习希腊哲学的学生。1466年，舍德尔医学博士毕业返回纽伦堡，1475年当选大议会议员，与纽伦堡的各界精英保持着紧密联系，其中便有施莱尔。我们尚不知道舍德尔何时开始编撰《编年史》，不过可以确定的是，他接受了施莱尔及其内弟的倡议和委托。舍德尔依据圣经纪年，将世界历史划分为7个时期，记录了从"创世纪"到15世纪90年代的历史，并以圣经为框架，讲述人类的历史故事，穿插自然灾害、皇家族谱和一些西方重要城市的历史，辅以人物插图和城市地图等。

舍德尔广泛吸纳了当时盛行的学术观点，包括人文主义的自然科学、哲学理念等。因此，《编年史》不只基于中古世纪流传的圣经故事，也基于新时期已经更新的人类认知。该书拉丁文版于1493年7月12日出版，同时在施莱尔二人资助下，纽伦堡金库的抄写员乔治·阿尔特将其译成德文，同年12月23日出版，两版插画均由沃尔格穆特父子完成，交由科贝格印刷。早期摇篮本还没有题名页的概念，人们不得不从其他页面寻找相关信息。拉丁学者通常将此书拉丁文版首页的《编年史之书》作为该书的名称；德文版中，取其著者舍德尔之名，称其为《舍德尔世界历史》；英文版中，则根据出版地将其命名为《纽伦堡编年史》。除外观差别外，德文版的《编年史》比拉丁文版有所删减，剔除了一些深奥的表达与不必要的赘述，只有297页，而拉丁文版为326页。这是因为两个版本目标受众不同，拉丁文版以宫廷、神学和学术领域的读者为主，而德文版则针对新兴资产阶级和手工业者。据估计，当时出版了约1400～1500册拉丁文版及700～1000册德文版。一份 1509 年的资料表明，其中 539 册拉丁文版和 60 册德文版当时并未售出。截至目前，尚有 400 册拉丁文版及 300 本德文版流传，是已知存世复本最多的一部摇篮本。

施莱尔及其内弟还聘请了纽伦堡当时最负盛名的画家米夏埃尔·沃尔格穆特及其继子威廉·普莱登伍尔夫，由他们来完成全书插画制作以及图文版面的设计。沃尔格穆特是匈牙利画家瓦伦汀·沃尔格穆特之子，1434 年生于纽伦堡，自幼在父亲画室做学徒，少年游历德国、荷兰，1455 年回到故乡，开始在纽伦堡最大的画室汉斯·普莱登伍尔夫工坊做工。1472 年，普莱登伍尔夫去世后，沃尔格穆特接管了画室生意，与继子威廉·普莱登伍尔夫一起承接各地印刷工坊的地图和插画订单。科贝格印刷工坊最为重要的印刷品《成圣珍宝》和《编年史》插画制作都由他们配合完成。1491 年 12 月 29 日，赞助商施莱尔正式授权沃尔格穆特制作《编年史》木版插画。实际上，早在 1487 年，沃尔格穆特便已开始为《编年史》制作插画。1486 年，科贝格将其教子阿尔布雷希特·丢勒送往沃尔格穆特工坊，学徒三年与插画制作周期重叠，有学者认为这位德国文艺复兴时期最伟大的画家也参与了部分插画的草图设计。这部《编年史》体现了早期印刷品精良的插图技艺，富有质感的画面让枯燥的文字变得更为易懂。全书实际上制作了 652 幅插画，而丰富的文本内容需要更多的配图，因此一些插画素材不得不反复使用，最终成书共 1809 幅插图。他们以超乎想象的排版技艺将图文巧妙融合，最终成就了这部 15 世纪最为繁复和精致的插图摇篮本，极大地影响了后世插图业的发展，也对丢勒的艺术创作道路有所影响。

15—16 世纪德国文艺复兴时期的文化兴盛在很大程度上归功于早期印刷业的发展，金属活字印刷术的推广和传播，大大缩短了书籍制作周期，降低了维护成本，科学文化知识的普及变得更为便捷。纽伦堡作为当时德国最大、最富足的城市之一，深受意大利和弗兰德斯的影响，一批像舍德尔这样的人文主义学者在意大利接受学术熏陶后返回家乡，与本土的人文主义者施莱尔等人一道传播文艺复兴思潮。由纽伦堡优秀的人文主义学者、插画大师、实力最强的印刷工坊共同打造的《编年史》，以近乎完美的印刷技艺和繁复精湛的图文编排，引领本土抄本文化加速向印本文化转变。学习和阅读不再是僧侣和王公贵族的特权，普通民众也可以乐享其中，为即将到来的宗教改革培养了民众基础。

十九世纪
法国的
大众阅读场所

顾 杭

　　19 世纪法国的工业化与城市化进程逐步开展，城市人口迅速增长。与此同时，民众教育工作受到重视，至 19 世纪 80 年代实现了免费、义务的初等教育。这不仅为工业生产提供了大量具备一定文化水平的劳动力，而且推动了阅读群体人数的急剧增长。在此背景下，大众阅读成为值得关注的文化现象。

　　尽管印刷技术的变革带来了书籍价格的下降，出现了一些经典作品的廉价版本，但对于大众而言，书籍在 19 世纪相当长一段时期内依然是昂贵的，普通大众难以承受。在 19 世纪 60 年代以前，报纸都是采取预订制，三月或是整年起订，不单期零售。因此，这一时期的法国民众往往在公共空间中阅读书籍和报刊，阅读室、小酒馆和大众图书馆成为重要的大众阅读场所。

　　提起法国的图书馆，我们首先会想到其历史悠久的国家图书馆，然而以法国国图为代表的公立图书馆的主要使命是保存稀有书籍，满足少数学者的研究需要，并不外借，更不接待大众读者。大众的首选阅读场所是阅读室。七月王朝时期，法国阅读室的数量达到顶峰，仅在巴黎就有超过 500 家获得官方许可的阅读室，绝大多数设在人流密集的地方。其实这种阅读室早在 18 世纪下半叶就出现了，它们向读者提供书籍和报刊，供其现场阅览或是外借，按册或是按阅览时间收费。不少阅读室还提供包月和包年服务，读者缴纳一定费用后，即可一次借阅多本书籍。

　　大众在阅读室中浏览哪些读物呢？对 19 世纪上半叶阅读室的书目与借阅记录的研究表明，读者借阅最多的书籍是小说，其次是历史书、游记等。除了欧仁·苏的《巴黎的秘密》《流浪的犹太人》、大仲马的《三个火枪手》、雨果的《巴黎圣母院》等大众喜爱的法国小说家作品外，英国作家司各特的历史小说和笛福的《鲁滨孙漂流记》，也成为当时法国读者争相阅读的书籍。而路易-皮埃尔·昂格蒂耶与女历史学家圣旺各自写作的《法国史》也成为畅销的历史书，不断被重印。

对于19世纪的法国成年男子，尤其是男性工人而言，下班之后的重要娱乐和社交方式就是前往小酒馆。1860年时，法国有50万家小酒馆。在那里，工人们饮酒之余还浏览报纸，或是听人朗读报纸上的新闻。在小酒馆里，工人们接受了政治宣传和社会主义思想，从而参加罢工、社会运动甚至革命，这引发了政治精英的恐慌。

为了维护社会稳定，政治精英强调教育和阅读好书有助于劳动者融入社会和提高自身的德行。一些信奉圣西门主义的精英和慈善家开办成人夜校以提升工人们的知识水平，另一些人则认为大众图书馆是教育的有益补充，通过它可以引导、控制和审查大众阅读中出现的新读者，尤其是工人读者。

1850年，法国作家、教育家茹尔·拉杜建立"市镇图书馆和好书推广协会"，倡议在法国所有市镇都建立一所图书馆。该计划得到了时任总统路易·波拿巴的支持，后者认为"在所有法国市镇建立图书馆是一项慈善和公益事业"。拉杜设计的这一图书馆包含一百册书，其中初等教育和农业书籍占60%，随后是历史书和游记、市镇管理、工人教科书、宗教教育，文学书最少，只有两册。

拉杜的计划虽然得到总统和政府的支持，但由于第二共和国很快就被路易·波拿巴的政变推翻，因此并未最终实现。不过，建立大众图书馆的运动正是在路易·波拿巴统治的19世纪60年代进展迅速，并在随后的第三共和国也得到延续。1902年时，法国已有300家大众图书馆。

值得注意的是，在为大众创建图书馆的运动中，普通大众并不是被动消极的等待者，或政治精英所谓的被引领者。工人阶级中的一些精英参与甚至主导了一些大众图书馆的建立。其中最突出的就是巴黎印刷工人让-巴普蒂斯特·吉拉尔发起成立的巴黎第三区教育之友图书馆。

1861年3月17日，吉拉尔联合几位工人成立了教育之友协会，以"获得道德教育、文学教育和职业教育所必需的书籍"。年满15岁，有明确居住地的人，即可加入协会，男性每月缴纳1法郎的会费，女性每月缴纳0.5法郎。短短几个月，会员就达到400多人，拥有了1200本书。1861年6月23日，教育之友协会召开第一次全体大会，投票通过图书馆的章程、管理机构组成。大会报告中说，"研究书籍、各方面的论著，科学领域的著作、杂志、年鉴在本图书馆中占有重要位置。但是，对于人的教育而言，科学并不够。历史、诗歌、戏剧、游记、小说，甚至是小说，我们认为这些才华尽显的书籍，既不是肤浅的，也不是伤风败俗的，而是有助于促进思考和培养语言表达能力，小说本身在我们这就受到欢迎"。当年 10 月 1 日，图书馆在巴黎第三区杜尔哥学校开馆，至 12 月，图书月借出量已达 500 本。早期的教育之友图书馆会员多为巴黎的工人，来自各行各业，有石印工人、金银首饰雕镂工，也有皮革整理工、剪裁工，还有 4 名女裁缝。

通过该图书馆 1862 年的图书目录，我们可以对这一时期巴黎工人大众的阅读有所了解。1862 年的图书目录共 1200 多本书，分为数学、物理、化学、自然史、卫生、历史、游记、文学等 14 个系列。历史、文学、游记是书籍数量最多的 3 个系列，也是读者借阅数量最多的。在历史类中，第二帝国时期广为流行的维克托·杜律伊的历史书多达 15 部。此外，梯也尔的《法国革命》、拉马丁的《吉伦特派史》和《复辟王朝史》也在目录中。书目中还包含了勒瓦瑟尔的《法国工人阶级史》和欧迪加涅的《法国的工人与工业》。在《英国史》《大西洋史》《普鲁士史》等外国史之外，还有瑟南库尔的《中国史纲要》和欧特的《古代史：印度和中国》。文学类书籍中，除了荷马史诗、拉伯雷全集、卢梭、伏尔泰的经典著作以外，小说尤其是外国小说的比重很大，如司各特、狄更斯、斯威夫特的作品，以及美国小说家梅恩－里德的 9 部著作。

值得注意的是，1862 年图书目录中没有社会主义者傅立叶、蒲鲁东、卡贝的书，没有米什莱的《法国革命史》和《法国史》，第二帝国时期流亡国外的埃德加·基内和路易·勃朗的书也没有。这表明在当时的政治环境下，图书馆的运行还是受到政府控制的，管理者有意识地避开了那些会引发宗教或政治论争的书籍。

教育之友图书馆这种读者成立协会、共同管理图书馆的模式，很快在巴黎及其他外省传开。1898 年时巴黎 20 区中有 14 个区建立了这种大众图书馆，这些图书馆大都是晚上 8 点至 10 点开放，每月会费低廉（有两家为免费借阅，其他的则是 0.25~0.5 法郎）。图书馆藏书丰富，读者可以借书回家阅读，小说、历史、地理和游记类图书仍然是大众读者最爱阅读的。19 世纪大众阅读场所的发展，既体现了政治精英引导甚至规训大众的倾向，也反映了工人大众自我发展、休闲娱乐的诉求。

19 世纪
德国的
"阅读革命"

| 景德祥

19 世纪的德国史是一部发生革命性巨变的历史。世纪之初（1806 年），古老的德意志民族神圣罗马帝国被拿破仑军队的铁蹄摧毁；在战胜拿破仑之后，德意志邦国君主于 1815 年成立了一个松散的德意志邦联。1848 年，被压制多年的民族统一、民主自由与民生运动一起爆发为全德规模的革命运动。由于革命任务的繁重、封建君主的强大，革命最终失败。但在政治革命失败的同时，以工业化为主体的"经济革命"取得了突飞猛进的进展。1864—1871 年，经济与军事实力雄厚的普鲁士在俾斯麦的领导下通过三次王朝战争，实现了德意志的统一，建立了德意志帝国。统一之后，德国在经济、军事与科学技术方面都取得了杰出的成就，成为欧洲数一数二的强国。但在 1890 年后，德国又走上了帝国主义扩张道路，为其在 20 世纪初陷入战争与崩溃埋下了伏笔。

在政治、经济革命酝酿与爆发的同时，德国还发生过许多穿插其间、与它们互为因果的其他社会与文化革命，而"阅读革命"就是其中之一。"阅读革命"的发生，折射的首先是时代的剧烈变革。启蒙运动、法国大革命新思想的传播、民族危机的加剧、革新与保守之间的对抗、新知识的发现与传播、新技术的发明与推广、新生活的诱惑与挑战，所有这一切都刺激着德国人的神经。他们既需要通过出版物发出自己的心声，又需要通过阅读获取各种信息。

德国著名历史学家尼培代认为，这场"阅读革命"发生在 1800—1870 年。相关数据显示，在 1800 年前后，德国不阅读者与阅读者的比例是 3：1；到 1870 年，这个比例则反过来了。在 19 世纪，德国的阅读者群体从少数城市文化上层扩展到其他社会阶层。阅读的方式也发生了变化，从以前反复阅读少数书籍（主要是圣经）

到广泛阅读与浏览各种各样的书籍与报刊。而三百年前的宗教改革也给 19 世纪的德国阅读文化留下了深刻的烙印。研究表明，德国北部的阅读率比南部要高得多，原因是北部多新教徒，南部多天主教徒。新教徒更为重视圣经的阅读，识字率与阅读能力也因此要比天主教徒高。

"阅读革命"的发生，也体现在书籍出版种类的迅猛发展上：据统计，1805 年德国出版图书 4181 种，1843 年达到 14039 种。虽然在世纪中期一度下降，到 1879 年才超过 1843 年的水准，但此后又快速上升，到 20 世纪初的 1913 年，上涨到了 34871 种。以单种出版物的篇幅与印数为例：19 世纪德国最为著名的百科全书《布罗克豪斯百科全书》，1809 年第 1 版只有 6 卷本，印了 2000 册；1818—1819 年的第 5 版内容扩充到 10 卷本，印数上升到 3.2 万册；而 1865—1868 年的第 11 版（15 卷本）就达到了 30 万印册。

图书出版的迅猛发展也得益于印刷技术的革命。1820 年以后采用的新型印刷机每小时可印 5.67 万页。这种新型印刷机，普鲁士在 1820 年使用 516 台，1848 年增加到 1275 台。另一个促进出版业蓬勃发展的因素是法律保障的完善。相关法律的颁布与实施，一方面打击了盗版，保护了作者与出版社的版权；另一方面又打破了少数出版社对版权的永久性垄断。1837 年，普鲁士实施了出版物的 30 年版权保护。1845 年，德意志邦联也推广实施了 30 年版权保护；1866 年，又实施了作者终身以及身后 30 年的版权保护。1867 年，北德意志联邦则宣布 1837 年 11 月以前出版的印刷品版权到期作废。也就是说，自 1867 年起，出版社的"永久性版权"消失。其直接影响是，原来由出版巨头科塔出版社垄断的经典作家（如歌德、席勒）的全集都可以被其他出版社以十分低廉的价格推向图书市场。例如，莱比锡的雷克兰袖珍书出版社就推出了自己的《歌德全集》，以《浮士德》作为第一册，价格 20 芬尼。1871 年以后，德意志帝国继承了上述出版法律。另外，1869—1871 年实施的营业自由法，也促进了出版业的发展与繁荣。

"阅读革命"的一个重要领域，是新闻业或报刊业的崛起。相比较于书籍，读者尤其是男性读者，更加热衷于新闻报刊的阅读。有数据表明，早在 19 世纪初，约有半数成年男性属于报刊读者。日报的总印数达 30 万，约有读者 300 万，期刊有 50 万读者。在当时，日报与期刊之间还没有明确的界限，有的日报起名为期刊，有的期刊则自称是报纸。在 1848 年革命爆发的前三十年，新闻业受到德意志邦联的严厉压制，一些抨击封建专制的报刊被禁止（如青年黑格尔派的《德意志年鉴》、1842—1843 年由马克思主笔的《莱茵报》），其作者与编辑遭到迫害与驱逐。1848 年革命爆发后，各种政治报刊如雨后春笋般涌现出来。据统计，此期间德国有 260 家新出版的报刊，但在革命失败后又几乎完全消失。新闻业是各种政治力量的斗争场合。例如，普鲁士保守派创建了著名的《十字架报》，天主教组织创立了自己的《科隆报》等报刊，民族自由党有《德意志汇报》，工人阶级的报刊则有《社民党人报》与《前进报》。1864 年起，德意志邦国相继取消了出版物在出版前的内容先期审查，1874 年德意志帝国最终在全德范围内取消了先期审查，这些措施也促进了报刊业的蓬勃发展。

1848 年革命失败后，德国资产阶级把热情投入非政治领域，家庭生活成为人们关注的中心，家庭生活期刊成为德国人阅读的新宠。最为有名的是 1853 年在莱比锡由凯尔出版社首次出版的《园亭》杂志，初版只有 5000 印册，到 1861 年就成为全德第一家突破 10 万印册的期刊，1875 年更是达到创纪录的 38.2 万册，受到不同阶层、性别、文化程度与年龄层读者的欢迎，读者最多时达三四百万人。《园亭》是精心设计的供全家庭阅读的"文化套餐"，内容丰富多彩，有连载小说、报道、政论文章、读者信箱、特殊栏目，并配有精致的钢板雕刻的插图。《园亭》在德国出版史与家庭文化史上占有重要地位，也受到了后期多种家庭期刊的模仿。为这些家庭期刊写稿成为众多作家的谋生途径，19 世纪许多德国著名作家是以为报刊写连载小说而起家的，著名作家冯塔纳就有两部小说首先是以连载方式发表在报纸上，然后再成书出版的。

有些家庭期刊由私人购买后在家中阅读，而大多数人会选择在图书馆的阅览室现场或借出后阅读。事实上，出于出版物昂贵的价格以及交流读后感的需求，与同城市民共享书籍报刊的读书方式早在 17、18 世纪就以"读书会"的形式出现。19 世纪初，读书会进一步发展，尤其是 1815 年以后大多数读书会转化为社团协会，取而代之的是读书室、公共阅览室以及商业的大众"借书馆"。

这里有必要着重介绍一下"借书馆"。它不同于一般的图书馆，是一种向借书者收取费用的读书服务机构，会专门针对读者的需求及时购买各种新近出版的书刊，因此也可称为"借书店"。据统计，1875 年，德国拥有 970 家正式的借书馆，非正式的约有 4000 多家，几乎每个城市都有一家借书馆。借书馆也是出版社推销新书的主要客户。在19世纪五六十年代，出版社初版的文学作品一般不超过800册，基本上预设每个借书馆购买一本。通过借书馆阅读的读者非常多，占全部德国读者的90%，这些读者来自社会各个阶层。有研究证明，他们中40%是手工业者与商人，20%是女性，15%是中学生，11%是工人，9%为官员。借书馆如此受欢迎，一个重要的原因还是当时的国民收入较低。只有极少数上层社会成员能够随心所欲地买书阅读乃至拥有一个私人图书馆，许多中产阶层也必须依靠借书馆来满足自己的读书需求。对于广大的社会底层来说，甚至有限的借书费用也是难以承担的家庭开支。有研究表明，工人借阅的主要是娱乐性或消遣性读物。此外，社会下层接触到书刊的另一途径是一种类似中国过去的"小货郎"的兜售书商。这些小书商走街串巷，兜售各种畅销期刊、廉价版的经典作家作品、连载小说（主要是关于强盗、骑士、侦探的小说），他们把质量高低不等的读物带到千家万户。

　　总而言之，19世纪德国的"阅读革命"无疑提高了德意志民族的集体文化素质。其中有国家、政党、社会组织、出版家、作家与记者的贡献，也有印刷技术与其他各种技术革新、大小书商逐利行为的连带效应。"阅读革命"与其他领域的"革命"互为因果、密不可分，推动了德国社会各阶级及阶层的文化融合与现代德意志民族文化的形成，也推动了19世纪德国社会的整体现代化。

知识史研究的
兴起
及意义 | 陈 恒
————

知识史在西方的兴起

　　知识的概念犹如文化，见仁见智，难以有一个大家广泛认同的定义。当代学术界似乎并没有把知识研究视为一个领域，也很少视知识史为一个新兴学科，至多将其看作学术史、思想史、史学史、科学史、阅读史等领域的文献集成而已。

　　西方世界最早关心知识问题的是苏格拉底、柏拉图、亚里士多德、奥古斯丁等思想家。文艺复兴时代哲学家培根在《学术的进步》（1605）中系统地探讨了知识问题。到了近代，社会学家也开始关心知识问题，出现了以马克斯·韦伯、卡尔·曼海姆、马克斯·舍勒等人为代表的德国知识研究传统，如韦伯将官僚制定义为"以知识为基础而进行控制的实践"；以奥古斯特·孔德、埃米尔·涂尔干、马塞尔·莫斯、米歇尔·福柯为代表的法国知识研究传统，如孔德所提出的知识社会的"无名史"；以培根、霍布斯、洛克、贝克莱、大卫·休谟、柯林伍德等人为代表的英国知识研究传统，如培根认为"一个有恒心勇于奉献的学者，应有志于增加本学科的知识"；以托斯丹·凡勃仑、罗伯特·默顿、托马斯·库恩等人为代表的美国知识研究传统，如凡勃仑特别关注社会群体与知识制度之间的关系。

　　二战后随着学科分类的细化，知识呈快速增加的趋势，档案学家、目录学家、图书管理学家等纷纷加入先前仅属于哲学家的知识研究阵营。而历史学家则缺席这一场域，直到20世纪末这一局面才逐渐改变。

　　美国现代管理学之父德鲁克预言，"接下来的几十年"，知识史将成为一个重要的研究领域。确实如他所言，史学界近几十年来出版了大量此类作品，这些著作大致可分为学科发展史、书籍史、大学史、学术史、史学史、帝国与学术、知识认识论等类型。知识史研究俨然已成为学术新宠。美国康涅狄格大学布朗教授的《知识就是力量》（1989）、匹兹堡大学林格教授的《知识的领域》（1992）等便是其中的代表著作。剑桥大学古典学家劳埃德爵士从知识史的角度，以比较的视野审视东西方各个学科的形成与发展，尤其关注古代社会知识史与文化史的研究，从"心理一致说"的角度解读人类的认知。这一理论认为，全人类无论其种族、性别和社会文化背景有何差异，在心理和认知的基本要素上是一致的，从而对知识史研究做出了独特的贡献。

英国文化史家彼得·伯克更是知识史研究中的杰出代表，他积极推动知识史研究，先后出版了《知识社会史：从古登堡到狄德罗》（2000）、《知识社会史：从〈百科全书〉到维基百科》（2013）、《什么是知识史》（2015）、《1500—2000年间知识史中的流亡与侨民》（2017）、《博学者：从达·芬奇到桑塔格的文化史》（2020）等著作，为知识史研究的合理性积极奔走，让学术界接受了作为一个研究领域的知识史。

伯克认为，知识史的发展有赖于科学史、书籍史的出现，前者解决了学科发展史研究的问题，后者彰显了知识与社会之间的互动关系。书籍史在过去几十年中已经从书籍贸易的经济史转向阅读的社会史和信息传播的文化史；而科学史所面临的三大挑战则驱动着知识史研究领域越来越广泛。第一个挑战是"科学"这一现代意义的术语所带来的认知后果，"科学"是19世纪的概念，如果用这一概念去研究早期各个时代的知识探寻活动，势必会激发历史学家所憎恶的那种时代错误。第二个挑战是学术界对包括工匠的实践知识这类通俗文化产生了兴趣。第三种也是最主要的挑战，来自全球史的兴起及其产生的影响。人们必须讨论非西方文化的思想成就，这些成就对西方固有的知识观念形成强大的挑战与冲击，但其对人类知识的贡献却是毋庸置疑的。

从阿里斯托芬的《云》、柏拉图的《理想国》、哈林顿的《大洋国》、莫尔的《乌托邦》，一直到今天的"人文共同体"，反映了人类对知识的孜孜追求。当今的知识碎片、知识过载，要求人们以宏观的视野看待人类的知识；学科划分过细所带来的弊端，也要求学者们进行综合的、跨学科的研究；经济全球化的结果是地球村的出现，可以较为系统地展示全球知识体系；信息化的快速发展则使人类过往的精神产品汇总在一个直观的平台上，可以更全面、完整、系统地呈现人类的智力成就；网络化改变了传统的书写习惯，提供了书写知识史的手段，维基百科的诞生标志着知识的民主化……这一切都预示着书写知识史的可能。

何谓知识史

《辞海》对"知识"的定义是人类认识的成果或结晶。《中国大百科全书》对"知识"的定义是人类认识的成果，是在实践的基础上产生、又经过实践检验的对客观实际的反映。人们在日常生活、社会活动、科学研究、生产实践中获得对事物的认识，其中可靠的成分即为知识。域外《不列颠百科全书》《美国百科全书》《科利尔百科全书》等重要的工具书都不收录"知识"（knowledge）条目，这可以有两种理解：在西方学术界看来这只是一个泛泛的词语，而非一个领域；或者说是一个很庞大的领域，令人生畏、难以描述。但最近几十年学术界已越来越倾向于抛弃这一陈旧观念，知识史研究逐渐具备可能性与合理性。

在笔者看来，知识是人类认识世界的概念化表达，是人类活动的精神遗产。知识史是以人为中心研究人与人、人与社会、人与自然、人与信仰的各类知识形成、发展与嬗变的一门学科，它不仅叙述各门学科形成与发展的历史，也研究知识的美学价值、功能价值、精神价值等，更是从知识与社会的双向角度来阐述知识与社会的互动关系。一言蔽之，知识史是将知识产生（从认知的角度看知识的起源与发展）、知识生产（从社会与知识相互作用的角度看知识的更新）置于广阔的自然、社会、经济、政治、文化、宗教、军事等时空框架体系中，进而将这一框架体系置于更广阔的民族、国家、区域、洲际乃至国际的网络中考察其产生、发展的历史。诚如恩格斯所说："人类知识和人类生活关系中的任何领域，哪怕是最生僻的领域，无不对社会革命发生作用，同时也无不在这一革命的影响下发生某些变化。社会革命才是真正的革命，政治的和哲学的革命必定通向社会革命。"知识与社会的关系也正是如此。

我们需要注意的是，知识的历史与知识史为截然不同的概念。前者是编年的概念，而知识史不仅仅是知识编年史，更是研究知识形成、发展、传播与接受的历史；前者是一个领域的知识本体演进史，后者是知识社会史，研究知识与社会诸因素之间的互动关系。

知识史不仅研究知识学科史（知识内史），更要研究知识制度史（知识外史）。所有知识都存在一种系统化、制度化、科学化的过程，这一过程也就是知识的标准化、合法化、经典化过程，从天生的、自然的到历史的、构建的过程就是标准知识的提炼过程。这一过程一经结束，就意味着新的知识领域即将萌芽。

知识的累积、传承和发展，是一切认知深入发展的根本，是人类社会发展进步的基础。20世纪人类所获得知识的总量已超过自人类出现以来所获知识量的总和，在这一过程中出现知识的泛滥、泛化也是必然的，因此亟须全面、审慎、批判地看待人类知识。人类追求知识的欲望是没有止境的，为获得"知识的胜利"，总是对任何事情进行有意义的建议以及高明的分析，这一切驱使着人类不断探究未知领域，从而激发潜在的、超越学科束缚的认识动力。

我国开展知识史研究的必要性

概念是知识史研究的灵魂，理解概念就是掌握了知识史的核心。西方学术史就是一部概念串联起来的文化史：就史学而言，时间方面的概念，如东方化时代、希腊化时代、古代晚期、中世纪、近代早期、小冰河时代等；纯粹的概念，如勤勉革命、范式、人类世、轴心时代等；研究范式的概念，如文明史、文化史、新文化史、性别史、微观史、全球史、大历史、口述史等，这些都是当今中国学术界耳熟能详的研究工具，是历史叙述不可或缺的，但大多属于舶来品。构建这些概念的目的在于恢复历史的真实，但不免掺杂着想象成分，是智慧的再现。可以说，知识生产是各民族、各国家智慧竞争的奥林匹克赛场，是展现记忆力、推断力和想象力的场域，是文化软实力的真正体现。西方学术界似乎就是在不断制造概念过程中来制造知识的。在某种程度上可以说，谁掌握制造概念的能力，谁就掌握着话语权；谁掌握着学术话语权，谁就掌握着世界解释权。

我国是哲学社会科学大国，加快建设社会主义文化强国、增强文化软实力、提高我国在国际上的话语权，迫切需要哲学社会科学更好地发挥作用。但目前在学术命题、学术思想、学术观点、学术标准、学术话语上的能力和水平同我国综合国力和国际地位还不太相称，学科体系、学术体系、话语体系建设水平总体不高，学术原创能力还不强。习近平总书记指出，要按照立足中国、借鉴国外，挖掘历史、把握当代，关怀人类、面向未来的思路，着力构建中国特色哲学社会科学，在指导思想、学科体系、学术体系、话语体系等方面充分体现中国特色、中国风格、中国气派。梳理人类知识史脉络，进行严肃而认真的知识史研究，通过跨文化、跨学科、跨区域的知识生产整合研究来审视人类知识的构建与发展，是时代的命题，在本质上也是解决如何使中国成为有影响力的知识生产中心的问题。

重视知识史研究，不是一句空话，它要求我们以马克思主义唯物史观为指导思想，坚持实践的观点、历史的观点、辩证的观点、发展的观点，在实践中认识真理、检验真理、发展真理。深入理解人类知识的起源、发展与嬗变，体悟知识生产的体制、机制与动力；研究借鉴一切有益的知识体系和研究方法，关注诸如西方知识谱系的形成与发展、东亚学术谱系的嬗变等主题。通过对知识史脉络的梳理和研究，为构建具有中国特色的哲学社会科学学科体系、学术体系、话语体系打下坚实基础。

法国在第三共和国前期的
知识生产
与传播

| 吕一民

————

人称"欧洲的世纪"的19世纪，对法国等欧洲国家来说，既是"浪潮涌动、创造力迸发的一百年"，同时也是"权力竞逐的世纪"。为此，英国著名史学家理查德·埃文斯在参与"企鹅欧洲史"撰写时，干脆将其负责的19世纪卷取名为《竞逐权力：1815—1914》。埃文斯笔下的"权力"无疑涉及多个维度，既包括政治、军事、经济，又包括社会、文化等许多方面。培根有句名言"知识就是力量"，无论在英文还是法文中，此处的"力量"不仅可以译成"权力"，同时还包含"强权""强国"之类的引申义。事实上，第三共和国前期法国朝野人士对"知识"所表现出来的超常热情，也可在很大程度上归因于他们对某一方面权力的渴求，以及对法国重新成为一流强国的期盼。

第三共和国是在第二帝国因战败垮台之际应运而生的。为此，共和国初期，战败的法国人在蒙受割地赔款的民族耻辱时，也难免会聚焦如下问题进行深刻反思，即一个至少在表面上看足以傲视其他列强的头等强国何以会在普法战争中如此不堪一击？这当中，一些有识之士不约而同地把败因与法国在知识生产，特别是教育体制方面的种种不足联系在了一起。一时间，诸如此类的说法相继在法国不胫而走：一些对法国小学教育深感不满的人宣称，"击败法国的不是撞针步枪，而是普鲁士的小学教师"；而另一些人则把矛头指向法国的高等教育，认为法国之所以在普法战争中战败，是因为德国的大学在许多方面都明显优于法国。

此外，第三共和国起初不过是个在战火中诞生的"早产儿"，其"合法性"颇有争议。围绕着究竟该实行共和制还是君主制，法国曾出现过激烈的政体之争。为让共和制真正落地生根，共和派人士展开了异常艰巨的斗争。这一经历令共和派人士掌权后愈加清醒地意识到，经历了大革命开启的一个世纪的动荡、冲突之后，法国不仅亟待依托理性、民主，在寻求民族团结和精神统一上获得突破，共和国本身也需要让自己更令人信服地和"进步"紧紧联系在一起。而在当时的大背景下，"知识"早已被当作"进步"最理想的标志。也正因如此，共和派领袖儒勒·费里在第三共和国早期初掌政权时会如此说道："第一共和国给了我们土地，第二共和国给了普选权，而第三共和国赋予了知识。"

费里的这番话清楚表明，在他本人以及其他共和派人士心目中，让第三共和国更多地赋予国民各种各样的知识，是一项足以与第一共和国在大革命中借助对外战争扩大法国版图，以及第二共和国赋予男性公民普选权之类的丰功伟业相提并论的壮举。在这一想法驱使下，共和派人士一旦大权在握，便极尽所能地推进知识的生产和传播。

共和派在执掌政权后，始终把教育改革作为优先关注的重要任务之一。由于共和派执政之初的当务之急是确立和巩固共和政体，其早期的教育改革遂以"反教权和世俗化"为中心任务，尤其是确立了初等教育改革的三项原则：义务、免费、世俗化。为坚定青少年共和信念、加强其爱国主义情感，中小学还增设了道德与公民教育课；而在共和政体巩固之后，教育改革即很快转变为以振兴经济，亦即适应第二次工业革命的兴起、满足现代资本主义经济发展的要求为导向。与教育改革的上述变化相呼应，各个知识领域在法国也更明显地处在不断专业化和细化的过程当中。

原本就在法国素有影响的理性主义，随着实证主义的发展，日益被赋予科学和意识形态的色彩。知识也开始更多地被视为"理性启蒙下的权力"统领的现代公民社会的基石。因应知识体系的发展完善，致力于获取知识的人员，得益于第三共和国当局的倡导和支持，专业化程度亦不断提高，给法国社会带来了积极影响。其中，一些科学家不仅迸发出了强烈的求知欲，还显示了非凡的创造力。法国当时在放射性等一系列领域取得的成就便是很好的例证。在这方面，路易·巴斯德尤其值得一提。这位在法国知识生产方面功绩卓著的领军人物，在成功研制出多种能够拯救众多人生命的疫苗的同时，还始终抱持这样一种强烈愿望，即凭借这些突出成就彰显法国科学的进步大于德国。当时，不少出类拔萃的法国学者也凭借自己在知识生产方面的骄人成绩，成为广受同胞推崇乃至膜拜的英雄人物。巴斯德于1895年去世时，第三共和国当局为其举行了国葬。

从事物理、化学之类实验科学的研究者所传承的科学理念，这一时期已逐渐被奉为一切认识活动的模式。实证主义在此时的高歌猛进，甚至赋予了科学更伟大的雄心：不仅要解释自然，同时也要解释人。受此影响，人文学科力图根据决定论的原则进行自我建构。在法国近现代史学中曾有过显赫地位的"实证主义史学"，就是在这种特定背景下产生并壮大的。文学领域也是如此。左拉认为，"小说家不应只满足于做一个辑录现象的观察家，而应当做一个公正的实验员，他应把自己作品中的人物以及人物的情感置于一系列的实验之中，并像化学师同物质打交道那样，检验情感与社会真相"。

第三共和国前期，大多数法国民众的受教育程度和知识素养均有引人瞩目的提高，这显然与当局重视知识生产和传播分不开。当局不仅高度重视发展教育，而且还大大增加了作为公务员的教师的数量，并让这些教师能够享受相对较好的待遇。可以说，正是通过费里在教育领域推行的改革，初等学校的组织在法国牢固确立了下来：所有教师都出自师范学校，由国家支付工资，并在公共建筑中工作和居住。根据规定，学生应学习"不能不知道的东西"，不仅包括读、写、计算，还有历史、地理、少量自然科学和简单的农学。当局在1887年甚至还专门颁布指令，强调要多利用直观的、积极的教学法，"促使学生参与知识发现"。

当时大多数法国教师心中也普遍怀有一种实施公民文化和知识教育的强烈使命感。于是，在他们的课堂上，历史课会采用史学大师拉维斯编写的教材卓有成效地来弘扬民族情感。即便是地理课，也会以自身方式来歌颂法国这个比例匀称、"气候温和"的"有规则的六边形"，认为"这个国家物产丰富，景色多姿，一切都散发着温馨平和的气息"。而在传授其他自然科学知识时，教师们还会特别重视让学生去"发现"拉瓦锡等法国近代科学史上创造性的天才。

除了依靠各级学校的课堂传播知识，法国这一时期也极为重视借助其他途径来达到传播目的，例如，数量日益增多的各种报刊、遍布全国各地的市镇图书馆，甚至包括主办大型博览会等。就后者而言，恰逢法国大革命100周年举办的1889年巴黎世界博览会尤其值得关注。此次博览会的主旨是展示科学技术进步，为此，还在特意修建的埃菲尔铁塔上展示巴斯德等法国"知识英雄"的大名。这一时期，法国大力推动海外殖民扩张。伴随着法兰西帝国领土的扩张，新产生的各种知识也在向更广阔的地区传播。

由上可见，法国在第三共和国前期，无论是在知识生产还是传播方面，不但举措颇多，而且产生了较好效果。当法国从 19 世纪跨入 20 世纪时，在绝大多数法国人心目中，法兰西已和共和国融为一体。有人甚至认为，自 1789 年大革命爆发以来，还没有任何制度在六边形土地上创造过这样的奇迹：虽然这个制度并没有使每个人都心满意足，甚至并未保证每个人每天都能温饱不愁，然而第三共和国仍仿佛是最可以接受的制度。这一切，包括后来法国成功经受住一战的严峻考验，进而实现对德复仇的愿望，很大程度上均与法国此时在知识生产和传播方面的举措和成效密切相关。

英国
现代知识生产机制的
形成

|张乃和

英国现代知识生产机制经历了个人庇护、自主组织、蓝图设计、早期实践和全面建设等不同阶段，最终形成于 19 世纪中后期，其突出特征是自主性、多样性和开放性。在这一机制形成过程中，英国现代知识生产者实现了专业化、职业化和实践转向，国家的资助和引导作用日益增强。

经济社会变革是英国现代知识生产机制形成的根本动力。据伦敦经济学院斯蒂芬·布罗德伯里教授最新研究成果统计，以 1700 年为标准年计算，从 14 世纪初到 16 世纪初，英国人口和国民生产总值大致经历了一个 V 形变化周期，人均国民生产总值虽曾一度徘徊不前，但经济社会结构却在悄然发生了根本性变革。农民和工商业者个体力量的增长、英国由羊毛出口向呢绒出口国的转变、重商主义的全面推行、资本主义萌芽的壮大等开启了经济社会转型时代。正如马克思在《资本论》第一卷中曾指出的那样，英国在 15 世纪和 16 世纪之间出现了一条清晰可辨的"鸿沟"，发生了"生产关系的革命"。

在经济社会变革的推动下，文艺复兴带来的思想解放和人文主义的兴起，是英国走向现代知识生产机制的重要一步。有识之士在意大利文艺复兴影响下较早开始质疑教会垄断下的传统经院哲学和神学体系，大力倡导人文主义"新学"，即通过阅读希腊语、希伯来语原文重新解释圣经，研究古希腊罗马文学、艺术、历史等世俗学问。15 世纪上半叶，就在威克利夫的宗教改革思想被禁不久，英王亨利四世之子"好公爵汉弗莱"成为英国人文主义"新学"的首位庇护者。他选任人文主义者担任私人秘书、委托和资助文学作品的撰写，由此开创了英国"新学"的知识生产机制，即个人庇护制。都铎王朝开国之君亨利七世也曾延揽人文主义者，资助他们撰写诗歌或史书。15世纪末16世纪初，伦敦市长之子约翰·科利特不但在牛津大学任职并倡导"新学"，而且还个人出资邀请著名人文主义者伊拉斯谟来英国讲学，并以其个人地产收入资助重建了圣保罗学校，指定呢绒商公会为信托受托人负责管理该学校，聘请人文主义者担任校长。该学校成为英国首所非神职人员管理的学校。这是对个人庇护制的继承和发展。几乎与此同时，一些教会神职人员和大学教授也开始传授"新学"。不过，当时从事"新学"的主体并未专职集中于某一专业领域，只是业余或兼职人员。

15世纪末古腾堡金属活字印刷技术传入英国，知识生产和传播的效率大为提高，为英国现代知识生产机制的形成奠定了技术基础。亨利八世开启的宗教改革，不仅斩断了英国教会与罗马教皇之间的联系，而且解散了约800家大小修道院，遣散了8000余名男女修士。这不仅摧毁了传统的"旧学"知识生产机制，而且催生了"新学"知识生产机制。16世纪中叶，一位议会下院议长曾在发言中指出，由于没收教产致使教区牧师收入微薄，大学教育衰落，各地学校紧缺，"知识衰败"，"智慧之树在枯萎而不是在生长"。实际上，这是宗教改革造成的"知识危机"，是新旧知识生产机制转换的表现。在这一转换过程中，国王主要资助旧机制，新机制建设则主要由早期资产者推动，如1572年成立古物学会，1597年正式成立格雷欣学院。这成为业余"新学"群体日益自主组织化的标志，也是"新学"知识生产机制摆脱个人庇护制的象征。

16世纪末17世纪初随着资本主义的进一步发展，英国不仅在宗教改革上日趋成熟、国内外政局更加稳定，而且还出现了文学和哲学前所未有的繁荣局面。根据麦克勒兰德的文学成就指数统计，这一时期是工业革命前英国文学成就指数最高的时期，其中以莎士比亚的文学成就为代表。在哲学上，大法官弗兰西斯·培根继承和发展了文艺复兴时期的自然主义思潮，开启了哲学的认识论转向，推动了"科学革命"的兴起。培根还设想了知识生产的新机制，并在其生前未完成的《新大西岛》中进行了详细描绘。这种设想的知识生产机制是由国家批准设立、知识生产者自主组织协调、既相互独立又内外开放的乌托邦，是知识生产者走向专业化、职业化并与实践相结合的新机制，是英国现代知识生产机制的理想蓝图。

培根的设想推动了英国皇家学会的建立。早在英国内战期间就有一批人受培根思想的影响，每周在伦敦和剑桥举行聚会，交流研讨自然哲学和实验科学问题，自发形成了一所"无形学院"。1660 年斯图亚特王朝复辟后，该学院成员集中于伦敦的格雷欣学院，筹划建立一所促进物理、数学等实验知识的有形学院。1662 年，英国皇家学会获得国王颁发的首部特许状，成为首个以促进自然科学知识为宗旨的学术法人组织，也是目前英国乃至世界上最为古老的学术法人组织。1663 年的特许状明确规定了国王为该学会的创建者和资助者，确立了学会全称、学会纹章的构成和样式等。1669 年的特许状则进一步扩大了该学会的特权，国王无偿授予其一片土地，允许学会不限于伦敦而可在英格兰全境举行学术会议，等等。这样，自然知识的生产活动不仅开始建立起全国性组织，而且还孕育了学会内部的同行评价机制、对外学术交流机制、学术成果的自主出版机制等。尤其是在对外通信交流的基础上，英国皇家学会从 1665 年开始定期出版一些信件，由此诞生了历史上首家学术期刊，至今仍是国际学术界的重要刊物。

英国皇家学会不仅积极开展对外学术交流，而且还广泛吸纳国内各类自然知识人才。尽管该学会最初确定会员名额是 55 人，但同时规定凡男爵等级及以上者，内科医师学院成员，牛津大学和剑桥大学的数学、物理和自然哲学教授等，均为该学会的编外会员。培根设想的知识生产机制初步得到实现，由此推动了自然知识生产的变革。1687 年牛顿《自然哲学的数学原理》的出版，不仅标志着现代经典力学体系的建立，也标志着现代科学知识体系基础的确立。因此，英国皇家学会成为培根所设想的知识生产机制的早期实践。

随着"光荣革命"后君主立宪制的确立以及英格兰与苏格兰的合并，英国国内政局更加稳定，统一的国内市场形成，工业革命开始萌动；1709 年议会通过《版权法》，现代版权和专利制度建立，这些均为英国现代知识生产机制的最终形成提供了有利的社会条件。据统计，仅 1663—1750 年，伦敦市内外和兰开夏郡就建立了近 60 所新式学院；类似于英国皇家学会的学术法人组织也纷纷成立，并不断面向实践开展科学技术研究。马克思、恩格斯曾敏锐地发现这一点并指出，只有到了 18 世纪，知识才转变成了科学。在工业革命开展的过程中，科学与技术的结合日益紧密，并构成了生产力的重要组成部分。

在工业革命接近尾声之时，英国现代知识生产机制也呼之欲出。尤其是到 19 世纪中叶，自然科学知识逐步实现专业化，各学术法人组织的成员成为专职研究者，国家的资助和引导作用也逐渐增强。1849 年，议会开始向皇家学会提供财政资助；1850—1851 年，牛津大学和剑桥大学先后设立了自然科学学院、历史学院和道德学院，培养现代知识生产的专业人才；1853 年，枢密院教育办公室设立科学与技术部。国家的组织引领和财政支持、专业科研和教学机构的设立，使得英国现代知识生产机制得以形成。

近代德国有组织的
知识生产
与文化科技发展

|邢来顺

近代德国因涌现出大批享有世界声誉的艺术家、文学家、哲学家，成了诗人和思想家的国度，更因其在科技领域的众多发现和发明而获得"科学家和杰出工程师摇篮"之美誉。近代德国在文化科技领域取得如此辉煌的成就，在很大程度上受益于其有组织的知识生产体制。从体制形态上看，这种有组织的知识生产大致经历了三个阶段。

近代早期依托于宫廷的多样性知识生产

在民族国家叙事范式下，近代德国的政治分裂曾为许多历史学家所诟病。但是，一个不争的事实是，这种分裂在很大程度上造就了德国近代早期的多文化中心格局以及由此带来的知识生产的繁荣。当时数以百计的诸侯宫廷根据各自的需要进行相关知识生产，不仅成为知识生产的主要组织平台，而且使知识生产呈现鲜明的多样性文化特征。

近代早期的德国诸侯宫廷之所以成为知识生产的主要工场，有其政治和社会原因。从政治上看，诸侯作为雄居一方的主宰，需要修建豪华的宫殿等建筑，借以衬托自己的至高威严。据统计，仅 16 世纪到 17 世纪中期，各地城堡和宫殿的设计图纸就达 8000 份之多，这些建筑知识成果显然是各宫廷组织的产物。萨克森选侯强壮者奥古斯特及其继任者就曾召集珀佩尔曼等著名建筑师和艺术家，在首府德累斯顿大规模修建茨温格尔宫等建筑和园林，将这座城市形塑成极富贵族气息的"巴洛克城市"。历史名城波茨坦也因普鲁士王家宫廷聘请建筑师申克尔等修建巴洛克及洛可可式园林"无忧宫"，而成为普鲁士最迷人的风景名胜所在。

宫廷贵族为追求精神享受和高雅生活，需要各种诗歌、音乐等文学艺术作品供自己娱乐消遣。这一点在音乐作品创作方面尤其突出。"欧洲音乐之父"巴赫一生的音乐创作都与宫廷关系紧密，他先后服务于萨克森－魏玛和安哈尔特－克滕宫廷乐队，在此成就了其众多流传千古的音乐杰作。"近代交响乐之父"海顿也长期服务于埃斯特哈奇侯爵等贵族宫廷，衣食无忧而倾心于音乐创作，奉献了大量交响乐、歌剧、弥撒曲和奏鸣曲。贝多芬最著名的 9 部交响曲的前 6 部献给了贵族，以致谢他们的资助。德国皇家宫廷所在的维也纳甚至成了音乐家云集的音乐之都。

宫廷诸侯不仅需要宫殿和音乐展示其威严和优雅的生活，也需要一些文人史家为其歌功颂德，规训臣民。故而许多诸侯招集文人墨客于宫廷，根据其需要进行创作。萨克森－魏玛的安娜·阿玛丽亚女公爵及其子卡尔·奥古斯特公爵，即因此而闻名遐迩。他们邀请歌德、席勒、赫尔德尔等文化界精英于魏玛宫廷，以展示其开明形象，提升本邦的"软实力"。歌德、席勒在魏玛宫廷的支持下，不仅完成了文学创作，而且联手开创了德国古典主义时代，魏玛因此成为"德国的雅典"。

就社会层面而言，当时的社会发展水平决定了诸侯宫廷在知识生产中的组织角色。这不仅因为诸侯宫廷有雄厚财力实施和支持知识生产，也因为当时尚未形成独立的文学艺术职业，诗人、艺术家等知识生产者多依靠资助维持生活。各宫廷因此成了文人雅士聚集的场所，他们在宫廷组织和资助下生产宫廷所需的知识。

近代中期基于大学平台的知识生产

进入近代中期后，大学开始成为知识生产的主要组织平台。在欧洲大学史上，德国的大学与西欧诸国相比出现较晚，发展却很迅速。1495 年帝国议会上，德皇马克西米利安二世与各方诸侯约定，在各自领地内资助创办一所大学。德国大学数量因此迅速增长。从 17 世纪末开始，资产阶级启蒙运动理性、宽容、进步的诉求催促着人们对科学的探索和社会发展的思考，原来以宫廷为平台的知识生产体制显然已不合时宜。德国大学旋即与时俱进，率先出现以知识生产为导向的学术化转型。1694年建立的哈勒大学和1737年创办的哥廷根大学，首先开启崇尚学术和科学研究的现代转型。19世纪初，在拿破仑战争中败北的德国各邦失去了"抵抗的物质能力"。普鲁士决定"用精神的力量来弥补物质上的损失"，推行教育强国战略。为此，普王虽承受着向法国支付巨额战争赔款的压力，仍从拮据的财政中拨出15万塔勒尔，指定著名教育家威廉·冯·洪堡于1810年创立新的柏林大学。

柏林大学作为德国第一所现代大学，鼓励一切对于真知的探索，为知识生产提供了良好的氛围和广阔的空间；把研究成就作为评判大学和学者水平的关键指标；实行授课资格确认制，从讲师到教授，科学研究能力和成就成为晋升与否的核心要素；将大学列入国家机构，国家保障研究投入和教授高薪待遇，以此保证学术研究顺利进行。柏林大学因此迅速发展为德国学术研究的中心和其他大学效仿的榜样，大学也由此成为德国知识生产的高效组织平台。

现代大学崇尚学术和研究至上的体制导向，促进了德国知识生产数量的增长。于是，在许多研究领域尤其是自然科学领域，德国人从知识生产的落伍者变成了先行者。

近代晚期基于多组织平台的知识生产

19世纪中期前后，德国工业化高速发展，仅有大学已经无法满足社会经济领域对科技知识生产的迫切需求。德国的知识生产体制由此向多组织平台转变。在这种多组织平台体制支撑下，德国逐渐成为知识生产的强国和"科学上的先导国家"。

这一时期的大学响应社会经济发展需要，调整原有专业规模和结构，大幅缩减神学、法学等传统学科，扩大医学和哲学学科，创设新的自然科学、经济学等学科，甚至成立新型的商业和工业大学，从而使契合经济发展需要的知识生产能力跃升。以化学学科为例，为满足化学工业迅猛发展的需要，各大学普遍建立化学实验室，大批量地培养社会急需的化学博士。

处于生产一线的企业也开始扮演组织知识生产的重要角色。许多企业根据需要建立起与生产紧密结合的实验室，不少新发明和新发现就是在这类实验室中完成的。在著名化工企业弗里德里希·拜尔公司的实验室中，仅化学家卡尔·杜伊斯贝格就发现了三种新的苯胺染料，还培养出一批年轻的化学家。生产与科研的紧密结合，使德国在化学领域的知识生产领先于他国。

社会性科研团体也成为承载科学研究和知识生产的重要组织平台，在这方面最著名的要数"威廉皇帝促进科学协会"（当今马克斯·普朗克学会的前身）。该协会由拉特瑙等大工业家与阿尔特霍夫等国家官员在德意志帝国时期共同策划成立，旨在加强德国的"经济技术竞争能力"。到 1914 年，这一协会在工业界等的资助之下，陆续建立了威廉皇帝煤炭研究所、威廉皇帝化学研究所、威廉皇帝物理化学研究所、威廉皇帝实验治疗和劳动生理研究所、威廉皇帝生物学研究所等一系列研究机构，大批量进行科学知识的生产。

德国政府也积极促进科学技术的研究和开发。德意志帝国政府认为，德国在世界上的影响"主要基于科学之上"。因此，国家积极推动科学研究，成立了"帝国物理技术研究所""帝国农林经济生态学研究所"等多个研究所，通过实行减轻教学负担、设置研究教授职位等"阿尔特霍夫体制"，吸引诸多研究人才进行科学发明和创造。此外，德国还于 1877 年颁布专利法，明确对各种技术发明进行专利保护，从法律制度层面为知识生产保驾护航。

正是受益于以上知识生产体制，19 世纪中期以后特别是德意志帝国时期，德国医学和科技领域的知识生产呈现繁荣局面。在医学领域，1870—1909 年德国有 216 项发现和发明，其他国家总共 278 项；在自然科学领域，1871—1900 年德国在热能、光学和电磁学领域的发现和发明达 2022 项，而英法两国总共只有 1604 项。人文社会科学领域的知识生产同样硕果累累。在史学领域，史学大师兰克年逾古稀仍笔耕不辍，1881 年开始出版多卷本《世界史》；另一位史学大师特奥多尔·莫姆森以《罗马史》荣膺 1902 年的诺贝尔文学奖。史学新星也耀眼闪烁，弗里德里希·迈内克因推出《19、20 世纪的普鲁士和德国》等重要著作，成为"思想史"的开创者。在社会学领域，马克斯·韦伯、维尔纳·松巴特等学者则通过推出《新教伦理与资本主义精神》《现代资本主义》等一系列名著，奠定了有关资本主义体系的历史和社会学基础

古代
两河流域的
图书馆

|李海峰

图书馆随着文字的产生而产生，在知识的保存、传播和交流中发挥着重大作用，有力地促进了人类文明的发展进步。公元前 3200 年左右，两河流域南部苏美尔地区出现了人类最早的楔形文字，率先进入文明时代，而保存文字和书写资料的图书馆也在两河流域地区最早建立起来。

图书馆的起源

古代两河流域的楔形文字难写、难认，为了使更多的人掌握这种文字，两河流域国家开始建立专门的学校以培养能够掌握楔形文字的专业人才。学校里需要大量的泥板图书供学生使用，同时需要保存学生们创作的作品，因此图书馆的起源或许可以追溯到古代两河流域的书吏学校。德国考古队从 1912 年开始在乌鲁克遗址进行了长期考古工作，挖掘出土了 1500 多块写有简单文字符号的泥板，这些泥板被称为"古朴泥板"，年代约为公元前 3200 年，是古代两河流域最早的文字。这些"古朴泥板"上刻写的文字主要是经济和管理类文献，但其中也包含了许多供学习和练习使用的单词分类词表。这些分类词表表明，在公元前 3000 多年，人们就已经考虑如何教学生学习楔形文字了。至公元前 3 千纪中叶，苏美尔地区已经建立了众多书吏学校，学校教育普遍开展。1902—1903 年，德国考古人员在两河流域南部城市苏鲁帕克挖掘出了一座学校遗址，发现了许多"教科书"泥板，年代约为公元前 2500 年。公元前 3 千纪后半叶，学校教育愈加成熟。这一时期形成了更加完备的教科书和分类更加细致的单词表，如各种动植物、宝石和矿物质，以及城市和乡镇的单词表等。这些单词分类表可以看作图书分类的最早雏形。宾夕法尼亚大学博物馆藏有一块长 2.5 英尺、宽 1.5 英尺的泥板，这块小泥板列举了 62 部苏美尔语的文学作品。书吏把前 40 部图书分为一个大组，每 10 个一组又分为四个小组；后 22 部图书分为另一个大组，前 9 部为一个小组，后 13 部为一个小组，这块泥板被认为是人类历史上最早的图书馆图书目录。考古人员在公元前 3 千纪后期的学校遗址中发掘出成千上万块文字泥板，放置泥板图书的房间被认为是两河流域最早的图书馆。

图书馆的分类

通过对图书馆遗址的考古挖掘，发现古代两河流域的图书馆分为三种类型：一是由国王建立和管理的王宫图书馆；二是由神庙建立和管理的神庙图书馆；三是由贵族、祭司等个人建立的私人图书馆。

神庙在古代两河流域具有重要的地位和作用。两河流域的神庙中通常会建立图书馆，以保存祭司们创作的各种神话、史诗、赞美诗、祈祷词及挽歌等宗教作品，同时保存神庙与外界进行各种经济活动所签订的契约文书等重要文件。1899年，宾夕法尼亚大学考古队在希普莱西特教授的主持下，对尼普尔（今巴格达以南）的恩利勒神庙进行挖掘，挖掘出了一座神庙图书馆，出土了两万多块泥板和残片，年代为公元前 2700—前 2000 年。在这些神庙遗址中，乌尔塔庙遗址保存得最为完好。从 1922 年开始，英国考古队对乌尔塔庙进行挖掘，出土了大量泥板，这些泥板为研究乌尔地区的早期历史提供了宝贵资料。

一些大家族的族长、地方贵族及高级祭司等建有私人图书馆，以保存自己的经济交易契约、书信及宗教、文学作品等。美国考古队和伊拉克考古队从 1925 年开始，对两河流域北部城市奴孜地区进行考古发掘，共出土了 5000 多块泥板，其中 1000 多块泥板出自一个家族图书馆的几个房间中。根据这些泥板中的信息，学者们重建了台黑坡提拉家族的谱系树，这个谱系树包含了 6 代人 25 个家族成员。1978 年，伊拉克考古学家阿勒－贾迪尔在西帕尔（今巴格达附近）也挖掘出了一座私人图书馆，出土了近两百块泥板，这些泥板包括经济文献、法律文献和书信等。在私人图书馆中，祭司图书馆较为常见，因为祭司们对各种文献的搜集和保存尤为重视。1951 年，英格兰和土耳其联合考古队在靠近哈兰的苏坦土丘发掘出了大量文学作品和宗教文献，它们都属于月亮神辛的一位祭司卡尔迪－奈尔伽尔的私人图书馆，这些图书中有许多著名的文献如《吉尔伽美什史诗》《纳拉姆辛传说》《正义的受害者的故事》《尼普尔穷人的故事》等。1974 年，比利时和伊拉克联合考古队在米歇尔的主持下，在戴尔地区挖掘发现了一个属于安奴尼图姆女神祭司的私人图书馆，出土了 100 多件经济契约和私人书信档案，这批材料被命名为乌尔乌图姆档案。

藏书种类最多、数量最大、功能和地位最重要的图书馆无疑是王宫图书馆。考古人员在巴比伦、乌尔、尼尼微、阿淑尔等多个王宫中都发现了图书馆。从1933 年开始，法国考古队在叙利亚哈瑞瑞丘进行考古挖掘，发现了马瑞国王齐姆里利姆的巨大宫殿，这个宫殿占地面积超过 2.5 公顷，由 300 多个房间构成。整个宫殿被分割成多个独立单元，每个单元由多个房间和庭院组成，这些独立单元里就有存放泥板图书的图书馆。马瑞王宫图书馆里共出土了 2 万多块泥板文献，这些泥板文献主要为王室行政管理档案、书信档案、少量文学作品以及几块胡里特语泥板和壁画等。法国亚述学家从 1946 年开始对这些文献进行整理，以《马瑞王室档案》系列丛书公开发表研究成果，1950 年出版第一卷，至 2012 年已经出版了 32 卷。这批档案是研究古巴比伦时期马瑞王国以及古巴比伦王国汉穆拉比时代十分宝贵的原始材料。

具有代表性的阿淑尔巴尼帕图书馆

在已挖掘出土的古代两河流域图书馆中，保存最完整、规模最宏大、最具有现代图书馆功能的是阿淑尔巴尼帕图书馆。这座图书馆在时间上比著名的亚历山大图书馆早了 400 多年，由于泥版图书的特殊性，没有像亚历山大图书馆一样毁于战火，大部分图书被保留下来。

阿淑尔巴尼帕图书馆因建立者亚述国王阿淑尔巴尼帕而得名。阿淑尔巴尼帕是亚述帝国最后一位有作为的国王，公元前 668—前 627 年在位。他是一位颇具军事才能的国王，征服了巴比伦，占领了古埃及首都底比斯，灭亡了宿敌埃兰，使帝国疆域达到亚述历史上的鼎盛。同时，他也是一位尊崇文化、博学多才、爱书入迷的国王，在尼尼微王宫修建了规模庞大的图书馆。

1849 年，英国考古先驱亨利 - 莱亚德在库云吉克即古代尼尼微遗址挖掘，在阿淑尔巴尼帕居住的大西北宫中发现了"两个很大的房间，整个区域都铺满了超过一英尺厚的泥板"。1853 年，他的助手霍尔木兹 - 拉萨姆在一个长达 50 英尺、宽 15 英尺的房间里又发现了大量泥板，这两次挖掘共出土了 25000 多块泥板及碎片，是阿淑尔巴尼帕图书馆的主要藏书。出土的 25000 多块泥板图书，按照内容至少可以分为三种类型：一是王家档案，包括王室铭文、王朝世袭表、编年史、行政管理文献以及国王与大臣之间的几千封信件；二是经济或法律档案，包括法庭的判决文书，土地、房屋和奴隶的买卖契约；三是文学作品。前两类文书都是原件，第三类文学作品往往在结尾处明确说明或者暗示这是之前作品的复印本，这些文学作品主要包括各种神话、史诗、咒语、赞美诗以及各种楔形文字符号和单词表。此外，图书馆里还藏有医学、天文学、地理、占星术、占卜和驱魔等文献。

阿淑尔巴尼帕图书馆首创了对各类图书进行分类和编目的方法。对各类不同主题的书籍，图书馆通常把它们放置在不同的房间进行区分，如有的房间放置关于文学、宗教、科学的泥板，有的房间放置关于行政管理的泥板，一些涉及国家机密的文件则放在最隐蔽的房间里。每间房子门口放置一块泥板，标明该房子所放图书的类型。有时图书馆会把不同主题的书籍放在不同的容器中加以区分，如比较重要的行政文献和经济文献放在陶土罐子或坛子里，或者放在木箱和芦苇编制的篮子里，外面盖上印章；一般的文学性书籍则放在用烧制的泥砖建造的陈列柜、木架或者泥砖制成的长凳上。此外，亚述书吏通常会在泥板上写上题签，标明这个泥板的名称、来源、日期和内容。诅咒和祝福也经常被写在题签中，对那些破坏图书的人进行诅咒，而对那些爱护和保存图书的人给予祝福。

古代两河流域的图书馆在规模、管理方法、功能等方面比较简单、原始，但这些图书馆却蕴含了现代图书馆的胚胎，为现代图书馆的形成和发展提供了重要借鉴，也为保存、交流和传承人类早期文明发挥了重要的历史作用。

中世纪西欧图书馆的发展

| 王亚平

古代希腊为欧洲创造了非凡的古典文化，并且在希腊化时代吸收了其他古代文明的丰富养分，生长成为世界文化园中一朵美丽的花朵。然而，罗马帝国的轰然坍塌、日耳曼人向欧洲西部的大迁徙，为这个古典文化画上了休止符，哲学、文学、音乐、建筑甚至希腊文字都随着帝国的覆灭而戛然中断，14 世纪的人文主义者们把罗马帝国覆灭之后的年代称之为"黑暗的年代"。不过，这一时期的希腊古典文化并没有完全地被毁灭，而是保留在修道院的图书馆中。

中世纪的西欧社会，既没有印刷技术又没有印刷设备，手抄本是唯一的书籍种类，而从事手抄书籍工作的是会读写拉丁文的修道士，所以此时的图书馆几乎都分布在修道院中。最先在修道院中建立图书馆的是安条克的卡西奥多鲁斯。他出生于罗马帝国一个声名显赫的贵族家庭，受过良好的教育，曾经是东哥特国王的辅佐大臣，但其更热衷于古典哲学、修辞学，热心于收集古籍经典，最终辞去官职返回意大利南部，在家族领地上建立了维瓦里乌姆修道院并担任院长。卡西奥多鲁斯在修道院开辟了专门的"抄写间"，组织修道士抄写《圣经》、教父学的著作，并在其中放置一个存放手抄本的"柜子"，是为中世纪最初的"图书馆"。

8 世纪下半叶，查理大帝执政时把基督教的教会作为其统治的重要支柱，注重基督教文化和教育的建设。他建立了宫廷学校和宫廷图书馆，在整个欧洲招贤纳士。他们中间有意大利比萨的文学家佩特鲁斯和阿奎勒斯的保罗伊努斯、伦巴德的历史编撰学家保罗努斯和迪雅克努斯，以及撰写《查理大帝传》的艾因哈特等。出于恢复"自由七艺"教育的需要，查理大帝还组织收集了散失的古代文献，并保存在宫廷图书馆里，其中不仅有《圣经》、教父学的著作，而且还有柏拉图

《蒂迈欧篇》的片段，波埃修翻译的亚里士多德的逻辑学著作、约翰·司各特翻译的伪狄奥尼修斯的著作，等等。同一时期，西欧各地修道院的图书馆也收藏了许多古代基督教和世俗书籍。大量的抄写工作，使得宫廷学校的学者们对古典时期比较杂乱的拉丁文进行了规范和统一，创立了一种新的字体优美的"加洛林小写字体"。新统一的拉丁文为西欧中世纪各个地区间的文字交流创造了便利条件，也为此后各地区民族语言的规范性创造了条件，直到今日在现代英语、法语、德语和西班牙语中都还有中世纪拉丁文的印记。后世历史学家们把这种文化现象称为"加洛林文艺复兴"。

"加洛林文艺复兴"与欧洲此后的文艺复兴运动不同，它不是一个再创新的文化运动，而是保存和学习古典基督教文化的过程，修道士的抄写工作是其中一个很重要的内容。这种抄写工作并不是单纯地抄录文字，还要为文字配上色彩鲜明的插图绘画。完成一部手抄本耗时很长，如抄写一部《圣经》至少需要半年以上，有的甚至需要一年多的时间，而掌握抄写和绘画技能的修道士有限，所以每个修道院图书馆的馆藏有限，一般在 200 册左右，少的仅有十几册或几十册，类似富尔达、罗尔士这类大型修道院图书馆的藏书也不过 500 册。这种精美的手抄本非常昂贵，一本教堂唱诗班用的手抄本的祈祷书甚至可以换取一个葡萄园。9 世纪中叶，加洛林的宫廷学校和宫廷图书馆随着法兰克王国的解体而不复存在，但是修道院并没有随之消失，其图书馆也成为各地文化的中心。

10 世纪初，罗马教皇与世俗君王之间争夺基督教世界最高权力的争斗，双方为此引经据典，再次激发了人们对古代典籍的热情，对收藏在图书馆里的拉丁古典文献给予极大的关注，并且努力寻找未被发现的古典文献，同时还大量翻译了希腊古典哲学著作和犹太教、伊斯兰教文化中的经典文本。11 世纪末期，在意大利阿玛尔非城的一所图书馆里，发现了 6 世纪上半叶东罗马帝国法律文献的手抄本。在德意志皇帝的授意下，博洛尼亚的四位修道士对发现的罗马法的文本进行了注释和评注，形成了最初的"注释法学派"，这是西欧中世纪法律科学的源头。围绕着对罗马法的研究，博洛尼亚还产生了中世纪西欧的第一所大学。历史学家们把这场翻译运动以及对罗马法的研究和伴随产生的大学，称为 12 世纪文艺复兴运动。

12 世纪的西欧社会因为大拓荒运动发生了巨大的变化，首要的就是人口的流动，而记录社会流动的登记册如婚姻登记册、死亡登记册、财产登记册之类的档案，以及各种类型的编年史、地方志和教科书等，也都存放在当地的修道院里，图书馆的藏书内容也因此更加丰富。为了方便保管和查询，修道士在抄写这些档案时分别采用不同颜色加以区分，并称之为"黑皮书""白皮书"或者"红皮书"。文字资料的增加，扩大了对书写人才的需求，为此开办了书写学校，更进一步推动了手抄本彩色装饰艺术的发展，出现新的书写方式，各地形成了各具特色的书写流派。那些精心制作的手抄本的装帧图案和插图，成为留给后世的绘画艺术珍品。

在 12 世纪文艺复兴时期兴起的中世纪大学打破了基督教教会对教育的垄断，为了教学和研习的需要，大学的图书馆异军突起；经院哲学唯名论和唯实论之间关于神学问题的争论，在西欧掀起了一场翻译运动，经院哲学家们翻译了大量古典时期各个学科的著作，其中还包括阿拉伯学者和犹太教学者的著作，极大地丰富了图书馆馆藏。尽管此时的图书依然是手抄本，但是图书的数量大大增加了，书本的种类也增多了，这是 12 世纪文艺复兴最为明显的成果之一，在此之后有上千册手抄本的图书馆不在少数。15 世纪三四十年代，约翰内斯·古滕贝格在德国美因茨发明了活字印刷技术，并且改进了印刷的墨水，大大降低了出版图书的成本，印刷图书的数量激增，这使得修道院的图书馆不再是一枝独秀，读写也不再是修道士的专利。经历了两次文艺复兴运动的西欧大众文化水平有了大幅度提高，宗教改革运动推动了各国民族语言的统一，初级教育得到大力推广，各种类型的公共图书馆、家族图书馆以及个人的图书馆，如雨后春笋般涌现出来，西欧图书馆伴随着近代社会的进程有了新的发展。

近代欧洲
公共图书馆的
兴起

| 梁跃天

————

自宗教改革以降，国家与社会从基督教世界中逐渐显现出独立的力量，欧洲图书馆也在这一世俗化过程中展现出其多元类型与特点：有体现民族与国家认同的国家图书馆，有培育地方文化生活的市镇图书馆和教区图书馆，有推动学术进步的大学图书馆、专业协会图书馆，有体现个人文化品位的私人图书馆和捐赠图书馆，也有促进阅读社会化的会员制收费图书馆和流通图书馆。16—19 世纪中叶，欧洲图书馆的数量和类型不断增加，且因各地经济状况、社会结构、生活方式、阅读习惯的差异，阅读空间相互分开。19 世纪中叶至 20 世纪初，欧洲各地先后出现公共图书馆运动，现代意义上的公共图书馆逐渐成为主流。

随着近代民族国家的兴起，诸多皇家图书馆开始搜集代表民族文化精神的书籍和手稿档案，承担起民族文化保存者与掌管人的角色。法国图书馆学者加布里埃尔·洛代在 1627 年写作的小册子《建立图书馆之倡议》里写道，要在民众中获得巨大声望，没有哪种方式比建藏书丰富、规模宏大的图书馆更保险的了。这正是近代早期国家图书馆兴起的缘由。法国国家图书馆肇始于 14 世纪查理五世的国王图书馆，该馆在 17 世纪路易十三、路易十四统治时期有了较大发展，1735 年开始向公众开放。法国大革命之后，没收而来的贵族及教会藏书大大充实其馆藏。1753 年，大英博物馆设立图书收藏部，是为大英图书馆的前身。大英图书馆最初的藏书中有一部分来自 1757 年乔治二世捐献的皇家图书馆，这一捐赠使得大英图书馆获得接收法定送存本的资格，其藏书规模随着英国图书出版业的繁荣而壮大。

伴随启蒙思想的涌动与世俗化进程，具有自治性质的大城市、市镇与大学也大力发展自己的图书馆，使其成为本地区知识网络的中心与枢纽，奠定了欧洲文化版图的基本格局。1578年，荷兰阿姆斯特丹市政当局从天主教改宗新教，原天主教教会图书资料构成了阿姆斯特丹大学图书馆的基本藏书。18世纪七八十年代，耶稣会与其他修会解散，其位于德意志地区的经院图书馆被弗莱堡大学、奥洛穆茨大学等大学图书馆兼并。受法国大革命影响，德意志地区于19世纪初进行了大规模的世俗化运动，教会领地与自由帝国城市合并，教会领地内的修道院图书馆也被城市图书馆或大学图书馆兼并。

从修道院图书馆的狭小空间里解放出来之后，阅读不再是经院学究的特权，也不是王公贵族的奢侈消遣与学者的专属领域，阅读开始走向大众。阅读社会化过程，伴随着市民阶层的兴起以及启蒙思想从学者案头、沙龙走向民间的过程。各类经营性质的图书馆兴起并繁荣起来，扩大了阅读的公共空间。英国的情况尤为典型，因为英国的商业革命与工业革命为图书馆的发展创造了一个知识生产、流通与消费的完整体系——印刷出版物的数量与种类逐年增加，出版物的销售网络基本成型，读者群随着识字率的提升不断扩大，但当时的图书价格不菲，很多读者选择借阅而不是购买图书，图书馆因此成为读者首选的阅读渠道。为了适应不同阅读群体的需求，出现了各类不同的图书馆。

17世纪末流行开来的会员制收费图书馆，是一个以中等阶层男性为主体的文化与阅读空间。会员不仅要缴纳比较高昂的入会费，也需要付年费，费用全部用于购买图书。这类图书馆包括比较小众的学会图书馆，例如化学、医学、植物学、法律等方面的专业图书馆，由专业人士和团体组建，旨在加强会员之间的学术交流。还有的会员制图书馆出现在新兴制造业与贸易城镇，如伯明翰、曼彻斯特、利兹、谢菲尔德等地。更多的会员制图书馆位于乡村教区和小城镇，由负责地方政府的社会精英组织，因此图书馆管理委员会成员时常也是地方政治活动的组织者。他们选购图书的原则，反映出地方的知识需求与社会价值观。从苏格兰西南部的威格敦会员制图书馆现存的借阅记录来看，读者热衷借阅的图书主要是历史类和游记类图书，如休谟的《英国史》，爱丁堡大学校长罗伯逊的《查理五世时代》，圣安德鲁大学沃森的有关西班牙菲利普二世的传记等。除此之外，政治经济、商业和道德哲学类图书也在该图书馆目录中占据重要位置。有研究者认为，这种阅读偏好反映出苏格兰启蒙思想在地方的传播与影响。会员制收费图书馆遍布城乡各处，通过图书订购与流通阅读活动，不仅吸收了外地乃至海外最新知识，也促进、支持和培育了地方文化生活。

18世纪30年代，提供图书租借服务的流通图书馆出现，到18世纪后期成为一种相对独立的市场经营主体。与会员制收费图书馆不同的是，读者只需花费略高于一本小说价格的租借费，便可以在一年内平均阅读30本左右的图书。依据现存的书目清单可知，简·奥斯丁写作的那类讲述人情世故的小说和充满奇幻色彩的哥特式传奇故事，特别受读者尤其是女性读者的欢迎。提供小说之类消遣性读物的借阅服务，成为流通图书馆受到诟病的原因之一，批评者认为这类图书馆降低了阅读的格调。然而，流通图书馆为小说作者和图书销售商提供了市场，为女性读者提供了闲暇阅读的渠道，因此这类图书馆迅速获得商业上的成功。

工人阶级也组织了会费低廉的收费图书馆。英国最早的工人收费图书馆出现在苏格兰利德希尔斯的铅矿矿工之中，工人们希望通过有组织的知识活动，提升工作伙伴之间的知识水平和互助精神。起初，工人们以阅读历史与宗教类作品为主，如约翰·班扬的《天路历程》的简写本等。18世纪90年代，随着工人政治意识的觉醒，工人图书馆中开始订购政治性与时事类小册子，如托马斯·潘恩的《人权》等。工人激进主义改革团体组织了很多小型图书馆，为工人提供借阅服务，激发他们参与改革运动的热情。反对工人组织阅读的声音随之而起，其理由认为阅读有损劳动者的勤勉精神和服从的态度，图书馆是有害的温床。值得注意的是，这类工人阶级的图书馆会员以男性技术工人为主，直到1872年左右，女性工人和非技术工人才拥有会员资格。

上述各类图书馆不乏冠以"公共"之名的，实质上却是一种服务特定"公众"的、排他性阅读空间。如今我们对公共图书馆的理解，一般包含两个要素：由地方或国家财政提供支持；应该免费对所有公民开放所有类型的馆藏。图书馆的这种现代公共性观念，源自于19世纪50年代至20世纪初的公共图书馆运动，这一运动与国家干预社会生活的观念有关。

工业革命使得英国经济突飞猛进之时，长期施行的自由放任政策对社会的负面影响逐渐凸显，贫困、酗酒、犯罪等社会问题与日俱增。人们开始接受这样的观念：国家和政府应该在社会生活中发挥积极作用，不仅要改变业已存在的社会问题，也要采取有效手段建设一个文明的社会。在这一观念的推动下，一系列社会改革立法得以推行，如公共卫生法、工厂法、基础教育法等，公共图书馆法也是在这一背景下提出的。当时的代表性观点认为，公共图书馆应该成为社会治理的工具以及国家教育体系的支柱。道德改良与提升教育水平，是公共图书馆的两大功能。

1850 年，欧洲第一部公共图书馆法案在英国诞生。该法规定，经地方纳税人投票同意可以使用地方税设立公共图书馆，然而其后 40 多年，公共图书馆的发展并不理想。1893 年，英国议会对该法案做出修正，允许地方政府有权决定设立公共图书馆。此后，公共图书馆得以稳步发展，并逐步消除了图书馆历史上对性别、阶层、经济状况、身份、年龄的诸多限制，实现阅读空间真正的公共性。1871 年德国统一之后，其公共图书馆运动得到发展，1924 年成立了德国公共图书馆协会，拥有 450 家图书馆会员。在社会和政治相对稳定的法兰西第三共和国时期，1882 年法国国家图书馆的欧仁·莫雷尔发起了公共图书馆运动，1906 年在他的倡议下成立了法国图书管理员协会，公共图书馆在法国顺利发展。总体来说，到 20 世纪初，欧洲已经普遍建立起公共图书馆体系，这与政府的公共属性和社会职能是分不开的。

战后美国
全球知识霸权
与国际学术界的新批判浪潮

|张　杨

────────

20 世纪 60 年代末 70 年代初，国际学术界针对西方知识霸权曾掀起一波批判浪潮。在非殖民化和以反对西方主流文化为特征的反文化运动的大背景下，发展中国家学者提出"知识殖民主义"的概念，指出西方扩张不仅体现在经济和政治上，而且体现在教育和智识上。其时，非西方学者的声音很难被主流社会"听到"。因此，直到萨义德的《东方主义》一书出版，以及以其为经典的后殖民理论兴起，对西方知识霸权的批判才达至高潮。其后在各种理论的加持下，学术界的争论仍在继续，但未能再度引领思潮。及至 20 世纪最后十年，一波新批判浪潮出现，且今天仍在进行时。此次批判聚焦于美国全球知识霸权。从批判主体来看，美国知识霸权的批评者不仅遍布各大洲，而且呈现前所未有的交叉融合趋势；从知识再生产的角度，他们不仅关注知识跨国传播的霸权路径，而且关注当地意义生成与接受的结构性因素；在知识霸权的理论建构方面，不仅接续此前已有的多种思想成果，而且提出新的理论假设以及因应策略。

一

对美国知识霸权的批判大抵由以下几个因素触发：其一，冷战结束后，美国官私机构介入全球知识生产过程的事实，引发了巨大争议。其二，越来越多接受西方教育的发展中国家学者返回各自国家并成长为舆论的中坚力量。后殖民时代，全球知识扩散仍然呈现单向流动的现状引发这些学者的普遍关注。其三，经济全球化和信息化时代，知识权力在政治议程设置、国家威信和制度吸引力方面的巨大作用愈加显现。后"9·11"时代，美国的国际地位和行为模式引发学术界对霸权理论的进一步思考。

一般认为，近代以来知识领域的霸权地位在法国、德国等欧洲国家和美国之间接踵更替。到20世纪70年代，智识和文化权威从欧洲到美国转移的过程基本完成。或许由于美苏之间的文化冷战太过显性，美欧之间在知识层面的另类文化冷战没有得到应有关注。冷战结束后，欧洲学者一面批判美国在欧洲实施的"知识冷战"，一面集中进行了"知识美国化"的反思。牛津大学教授西蒙·马金森认为，今天，美国在高等教育、学术研究和成文知识上行使着非同寻常的全球霸权，"知识和大学教育的美国化维持着一个美国化的全球社会，并在一个相互促进的进程中支持美国在全球政治经济、文化生活和军事上的主导地位"。

更为激烈的批判来自发展中国家。并且，出于对美式帝国主义和可能的新殖民进程的担忧，学术共同体出现了交叉融合的趋势。批评者认同，区别于世界经济层面的"南北方"，知识层面上存在另外一种"南北方"格局。针对美国知识霸权的批判在某种程度上成为"全球南方"反思学术依附、寻求发展道路的问题。2008年2月，印度巴特那市举办了一次学术会议，名为"应对学术依附：如何做？"会上，来自亚非拉的25位学者一致认为，学术依附仍是"南方"知识状态的核心问题；学术依附不仅是前殖民地国家的遗留问题，更是西方国家对社会科学知识流动进行控制和影响的结果。以区域为单元，非洲学者和拉美学者频繁举行地区会议。拉美学者困惑于，在知识生产上，他们仍然受到20世纪六七十年代一些试图高度概括并解决社会问题的基础理论，如发展政策理论、依附理论等的影响，无法建立拉丁美洲新的政治和文化图景。非洲学者则更明确指出，迄今为止，有关非洲的区域叙事是由西方特别是美国学者建构的。从全球知识产品来看，非洲研究的权威成果大多为英语写作，并且几乎所有区域叙事和理论潮流都与非洲真实的社会思想无关。

关注知识的空间属性使更多学者参与到对美国知识霸权的批判中来。澳大利亚学者彼得·杰克逊谈到，一个人在世界知识体系中的位置，直接关系到他的声音是否以及能否在政治、智识和文化权力的"走廊"中被听到。美国维纳格林人类学基金会自2000年起每年资助国际研讨会，邀请世界各国学者从人类学视角批判知识的核心国家如何决定他者文化的知识生产、传播和消费过程。亚洲学者普遍重视美国知识输出的政治效应。日本、韩国、印度、中国香港地区和中国台湾地区的学者曾多次组织亚洲区域会议，集中探讨美国知识迁移对自身地位的影响。

二

知识的跨国传播路径和接受机制是具有高度复杂性的问题。为建立和维持知识霸权，美国对自然科学进行了基础科学和应用科学的明确区分：一方面，为基础知识的跨国传播创造空间；另一方面，严格管控尖端科学和应用技术的输出。但从已有的研究成果来看，新批判浪潮更多聚焦于美国社会科学以及泛指的科学成果。

对美国知识传播路径的批判，择要如下：其一，战后美国利用庞大的财力和人力，借助教育援助和学术交流项目，重新配置全球科学和智识资源。印度学者拉伊纳和美国技术史学会前主席约翰·克旦格教授都以个案研究的方式复原了冷战时期高等教育的全球化乃至美国化的历程。其二，通过学科建制和大的主题设计（元理论、元叙事）来推动美国范式的知识传播。在本质上，知识霸权的传播方式就是要对抗学术层面的分散式传播。许多批评者从自身学术兴趣出发，阐述了美国推动人类学、政治学、法学、国际关系学、大众传播学等学科在他者文化条件下建制的霸权过程。其中，冷战时期美国借助现代化概念来移植区域研究范式的历史受到最多关注。其三，打造全球知识网络，培育特定的认识论偏好。对美国知识霸权最严厉的批判，是其通过各种方式树立了美国在知识领域的特权和权威，使美国打造的全球叙事更具有解释力，从而掩盖了美国中心主义这一事实。正如非洲学者所说，由于霸权式的学术标准存在，没有办法产生真正非洲视角的非洲研究。

不可否认，域外知识的当地接受和意义生成是一个系统化过程，受所在国历史文化环境、本土化改造和个体参与的深刻影响，并有反向传播的功能。然而，全球范围内，知识的不对等流动仍是不争的事实。如果说殖民时代，殖民地的知识生产受到殖民力量的控制，那么今天美国知识霸权的建立，除了系统化、组织化的战略设计，还在很大程度上得益于接受国的态度和选择。一些学者提出了"受邀请的影响"这一假设，认为目标国家巨大的本土需求，特别是现代化发展的知识需求，是美国范式广受认同的原因。此外，批评者强调，接受过美国教育和培训的学者和知识分子，与之有着相似的话语模式乃至情感结构，倾向于自愿接受美国的学术影响。

三

新一波批判浪潮之形成，与相关理论建构密不可分。这些理论假设在关注的问题域、时空框架和研究主体方面有很大突破。

首先，他们对知识的关注度超出以往。在美国杜克大学教授瓦尔特·米尼奥罗等学者看来，后殖民时代的使命是去殖民性，亦即摆脱以美国为首的西方核心国家的知识控制。由此他们在传统依附论的基础上提出了"学术依附论"，集中批判全球社会科学场域存在的不平等劳动分工。

其次，他们对空间差异的重视程度超出以往。英国文化史家彼得·伯克指出，在 20 世纪晚期，知识社会学也开始了对空间差异的关注。为说明冷战时期知识的空间属性，伯克引法国学者蒙田的话说"比利牛斯山一侧的真理，到另一侧就是谬误"。而知识霸权的批评者们则进一步提出了"知识的地理政治学"理论，通过"边界思维"和"权力的殖民性"等概念，强烈批判核心国家界定的现代性。

最后，批评者群体的多元性、国际性和跨地域合作特征超出以往。前述遭到质疑的有美国知识背景的学者，其中一部分亦是美国知识霸权的批评者。在很多国家，正是这些学者率先产生了批判的自觉意识，又有能力进行国际学术对话。这在一定程度上影响了批评者的因应策略：不再是"依附论"时代的切断联系主张，而是多国学者共同提出的"替代性话语""世界学科"和打造"知识的世界体系"方案。简言之，新方案主张借鉴已有社会科学知识成果，从当地 / 区域的历史经验和文化实践出发，创造新的知识生产的结构，促进知识图景的多元化和复数化。

作为史学研究的一个新领域、新方法，心态史将人们的价值观念、精神活动等纳入研究范围，拓展了史学研究的视角，有助于全面深刻地揭示人类历史的整体风貌。心态史研究不仅包括历史上人们对当时社会现实直接的认知和情感反应，而且包括心态对社会历史事件以及社会政策所产生的影响。

20世纪七八十年代以来，随着史学研究的重点转向普通民众，妇女史、性别史、城市史、家庭史、儿童史等逐渐兴起。在从事这些研究的过程中，情感成为认识和考察历史发展进程的重要视角，情感史研究于是获得迅速发展。有学者认为，对情感的研究"改变了历史书写的话语——不再专注于理性角色的构造"，情感史代表了"历史研究的一个崭新方向"。情感史研究的开展，扩大了史学研究的领域，体现了跨学科方法的运用，对史学工作者也提出更高的要求。

心态史的
发展
及其时代意蕴 　　　　　　　　　　|赖国栋

心态史发端于 20 世纪早期的法国，经过年鉴学派第三代学者的努力，在 20
世纪六七十年代得到弘扬。心态史探讨的主要是普罗大众的日常行为和心理活动，
如人们对待日常生活的情感和态度等。与关注宫廷社会、精英人物的传统文化史
不同，心态史侧重集体的态度，认可大众文化及其能动作用，体现了总体史理念
和人类心灵实践之间的张力。

一

　　一般认为，心态史的奠基者是法国年鉴学派史家吕西安·费弗尔，他较早使
用"心态"一词来讨论知识和科学的演进，为心态史的发展奠定了基础。在《16
世纪的不信教问题：拉伯雷的宗教》一书中，费弗尔阐述了心态工具及其作用。
他指出，每一种文明在每一个时代都有它的心态工具，而且"这些心态工具会产
生变革、反转和重大变形，也会得到改进，变得更丰富，诱发新的复杂情形"。他
认为，不同文明在思维方式上各有差异；心态依赖于某个特定时代的物质基础和
概念范畴；心态工具并非呈线性发展。在费弗尔看来，拉伯雷及其同时代人表面
上与我们相似，实则在心态上迥异于我们，因为 16 世纪的人没法完全摆脱当时
的思想框架。20 世纪 30 年代中后期，费弗尔还将心态史与情感史关联起来，探
索人类对其所处环境的情感反应。费弗尔注重从个体推及总体，认为心态史是一
部人类应对变化的经验史。
　　心态史的另一代表人物马克·布洛赫与费弗尔一样，也利用心态概念，对抗

实证主义史学注重政治的做法。但是，布洛赫侧重于借鉴社会学资源，从总体的角度讨论一个时期的民众心态。布洛赫通过研究 1340 年以后英法两国国王治愈瘰疬病的神力，分析民众对国王神力的信仰及其成因。他试图利用比较的方法揭示大众对神圣国王、神迹和礼仪的基本心态，表明集体想象的力量。在《封建社会》一书中，布洛赫讨论了这一时期人们的"生活状况和心态"，以及当时的家庭纽带和亲属关系。布洛赫提到，流行病、饥荒和对超自然的敏感导致了封建时代的狂躁症。黑死病导致很多精通拉丁语的教师死亡，与此同时，印刷术的普及推动了俗语方言（如英语、德语）的广泛使用，许多人得以接受更高水平的教育，从而为民族主义的兴起铺平了道路。实际上，瘟疫在某种程度上改变了欧洲中世纪的精神和文化，为许多重要的政治变革和民族认同奠定了基础。布洛赫将落脚点放在民族的早期发展上，认为是共同情感或心态而非一些德国同行所认为的种族或语言界定了民族。

二

20 世纪六七十年代之后，罗贝尔·芒德鲁、米歇尔·伏维尔、让·德吕莫等法国历史学家采取"自下而上"的方式，描述人们对儿童、家庭、恐惧、节日、死亡的态度，拓展了心态史研究的范围。"心态史"一词便由研究 16 世纪的专家芒德鲁提出。芒德鲁认为，心态史将遗嘱、教区登记簿、法庭审讯录纳入历史学家的视野，扩大了史料的范围。一般而言，社会和经济发展较快，集体心态的变化较慢。因此，芒德鲁在《近代法国导论》一书中主张将心态放到长时段中加以考察，他也并不否定地理、气候、饮食和社会关系对心态的影响。在《意识形态和心态》一书中，马克思主义史学家米歇尔·伏维尔则认为，心态不是僵化的意识形态，它拥有比意识形态更广泛的含义；心态包括"真实表达集体品格的经久回忆、珍贵的生活认同、严格又深刻的结构"。天主教史专家德吕莫的专长在于对恐惧的研究。在谈及 14—18 世纪欧洲的"恐惧氛围"时，他认为这种氛围是饥荒、瘟疫、战争和宗教动荡的产物。德吕莫试图消解大众文化和精英文化的对立，认为诸如恐惧这类心态普遍存在于近代西方社会各个阶层。另外，值得一提的是，这一时期的心态史研究更注重利用图像资料和计量方法。

对集体心态的兴趣，还扩散到了法国之外的国家。各国研究者在研究主题、文献运用与写作风格上有所不同。例如，意大利微观史家卡洛·金兹伯格提到，他对心态的兴趣受到了马克·布洛赫的启发。不过，金兹伯格对法庭审判中法官和当事方表现的情感、非理性，尤其是"某种特定世界观中的惰性、模糊和无意识因素"更感兴趣。美国的文艺复兴研究专家格林布拉特选择不关注底层民众的"认同形成"，而是关注某些重要人物和场景的文本，因为它们更有利地表现了"人类日常面对的物质需要和社会压力"。

近十多年来，"人类世""后人文主义"等概念的流行有利于心态史的重构。"人类世"将人类置于自然和历史之中，而"后人文主义"讨论人与非人，包括动物、物质、环境的关系，突出了非人类的能动性。人类不仅塑造自然环境、动物、食物、物品，同时也被它们塑造。这时，讨论心态便不限于对心理和社会层面的探索，还要理解思想、行为的自然印记，其中，人与地球、高山、河流、动物、植物的关系就是当前心态史的热门议题。例如，英国帕尔格雷夫·麦克米兰出版社出版的杂志《后中世纪》在2011年"动物转向"专号中提及，"人和动物之间的区分过于刻板"，强调动物也拥有心智。这种新的心态史融合了地质、生物、文化维度，将人类看作生物形态中的一个特殊种类，有助于心态概念摆脱人类中心主义的束缚。

三

心态史的兴起和拓展，既是传统史学延续的结果，又是现实促动的产物。事实上，发端于20世纪早期的心态史继承了19世纪的研究路数。19世纪后期发生的历史事件，尤其是普法战争中法国的失败，促使许多历史学家探讨普鲁士胜利的原因。19世纪的历史学明显烙上了民族国家建构的印迹。当时的历史作品没有出现"心态"一词，但是体现了群体心理学的视角，从而有利于心态史的兴起和流行。

现实促动包括学术和社会环境两个方面。学术上，法国人类学家吕西安·列维—布留尔较早带着西方优越论的笔调，区分出"原始心态"和"科学心态"，认为前者是神秘的、前逻辑的，而后者则遵循逻辑法则。费弗尔、布洛赫借鉴人类学、心理学和社会学的方法，关注在宗教、权力笼罩下被忽视的欧洲社会群体。一战、二战是心态史研究者的思考框架。他们亲历了理性遭到重创的场景，从而选择将欧洲中世纪或近代早期普通民众的心态当作研究对象，为现实找到一种参照。例如，费弗尔通过研究宗教改革来寻找一个不可分割的欧洲，驳斥了20世纪30年代德国提出的口号——"一个民族、一个帝国、一个上帝"。布洛赫对集体心态的研究，既追溯了法兰西民族的起源，又回应了20世纪早期法国的移民潮。20世纪六七十年代的西方见证了人口多元化、家庭变革和女性运动，为心态史的拓展提供了背景。这一时期的技术发展，也推动史学家从计量的角度分析心态。1968年之后，这些历史学家专注研究欧洲中世纪或近代早期某个地区的心态，目的在于找到历史的延续。近十几年来，随着对动物权利、科技发展、自然环境认知的加深，欧洲中世纪以来那种以人的价值、需求和观念为至高目标的人文主义逐渐让位于后人文主义，这种后人文主义有助于反观人类的行为和心态。

一些学者批评心态史，怀疑某个社会中个体心态的统一性或相似性。心态史研究者认为相似性是解释项，可以用来解释其他现象，而另一些学者则认为相似性应该是待解释项。例如，英国科学史家杰弗里·劳埃德就呼吁运用比较方法，关注思想或信仰中的差异，而非相似性。还有一些人认为，心态是一个模糊的概念。作为年鉴学派的内部人士，安德烈·比尔吉埃承认，心态在解释金融动荡、政治变化乃至科技革新时扮演着中心作用，但是"它不那么准确，也不那么包容，因此，应该多考虑普遍心态在关联社会世界、促进变化时的复杂性"。其实，心态史家选择研究"以独特历史形式出现的普遍问题"，是考虑了个体心理与集体心态之间的辩证张力。他们选择讨论儿童、家庭、虔诚、恐惧等议题，是权衡学术史、现实情境和个人研究兴趣之后的结果。

总而言之，心态史探讨大众的思想、情感和态度及其变化。集体心态是个体言行的框架和理由，又是个体行动的产物。换句话说，研究某个社会的心态发展史，有助于了解一个时代的统一性，以及个体在该时代中扮演的能动作用。心态史家抱着总体史的雄心，结合社会科学的方法追寻历史的潜在模式，讨论人类及其实践与社会环境之间的辩证关系，从而深化了传统政治史和文化史的路数，丰富了历史研究的主题。了解与研究心态史中的这些主题，有利于我们解释历史上人类的思想和行为及其内在复杂性，同时有利于预见人类行动的可能方向。

路易十四时代
荒政背后的
疑商心态

|周立红

如果说中国清代形成了一套以蠲免、赈济、调粟、借贷、除害、安辑、抚恤为主要内容的连贯而完备的荒政体系，法国路易十四时代（1661—1715 年）的荒政则重在对谷物商人的监控和对谷物交易的管制。这一时期的谷物管制法令规定：从事谷物贸易的人必须向司法机关登记姓名和住所；谷物只能在公共市场出售，并优先满足普通消费者的需求；严禁贵族、官员、包税人等从事谷物贸易，要求农民把收获的谷物运到临近市场出售；禁止谷物商人结成协会，违者没收谷物，处以重罚；要求谷物商人只能在城市周围一定区域之外收购谷物，尽可能把市场上的粮食留给市民和面包师。饥荒时期，政府会重申这套谷物管制规章，并采取种种措施探查商人的谷仓，防止他们私藏谷物。

这一时期，从官员到民众，均把饥荒归咎到商人身上。1693 年饥荒暴发时，国王在公文中说，这不是气候的错，是垄断者的错。1693 年 3 月 2 日，里昂总督德贝吕勒给财政总监写信："里昂城已经 8 天没有供给了……如果谷价上涨的话，这是囤积的结果。"同年 9 月 16 日，奥弗涅总督达布莱热给财政总监写信："饥荒的主要原因就是囤积谷物的人捂着不放，待价而沽。"民众把谷物商人当做"囤积居奇者"，饥荒一出现，他们就跑到码头和道路上，拦截运输谷物的车辆，声称"应该首先满足谷物生产地的需求……法国长期以来遭受不幸的原因是谷物流通在王国内部不受限制"。就连部分谷物商人也持这种看法。1708 年 9 月 7 日，索恩河畔沙隆的小麦商人苏蒂松给财政总监写信说，小麦价格上涨到每公担 10 锂，而平时每公担 3 锂，这是饥荒暴发的前兆。他认为，这一切与商人和资产者的垄断有关。

法国社会普遍存在的对商人垄断的担忧，笔者称之为"疑商心态"。它无意识地支配着人们对饥荒的判断和认识，影响了各级官员应对饥荒的方式。福柯指出，这是一种从人性之恶的角度探究食物短缺原因的方式，认为人性的贪婪和赚钱的欲望势必导致囤积居奇。疑商心态的两个源头是罗马法和基督教。亚里士多德首创"垄断"一词，并指出垄断行为是"不自然的"，应予以否定。罗马人继承了这种观点，在罗马法中，反垄断是重要内容，规定任何垄断和哄抬物价的行为都是违法的。基督教亦对商人持有负面看法，《圣经》中说："骆驼穿过针的眼，比财主进神的国，还容易呢。"早期教父们提出了一套否定和限制商业活动的主张，他们认为商业活动以贪婪为基础，常常借助不道德手段，因此要严禁商人掌控生活必需品。

由于5世纪末克洛维皈依了基督教，限制商人垄断的做法很早就进入了法国政府的决策。806年暴发大饥荒，查理曼不再像以前那样认为是魔鬼掠夺了收成，而是严惩通过不正当手段囤积谷物的行为。13世纪，以大阿尔伯特和托马斯·阿奎那为代表的经院哲学家极力宣扬早期基督教教父们限制商人的观点，政府也出台政策防止商人垄断。1304年，法国国王美男子菲利普为了应对饥荒，要求巴黎市长去王国各个城市调查谷物储备情况，勒令把剩余的谷物带到最近的集市出售，严禁谷物商人倒卖谷物。15世纪末以来，罗马法在法国全面传播，法国官员们从罗马法中搜罗限制商人垄断的内容，并在1567年2月4日颁布了法国历史上第一套完善的谷物管制法规。

在近代早期，疑商逐渐成为法国社会的集体心态。这主要是因为，伴随着以王权为中心的领土兼并过程，社会各阶层形成了这样一种看法，即法国是一个自给自足的经济实体，土地肥沃，粮产丰盛。一旦有饥荒，人们往往认为储存的谷物没有用尽，商人的贪婪和垄断是罪魁祸首。这一时期，随着亚里士多德主义的复活，原本意指城邦秩序的"管制"观念流行起来。在法国，随着绝对君主制的发展，"管制"成为衡量一个国家文明进步程度的标尺。当人们说起"一个管制良好的国家"时，便是指这个国家实行合乎道德的管理，生活方式文雅，秩序井然，社会和谐。而谷物管制对维护国家稳定至关重要。路易十四时期绝对王权理论的塑造者波舒哀指出，饥馑在罗马、君士坦丁堡和中国曾引发骚动，统治者的权力受到挑战，社会连续性被打断，国王只有保证臣民的生计，才能维护社会稳定，才能对臣民提出权利要求。因此，维护王权成为路易十四时代的官员们打压商人垄断、维护谷物供给的现实动因。在财政总监与总督的通信中常常出现这样的话："考虑周到的预防措施，阻止商人犯罪，要用最严厉的刑罚镇压他们。谷物管制对维护公共秩序最珍贵，也最重要。"疑商心态就这样渗透进了路易十四时代的荒政中。

路易十四时代后期，由于财政窘困和乡村衰败，谷物管制政策受到布瓦吉尔贝尔、费奈隆和沃邦等人的批判，他们认为根源不在于商人垄断，而在于小麦价格的低廉。18世纪50年代，魁奈通过对农业活动的分析，形成了一套完整的政治经济学理论，创立了重农学派，指出只有放开管制，允许谷物出口，抬高谷物价格，才能使农民从丰收中获利，提高种植的积极性。18世纪六七十年代，财政总监贝丹、拉韦尔迪、杜尔哥在重农学派的影响下，先后推进谷物贸易自由化改革，逐步废除谷物管制。但在推行过程中，极端气候事件造成谷物歉收、价格上涨，引发了食物骚乱。危机之时，疑商心态又露出水面，很多官员亮出自己一开始掩藏起来的立场，宣称自由化法令为商人垄断提供了机会，主张回归谷物管制体制。

值得注意的是，在此期间，疑商心态甚至发展为"饥荒阴谋论"。1768年秋天，骚乱群众张贴在墙上的布告写道："我们不能把面包昂贵归咎于战争，也不能归咎于饥荒。我们根本没有国王，因为国王是谷物商人。"同年7月，巴黎一位叫普雷沃的教士代理律师无意中发现了拉韦尔迪政府与商人马利塞签订的协议，便认定找到了"谷物垄断"存在的证据，认为自路易十四时代以来，大臣以国王的名义组成一个秘密联盟从事谷物垄断，饥荒和缺粮"都是由这些大规模垄断造成的"。从王公贵族、大臣、法官、文人到平民百姓，都对"饥荒阴谋"信以为真，相关记述见诸贵族或资产阶级的日记、不同层级的行政通信以及高等法院的文件中。而且，在革命酝酿和发展的过程中，"饥荒阴谋"言论不断升级，成为批判王权专制主义的素材，包括国王和官员在内的谷物垄断者作为人民之敌、人类之敌，被置于民族和公共利益的对立面。

法国旧制度时期所具有的疑商心态表明，心态是一种长时段的、相对稳定的心理结构，以集体无意识的方式形塑着人们的思想和情感。疑商心态在旧制度末期转变为"饥荒阴谋论"，发展成反专制主义话语，又说明它在一定的社会条件下会发生变异。因此，在心态史研究中，我们既需要把握心态在较长的历史时段内表现出的较为稳固的特征，分析这种惯性存在的原因，也需要探察在外部或内部力量的冲击下心态的演变轨迹。

1918 大流感后民众社会心态的变化及反思

|李润虎

1918 大流感，也被称为西班牙流感。大流感由甲型 H1N1 病毒引发，与 2009 年的 H1N1 流感同源。这场流感持续时间为 1918 年 1 月至 1920 年 12 月，往复三波，近 5000 万人死于此次感染及其引发的并发症。1918 大流感，成为继黑死病后人类历史上最致命的大流行病之一。

历史上的每一次疫病均对人们的生产生活带来巨大冲击，也让人们的心理长时间处于应激状态。1918 大流感结束后，多数民众陷入强烈的抑郁和疲劳感之中，这种情况并非局限于疫情严重地区，而是几乎蔓延全球，并在疫情后对社会生产力和经济活动的恢复产生了明显的负面作用。这一现象今天被称作病毒后疲劳症或病毒后综合征。对 1918 大流感过后人们社会心态的变化进行考察，在一定程度上可以为当前新冠疫情下人们的心态调适提供些许反思和借鉴。

1918 大流感引发民众对公共卫生系统的严重不满，并在这种不满中开始要求对卫生系统进行改革。灾难过后，世界各国政府也对疫病心生惧意，认识到国际社会协作应对公共卫生危机的必要性和重要性。在各方呼吁的背景下，1920 年，英法主导下的国际性组织——国际联盟特别添设了国际卫生组织作为其附属机构，针对疫病扩散等全球性公共卫生问题予以管控防治，为 1948 年世界卫生组织的创建奠定了基础。1918 大流感彻底改变了人们以往对待疫病的态度，引发疫情的原因是人类在短时间内难以准确认知、更难完全消灭的，只有保持足够警惕，及时公开发布疫情状况，强化与其他地区的沟通联系，构筑国际化的公共卫生管控体系，才能将疫病的危害降到最低。

另外，疫病过后，不少人变成了寡妇、孤儿及病残人士，各地民众呼吁建立福利社会，让所有人的身心都得到应有的照顾和保护。这种心态的转变，一方面源于大流感中贫困人口的患病率和死亡率远高于富人，另一方面大流感在人体所引发的免疫系统过度反应，致使健康的年轻人死亡率比其他人更高。人们开始意识到，无论贫富还是体质强弱，都应该获得一种更强大、更全面的社会力量保护，没有人可以对大流感免疫，全民动员、全民保健和免费医疗才可能对抗未来新的疫情的冲击。归根结底，流行病是一个社会问题，而非个人问题。

1918 大流感造成了大量劳工短缺，迫使世界各地开始允许女性加入就业大军。而且，大流感期间，死亡病例的年龄大多在 20 至 40 岁之间，其中男性人数居多。其结果是，在许多国家，缺乏年轻男性继续经营家庭生意、管理农场、接受职业和贸易培训、结婚和抚养子女。缺乏适龄男性，还导致数以百万计的女性无法找到合适的伴侣，迫使人们开始重视性别平等问题。到 1920 年，全球女性就业人口比例大幅上升，其中美国女性就业人数甚至占美国就业人口比例的 21%，也正是在这一年，美国国会批准了宪法第十九条修正案，赋予美国女性投票权。可以说，1918 大流感促使人们逐渐改变对女性的态度，人们对待性别的心态发生质的变化，许多国家的女性权益也因此有所改善。

1918 大流感流行之际，正值一战时期，战时的敌对心态在污名化其他国家和群体方面被利用到了极致。回顾历史，我们看到，1918 大流感还被冠以许多其他别称，其中多数基于国籍或种族："西班牙女士病""法国流感病""那不勒斯士兵病""紫死病""战争瘟疫""佛兰德斯感冒""柯尔克孜病""黑人病""匈奴流感""德国瘟疫""布尔什维克病""土耳其 - 德国细菌犯罪企业病"等。污名化表面上是由于战时宣传中冲突各方均希望对方为疫情的暴发和流行负责，本质上是源于人们对疫情的极度恐惧，对疫病这一未知事物的不安。疫情开始直至结束之后的很长一段时间内，人们对疫情暴发的原因、如何免于感染、感染后能否幸存、疫情还会持续多久、疫情是否会再次到来、媒体和政府等声音是否可信等一系列问题存在疑惑。恐惧和谣言比病毒传播得更为迅速，由此带来的冲突和混乱进一步加剧了疫情的蔓延。在这种心态的影响下，即便是大流感过后的一段时间内，人们还处于对国际和国内政策的幻想破灭，以及对政治领导人和政府官员的不信任中。

1918 大流感给人类带来了一场大规模的卫生灾难，这是一场全球性的悲剧。

全球各国在应对这场流行病时所采取的一系列举措，存在着较大的差异，甚至有些国家的初衷并非应对疫情而是一战或利益，因此防控效果也存在较大的差异。与此同时，1918大流感也是人类应对重大传染病防治历程中一个重要的转折点。在此之后，全民医疗保障和现代公共卫生体系得以广泛建立。而正是公共卫生领域在过去一个世纪里的进步，为各个国家和地区应对日后全球性流行疾病奠定了坚实基础。时至今日，面对肆虐的新冠疫情，各国应本着公开、透明、负责任的态度展开科学防疫，及时分享防控和治疗经验，加强国际合作和联防联控，共同构建人类卫生健康共同体。此外，还要以史为鉴，积极疏导民众情绪，引导民众正确理性看待疫情，稳定社会心态，从而有效应对疫情防控。

情感史的
兴盛
及其特征

|王晴佳

在 2015 年山东济南举行的国际历史科学大会上，情感史被列为大会的四大主题之一，标志着这一新兴的研究流派已经成为国际史坛最热门的潮流之一。自是时至今，虽然只有短短五年的时间，但情感史的研究方兴未艾，论著层出不穷，大有席卷整个史坛之势。这一蓬勃发展的趋势似乎印证了美国情感史先驱芭芭拉·罗森宛恩在 2010 年所做出的预测："情感史的问题和方法将属于整个历史学。"德国情感史研究新秀罗伯·巴迪斯在其 2018 年的新著《情感史》一书的起始，也对该流派在今天的兴盛发出了由衷的感叹："在过去的十年中，情感史的论著出版和研究中心的成立，其增长数字是极其惊人的。"情感史研究的吸引力在哪里？它在理论和方法上具备什么特征？情感史与历史学的未来走向是什么样的关系？笔者不揣浅陋，想在此对上述问题做一个简单的梳理，以求证于方家读者。

当代史学的发展大致呈现出多元化的趋势，没有一个流派能占据压倒一切的地位。一个新兴史学流派的勃兴，往往需要兼顾其他相关流派的研究志趣，同时又要与历史学关注的主体对象相连。情感史的兴起和发展明显具备上述特征。就前者而言，情感史与其他新兴的学派，如妇女史、性别史、家庭史、身体史、医疗史以及之前流行的新文化史和社会史都有密切的关联。而就情感史研究与历史研究主体对象的关系而言，或许我们可以参考一下《全球化时代的历史书写》一书。此书作者是以提倡新文化史而闻名遐迩的美国当代著名史家林·亨特。她在 2014 年写作此书时指出，历史学的未来走向将就"自我与社会"的关系展开进一步的探究。这一观察，似乎卑之无甚高论，因为自古以来历史书写便以人的活动为对象，而人的活动之开展，又必然以自然环境和社会环境为舞台。其实不然。

亨特认为，历史学的未来将是"自我领域与社会领域会相得益彰，同时向外扩张"。言下之意是，自 20 世纪以来，历史研究在扩张社会领域的方面，即从社会结构来分析人之活动如何受其制约和影响，已经获得了相当显著的进步，而现在则需要考虑如何深入扩张自我领域。朝着这一方向，情感史做出了深入全面的探索并取得了令人耳目一新的成果，这也正是当今情感史日益兴盛并表现出巨大吸引力的原因。

自古以来的历史书写，的确以人为主体，只是最近才有不同的尝试（如动物史等）。若借用英国历史学家约翰·托什形容男性史研究的话来说，那就是人虽然在历史著述中"随处可见"，其实却往往"视而不见"。此处的"视而不见"，指的是一般的史家虽然注重描述人的活动，但对人的自身亦即亨特所谓的"自我"，没有进行深入的探求。更具体一点说，人从事或者创造一些活动，背后由什么因素推动？是出于理性的考量还是情感的驱动？受弗洛伊德精神分析学的影响，20世纪 70 年代流行的心理史在这一方面曾有所探究。心理史虽然注重人的心理活动及其成因，但对后者缺乏更为深入的考察。而情感史的研究则指出，人的自我由大脑和身体两方面构成，即与心理和生理都相关。这两方面不是分离独立的，而是密切相连的。举例而言，我们看待史家治史，以往注重评价他（她）发表的著作即注重其研究的结果，而非其从事研究的起因和过程。即使我们研究、解释其从事研究的缘由，也往往只简单指出其对学术的兴趣和热诚或者学术界的外部要求和压力等。但问题在于，如果学者从事研究出自其兴趣和热诚，那么这一因素是如何形成的呢？在从事研究和写作的过程中，他（她）又经历了怎样的情绪起伏波动？这些都是情感史关注的内容。

情感史关注的内容与当今史学界和整个学术界的新动向有着密切的互动，而这也是情感史研究流行的一个重要原因。近代以来的西方哲学思潮基于一个二元论的形而上学前提，譬如主观与客观、人类与自然、心灵与事物、大脑与身体、理性与感性之间的区别与对立，而战后的学术思潮便以逐渐突破这一思维传统为主要发展趋势。福柯对疯狂的研究，尝试挑战理性和非理性之间理所当然的界限，由此启发了身体史、医疗史的研究。情感史的开展既与性别史、身体史、医疗史相关，同时又做出了不同的贡献。如上所述，情感史注重身体和大脑两个方面，因为情感的生成和波动牵涉二者。比如一个人脸红，可能是由于羞涩，也可能是由于紧张或愤怒。情感是身体反应的一种表现，但这种表现同时又与大脑活动相连，二者无法区别，互为因果。同样，一个人微笑——嘴角两端上翘——这一动作，也具有多重含义。微笑可以表达一种愉悦的心情，但又无法一概而论，因为尴尬、心里不安甚至不悦时，也会微笑对待，当然这里的"笑"是否还称为"微笑"，便有待别论了。事实上，情感表达与语言之间的关系，一直是情感史研究中的一个重点。

上述两个例子既能说明情感史研究的理论基点，同时也有助于理解其兴盛的原因。因为如果要研究人的脸红或微笑，可以采用多种方法。情感史研究的兴起，本身就是跨学科交流的结果。比如神经医学的研究进展，便部分地刺激了情感史的研究，神经医学家会主要考察脸红和微笑与脑部活动之间的关系。受其影响，一些科学家希望能通过考察人的面部表情来精确测出人的心理活动（如测谎器的制作和使用），但社会学家和历史学家则往往持相反的意见，认为人的身体活动表征，虽然有先天的一面，但更多是习得的经验，至少是双方（如生理学、神经学与人类学、历史学、社会学）之间互动的产物。这个认识既挑战了近代以来的二元论思维，也成为当代情感史研究者的一个共识。

情感史研究近年能获得长足进步，与上述这一共识的建立有关。就情感史研究的路径和方法来说，首先，如果承认身体活动同时具有生理和社会的属性，那么学者可以就此提出许多问题作为研究的起点，如两者之间何者更为重要？是否相互影响？是否因人而异？是具备人类的共性还是各个文化之间会产生明显差异？其次，通过身体动作所表现的情感，与外部环境抑或人所处的社会形成怎样的关系？比如一个人愤怒，是否可以随意发泄还是需要受到社会公德的制约，表达的时候是否有性别的差异？是否会随着时间的推移而有所变化，从而展现出情感的历史性？再次，情感与语言之间也形成了多重关系：一个人情感的波动是否由于语言引起？波动之后是否选择使用某种词语来表达？这些语言表述是否有文化之间的差异？对情感的研究，通常需要使用语言文字记述的材料，因此如何（重新）阅读、理解史料，发现、解读相关情感的内容，也就十分必要。最后，情感史研究又常常需要走出文字材料的束缚，因为人的情感起伏，也会由于看到一座建筑物、一处风景及一个特别的场景而起，此时语言文字不但无力表达，甚至显得多余。

总之，近年来情感史的兴盛，综合了当代史学发展的特征，在理论上与学术界的发展走向相吻合，在方法上则充分展现了跨学科的学术趋向，不但与诸社会科学交流互动，亦常常借助甚至修正自然科学的研究成果。情感史的兴盛展现了当代历史学的发展前景，而其新颖多元的研究手段，也对培养和训练未来的历史从业者提出了崭新的要求。

激情与历史：
以法国中世纪史
研究为例

孙一萍

近年来，情感史研究在法国史学界备受关注，一批高水平论著接连问世，相关的专题研讨会数量逐年增加。2006 年，以艾克斯－马赛大学的达米安·博盖为主开展的专门性研究项目"中世纪情感"，使法国中世纪情感史研究为国际学界所瞩目。

法国最早提倡情感史研究的是作为年鉴学派创始人之一的吕西安·费弗尔。他在 1941 年发表《感性与历史：如何重构以往的情感生活》一文，首次提出把情感纳入史学研究。费弗尔的此番呼吁，既受到第二次世界大战期间德国政治状况的影响，也是对荷兰历史学家约翰·赫伊津哈的情感观的呼应。后者于 1919 年出版《中世纪的衰落》，把中世纪的情感生活定性为孩童式的，人们在表达情感时简单而直接，不会考虑如何控制自己的情感。而费弗尔则指出，应该挖掘这种孩童式情感的原因，那就是情感的原始性，情感与暴戾有着天然的联系。费弗尔倡导的情感史研究并没有得到法国学界的立即响应，而且由于受到年鉴学派理论的影响，情感研究很快被纳入心态史，情感某种程度上被"固化"而失去其能动性特征。但他明确提出把情感作为史学研究对象，有助于学界打破把情感与理性对立起来的传统观念。法国学界开始认真思考赫伊津哈所描述的中世纪的情感生活，尤其是反思德国著名社会学家诺贝特·埃里亚斯的"文明进程"理论，后者与赫氏的情感观具有明显的传承关系。反思的结果，则直接推动了法国中世纪研究对激情问题的关注，可以说，形成了一种独特的法国中世纪激情史研究。

埃里亚斯在《文明的进程》（1939）一书中提出，赫伊津哈笔下那些好勇斗狠的中世纪骑士与上层，在绝对君主制下的宫廷里却遵从礼仪规范，对自身情感进行严格约束。因此，在埃氏那里，中世纪末期以来的欧洲历史被描述为从自然（情感－冲动）向文化（理性－超我）演进的"文明化"过程。埃里亚斯把情感克制视为前现代与现代的分水岭，强调随着现代性的加强，人们感受到越来越多的情感压抑。埃氏的理论最初并没有产生多大影响，但到20世纪七八十年代开始取得巨大成功，引发了国际学界对脾气、性格及感性等问题的浓厚兴趣，并直接或间接地在法国中世纪史领域催生了身体史、感性史、社会想象史等研究热潮。正是在这一背景之下，情感史家开始对埃氏的理论提出了批评，认为他的理论或许在现代史领域是适用的，但对古代中世纪史而言却站不住脚。美国历史学家芭芭拉·罗森宛恩称之为情感的"宏大叙事"，美国哲学家罗伯特·所罗门认为埃氏的理论是建立在"激情谜思"这样的情感概念之上的：随时随地发生在我们身上的情感，是不以我们的意志为转移而且不受理性控制的。对于法国史家来说，这种情感观与其说是"文明进程"，不如说是把中世纪的情感高度"幼稚化"。换言之，法国学者拒绝把中世纪的情感理解为埃里亚斯式的、完全不受理性控制的"激情"，埃里亚斯的模式是把中世纪的情感与自然状态的情感联系在一起，因此文明化的目的就是要引导、控制情感，使其符合理性。这种看法无疑强化了情感与理性的对立，不独埃里亚斯，20世纪流行的结构主义、以情感－冲动概念为基础的心理分析理论，均属于这种理性－情感二元论观点。情感史家深知，要把情感纳入法国中世纪史研究，首先必须突破所谓"激情谜思"。

例如，埃里亚斯把不受控制的激情与中世纪的暴力联系在一起，从这个意义上说，7世纪的墨洛温王朝表面看来符合埃里亚斯所说的情感特征。因为在中世纪的国王敕令、官方文书、人物传记、信件、日记以及文学创作中，到处充满着在今天看来粗鲁又缺乏人情味的情感表达，史料本身把中世纪的人们呈现为特别爱冲动的人。然而，情感史家认为，不能照搬史料中的文本妄下断语，必须把眼前的文字与时代背景结合起来才能解读其真实意涵。早期的法兰克王国，按其继承制度，在克洛维511年撒手人寰后国土被一分为四。558年，克洛维的第四个儿子克洛泰尔一世在兼并其他兄长的领地后使墨洛温王朝暂时统一，但在他身后王国又被其4个儿子平分，国土直到613年被他的孙子克洛泰尔二世重新统一。王朝兼并分合的过程，充满了王族间的残酷杀戮。克洛泰尔二世在613年残忍地肢解了其母亲的情敌的姐姐布隆希尔德王后，随这位王后一同被肢解的，还有其身后的奥斯特拉西亚王国。国王如此暴戾的"愤怒",都是由当时的官方史料记录保存下来的,其中的情感更是由当时国王身边的贵族与神职人员构成的"情感团体"刻意渲染而成。这些中世纪文本中的暴虐情感,都是为了达到一定的目的。同样是愤怒,如果是文本作者赞扬的一方,那么这种愤怒是出于正义且会达到使对手恐惧的正当目的。相反,如果愤怒出自作者想要贬低的对象,那么这种情感宣泄则是不思忏悔的表现,使人更生厌恶。

如果基于上述例证认为中世纪人们的情感构成里缺乏温情与爱,只有简单暴戾的一面,那就把情感问题过于简单化了。事实上,残酷的克洛泰尔二世在一次斩草除根的清洗中,费力保住一位王族的性命,据称此人是他的直系亲族。另外,翻开中世纪的史料,令人肉麻的情感表达常常令今人困惑不已。比如,有位大臣在致国王的信中特别肉麻地表达了对国王的想念和爱,以及对国王健康的挂念,不禁让人怀疑两人是否为同性恋关系。但这位大臣曾在信中向国王揭发他人的同性不伦之恋,请求国王严惩以敦风化。因此,情感表达实际上是一种行为模式,是根据社会和团体的规约决定是否以及如何表达这些情感,情感的背后是对世界的认知,包含着特定的价值判断。

中世纪早期的王位继承模式,导致残酷的王位与领土争夺战,王族之间的仇杀在所难免。在这种情况下产生的宫廷文化及其情感团体,又如何能够倡导礼仪与情感克制呢?旨在令对手恐惧的愤怒与夸张的顺服,才符合这个时代的情感准则,也唯有此种模式才能为王权之争提供合法性基础。随着法国长子继承制的相对稳定以及绝对君主制的发展,公然的血亲仇杀逐渐退出历史舞台,情感表达也就进入埃里亚斯所说的自我克制与讲究礼仪阶段。以王权为基础,国家对权力的垄断程度逐渐加强,个人感受到的情感压抑程度也在不断加强,在情感表达方面更加自我克制以符合礼仪规范,也是不争的事实。但埃里亚斯最大的问题在于,以情感的外部控制与自我克制来划分现代与前现代特征,并把现代以前的情感归结为不受理性控制的激情,忽视了任何情感一经表达便具有改变社会的功能。在赫伊津哈那里,中世纪的情感被简单地定性为不成熟,而在埃里亚斯这里,中世纪的情感与暴力紧密关联,是与理性割裂开来的内在激情,忽略了激情背后的理性判断与情感规约的作用。

综上所述,中世纪的激情并非信马由缰的情绪宣泄,挖掘激情背后的理性正是情感史研究的意义所在。激情的背后需要看见人们如何利用情感、情感如何变迁以及一个社会的情感规约。中世纪看似不受控制的激情是公共话语的组成部分，是一种可操控的交流机制。本文提供的例证还提示我们，不能孤立地看待情感，不能把情感与使其表达成为可能的社会、政治、文化等因素隔离开来。史家只有真正认识到情感史在研究方法上的要求时，才能自如地研究情感。在这一点上，情感史家试图在法国中世纪史研究中突破"激情谜思"的尝试无疑是成功的。

18 至 19 世纪英国人对哭泣态度的变迁

赵 涵

　　1771 年，苏格兰作家亨利·麦肯齐出版小说《有情人》，在英国轰动一时。主人公悲伤的见闻和多愁善感的性格，令读者潸然泪下。然而在 1886 年版的《有情人》中，编辑却戏谑地列出了全书 47 处关于哭泣情节的页码，有些嘲讽的意味。同时期的达尔文也观察到"英国男人很少哭泣"。截然不同的现象，反映出 18 至19 世纪英国人对哭泣的态度发生了巨大的变化。近年来，随着情感史研究的兴起，朱莉·埃利森、伯纳德·卡普、托马斯·迪克森等英美学者开始关注英国人的哭泣史。本文结合晚近研究成果，分析 18 世纪中期至维多利亚时期英国"哭泣文化"盛极而衰的原因和过程，揭示这一时期英国的道德和价值观念、政治和社会局势等因素与社会情感之间相互作用、互为表里的关系。

　　18 世纪既是弘扬理性精神的启蒙时代，又是崇尚情感的世纪。洛克、沙夫茨伯里伯爵三世、弗朗西斯·哈奇森、休谟、斯密等思想家，不仅论证了人类的理解力源自包括情感在内的感官经验，还发现情感的产生依靠人际交往中的情感转移和共鸣。沙夫茨伯里认为，人类具有与人为善的天性，面对不幸之人油然而生的怜悯之情乃是一种胜过理性思考的本能反应。休谟和斯密认为，同情心既是社会交往的途径和纽带，也是构成一切正义和美德的基础。因此，拥有丰富、敏锐和怜悯的情感被视为美德，成为这一时期道德家赞美的对象。作为表达悲伤、怜悯和感激之情的一种常见方式，哭泣被视为善良品质的体现。作家理查德·斯蒂尔写道，"眼泪不是懦弱的象征，真诚和善良的泪水不应该被耻笑"。牧师詹姆斯·福代斯指出，"同情的叹息和温柔的泪水"是文雅之士的标志。

　　对泪水的肯定并没有停留在哲学家的著作和小册子作者的说教中。18 世纪中期兴起的感伤主义小说，将英国的哭泣文化推向了新的高度。感伤文学根植于18世纪英国的善感文化和文雅观念中，尤其受到沙夫茨伯里"性善论"思想的影响，重视刻画人物的内心情感，强调道德的改进和与人为善的社交原则。感伤小说的主人公无一例外是善良博爱、多愁善感的道德楷模。劳伦斯·斯特恩出版于1762年的《感伤旅行》是英国感伤小说的开山之作。主人公约里克神父在看望被心上人抛弃以致精神失常的玛利亚时，作者写道，"玛利亚任由我用手帕擦去她不断落下的泪珠，我擦了她的眼泪就忙着用手帕擦自己的，然后去擦她的，再擦自己的，再擦她的。而就在我擦着眼泪的时候，我感到内心生出一种无以名状的情感"。

《有情人》作为18世纪70年代英国最畅销的小说，短短20年，再版次数达12次以上，流行程度可见一斑。该书出版后，一位书评人写道，"如果不为其中的某些情节落泪，内心便是麻木的"。布特伯爵的女儿路易莎回忆道，《有情人》让她的母亲和姐姐痛哭流涕，这使当时年仅14岁的路易莎"私底下担心自己眼泪流得还不够"。诗人罗伯特·伯恩斯称，"《有情人》是除《圣经》之外我最喜爱的书"，因为它是"培养良好行为举止的完美范本"。伯恩斯的话揭示了感伤文学的社会功能：这类作品不但满足了英国民众的阅读乐趣，还为他们学习美德和积累社会经验提供了途径，它使人们相信哭泣是美德和良知的体现。18世纪后期，英国人经常不加掩饰地在书信日记中谈论自己和他人的泪水；报刊新闻和司法出版物也因其伤感的笔调和对哭泣的细致描述而变得日益煽情。罪犯声泪俱下的忏悔，甚至他们的身世都能赚取人们的眼泪。

当哭泣文化在英国兴盛之时，法国大革命的爆发使英国社会对眼泪的态度发生了反转。这一转变与法国革命进程和英国国内舆论密切相关。在攻陷巴士底狱后的最初几年，英国各界都为法国革命流下了眼泪。革命的同情者面对摧枯拉朽的革命进程热泪盈眶，保守派则为法国国王和贵族的失势哭咽擦泪，双方都指责对方的眼泪虚伪、危险和罪恶。保守主义思想家爱德蒙·伯克哀叹"曾经如同启明星般闪耀，充满生气、光辉和欢乐"的法国王后安托瓦内特，如今却被全副武装的巴黎市民拖出凡尔赛宫押回巴黎。他在给朋友的信中写道，想到王后的遭遇，"眼泪浸湿了我的稿纸"。同情革命的玛丽·沃斯通克拉夫特则抨击伯克"情感幼稚"，因为他可怜一个堕落的王后，却对受压迫者不闻不问。

随着 1793 年路易十六被处决和雅各宾派掌权，英国社会对法国革命的态度发生了改变。越来越多的英国人将肆意泛滥的眼泪和同情心视为幼稚的、可能引发道德失范和政治动荡的有害情感。他们认为，对"自然激情"的狂热推崇，不但使同情成为一切价值判断和政治行动的基础，还能激发人们对压迫者刻骨铭心的仇恨，因此成为一种具有颠覆性的力量。英国主流社会开始用批判的眼光看待哭泣、怜悯和一切直抒胸臆的激情。英国作家海伦·威廉姆斯写道，"法国人在目睹不幸时经常以泪洗面。但英国人的性情更加宽厚温和，认为哭泣缺少男子气概"。反对哭泣，此时不仅是英国人面对法国这一政治敌国和文化他者的自然选择，更反映了英国人对激情和任何受激情支配的理念的否定。

随着英国在 19 世纪成为全球殖民帝国，哭泣文化进一步衰落。俯视一切的霸主心态，使英国人将泪不轻弹视为理性、文明和男子气概的标志，它符合英国作为世界帝国应有的威严形象，成为该时期英国情感体制的重要方面。在这种混合着爱国热情、帝国荣誉和殖民者沙文主义心态的情感体制中，流泪是非理性、未开化和软弱可欺的象征。"好哭的"殖民地人民成为形塑和反衬英国国民性格的"他者"，使英国人自觉地将哭泣视为"非不列颠的"标志。此外，"学会不哭"还成为维多利亚时期上流社会和中产阶级儿童教育的一部分。这些未来将为帝国服务的孩子们从小被教导应"坚强隐忍，掌控自我，做情绪的主人"，甚至在遭受体罚时，他们也牢记"饮泣吞声是一种尊严"。

当然，历史的变迁从来都不存在泾渭分明的界线。即使在流行哭泣的 18 世纪，英国人始终被告诫不应在公共场合哭天抹泪；在泪水备受质疑的 19 世纪，浪漫主义和现实主义小说中也不乏感人至深的情节。尽管如此，英国哭泣文化的衰落是不争的事实。在提倡自我克制的新情感体制下，眼泪被逐出公共领域，它躲入卧室、书房、日记、小说和剧院包厢这些"情感避难所"中，成为维多利亚时期英国人独处时的低声啜泣。

感官史和
情感史的
开创者阿兰·柯尔班

｜周小兰

————

　　阿兰·柯尔班（1936—）是法国当代著名的历史学家，他开创了别开生面的感官史和情感史研究路径，以一种尝试脱离结构主义的方式观察法国历史上的社会。柯尔班走上这样一条研究道路并非一蹴而就，从其个人经历来看，他经历了较为曲折的学术转向。

　　柯尔班自中学时代就对历史有着浓厚兴趣，在卡昂大学师承著名古希腊史学家皮埃尔·维达尔－纳盖，正式进入史学领域。1973 年，他完成了国家博士论文《19 世纪利穆赞的怀古与现代》。这一时期正是经济社会史在法国上升为显学的时代，拉布鲁斯和布罗代尔两位大师正在努力打造一种以结构主义为导向的史学。所谓结构主义，即将历史上的文化现象看作某种系统，分析其内部各成分之间结构关系的研究取向。柯尔班未能免俗，他受到拉布鲁斯的影响，决心致力于价格史的研究。然而，柯尔班在遵循这一研究思路的过程中遇到了一些困难，不得不放弃价格史研究而转向其他领域。

　　1982 年，柯尔班正式投身于感官史的写作，出版了《瘴气与黄水仙：18—19世纪的嗅觉与社会想象》（以下简称《瘴气与黄水仙》）。这本书标志着柯尔班在史学领域开辟出自己的一番天地，成为史学界第一位以文化人类学方法探讨法国近代社会嗅觉系统的历史学家。在书中，他兴致盎然地考察了暗示着不安和疾病的臭味（瘴气）如何成为普通民众乃至政府官员关注的对象，以及人们选择了何种办法用别的气味取而代之，在这个过程中，积极寻求自我认同的资产阶级掌握了主动权。不同阶层和身份的人对瘴气和香气从无视到重视的转变，以及当局对不正常的气味的规训折射出一段别开生面的社会大历史。

柯尔班的研究并未止步于嗅觉。1994 年，柯尔班出版了《大地的钟声：19 世纪法国乡村的声响格局和感官文化》（以下简称《大地的钟声》）一书，其思考又转向听觉。在种类繁多的声音中，他选取了在法国乡村社会中无论对农民的私生活还是公共生活都举足轻重的钟声。柯尔班在勾勒以钟声为典型的法国乡村声响格局的同时，凸显了以教会力量为主的地方权力与世俗的中央政府之间的博弈。他发现，由于时钟和报刊的普及，乡村社会对钟的依赖程度大幅降低，在世俗化的进程中，钟也幻化成怀古之情的载体。总之，以钟声为切入点考察法国乡村社会政治史、感官史和情感史，这在 20 世纪 90 年代是继年鉴学派的代表人物雅克·勒高夫之后一个大胆的尝试。

如果说柯尔班在这一时期的研究仍有以历史上感官或情感的流变来解释经济和社会内部结构关系的迹象的话，那么他之后完全放弃了这种尝试，致力于追溯从古至今某种感官的变化或人们对某些事物所表达出来的情感。无论是 1995 年出版的《消遣的降临（1850—1960）》、1998 年的《路易 – 弗朗索瓦·皮纳哥找回的世界》、2007 年的《快感的和谐》，还是近年来的成果：2013 年的《树荫的温柔——亘古人类激情之源》、2016 年的《静谧史：从文艺复兴时期至今》和 2018 年的《草地的纯真——亘古系列情感史》，无不体现出他的这种转向。

柯尔班在转向情感史的写作过程中曾坦言，材料在情感史的构建过程中是最大的难点，以文学和美学的文本来解释历史，必须掌握美学的运用规则、修辞的传统及其表象系统，一旦运用得当，最终的结论会改变人们对某些事情的刻板印象。他在《19 世纪利穆赞的怀古与现代》《瘴气与黄水仙》《大地的钟声》这几本早期著作中所引用的材料多为官方和私人档案等历史学科认可的文献。不过，近年来他所出版的情感史著作不再受限于经典的史料，而是大量引用文学作品和艺术作品来追溯城市资产者复杂的情感流变，这一路径与法国著名的"星期天历史学家"菲利普·阿里埃斯的研究趋同。这样的研究取向也使得柯尔班面临学界的质疑和批评，因为以文证史在文本内容选择及其与史料互证方面在学界尚未形成一致的看法，频繁使用这类文献会在一定程度上削弱了其观点的权威性。而且，他在学术考据过程中总会加入对研究对象的感性描写以实现与读者在情感上的共鸣，这使恪守客观原则的大部分史学家颇为不适，对其著作的严谨性也有减损。这是后现代主义学术思潮在法国史学界造成的印迹。此外，柯尔班的研究有明显的跨学科倾向，他致力于将文学、美学、民族学、人类学与历史学不留痕迹地结合在一起，不过有学者认为这种整合过于刻意。

柯尔班自称对感官史和情感史的钟情源自年鉴学派创始人吕西安·费弗尔，但在实践操作中，他的学术路径与勒高夫更为接近。他在接受媒体采访时，曾直言费弗尔对自己日后跳脱出年鉴学派的研究路径影响至深。费弗尔在 1953 年出版的《为历史而战》一书中倡导学界开展"历史心理学""心理史"或"感官史"的研究。20 世纪 70 年代以后，心态史研究有所突破，勒高夫在这一领域做出了重大贡献。他的部分代表作，如《试谈另一个中世纪——西方的时间、劳动和文化》《中世纪的想象》《中世纪的身体史》与柯尔班的研究视角类似。但柯尔班的研究并非完全复制勒高夫的范式。以《大地的钟声》和《试谈另一个中世纪——西方的时间、劳动和文化》为例，二者都着眼于历史上的钟声，但前者强调乡村社会的权力争夺和民众对钟声的情感依托，而后者则突出钟声对教会时间、商人时间和劳动时间的划分。柯尔班没有在设定的系统中分析各结构之间的关系，其论述各部分之间的逻辑关系并不明显，这种看似杂乱的浪漫主义与勒高夫严谨的结构主义泾渭分明。

经过多年的努力，柯尔班的感官史研究已经涵盖嗅觉、听觉、味觉几个基本的感官体系，但他似乎仍未满足，开始专门观察河岸、休闲活动、身体、树荫这样一些寄托人们情感的表象。迄今为止，他的绝大部分著述都着力于研究 19 世纪法国乡村和城市社会中的集体意识和个人心理。

总之，柯尔班选择了一种背离结构主义，着眼于感觉、感官、情感、意识的历史，这一学术导向使其与 20 世纪 70 年代如日中天的年鉴学派关系"复杂"。一方面，他的学术导向受益于该学派创始人的启发；另一方面，他付诸实践的研究偏离了该学派坚持的路线。他的《瘴气与黄水仙》出版后在年鉴学派那里不受待见，在史学界也遭受冷遇。一直到帕特里克·聚斯金德（中文译名为徐四金，法国著名小说家、剧作家及影视编剧）于 1985 年出版畅销小说《香水》并宣称受《瘴气与黄水仙》启发较深，柯尔班遭受冷遇的状况才得以改观。